Joachim Lammert

Kommunikationsformen freiwilliger unternehmenseigener Transparenz und fundamentale Kapitalmarkteffekte

D1666434

GABLER RESEARCH

Forschungsreihe
Rechnungslegung und Steuern

Herausgegeben von
Professor Dr. Norbert Herzig,
Universität zu Köln
Professor Dr. Christoph Watrin,
Universität Münster

Joachim Lammert

Kommunikationsformen freiwilliger unternehmenseigener Transparenz und fundamentale Kapitalmarkteffekte

Voluntary Disclosure, Accounting Quality und Personal Communication

Mit einem Geleitwort von Prof. Dr. Christoph Watrin

GABLER

RESEARCH

Bibliografische Information der Deutschen Nationalbibliothek
Die Deutsche Nationalbibliothek verzeichnet diese Publikation in der
Deutschen Nationalbibliografie; detaillierte bibliografische Daten sind im Internet über
<http://dnb.d-nb.de> abrufbar.

Dissertation Universität Münster, 2009

D 6

1. Auflage 2010

Lektorat: Ute Wrasmann | Anita Wilke

Gabler Verlag ist eine Marke von Springer Fachmedien.
Springer Fachmedien ist Teil der Fachverlagsgruppe Springer Science+Business Media.
www.gabler.de

Umschlaggestaltung: KünkelLopka Medienentwicklung, Heidelberg
Gedruckt auf säurefreiem und chlorfrei gebleichtem Papier
Printed in Germany

ISBN 978-3-8349-2166-6

Geleitwort

Fehlende Transparenz führt zu einer niedrigeren Bewertung und höheren Finanzierungskosten am Kapitalmarkt. Unternehmen sind deshalb vielfach dazu übergegangen, neben der gesetzlich geforderten externen Publizität weitere Informationen zur Verfügung zu stellen. Zentrale Formen einer solchen freiwilligen Kommunikation sind zusätzliche Berichtselemente in den Geschäftsberichten (Voluntary Disclosure), der Verzicht auf eine rechtlich zulässige Bilanzpolitik (Accounting Quality) und die persönliche Kommunikation mit institutionellen Investoren und Finanzanalysten (Personal Communication).

Die vorliegende Arbeit entwickelt zunächst mit großer Sorgfalt einen eigenständigen Index zur Operationalisierung des Voluntary Disclosure. Die Accounting Quality wird modellbasiert ermittelt und ebenfalls zu einem Index verdichtet. Anschließend werden verschiedene Proxies für die persönliche Kommunikation abgewogen. Dann wird der Einfluss von Voluntary Disclosure, Accounting Quality und Personal Communication auf die Bewertung geschätzt. Soweit ersichtlich ist die vorliegende empirische Untersuchung auch international die erste, die alle drei Elemente der freiwilligen Kommunikation simultan betrachtet. Hierdurch gelingt es dem Verfasser, vor allem die überragende Bedeutung der persönlichen Kommunikation und das Zusammenwirken der Kommunikationsformen herauszuarbeiten.

Die empirischen Ergebnisse zeigen, dass die freiwillige Kommunikation die Bewertung bzw. die Kapitalkosten signifikant beeinflussen kann. Sollten Elemente der freiwilligen Kommunikation vor diesem Hintergrund aufgegriffen und verpflichtend gemacht werden? Der Verfasser zeigt überzeugend, dass das Interesse an der freiwilligen Kommunikation in Branchen mit ausgeprägten Informationsasymmetrien besonders hoch ist. Wenn aber Konkurrenzeffekte drohen, kann eine freiwillige Kommunikation auch nachteilig sein. Eine Regulierung, welche Elemente der freiwilligen Publizität verpflichtend macht, ist daher abzulehnen.

Die Arbeit gibt wichtige Impulse für die weitere Forschung zur freiwilligen Publizität. Sie kann allen Wissenschaftlern, Gesetzgebern, Standardsetzern und Unternehmen, die sich mit diesem Thema befassen, wärmstens empfohlen werden.

Christoph Watrin

Vorwort

Die vorliegende Arbeit entstand während meiner Tätigkeit als wissenschaftlicher Mitarbeiter am Institut für Unternehmensrechnung und -besteuerung der Westfälischen Wilhelms-Universität Münster und parallel zu meiner Beschäftigung als Referent für die Abteilung Investor Relations der Axel Springer AG in Berlin. Sie wurde von der Wirtschaftswissenschaftlichen Fakultät der Westfälischen Wilhelms-Universität Münster im November 2009 als Dissertation angenommen.

Traditionell gilt der erste Dank dem Doktorvater. Dem komme ich sehr gerne nach und bedanke mich herzlich bei Prof. Dr. Christoph Watrin für die intensive fachliche und auch persönliche Unterstützung, die eine Fertigstellung der Arbeit in dieser Form erst möglich gemacht hat. Darüber hinaus möchte ich mich bei Prof. Dr. Wolfgang Berens für die freundliche Übernahme des Zweitgutachtens und bei Prof. Dr. Dr. h.c. Jörg Baetge für wertvolle inhaltliche Hinweise sowie insbesondere Anregungen hinsichtlich der Datenerhebung aus Geschäftsberichten ausdrücklich bedanken.

Danken möchte ich weiterhin auch Claudia Thomé, Leiterin Investor Relations der Axel Springer AG, für die gute Zusammenarbeit und die freundliche Hilfe bei der Durchführung der empirischen Untersuchung sowie Dr. Iris Uhlmann, Mitglied des Board of Directors der German CFA Society, für die Unterstützung bei der Befragung professioneller Kapitalmarktteilnehmer. Ebenfalls eine besondere Erwähnung verdient mein langjähriger Freund, Dr. Michael Paul, der durch zahlreiche methodische Diskussionen und Anregungen jederzeit eine große Hilfe war.

Den unmittelbaren Kollegen und dem gesamten Lehrstuhl danke ich für die kollegiale und freundschaftliche Arbeitsatmosphäre, für unzählige wertvolle Hinweise und Ermunterungen und nicht zuletzt für die gute Zeit, die wir zusammen am Institut für Unternehmensrechnung und -besteuerung verbringen durften.

Zu großer Dankbarkeit bin ich nicht zuletzt meinen Eltern, Marlis und Wilfried Lammert, verpflichtet. Sie haben mich während der Promotionszeit sowie auf meinem bisherigen Lebensweg stets und in vielfacher Weise gefördert und unterstützt.

Schließlich möchte ich ganz besonders meiner lieben Freundin Miriam Fehrenbach danken. Ihr Verständnis und ihre Ruhe haben mir zu jeder Zeit der Anfertigung dieser Arbeit besonderen Rückhalt gegeben.

Joachim Lammert

Inhaltsübersicht

Inhaltsverzeichnis

Abbildungsverzeichnis

Tabellenverzeichnis

Abkürzungsverzeichnis

2SLS   2 Stage Least Squares

A

Abs.	Absatz
AG	Aktiengesellschaft
AG & Co. KGaG	Aktiengesellschaft und Compagnie Kommanditgesellschaft auf Aktien
AICPA	American Institute of Certified Public Accountants
AIMR	Association for Investment Management and Research
AntFM	Anteilsbesitz durch Familienmitglieder und Manager
APT	Arbitrage Pricing Theory
AQ	Accounting Quality
Aufl.	Auflage

B

BilReG	Bilanzrechtsreformgesetz
BIRD	Beste Investor Relations Deutschland
bzw.	beziehungsweise

C

CAPM	Capital Asset Pricing Modell
CDAX	Composite Deutscher Aktienindex
CEO	Chief Executive Officer
CFA	Chartered Financial Analyst
Corp.	Corporation

D

DAX	Deutscher Aktienindex
DCF	Discounted Cashflow
DIRK	Deutscher Investor Relations Kreis
Diss.	Dissertation
DRS	Deutscher Rechnungslegungs Standard
DRSC	Deutsches Rechnungslegungs Standards Committee e.V.

DVFA   Deutsche Vereinigung für Finanzanalyse und Asset
                        Management

E
E-DRS   Entwurf Deutscher Rechnungslegungs Standard
EFTA   European Free Trade Association
EK   Eigenkapital
EP   Gewinn-Kurs-Verhältnis
EPS   Earnings Per Share
EU   Europäische Union
EUR   Euro

F
f.   folgende Seite
FASB   Financial Accounting Standards Board
FCF   Free Cashflows
F & E   Aufwendungen für Forschung und Entwicklung
ff.   folgende Seiten
FK   Fremdkapital

G
GmbH   Gesellschaft mit beschränkter Haftung
GVR   Gewinn- und Verlustrechnung
Gwa   Gewinnwachstum

H
Habil.   Habilitation
HDAX   Hundert Hauptwerte Deutscher Aktienindex (umfasst
                        mittlerweile 110 Unternehmen aus DAX, MDAX und
                        TecDAX)
HGB   Handelsgesetzbuch
Hrsg.   Herausgeber

I

ia EP	industrieadjustiertes Gewinn-Kurs-Verhältnis
ia Gwa	industrieadjustiertes Gewinnwachstum
ia lnPE	industrieadjustiertes logarithmiertes Kurs-Gewinn-Verhältnis
ia PE	industrieadjustiertes Kurs-Gewinn-Verhältnis
IAS	International Accounting Standard(s)
IASB	International Accounting Standards Board
I/B/E/S	Institutional Brokers' Estimate System
i. d. R.	in der Regel
IFRS	International Financial Reporting Standard(s)
IPO	Initial Public Offering
IR	Investor Relations
i. V. m.	in Verbindung mit

K

KGaA	Kommanditgesellschaft auf Aktien

L

lnAQ	logarithmierter Accounting Quality Index
lnMkap	logarithmierte Marktkapitalisierung

M

M & A	Mergers & Acquisitions
MD & A	Management Discussion and Analysis
MDAX	Mid Cap Deutscher Aktienindex (Cap: Market Capitalisation)
Mio.	Million(en)
Mkap	Marktkapitalisierung
m. w. N.	mit weiteren Nachweisen

N

No.	Number

O

OLS	Ordinary Least Squares
OTC	Over the Counter

P

PC	Personal Communication
PE	Kurs-Gewinn-Verhältnis (Price Earnings Ratio)
PEG	Kurs-Gewinn-zu-Wachstum-Verhältnis (Price Earnings to Growth Ratio)

R

R & D	Research and Development
Rn.	Randnummer
ROA	Return on Assets

S

S.	Seite oder Satz
SDAX	Small Cap Deutscher Aktienindex (Cap: Market Capitalisation)
SEC	Securities and Exchange Commission
SFAS	Statement of Financial Accounting Standards
S & P	Standard & Poor's
Standardabw.	Standardabweichung

T

TecDAX	Technology Deutscher Aktienindex

U

u. a.	und andere
UK	United Kingdom of Great Britain and Northern Ireland
US	United States of America
US-GAAP	United States Generally Accepted Accounting Principles

V

VD	Voluntary Disclosure
Versch	Verschuldungsgrad
Vgl.	Vergleiche
Vol.	Volume

W

WACC   Weighted Average Cost of Capital

WpHG   Wertpapierhandelsgesetz

Z

zugl.   zugleich

Symbolverzeichnis

A

α	Konstante
$AA_{j,t}$	Abnormale Periodenabgrenzungen (abnormal accruals) von Unternehmen j in Jahr t ausgedrückt in Prozent der Bilanzsumme
$aAssets_{j,t}$	Durchschnittliche Bilanzsumme (average total assets) von Unternehmen j in Jahr t und t-1
Adj R^2	Adjustierte Erklärungskraft des Regressionsmodells
AntFM	Anteilsbesitz durch Familienmitglieder und Manager
AQ	Accounting Quality Index
AQ_i	Accounting Quality von Unternehmen i
AQ (D/D)	Accounting Quality nach dem modifizierten Modell von Dechow/Dichev (2002)
AQ (J)	Accounting Quality nach dem modifizierten Modell von Jones (1991)
AQ (kurzfr.)	Accounting Quality Index unter Hinzufügen einer kurzfristigen Messung
$\Delta AR_{j,t}$	Veränderung der Forderungen aus Lieferungen und Leistungen (accounts receivable) von Unternehmen j in Jahr t gegenüber t-1
$Assets_{j,t-1}$	Bilanzsumme von Unternehmen j in Jahr t-1

B

β_1 bzw. β_2	Regressionskoeffizienten einer unabhängigen Variablen in Teilstichprobe 1 bzw. 2
β_{VD}, β_{AQ}, β_{PC}	Regressionskoeffizienten des Voluntary Disclosure, der Accounting Quality und der Personal Communication
b_{ij}	Bewertung des Berichtselements j des Unternehmens i
b_{ijk}	Bewertung des Berichtselements j des Unternehmens i hinsichtlich des Kriteriums k

C

$\Delta CA_{j,t}$	Veränderung des Umlaufvermögens (current assets) von Unternehmen j in Jahr t gegenüber t-1
$\Delta Cash_{j,t}$	Veränderung des Bestands an Bargeld und Zahlungsmittel-Äquivalenten von Unternehmen j in Jahr t gegenüber t-1
$CFO_{j,t}$	Operativer Cashflow (cashflow from operations) von Unternehmen j in Jahr t
$\Delta CL_{j,t}$	Veränderung der kurzfristigen Verbindlichkeiten (current liabilities) von Unternehmen j in Jahr t gegenüber t-1

D

Δ	Veränderung
$DEPN_{j,t}$	Abschreibungen (depreciation) von Unternehmen j in Jahr t

E

ε_i	Störterm der linearen Regression – Ausprägung für Unternehmen i
e	Kriterium „Erläuterung"
EP	Gewinn-Kurs-Verhältnis (Earnings Price Ratio)

F

F	F-Wert
F & E	Aufwendungen für Forschung und Entwicklung

G

g_j	Gewichtung des Berichtselements j
γ_k	Regressionskoeffizient zu Kontrollvariable k
g_k	Gewichtung des Kriteriums k
Gwa	Gewinnwachstum

I

ia EP	industrieadjustiertes Gewinn-Kurs-Verhältnis (Earnings Price Ratio)
ia Gwa	industrieadjustiertes Gewinnwachstum

ia lnPE	industrieadjustiertes logarithmiertes Kurs-Gewinn-Verhältnis (Price Earnings Ratio)
ia PE	industrieadjustiertes Kurs-Gewinn-Verhältnis (Price Earnings Ratio)

L

lnAQ	logarithmierter Accounting Quality Index
lnMkap	logarithmierte Marktkapitalisierung

M

μ	Mittelwert
Mkap	Marktkapitalisierung

N

$v_{j,t}$	Residualgröße, die durch die Regressionsfunktion nicht erklärt werden kann, von Unternehmen j in Jahr t (modifiziertes Modell von Jones (1991) bzw. von Dechow/Dichev (2002))
N	Stichprobengröße
N_1 bzw. N_2	Stichprobengröße von Teilstichprobe 1 bzw. 2
$NA_{j,t}$	Normale Periodenabgrenzungen (normal accruals) von Unternehmen j in Jahr t ausgedrückt in Prozent der Bilanzsumme
$NIBE_{j,t}$	Jahresüberschuss ohne außerordentliche Erfolgskomponenten (net income before extraordinary items) von Unternehmen j in Jahr t

P

$\varphi_{1,j}, \varphi_{2,j}, \varphi_{3,j}$	Unternehmensspezifische Koeffizienten, die mit Hilfe der Regression für Unternehmen j geschätzt werden (modifiziertes Modell von Jones (1991))
$\hat{\varphi}_{1,j}, \hat{\varphi}_{2,j}, \hat{\varphi}_{3,j}$	Unternehmensspezifische Koeffizienten, die aus der Regression zur Schätzung der normalen Periodenabgrenzungen für Unternehmen j übernommen werden (modifiziertes Modell von Jones (1991))

$\Psi_{0,j}, \Psi_{1,j}, \ldots, \Psi_{5,j}$	Unternehmensspezifische Konstante bzw. Koeffizienten, die mit Hilfe der Regression für Unternehmen j geschätzt werden (modifiziertes Modell von Dechow/Dichev (2002))
PC	Personal Communication
PC_i	Qualität der Personal Communication von Unternehmen i
PE	Kurs-Gewinn-Verhältnis
$PPE_{j,t}$	Brutto-Sachanlagevermögen (property, plant and equipment) von Unternehmen j in Jahr t

Q

q	Kriterium „Quantifizierung"

R

R^2	Erklärungskraft des Regressionsmodells
$\Delta REV_{j,t}$	Veränderung des Umsatzes (revenues) von Unternehmen j in Jahr t gegenüber t-1
ROA	Return on Assets

S

σ	Standardabweichung
σ_1^2 bzw. σ_2^2	Quadrierter Standardfehler (standard error) bzw. Varianz des Störterms der Schätzung der Regression von Teilstichprobe 1 bzw. 2
s	Kriterium „Segmentierung"
Σ	Summe
$SE^2\ (\beta_1)$ bzw. $SE^2\ (\beta_2)$	Quadrierter Standardfehler (standard error) bzw. Varianz des Regressionskoeffizienten der unabhängigen Variablen in Teilstichprobe 1 bzw. 2
$\Delta STDEBT_{j,t}$	Veränderung der Darlehen mit einer (Rest-) Laufzeit von einem Jahr oder weniger innerhalb der kurzfristigen Verbindlichkeiten (short-term debt in current liabilities) von Unternehmen j in Jahr t gegenüber t-1

T

$TA_{j,t}$ Gesamte Periodenabgrenzungen (total accruals) von Unternehmen j in Jahr t

$TCA_{j,t}$ Gesamte Periodenabgrenzungen ohne Berücksichtigung von Abschreibungen (total current accruals) von Unternehmen j in Jahr t

V

VD   Voluntary Disclosure Index

VD_i Qualität des Voluntary Disclosure von Unternehmen i

VD (2J)   Voluntary Disclosure Index auf Basis einer zweijährigen Berechnungsweise

VD (Gew)   Voluntary Disclosure Index auf Basis der alternativen Gewichtungen der Genauigkeitsgrade

Versch   Verschuldungsgrad

X

X_{ki} Für k=1,...,K Kontrollvariablen von Unternehmen i

Y

Y_i Abhängige Variable von Unternehmen i

1. Einleitung

1.1. Einführung in die Thematik

Ob und in welchem Ausmaß ein börsennotiertes Unternehmen von freiwilliger unternehmenseigener Transparenz gegenüber dem Kapitalmarkt profitiert, ist eine der zentralen wissenschaftlichen Fragen im Rahmen der kapitalmarktorientierten Rechnungslegung.[1] Unmittelbare Konsequenz einer freiwilligen Information des Kapitalmarktes durch das Unternehmen ist dabei zunächst eine Verringerung von Informationsasymmetrien, die zwischen dem Management eines Unternehmens und seinen kapitalmarktorientierten Investoren grundsätzlich bestehen. Dies ermöglicht die Verwirklichung unterschiedlicher instrumentaler Zielsetzungen, die mit der freiwilligen Transparenz eines Unternehmens grundsätzlich verfolgt werden.[2] Solche Bestrebungen dienen allerdings lediglich als Mittel zum Zweck – sie haben nämlich eine gemeinsame fundamentale Zielsetzung zum Gegenstand: die Steigerung der kapitalmarktorientierten Bewertung des betreffenden Unternehmens und die ceteris paribus damit einhergehende Senkung der Eigenkapitalkosten.[3]

Wissenschaftliche Erkenntnisse zu einer solchen fundamentalen kapitalmarktorientierten Wirkung freiwilliger unternehmenseigener Transparenz sind bereits aus einzelwirtschaftlicher Perspektive von Interesse, weil sie eine Antwort darauf geben, wie viele Informationen ein Unternehmen freiwillig zur Verfügung stellen sollte, um das unternehmerische Ziel in Form einer Steigerung des Shareholder Value besser erreichen zu können.[4] Darüber hinaus sind sie aus gesamtwirtschaftlicher bzw. regulatorischer Perspektive von Bedeutung, weil freiwillige unternehmenseigene Transparenz, eine entsprechende Verringerung von Informationsasymmetrien und die betrachteten Wirkungszusammenhänge

---

[1] Vgl. Healy/Palepu (2001), S. 429 ff.

[2] Vgl. etwa hinsichtlich der Anzahl der beobachtenden Analysten sowie der qualitativen Eigenschaften der Analystenprognosen Lang/Lundholm (1996), zu den Auswirkungen auf die Liquidität der Wertpapiere Coller/Yohn (1997) und hinsichtlich des Engagements institutioneller Investoren Healy/Hutton/Palepu (1999).

[3] Vgl. stellvertretend Francis u.a. (2005) mit dem treffenden Titel "The market pricing of accruals quality".

[4] Vgl. das Standardwerk von Rappaport (1986) mit dem Titel „Creating Shareholder Value" sowie grundlegend etwa Perridon/Steiner (2007), S. 14 f.
Wertorientierte Unternehmensführung alleine vermag nur den internen Unternehmenswert zu erhöhen. Daraus folgt im Umkehrschluss das Erfordernis, Steigerungen des internen Unternehmenswertes auch gegenüber dem Kapitalmarkt zu kommunizieren, denn nur so lassen sich unternehmerische Erfolge in Form von Kurssteigerungen auch auf Steigerungen des externen Unternehmenswertes übertragen; vgl. Hütten (2000), S. 63 ff., der das Shareholder Value-Management in unterschiedliche Schritte zerlegt und die Steigerung des internen Shareholder Value als Zwischenschritt zur Steigerung des externen Shareholder Value bezeichnet.

dazu imstande sind, die Funktionsweise des Kapitalmarktes im Sinne einer effizienten Kapitalallokation zu erhöhen,[5] sowie weiterhin im Fall einer Senkung der Eigenkapitalkosten eine höhere Produktivität der betreffenden Unternehmen ermöglichen.[6]

Modelltheoretisch konnten die zugrundeliegenden Wirkungszusammenhänge zwischen einer Verringerung der Informationsasymmetrien und einer Steigerung der kapitalmarktorientierten Bewertung bzw. einer Senkung der Eigenkapitalkosten in unterschiedlicher Form hergeleitet werden. So kommen etwa Diamond/Verrecchia (1991), Baiman/ Verrecchia (1996), Verrecchia (2001) und Zhang (2001) innerhalb des sogenannten liquiditätsorientierten Ansatzes zu der Erkenntnis, dass sich durch freiwillige unternehmenseigene Transparenz und die damit verbundene Verringerung von Informationsasymmetrien die Liquidität der gehandelten Kapitalanteile steigern lässt. Gegenstand des schätzungsrisikoorientierten Ansatzes durch Barry/Brown (1985), Coles/Loewenstein (1988), Handa/Linn (1993) und Coles/Loewenstein/Suay (1995) hingegen ist das Risiko der Investoren zur Schätzung der erwarteten Renditen, was sich durch eine freiwillige unternehmenseigene Transparenz verringern lässt. Über eine höhere Nachfrage großer Investoren nach liquiden Wertpapieren bzw. die Bereitschaft, bei einem geringeren Schätzungsrisiko eine kleinere Risikoprämie zu akzeptieren, führen dann der liquiditätsorientierte und der schätzungsrisikoorientierte Ansatz zu einer Steigerung der Bewertung kapitalmarktorientierter Unternehmen und einer Verringerung der Eigenkapitalkosten.[7]

Auch empirische Studien haben sich bereits mehrfach den fundamentalen kapitalmarktbezogenen Wirkungen freiwilliger unternehmenseigener Transparenz gewidmet.[8] Vordergründig werden dabei freiwillige Informationen innerhalb der Geschäftsberichter-

---

[5] Siehe SEC (2000) oder mit diesbezüglichem Verweis Vanstraelen/Zarzeski/Robb (2003), S. 251.

[6] Vgl. zu der Bedeutung der Kapitalkosten hinsichtlich der Beurteilung der Vorteilhaftigkeit von Investitionen Brealey/Myers/Allen (2008), S. 14 ff. und 121 ff. und bezüglich der Messung des Erfolgs der laufenden Geschäftstätigkeit Brealey/Myers/Allen (2008), S. 333 ff.

[7] Eine weitere Forschungsrichtung steht aufgrund der eher defensiven Ausrichtung der unternehmerischen Berichterstattung nicht im Fokus der vorliegenden Betrachtung, soll aber aufgrund der verwandten Wirkungsrichtung nicht unerwähnt bleiben. Es handelt sich um die frühen Arbeiten von Grossman/ Hart (1980), Milgrom (1981) und Verrechia (1983). Ihnen zufolge geben Unternehmen private Informationen an den Kapitalmarkt weiter, weil eine Nicht-Veröffentlichung oder Verheimlichung von Informationen die Marktteilnehmer darauf schließen lässt, dass es sich um negative Nachrichten handelt, da – so die Prämisse – positive Informationen bereitwillig an den Kapitalmarkt weitergegeben werden. Ein intransparentes Verhalten würde anderenfalls dazu führen, dass die Anteile des Unternehmens geringer bewertet werden.

[8] Siehe richtungsweisend Botosan (1997) und Botosan/Plumlee (2002).

stattung betrachtet, welche als Voluntary Disclosure bezeichnet werden.[9] Diese Bezeichnung, die den freiwilligen Charakter der getätigten Angaben hervorhebt, geht zurück auf die Abgrenzung von der verpflichtenden Berichterstattung innerhalb des Geschäftsberichts.[10] Während insbesondere die verpflichtenden Informationen der herkömmlichen Rechenwerke etwa in Form der Bilanz und der Gewinn- und Verlustrechnung sowie der erläuternden Angaben des Anhangs auf vergangenheitsorientierte und finanzielle Angaben beschränkt sind und ergänzende obligatorische Informationen des Lageberichts den Ansprüchen des Kapitalmarktes zum Teil nicht genügen, kommt dem Voluntary Disclosure innerhalb des Lageberichts sowie des freien Teils des Geschäftsberichts aber zum Teil auch innerhalb des Anhangs eine hohe Bedeutung zu, um seinerseits weitergehende relevante Informationen zur Verfügung zu stellen.[11]

In den zurückliegenden Jahren sind weitergehende kapitalmarktrelevante Informationen vermehrt in den Fokus geraten. Vergleichbar der Unternehmensleitung sollen Kapitalgeber in die Lage versetzt werden, getätigte oder potenzielle Investitionen zu beurteilen. Sie sollen dazu umfassende Angaben erhalten, mit deren Hilfe sich der Unternehmenswert schätzen lässt und Prognosen über seine voraussichtliche Entwicklung erstellen lassen.[12] Aufgrund der Beschränkung der Rechenwerke auf vergangenheitsorientierte, finanzielle Informationen soll das Voluntary Disclosure dazu gezielt dem ergänzenden Bedarf nach zukunftsorientierten sowie nicht-finanziellen Informationen nachkommen.[13] Diese Forderung geht zurück auf eine richtungsweisende Studie des American Institute of Certified Public Accountants (AICPA). Sie entspricht einer zweidimensionalen Ausweitung der herkömmlichen Finanzberichterstattung mit dem Ziel, dem Informationsbedarf des Kapitalmarktes nachzukommen, und wird aufgrund ihrer Ausrichtung als Business Reporting bzw. Value Reporting bezeichnet.[14]

---

[9]   Vgl. anhand einiger Studien zu den Determinanten des Voluntary Disclosure Adams/Hossain (1998), S. 263; Depoers (2000), S. 246 f.; Makhija/Patton (2004), S. 471; Patelli/Prencipe (2007), S. 14; Lim/Matolcsy/Chow (2007), S. 562 sowie Meek/Roberts/Gray (1995), S. 559; Gray/Meek/Roberts (1995), S. 54 und Hail (2003), S. 278. Zum Teil wird Voluntary Disclosure auch übergreifend als freiwillige unternehmenseigene Transparenz verstanden, zu der auch andere Kommunikationsformen zuzurechnen sind, und der Ausdruck für die Forschungsrichtung als Ganzes verwendet; vgl. Healy/ Palepu (2001), S. 426 oder Francis/Nanda/Olsson (2008), S. 91 f.

[10] Vgl. stellvertretend Adams/Hossain (1998), S. 246.

[11] Vgl. AICPA (1994), S. 25 ff.

[12] Vgl. Mueller (1998), S. 80; Müller (1998), S. 124.

[13] Ein grundsätzliches Umdenken fordert hier Moxter (2000), S. 2148: „Der Konkretisierung von Informationspflichten dienende Rechnungslegung muss, um ihrem Schutzzweck zu genügen, prognoseorientiert sein. Bilanzen und GVR sollten hier wegen ihrer Vergangenheitsbezogenheit nicht länger als zentrale Informationsinstrumente dienen; ihnen kommt eine Ergänzungsfunktion zu, nicht mehr.“

[14] Vgl. AICPA (1994), S. 25 ff. sowie Noll/Weygandt (1997), S. 59 ff. Siehe hinsichtlich der Bezeichnung als Business Reporting bzw. Value Reporting FASB (2001) bzw. Eccles u.a. (2001). Siehe auch

Vor diesem Hintergrund werden im Rahmen empirischer Studien freiwillige Angaben des gesamten Geschäftsberichts, aber zum Teil auch verpflichtende Angaben innerhalb des Anhangs und der Lageberichterstattung betrachtet, um das Ausmaß des Voluntary Disclosure erheben zu können.[15] Während eine Beschränkung auf freiwillige Berichtselemente zunächst naheliegt, ist eine Betrachtung verpflichtender Angaben ebenfalls möglich, sofern den diesbezüglichen Vorgaben in unterschiedlicher Qualität nachgegangen werden kann.[16] Daher handelt es sich bei dem Konzept des Voluntary Disclosure also vordergründig um freiwillige Berichtselemente, aber auch um freiwillig-hochwertige Angaben zu verpflichtenden Informationen, innerhalb der erläuternden und ergänzenden Teile des Geschäftsberichts.

Darüber hinaus haben empirische Arbeiten aber auch andere Kommunikationsformen zur Verringerung von Informationsasymmetrien betrachtet, deren Auswirkungen auf die Eigenkapitalkosten eines Unternehmens untersucht wurden. Hierzu zählen dann wiederum auch die Rechenwerke des Geschäftsberichts.[17] Sie nehmen sowohl hinsichtlich der Rechenschaftslegung über vergangene Perioden als auch bezüglich Ihrer Funktion als Basis für die Prognose künftiger Periodenerfolge eine wichtige Funktion innerhalb der Information des Kapitalmarktes ein,[18] und ihrer verpflichtenden Erstellung kann in unterschiedlicher Beschaffenheit nachgekommen und dadurch ein ungleiches Ausmaß von Informationen an den Kapitalmarkt übermittelt werden.[19]

Die Qualität der Rechenwerke innerhalb des Geschäftsberichts eines Unternehmens, welche durch mehrere Studien als Accounting Quality bezeichnet wird, hat damit ebenfalls einen Einfluss auf die Höhe der Informationsasymmetrien gegenüber dem Kapitalmarkt.[20] Die Beschaffenheit der Periodenerfolge, die sich als bedeutende Residualwerte aus der Gewinn- und Verlustrechnung im Zusammenspiel mit der Bilanz ergeben, wird

---

Böcking (1998), Ruhwedel/Schultze (2002) und Ruhwedel/Schultze (2004) sowie Baetge/Heumann (2006a); Baetge/Heumann (2006b); Baetge/Solmecke (2006); Baetge/Solmecke (2009).

[15] Vgl. Espinosa/Trombetta (2007), S. 1372. Siehe hinsichtlich einer ausschließlichen Verwendung freiwilliger Berichtselemente etwa Chow/Wong-Boren (1987) und Raffournier (1995) sowie bezüglich einer Zugrundlegung freiwilliger und verpflichtender Angaben Cooke (1989) und Giner (1997).

[16] Vgl. etwa Lang/Lundholm (1996), S. 468.

[17] Vgl. Francis u.a. (2004), Francis u.a. (2005) oder Aboody/Hughes/Liu (2005).

[18] Vgl. hinsichtlich der Rechenschaftslegung stellvertretend Baetge/Kirsch/Thiele (2004), S. 39 sowie bezüglich der Basis für die Prognose künftiger Periodenerfolge Heumann (2005), S. 111 oder Ernst/Schneider/Thielen (2008), S. 20 ff. „Understanding a company's past is essential for forecasting its future. For that reason, we begin the valuation process by analyzing historical performance."; Koller/Goedhart/Wessels (2005), S. 159.

[19] Vgl. Lang/Lundholm (1996), S. 468.

[20] Vgl. stellvertretend Francis u.a. (2005). Siehe hinsichtlich der Bezeichnung als Accounting Quality etwa Burgstahler/Hail/Leuz (2006) oder Barth/Landsman/Lang (2008).

regelmäßig als zentrales Maß für die Accounting Quality betrachtet.[21] Hochwertige Periodenerfolge liegen einerseits dann vor, wenn die durch Cashflows hervorgerufenen Aufwendungen und Erträge über den Prozess der periodengerechten Erfolgsermittlung möglichst verursachungsgerecht – also ohne Bilanzpolitik oder unbeabsichtigte Schätzfehler –[22] den entsprechenden Berichtsperioden zugeordnet werden bzw. andererseits der wirtschaftliche Erfolg eines Unternehmens, welcher sich in der Kursentwicklung der zugehörigen Aktien widerspiegelt, durch die berichteten Periodenerfolge zuverlässig wiedergeben wird.[23] Aufgrund der gebräuchlicheren erstgenannten Operationalisierung der Accounting Quality auf Basis von Periodenabgrenzungen wird häufig auch von Earnings Quality oder Accruals Quality gesprochen.[24]

Neben dem Voluntary Disclosure und der Accounting Quality wird von einigen Studien bereits ein drittes Instrument der freiwilligen unternehmenseigenen Transparenz betrachtet: die Personal Communication durch die Investor Relations[25] eines berichtenden Unternehmens.[26] Dies erscheint sinnvoll, da in jüngeren Befragungen zum Ausdruck kommt, dass professionelle Kapitalmarktteilnehmer in zunehmendem Maße eine persönliche Kommunikation etwa durch Analystenkonferenzen und Conference Calls[27] bzw. durch Gruppen- oder Einzelgespräche gegenüber dem Geschäftsbericht als wichtiger einstufen.[28] Grund dafür sind die direkte Informationsvermittlung durch das Management[29] bzw. die

---

21 Siehe Dechow (1994), S. 4. Die Bedeutung der Periodenerfolge für die Beurteilung eines Unternehmens durch den Kapitalmarkt wird etwa bestätigt durch Biddle/Seow/Siegel (1995), Liu/Nissim/Thomas (2002) sowie Francis/Schipper/Vincent (2003).

22 Vgl. zu diesen beiden Ursachen einer geringeren Accounting Quality Francis u.a. (2005), S. 302 sowie zu unbeabsichtigten Schätzfehlern im Besonderen Dechow/Dichev (2002), S. 36.

23 Vgl. Francis u.a. (2004), S. 969.

24 Vgl. stellvertretend Ecker/Francis/Kim/Olsson/Schipper (2006) bzw. Core/Guay/Verdi (2007).

25 Der Begriff der Investor Relations steht – wie nachfolgend zu zeigen – für die gesamte Kommunikation zwischen einem börsennotierten Unternehmen und seinen gegenwärtigen und potentiellen Investoren.

26 Vgl. Francis/Hanna/Philbrick (1997), Bowen/Davis/Matsumoto (2002), Botosan/Plumlee (2002), Hutton (2005) und Francis/Nanda/Olsson (2008).

27 Über solche Telefonkonferenzen lässt sich kurzfristig und flexibel ein größerer Adressatenkreis erreichen; vgl. Wichels (2002), S. 24.

28 Vgl. Pike/Meerjanssen/Chadwick (1993), S. 496; Barker (1998), S. 11 und 13; Epstein/Palepu (1999), S. 49 oder Wichels (2002), S. 159; Ernst/Gassen/Pellens (2005), S. 93 ff. i. V. m. S. 32 sowie Ernst/Gassen/Pellens (2009), S. 48 bzw. deutlicher S. 118 ff. Bevor in Form der Investor Relations der intensive Kontakt zu den Investoren gesucht wurde, hatten die Geschäfts- und Quartalsberichte auch im Vergleich einen höheren Stellenwert; vgl. Arnold/Moizer (1984), S. 203 sowie Arnold/Moizer/Noreen (1984), S. 9 oder auch Day (1986), S. 304.

29 Das persönliche Kennenlernen von Mitgliedern der Geschäftsführung kann neben der Informationsübermittlung als vertrauensbildende Maßnahme dienen; vgl. stellvertretend Janßen (2001), S. 568.

Investor Relations eines Unternehmens und die Möglichkeit des Eingehens auf individuelle Rückfragen und Informationsbedürfnisse[30]

Im Vergleich zum Voluntary Disclosure und der Accounting Quality kommt der Personal Communication dadurch im Übrigen eine herausgehobene Stellung zu. Während die beiden Erstgenannten als unpersönliche Kommunikationsformen alle Adressaten erreichen und so den Kapitalmarkt mit den unternehmensrelevanten Basis-Informationen versorgen, erlaubt die persönliche Kommunikation der Investor Relations einen unmittelbaren und intensiven Kontakt zu den relevanten Zielgruppen.[31] Aufgrund ihrer multiplikativen Kommunikationseffekte handelt es sich dabei vordergründig um Finanzanalysten und aufgrund der erheblichen Anlagevolumina um institutionelle Investoren.[32]

Sowohl das Voluntary Disclosure als auch die Accounting Quality und die Personal Communication dienen nun gleichermaßen – trotz der im Detail unterschiedlichen Charakteristika – einer Verringerung von Informationsasymmetrien gegenüber dem Kapitalmarkt. Aufgrund der ebenfalls einheitlichen instrumentalen und fundamentalen Zielsetzungen und der Ausrichtung auf die gemeinsame Zielgruppe der gegenwärtigen und potenziellen Investoren können alle drei Kommunikationsformen unter dem Begriff der Investor Relations zusammengefasst werden.[33] Dieser dient – seiner wörtlichen Übersetzung folgend – der Beziehungspflege eines Unternehmens zu seinen Investoren,[34] was durch eine Verringerung von Informationsasymmetrien[35] sowie den Aufbau von Reputation und die Gewinnung von Vertrauen erreicht wird.[36]

Die Investor Relations eines Unternehmens umfassen so verstanden sowohl persönliche als auch unpersönliche Formen der Kommunikation.[37] Dies wird durch Abbildung 1 nachfolgend zusammenfassend wiedergegeben.

---

[30] Vgl. Drill (1995), S. 116 und 128 oder Täubert (1998), S. 103 und 134.

[31] Vgl. Täubert (1998), S. 102 f. Wolters (2005), S. 74 bezeichnet diese beiden Arten der Kommunikation als Massen- und Individualkommunikation und Wichels (2002), S. 22 ff. als Informations- und Interaktionsinstrumente.

[32] Vgl. Drill (1995), S. 131 ff.

[33] Vgl. Wichels (2002), S. 21 ff. oder Wolters (2005), S. 75ff.

[34] Vgl. Pulham (2005), S. 13.

[35] Vgl. explizit Allendorf (1996), S. 45; Täubert (1998), S. 29 f.; Pulham (2005), S. 50.

[36] Vgl. etwa Drill (1995), S. 55; Hank (1999), S. 36; Wolters (2005), S. 53; Wichels (2002), S. 8; Ridder (2006), S. 30. Neben der Kommunikation gegenüber Unternehmensexternen fällt allerdings auch die Kommunikation gegenüber dem eigenen Unternehmen in den Aufgabenbereich der Investor Relations. So geben die Investor Relations nicht nur Informationen an den Kapitalmarkt, sondern erhalten von dort auch wertvolle Rückmeldungen hinsichtlich der für das Unternehmen relevanten Kapitalmarktentwicklungen und hinsichtlich der Erwartungen des Kapitalmarktes an das Unternehmen und an die Unternehmenskommunikation; vgl. Streuer (2004), S. 57 f. und 63 f.; Wichels (2002), S. 12 f.

[37] Siehe Drill (1995), S. 141; Täubert (1998), S. 102; Wichels (2002), S. 22; Wolters (2005), S. 76.

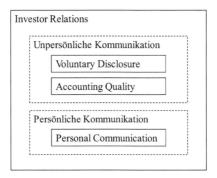

Abbildung 1: Voluntary Disclosure, Accounting Quality und Personal Communication im Rahmen der Investor Relations

1.2. Problemstellung und Zielsetzung der Untersuchung

Während nun jedoch – basierend auf den modelltheoretischen Betrachtungen – insbesondere für das Voluntary Disclosure, aber auch für die anderen beiden Kommunikationsformen, bereits mehrfach die fundamentalen Zielsetzungen freiwilliger unternehmenseigener Transparenz im Sinne einer Senkung der Eigenkapitalkosten und einer Erhöhung der kapitalmarktorientierten Bewertung etwa durch Botosan (1997), Botosan/Plumlee (2002) und Hail (2002) oder durch Francis u.a. (2004), Francis u.a. (2005) und Aboody/Hughes/Liu (2005) untersucht wurden, sind die Ergebnisse dieser Studien uneinheitlich und die diesbezüglichen Erkenntnisse demzufolge mit Einschränkungen behaftet.[38] Hinsichtlich der besonderen Bedeutung der betrachteten Fragestellung kann dies nicht zufriedenstellen.

Im Rahmen der vorliegenden Untersuchung wurden drei bedeutende Umstände identifiziert, die möglicherweise als Ursachen für die uneinheitlichen bisherigen empirischen Ergebnisse verantwortlich sind:

1. Neben dem Voluntary Disclosure sind – wie bereits angesprochen – zwei weitere Kommunikationsformen hinsichtlich einer Verringerung von Informationsasymmetrien gegenüber dem Kapitalmarkt von Bedeutung. Wird nun jedoch wie bei mehreren bisheri-

---

[38] Vgl. Espinosa/Trombetta (2007), S. 1371.

gen Untersuchungen üblich ausschließlich eine Kommunikationsform separat betrachtet,[39] führt dies zu einer Fehlspezifikation des Regressionsmodells und zu relevanten nicht-berücksichtigten – möglicherweise korrelierten – Variablen (omitted variables). Dies kann zu systematischen Fehlern und darauf aufbauend zu fehlerhaften Schlussfolgerungen führen.[40]

2. Während die fundamentale kapitalmarktorientierte Wirkung freiwilliger unternehmens-eigener Transparenz auf Basis allgemeiner theoretischer Erwägungen für alle Unterneh-men zu erwarten ist,[41] erscheint es vorstellbar, dass darüber hinaus spezifische Wirkungs-zusammenhänge bestehen, die dazu führen, dass einige Unternehmen aufgrund bestimm-ter Charakteristika besonders davon profitieren, wohingegen dies für andere Unternehmen wiederum weniger zu beobachten ist.[42] Ist dies der Fall, so können gleichartig strukturierte Untersuchungen in Abhängigkeit von der Zusammensetzung der zugrundeliegenden Grundgesamtheit zu unterschiedlichen Ergebnissen kommen.

3. Darüber hinaus beinhalten empirische Arbeiten, die sich der angesprochenen Fragestel-lung widmen, regelmäßig nicht zu vernachlässigende Schwierigkeiten bezüglich der Messung der abhängigen Variablen und der unabhängigen Variablen. Sowohl die Eigen-kapitalkosten, welche hinsichtlich der fundamentalen Zielsetzung freiwilliger unterneh-menseigener Transparenz bislang überwiegend fokussiert werden,[43] als auch die Qualität des Voluntary Disclosure, der Accounting Quality und der Personal Communication

---

[39] So betrachten etwa Botosan (1997); Botosan/Plumlee (2002) sowie Hail (2002) ausschließlich das Voluntary Disclosure und Francis u.a. (2004); Francis u.a. (2005) sowie Aboody/Hughes/Liu (2005) fokussieren einzig die Accounting Quality.

[40] Vgl. Botosan/Plumlee (2002), S. 21; Gietzmann/Trombetta (2003), S. 200; Espinosa/Trombetta (2007), S. 1389 und implizit auch Francis/Nanda/Olsson (2008), S. 96. Im Rahmen von Kapitel 2.2.3.1 wird auf diese Problematik noch detaillierter eingegangen.

[41] Dies ergibt sich aus den bereits angesprochenen modelltheoretischen Arbeiten von Diamond/Verrecchia (1991); Baiman/Verrecchia (1996); Verrecchia (2001) und Zhang (2001) bzw. Barry/Brown (1985); Coles/Loewenstein (1988); Handa/Linn (1993) und Coles/Loewenstein/Suay (1995) innerhalb des sogenannten liquiditätsorientierten bzw. schätzungsrisikoorientierten Ansatzes.

[42] Die Zweckmäßigkeit einer Differenzierung anhand bestimmter Charakteristika der betrachteten Unter-nehmen wird etwa deutlich durch die Ergebnisse von Gu/Wang (2005) sowie Barron u.a. (2002), die für Unternehmen mit einer hohen Intensität von immateriellen Vermögensgegenständen eine geringere Ex-post-Genauigkeit und eine höhere Streuung der Analystenprognosen – als geläufige Indikatoren für das Ausmaß bestehender Informationsasymmetrien – nachweisen können. Darüber hinaus bestätigen Clarkson/Kao/Richardson (1994), Depoers (2000), Leuz (2004), Prencipe (2004), Botosan/Stanford (2005) und Jones (2007), dass Unternehmen mit höherer Konkurrenzgefahr weniger Informationen freiwillig an den Kapitalmarkt übermitteln.

[43] So etwa durch Botosan (1997); Botosan/Plumlee (2002); Hail (2002); Francis u.a. (2004); Gietz-mann/Ireland (2005); Aboody/Hughes/Liu (2005); Espinosa/Trombetta (2007); Francis/Nanda/Olsson (2008).

lassen sich nicht direkt beobachten, sondern müssen mit Hilfe von Modellen bzw. Indikatoren approximiert werden. In dem Ausmaß, in dem diese Modelle die zu betrachtende Größe nicht hinreichend genau erfassen, kann dies ebenfalls irreführende Ergebnisse hervorrufen.[44]

Um hinsichtlich der Untersuchung der fundamentalen kapitalmarktorientierten Wirkungen freiwilliger unternehmenseigener Transparenz einen Beitrag zu leisten, zielt die vorliegende Arbeit darauf ab, zum einen mögliche Hintergründe für die uneinheitlichen Erkenntnisse bisheriger Studien aufzudecken und denkbare Ursachen für ungenaue oder verzerrende Ergebnisse aufzuzeigen. Zum anderen sollen mit Hilfe der nachfolgenden Lösungsansätze zuverlässigere und detailliertere Erkenntnisse ermöglicht werden:

Ad 1.: So werden im Rahmen dieser Arbeit erstmalig über das Voluntary Disclosure hinaus sowohl die Accounting Quality als auch die Personal Communication in die Betrachtung der kapitalmarktorientierten Zielsetzungen einbezogen. Damit wird in simultaner Form der Einfluss aller relevanten Kommunikationsformen innerhalb eines Regressionsmodells untersucht. Eine diesbezügliche Fehlspezifikation des Regressionsmodells und relevante nicht-berücksichtigte Einflussfaktoren (omitted variables) sowie entsprechend verzerrte Ergebnisse werden dadurch vermieden.

Zwar beziehen erste Studien durch Gietzmann/Ireland (2005), Espinosa/Trombetta (2007) und Francis/Nanda/Olsson (2008) in ihre Untersuchungen der Wirkungen des Voluntary Disclosure den Einfluss der Accounting Quality mit ein und Botosan/Plumlee (2002) betrachten das Voluntary Disclosure gemeinsam mit der Personal Communication, eine simultane Untersuchung aller drei Kommunikationsformen wurde bislang aber nicht vorgenommen.[45]

Ad 2.: Hinsichtlich möglicher Einflüsse durch die Zusammensetzung der Grundgesamtheit einer Untersuchung sollen im Rahmen der vorliegenden Arbeit nicht lediglich Unternehmen einzelner Branchen, sondern ein möglichst repräsentativer Querschnitt des Kapitalmarktes betrachtet werden. Während eine solche Betrachtung zunächst allgemeingülti-

---

[44] Vgl. Espinosa/Trombetta (2007), S. 1371 f.; Gietzmann/Ireland (2005), S. 599.
[45] Francis/Nanda/Olsson (2008), S. 91 ff. beziehen zwar neben dem Voluntary Disclosure und der Accounting Quality auch einen Indikator für die Personal Communication in ihre Untersuchung mit ein. Allerdings verstehen sie diesen nur als alternatives Maß für freiwillige Berichterstattung und nicht als eigenständiges Kommunikationsinstrument und betrachten daher auch nicht alle drei Instrumente innerhalb einer gemeinsamen Regression.

gere Rückschlüsse ermöglicht, soll mit Hilfe einer anschließenden Bildung relevanter Teilstichproben insbesondere untersucht werden, ob manche Charakteristika der einbezogenen Unternehmen besondere Vorteile oder besondere Nachteile hinsichtlich des interessierenden Wirkungszusammenhangs zwischen der freiwilligen unternehmenseigenen Transparenz und den fundamentalen kapitalmarktorientierten Zielsetzungen mit sich bringen.

Eine solche Betrachtung bestimmter Charakteristika der einbezogenen Unternehmen verspricht interessante Erkenntnisse und soll daher ebenfalls erstmalig vorgenommen werden. Lassen sich für unterschiedliche Unternehmen unterschiedliche Wirkungszusammenhänge erkennen, ermöglicht dies zunächst detailliertere Erkenntnisse bezüglich der betrachteten Fragestellung. Hinsichtlich der uneinheitlichen Ergebnisse bisheriger Untersuchungen ließe sich außerdem auf der Basis solcher Erkenntnisse ein möglicher verzerrender Einfluss, welcher von der Zusammensetzung der Grundgesamtheit einer Untersuchung hinsichtlich der relevanten Charakteristika ausgeht, gewissermaßen kontrollieren.

Ad 3.: Den Schwierigkeiten bezüglich der Messung der abhängigen Variablen und der unabhängigen Variablen soll ebenfalls begegnet werden. So soll hinsichtlich der abhängigen Variable eines Unternehmens ein alternativer Weg beschritten werden, der von ersten Autoren bereits eingeschlagen wurde: Anstelle der bisher mehrheitlichen Betrachtung der Eigenkapitalkosten soll der Einfluss auf industrieadjustierte Gewinn-Kurs-Verhältnisse[46] als Kennzahl für die Höhe der kapitalmarktorientierten Bewertung untersucht werden.[47] Da eine Erhöhung der Bewertung nämlich ceteris paribus mit einer Verringerung der impliziten Eigenkapitalkosten einhergeht, bedingen sich beide Fundamentalziele gegenseitig.[48] Dies hat zur Folge, dass sie gleichermaßen als abhängige Variable betrachtet werden können.

---

[46] Die Hintergründe für die Industrieadjustierung und für die Verwendung des Kehrwertes des sonst üblichen Kurs-Gewinn-Verhältnisses werden dargestellt im Rahmen von Kapitel 3.2.2.

[47] Eine solche Operationalisierung der abhängigen Variablen wird bereits vorgenommen durch Francis u.a. (2005), S. 311 sowie Cohen (2006), S. 26 f.

[48] Das Kurs-Gewinn-Verhältnis kann daher auch als inverser Indikator für die Eigenkapitalkosten eines Unternehmens betrachtet werden; vgl. Francis u.a. (2005), S. 311. Siehe detailliert etwa Ernst/Schneider/Thielen (2008), S. 243. Hinsichtlich der theoretischen Zusammenhänge zwischen der Discounted-Cashflow-Methode und Bewertungskennzahlen vgl. Herrmann (2002), S. 43 ff. oder Drukarczyk/Schüler (2007), S. 477 ff.
Die impliziten Eigenkapitalkosten ergeben sich – im Unterschied zu der Berechnung über das vergangenheitsorientierte Capital Asset Pricing Modell – als interner Zinsfuß aus den prognostizierten künftigen Periodenüberschüssen eines Unternehmens und seiner aktuellen Marktkapitalisierung. In Kapitel 3.2.1 wird darauf noch ausführlich eingegangen.

Gegen eine Verwendung der impliziten Eigenkapitalkosten sprach eine eingeschränkte Qualität und Verfügbarkeit der zu ihrer Berechnung erforderlichen Daten sowie die Vielzahl möglicher Berechnungsmethoden,[49] was im Ergebnis eine Ungenauigkeit der Approximation bzw. Messung der impliziten Eigenkapitalkosten zur Folge haben kann. Im Unterschied dazu lässt sich ein industrieadjustiertes Gewinn-Kurs-Verhältnis unmittelbar aus allgemein verfügbaren Daten ersehen und hinsichtlich seiner Berechnung bestehen keine Wahlmöglichkeiten.

Entscheidend für diese alternative Verfahrensweise war jedoch der Umstand, dass die gegenüber einer kennzahlengestützten Unternehmensbewertung zu Recht angeführten Kritikpunkte[50] im Rahmen einer regressionsbasierten empirischen Betrachtung nicht ins Gewicht fallen, da unterschiedliche Ausprägungen der betrachteten Unternehmen hinsichtlich relevanter Parameter durch entsprechende Kontrollvariablen in die Regressionen einbezogen werden.

Darüber hinaus werden umfangreiche Maßnahmen ergriffen, um die Messung des Voluntary Disclosure, aber auch der Accounting Quality und der Personal Communication, zu verbessern. So basiert der verwendete Indikator zur Operationalisierung des Voluntary Disclosure auf dem Rating anhand der Genauigkeit der Prognosen des Managements, welches sich vergleichsweise objektiv beurteilen lässt.[51] Um die Aussagekraft dieses Indikators zu steigern, wird der Katalog der betrachteten Prognosen des Managements erweitert um wertorientierte Berichtselemente, die in den vergangenen Jahren vermehrt gefordert wurden, um Externen eine zukunftsorientierte Bewertung des Unternehmens zu ermöglichen.[52] Weiterhin soll hier im Rahmen der Aggregation einzelner Bewertungen – entgegen den sonst häufig pauschalen Vorgehensweisen –[53] eine Gewichtung der Berichtselemente und eine Gewichtung der Genauigkeitsgrade vorge-

---

[49] Zur Darstellung einzelner Modelle der impliziten Eigenkapitalkosten vgl. Reese (2007), S. 62 ff. oder Daske/Wiesenbach (2005), S. 407 ff.

[50] So wird darauf hingewiesen, dass sich eine kennzahlengestützte Unternehmensbewertung auf eine einzige Bezugsgröße beschränkt und die zu Vergleichszwecken herangezogenen Unternehmen wohl nur in seltenen Ausnahmefällen mit dem zu bewertenden Unternehmen in jeder wesentlichen Hinsicht auch vergleichbar sind; vgl. Kuhner/Maltry (2006), S. 270; Drukarczyk/Schüler (2007), S. 486; Ballwieser (2007), S. 205; Ernst/Schneider/Thielen (2008), S. 248.

[51] Vgl. Healy/Palepu (2001), S. 426; Clarkson/Kao/Richardson (1994), S. 424.

[52] Siehe Mueller (1998), S. 80 sowie Müller (1998), S. 124 und vgl. diesbezüglich bereits die Darstellungen in Kapitel 1.1.

[53] Vgl. hinsichtlich der gleichgewichteten Aggregation einzelner Bewertungen stellvertretend Botosan (1997), S. 334 oder Hail (2002), S. 751 sowie bezüglich einer pauschalen Bewertungen unterschiedlicher Genauigkeitsgrade der Prognosen des Managements Jones (2007), S. 496 und Francis/Nanda/Olsson (2008), S. 92; Botosan (1997), S. 333 oder Hail (2002), S. 751.

nommen werden, die den Präferenzen professioneller Kapitalmarktteilnehmer entspricht.

Damit die erhobene Qualität des Voluntary Disclosure auf diese Weise möglichst wahrheitsgemäß die Sicht des Kapitalmarktes widerspiegelt, wurde zu diesem Zweck eine gesonderte Befragung mit professionellen Kapitalmarktteilnehmern vorgenommen.

Hinsichtlich der Operationalisierung der Accounting Quality wurde die durch Francis/Nanda/Olsson (2008) erstmalig vorgenommene Aggregation mehrerer zugrundeliegender Modelle übernommen,[54] die gegenüber den einzelnen mit Schätzfehlern behafteten Modellen aufgrund der Aggregation einen aussagekräftigeren Indikator zur Folge hat.

Im Hinblick auf die Personal Communication, zu deren Messung bislang erst wenige Versuche unternommen wurden,[55] dienten explorative Interviews mit leitenden Mitarbeitern aus dem Bereich Investor Relations dazu, zuverlässige Methoden zur Messung der Personal Communication aufzudecken sowie demzufolge einen neuartigen Indikator für die Intensität der persönlichen Kommunikation zu verwenden.

Insgesamt wurde zur Operationalisierung der unabhängigen Variablen bzw. zu der damit verbundenen Datenerhebung vor diesem Hintergrund ein erheblicher Aufwand betrieben, der durch die nachfolgende Abbildung 2 zusammenfassend wiedergegeben wird. So wurden zunächst die Geschäftsberichte der betrachteten Unternehmen hinsichtlich der hier relevanten Berichtselemente des Voluntary Disclosure inhaltsanalytisch ausgewertet und die Bewertungen der einzelnen Berichtselemente anschließend unter Zuhilfenahme von Gewichtungen aggregiert, die mit Hilfe einer Befragung von professionellen Kapitalmarktteilnehmern eigens zu diesem Zweck erhoben wurden.

Für die Accounting Quality wurden die Sekundärdaten der Rechenwerke der Geschäftsberichte auf Basis zweier verschiedener etablierter Modelle ausgewertet und anschließend aggregiert. Zur Erfassung der Qualität der Personal Communication wurde im Anschluss an die explorativen Interviews eine gesonderte Befragung mit den Investor-Relations-Abteilungen der betrachteten Unternehmen durchgeführt.

---

[54] Vgl. Francis/Nanda/Olsson (2008), S. 68.
[55] Wiederholt verwendet werden lediglich die Bewertung der persönlichen Kommunikation durch Analysten (vgl. etwa Botosan/Plumlee (2002), S. 30) sowie die Häufigkeit abgehaltener Conference Calls (vgl. stellvertretend Bowen/Davis/Matsumoto (2002) S. 292 ff.).

Datenerhebung zu der freiwilligen unternehmenseigenen Transparenz
im Rahmen der vorliegenden Untersuchung hinsichtlich des Voluntary Disclosure, der Accounting Quality und der Personal Communication

Inhaltsanalyse der Geschäftsberichte von 112 betrachteten Unternehmen zur Erfassung der Qualität der Berichtselemente des Voluntary Disclosure

Befragung von 1885 professionellen Kapitalmarktteilnehmern zu den Gewichtungen der Berichtselemente des Voluntary Disclosure	Auswertung der Sekundärdaten von 112 betrachteten Unternehmen zu der Accounting Quality der Rechenwerke der Geschäftsberichte	Befragung der Investor Relations von 112 betrachteten Unternehmen zur Erfassung der Qualität der Personal Communication

Abbildung 2: Datenerhebung zu den unterschiedlichen Kommunikationsformen der freiwilligen unternehmenseigenen Transparenz im Rahmen der vorliegenden Untersuchung

1.3. Aufbau und Struktur der Untersuchung

Nachdem in diesem einleitenden Kapitel bereits eine Einführung in die Thematik gegeben wurde und die Problemstellung, Zielsetzung und Struktur der Untersuchung beschrieben wird, geht es im zweiten Kapitel zunächst darum, den theoretischen Bezugsrahmen für die erwarteten fundamentalen Wirkungen der freiwilligen unternehmenseigenen Transparenz darzustellen. In dieser Hinsicht wird zunächst auf die in empirischen Beiträgen regelmäßig angesprochenen modelltheoretischen Ansätze eingegangen. Die Vorteilhaftigkeit einer transparenten Information und Kommunikation gegenüber dem Kapitalmarkt und des damit einhergehenden Abbaus von Informationsasymmetrien ergibt sich allerdings auch aus einem allgemeineren agencytheoretischen Ansatz, der aus diesem Grund ebenfalls besprochen wird.

Anschließend geht es darum, einen Überblick über bisherige empirische Erkenntnisse zu verschaffen. Da zahlreiche Untersuchungen lediglich eine Kommunikationsform separat betrachten, werden die gewonnenen Erkenntnisse zunächst für das Voluntary Disclosure, die Accounting Quality und die Personal Communication getrennt dargestellt. Erste Studien, die zwei verschiedene Kommunikationsformen gemeinsam betrachten, werden aufgrund ihrer besonderen Bedeutung für die vorliegende Untersuchung gesondert besprochen und die Notwendigkeit einer simultanen Betrachtung aller drei Kommunikationsformen im Detail erläutert. Darüber hinaus werden bisherige Erkenntnisse bezüglich der Wirkung der gesamten Investor Relations sowie bezüglich des deutschen Kapitalmarktes getrennt dargestellt.

Basierend auf dem theoretischen Bezugsrahmen und den bisherigen empirischen Erkenntnissen werden mehrere Hypothesen abgeleitet, die sich zunächst mit den grundsätzlichen Wirkungsweisen und daran anschließend mit den besonderen Wirkungsweisen der freiwilligen unternehmenseigenen Transparenz beschäftigen.

Nach diesen grundlegenden Ausarbeitungen widmet sich das dritte Kapitel dem Untersuchungsdesign und der Datenerhebung. Dazu wird zunächst das Regressionsmodell vorgestellt. Den Bemühungen um eine exaktere Messung der relevanten Variablen entsprechend, nimmt zunächst die Operationalisierung der abhängigen Variablen und daran anschließend die Operationalisierung der unabhängigen Variablen einen wesentlichen Umfang ein. So werden etwa hinsichtlich der Operationalisierung des Voluntary Disclosure grundsätzlich geeignete Indikatoren besprochen, um daran anschließend auf die Zusammensetzung und Berechnung des Voluntary Disclosure Index, die zugrundeliegende Datenerhebung und die Befragung zur Gewichtung einzelner Berichtselemente einzugehen. Auch die Operationalisierung der Accounting Quality und der Personal Communication wird ausführlich erläutert, bevor es darum geht, mehrere relevante Kontrollvariablen abzuleiten und jeweils nachfolgend zu operationalisieren. Im Anschluss daran wird die zeitliche Abfolge der Messung der Variablen dargestellt, welche zur Überprüfung der kausalen Zusammenhänge gewährleistet, dass die Qualität der freiwilligen unternehmenseigenen Transparenz vor der betrachteten Ausprägung der abhängigen Variablen bestanden hat. Schließlich werden die Festlegung der Grundgesamtheit und die Festlegung der Stichprobe besprochen.

Nach der Darstellung des Untersuchungsdesigns und der Beschreibung der Datenerhebung werden im Rahmen des vierten Kapitels die empirischen Ergebnisse der untersuchten Wirkungszusammenhänge vorgestellt und erläutert. Einleitend werden dazu die verwendeten Variablen einer deskriptiven Analyse und einer bivariaten Korrelationsanalyse unterzogen. Die eigentlichen Regressionsergebnisse werden dann zunächst für die grundsätzlichen und daran anschließend für die besonderen Wirkungsweisen der freiwilligen unternehmenseigenen Transparenz besprochen.

Über diese Berechnungen hinausgehend werden mehrere Robustheitstests vorgenommen, um die Sensitivität der vorgefundenen Ergebnisse zu überprüfen, die gegenüber der Operationalisierung der abhängigen Variablen, der Operationalisierung des Voluntary Disclosure und der Operationalisierung der Accounting Quality möglicherweise besteht. Schließlich werden zwei zusätzliche Betrachtungen vorgenommen, von denen die erste überprüft, ob Endogenität im Rahmen der vorliegenden Arbeit eine Verzerrung der Ergebnisse verursacht haben könnte, und die zweite untersucht, ob sich die Notwendigkeit einer simultanen Betrachtung der unterschiedlichen Kommunikationsformen anhand der Regressionsergebnisse für die gegebene Stichprobe empirisch nachweisen lässt.

Zum Schluss einer schriftlichen Ausarbeitung ist es üblich, die wichtigsten Erkenntnisse zusammenzufassen. Dies geschieht hier mit Hilfe des fünften Kapitels. Um die Darstellungen zu strukturieren und eine Auffindbarkeit der zugrundeliegenden Erkenntnisse zu erleichtern, wird das Kapitel entsprechend den wichtigsten besprochenen Inhalten unterteilt.

Zuletzt wird vor dem Hintergrund der gewonnenen Erkenntnisse ein Fazit gezogen und darüber hinaus werden im Rahmen eines Ausblicks mehrere Anregungen gegeben, die für künftige Forschungsarbeiten von Interesse sein könnten.

Die diesem Aufbau der vorliegenden Arbeit zugrundeliegende Struktur der Untersuchung wird zur Verdeutlichung in Abbildung 3 grafisch wiedergegeben. Zu unterscheiden ist demnach zwischen der Theorie- und der Operationalisierungsebene. Während es auf der Theorieebene zunächst darum geht, die erwarteten Wirkungszusammenhänge zwischen den Kommunikationsformen freiwilliger unternehmenseigener Transparenz und der Höhe der kapitalmarktorientierten Bewertung darzustellen sowie entsprechende Hypothesen abzuleiten, geht es auf der Operationalisierungsebene darum, die abhängige Variable, die unabhängigen Variablen sowie die Kontrollvariablen durch geeignete Indikatoren zu operationalisieren und die theoretisch unterstellte Wirkungsweise auf ihre empirische Nachweisbarkeit hin zu überprüfen.

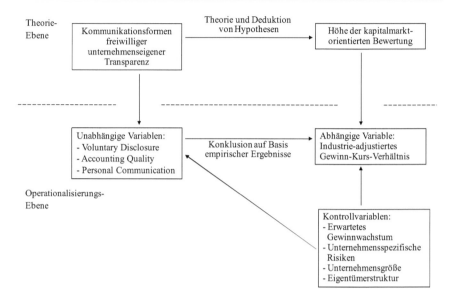

Abbildung 3: Darstellung der Struktur der Untersuchung der fundamentalen kapitalmarkt-orientierten Wirkung der freiwilligen unternehmenseigenen Transparenz[56]

---

[56] Die Form der Darstellung ist aufgrund ihrer eingängigen Struktur angelehnt an die von Libby (1981), S. 10 f. vorgeschlagene Darstellungsweise.

2. Theoretisches und empirisches Fundament sowie Ableitung von Hypothesen

Vor der Darstellung der eigentlichen empirischen Untersuchung werden nachfolgend zunächst innerhalb des theoretischen Bezugsrahmens zugrundeliegende modelltheoretische und agencytheoretische Wirkungsweisen erläutert, bisherige empirische Erkenntnisse vorgestellt sowie auf dieser Basis relevante Hypothesen entwickelt.

2.1. Theoretischer Bezugsrahmen

Ausgangspunkt der theoretischen Betrachtung fundamentaler kapitalmarktbezogener Wirkungen freiwilliger unternehmenseigener Transparenz sind zunächst drei unterschiedliche modelltheoretische Ansätze, denen jeweils eine andere Modellierung der Informationsasymmetrien zugrundeliegt. Es handelt sich dabei um den liquiditätsorientierten, den schätzungsrisikenorientierten und den verbreitungsorientierten Ansatz.[57] Durch die Einbeziehung von Informationsasymmetrien bewegen sich diese Ansätze innerhalb der Neuen Institutionenökonomik.[58]

Während das Capital Asset Pricing Modell (CAPM)[59] als zentrales Konzept zur Modellierung der Eigenkapitalkosten innerhalb der Neoklassik keine Informationsasymmetrien kennt und daher deren Wirkungen auch nicht betrachten kann,[60] ergeben sich aus den institutionenökonomischen modelltheoretischen Ansätzen durchaus Anreize für eine transparente Berichterstattung kapitalmarktorientierter Unternehmen.[61]

Darüber hinaus lassen sich die Wirkungen transparenter Berichterstattung aber auch ohne gesonderte Modellierung aus den grundlegenden Erkenntnissen der Neuen Institutionenökonomik ableiten. So wird der freiwilligen unternehmenseigenen Transparenz in einem agencytheoretischen Kontext insbesondere die Fähigkeit zuerkannt, Reputation und Vertrauen aufzubauen, die ihrerseits die berichteten Informationen glaubwürdig übermit-

---

[57] Vgl. Labhart (1999), S. 69 ff.; Fischer (2003), S. 44 ff.; Stauber (2004), S. 77 f. oder Banzhaf (2006), S. 179 ff. Hinsichtlich des liquiditätsorientierten und des schätzungsrisikenorientierten Ansatzes siehe auch Wagenhofer/Ewert (2007), S. 405 oder bereits Botosan (1997), S. 324 und Botosan (2000), S. 61. Der Ansatz von Merton (1987) wird hier als verbreitungsorientierter Ansatz bereichnet. Dargestellt werden nachfolgend die etablierten Modelle der einzelnen Ansätze. Weitere Modellierungen wurden vorgenommen durch Kim/Verrecchia (1994) und in jüngerer Zeit durch Hofmann (2006) sowie Hughes/Liu/Liu (2007), die beide eine Erweiterung des Modells von Easley/O'Hara (2004) vornehmen.

[58] Vgl. Labhart (1999), S. 83.

[59] Das Capital Asset Pricing Modell geht zurück auf Sharpe (1964); Lintner (1965) sowie Mossin (1966). Siehe grundlegend etwa Perridon/Steiner (2007), S. 250 ff.

[60] Vgl. etwa Morich (2007), S. 49 f.

[61] Vgl. Labhart (1999), S. 69 ff.; Fischer (2003), S. 44 ff. oder Kuhner (1998), S. 173 ff.

teln können. Auf diese Weise lassen sich vorvertragliche und nachvertragliche Informationsasymmetrien verringern und die aus ihnen entstehenden Nachteile für Kapitalgeber vermindern.[62]

Die modelltheoretischen Ansätze und der agencytheoretische Ansatz zur Erklärung der fundamentalen Wirkungen einer freiwilligen unternehmenseigenen Transparenz sind Gegenstand der nachfolgenden Ausführungen.

2.1.1.   Modelltheoretische Ansätze

2.1.1.1.   Liquiditätsorientierter Ansatz

Die unterschiedlichen Modelle des liquiditätsorientierten Ansatzes betrachten die Auswirkungen der freiwilligen unternehmenseigenen Transparenz auf die Liquidität der Wertpapiere der Gesellschaft. Ausgangspunkt der bedeutenden Arbeiten von Diamond/ Verrecchia (1991), Baiman/Verrecchia (1996), Verrecchia (2001) oder Zhang (2001) sind bestehende Informationsasymmetrien zwischen den Kapitalmarktteilnehmern, modelliert durch einen oder mehrere Anleger mit privaten Informationen über ein Unternehmen und andere Anleger sowie den Handel aufrechterhaltende Market Maker, die nur über öffentliche Informationen verfügen.[63]

Von zentraler Bedeutung für die nachfolgende Argumentationsweise ist das zugrundeliegende Verständnis der Handelsspanne eines Market Makers (Bid-Ask-Spread) als Messgröße und Ausdruck der Liquidität eines Wertpapiers.[64] Zwei Kostenarten wurden der Handelsspanne eines Market Makers in frühen Literaturbeiträgen zunächst zugeschrieben: Kosten infolge der Annahme und ggf. zeitversetzten Zusammenführung entgegengerichteter Aufträge und Kosten aus dem Vorhalten eines notwendigen Handelsbestandes.[65] In späteren Beiträgen wurden diese beiden Bestandteile dann um Kosten aufgrund von bestehenden Informationsasymmetrien erweitert.[66]

---

[62] Vgl. Tiemann (1997), S. 112; Siersleben (1999), S. 37 f. und 129; Wenzel (2005), S. 102.

[63] Die Auswirkungen von bestehenden Informationsasymmetrien zwischen unterschiedlichen Kapitalmarktteilnehmern werden oder die Einbeziehung der unternehmerischen Berichterstattung bereits analysiert durch Copeland/Galai (1983), Glosten/Milgrom (1985) sowie Easley/O'Hara (1987).

[64] Zu der Bedeutung der Handelsspanne als liquiditätsbedingte Transaktionskosten siehe bereits Demsetz (1968).

[65] Vgl. etwa Amihud/Mendelson (1986), S. 225.

[66] Vgl. Glosten/Harris (1988) und Stoll (1989).

Demzufolge verlangt der Market Maker eine höhere Spanne zwischen dem Kauf- und dem Verkaufspreis, wenn er einen eigenen Informationsnachteil bezüglich des betreffenden Wertpapiers aufgrund des Bestehens von Informationsasymmetrien für wahrscheinlich hält. Dadurch erhält er einen monetären Ausgleich für das Risiko, durch seinen Informationsnachteil und den Handel mit besser informierten Anlegern Geld zu verlieren.[67] Werden nun durch Informationen des Unternehmens die bestehenden Informationsasymmetrien zwischen den Kapitalmarktteilnehmern verringert, vermindert dies die Handelsspannen der konkurrierenden Market Maker[68] und erhöht die Liquidität der Wertpapiere.[69]

Aus einigen Modellen ergibt sich nun aus der höheren Liquidität eine größere Nachfrage, da das betreffende Wertpapier aufgrund der höheren Liquidität auch für große Investoren mit künftigem Liquiditätsbedarf interessant wird.[70] Aus der größeren Nachfrage ergibt sich eine höhere Bewertung der betreffenden Wertpapiere sowie dementsprechend eine Senkung der Kapitalkosten des Unternehmens.[71]

Andere Modelle postulieren ebenfalls eine Verringerung der Eigenkapitalkosten des Unternehmens. Sie ist hier jedoch nicht Folge einer gestiegenen Nachfrage nach den Wertpapieren des Unternehmens, sondern ergibt sich direkt aus der Verringerung der Handelsspanne. Diese stellt nämlich im Unterschied zu der Perspektive des Market Makers für die übrigen Kapitalmarktteilnehmer Transaktionskosten dar, die beim Kauf

---

[67] Vgl. Copeland/Galai (1983), S. 1457 f.; Glosten/Milgrom (1985), S. 72.

[68] Siehe zu diesbezüglichen empirischen Ergebnissen etwa Callahan/Lee/Yohn (1997), Coller/Yohn (1997) oder Yohn (1998).

[69] Siehe stellvertretend Verrecchia (2001), S. 164 ff. Der Zusammenhang zwischen der Handelsspanne als Maß für die Liquidität eines Wertpapiers und der geforderten Rendite bzw. den Eigenkapitalkosten aus Sicht eines betreffenden Unternehmens wurde bereits vorher hergestellt; vgl. den modelltheoretischen Ansatz von Amihud/Mendelson (1986), S. 225 ff. sowie entsprechende empirische Ergebnisse von Amihud/Mendelson (1986), S. 231 ff. und Amihud/Mendelson (1989). Im Unterschied zu den nachfolgenden modelltheoretischen Arbeiten wurde das Bestehen von Informationsasymmetrien bzw. die freiwillige unternehmenseigene Transparenz von Amihud/Mendelson (1986) noch nicht als endogene Variable modelliert.

[70] Diese Zusammenhänge konnten auch verschiedentlich empirisch nachgewiesen werden. So zeigen die Ergebnisse von Bushee/Noe (2000) oder Healy/Hutton/Palepu (1999), dass sich eine Erhöhung der freiwilligen unternehmenseigenen Transparenz positiv auf den Anteilsbesitz durch große Investoren auswirkt. Möglicherweise handelt es sich dabei aber um einen Wirkungszusammenhang der in beide Richtungen geht; vgl. Ayers/Freeman (2003), S. 64. So lassen sich ebenfalls Anzeichen dafür finden, dass ein höherer Anteilsbesitz durch große Investoren eine höhere unternehmenseigene Transparenz nach sich zieht; vgl. Hutton (2005); Ajinkya/Bhojraj/Sengupta (2005).

[71] Vgl. Diamond/Verrecchia (1991), S. 1339 sowie Baiman/Verrecchia (1996), S. 10. Empirische Nachweise dafür, dass sich das Ausmaß der von großen Investoren gehaltenen Kapitalanteile positiv auf die Bewertung eines Unternehmens auswirkt, erbringen etwa Sias/Starks/Titman (2006); Gibson/ Safieddine (2003); Gompers/Metrick (2001); Wermers (1999); Nofsinger/Sias (1999).

bzw. Verkauf der Wertpapiere zu tragen sind. Verringert sich nun die Handelsspanne des Wertpapiers und damit die Transaktionskosten der Kapitalmarktteilnehmer, sind diese mit einer geringeren erwarteten Rendite zufrieden. Dies führt schließlich für das berichtende Unternehmen zu einer Steigerung der kapitalmarktorientierten Bewertung und einer Verringerung der Eigenkapitalkosten.[72]

Der Ansatz, die Modellierung der Informationsasymmetrie und der Einfluss auf die Kapitalkosten bzw. die Bewertung des Unternehmens werden durch Abbildung 4 für die jeweiligen Modelle nachfolgend zusammenfassend wiedergegeben.

---

[72] Vgl. Verrecchia (2001), S. 164 ff. und ähnlich auch Zhang (2001), S. 366. Zu dem Zusammenhang zwischen der durch die Handelsspanne verursachten Transaktionskosten und den Eigenkapitalkosten vgl. bereits Amihud/Mendelson (1986), S. 228 sowie S. 246 für die richtungsweisende Schlussfolgerung: „The higher yields required on higher-spread stocks give firms an incentive to increase the liquidity of their securities, thus reducing their opportunity cost of capital. Consequently, liquidityincreasing financial policies may increase the value of the firm.“

Modell/ Autoren	Ansatz des Modells	Modellierung der Informations- asymmetrie	Einfluss auf die Kapitalkosten bzw. die Bewertung des Unternehmens
Diamond/ Verrecchia (1991)	Informations- asymmetrie- abhängige liquiditätsbedingte Transaktions- kosten.	Informationsasym- metrien zwischen Kapitalmarkttteil- nehmern: Anleger mit privaten Informationen gegenüber liquiditäts- orientierten Anlegern sowie Market Makern mit lediglich öffentlich verfügbaren Informatio- nen. Nur ein Wertpapier.	Wird durch freiwillige Informations- veröffentlichung die Informations- asymmetrie zwischen den Anlegern verringert, steigert die erwartete Liquiditätszunahme die Nachfrage und damit den Preis des Wertpapiers. Dies senkt die Kapitalkosten des Unterneh- mens. Der maximale Aktienwert setzt ein Restmaß an Informationsasym- metrie voraus.
Baiman/ Verrecchia (1996)	Informations- asymmetrie- abhängige liquiditätsbedingte Transaktions- kosten unter expliziter Modellierung der Agency- Problematik.	Informationsasym- metrien zwischen Kapitalmarkttteil- nehmern: Management mit privaten Informatio- nen gegenüber Market Makern und anderen Kapitalmarktteilnehmern mit lediglich öffentlich verfügbaren Informatio- nen. Nur ein Wertpapier.	Wird durch freiwillige Informations- veröffentlichung die Informations- asymmetrie gegenüber den Anlegern verringert, steigt die erwartete Liquidi- tätszunahme und senkt die Kapitalkos- ten des Unternehmens. Diesem positiven Effekt stehen aber höhere Agency-Kosten (aufgrund von Moral Hazard) gegenüber, da der Aktienkurs weniger Informationen über die Leistung des Managements enthält.
Verrecchia (2001)	Informations- asymmetrie- abhängige liquiditätsbedingte Transaktions- kosten unter Berücksichtigung von Wettbewerbs- kosten der Informations- veröffentlichung.	Informationsasym- metrien zwischen Kapitalmarkt- teilnehmern: Anleger mit privaten Informationen gegenüber liquiditäts- orientierten Anlegern sowie Market Makern mit lediglich öffentlich verfügbaren Informatio- nen. Nur ein Wertpapier.	Die Konfliktsituation des Managers in Bezug auf die Veröffentlichung von Informationen, mit einer Reduktion der informationsasymmetrieabhängigen Kapitalkostenprämie auf der einen und der Wettbewerbskosten auf der anderen Seite, führen zu einer Informa- tionspolitik zwischen den Extremen einer vollständigen und keiner Offen- legung.
Zhang (2001)	Informations- asymmetrie- abhängige liquiditätsbedingte Transaktions- kosten bei modellendogener Bestimmung der Menge offengelegter Angaben.	Informationsasym- metrien zwischen Kapitalmarkt- teilnehmern: ein Anleger mit privaten Informatio- nen gegenüber liquidi- tätsorientierten Anlegern sowie Market Makern mit lediglich öffentlich verfügbaren Informatio- nen. Nur ein Wertpapier.	Im Gleichgewicht besteht eine positive Beziehung zwischen der Menge offengelegter Angaben und den Kapitalkosten, falls sich die Unter- nehmen primär durch die Volatilität der Gewinne, die Variabilität von Liquiditätsschocks oder die Kosten der privaten Informationsproduktion unterscheiden. Es besteht eine negative Beziehung, falls sich die Unternehmen primär durch die Kosten der Offen- legung von Angaben unterscheiden.

Abbildung 4: Modelle des liquiditätsorientierten Ansatzes

Über diese rein liquiditätsorientierten Ansätze hinaus wurde von Easley/O'Hara (2004) ein Modell entwickelt, das aufgrund seiner wesentlichen Eigenschaften eher dem liquiditätsorientierten Ansatz zuzuordnen ist,[73] obwohl es auch Charakteristika des im nächsten Kapitel vorzustellenden schätzungsrisikenorientierten Ansatzes beinhaltet. Es wird daher innerhalb dieses Kapitels gesondert dargestellt.

Den Ausgangspunkt bilden bei diesem Modell – vergleichbar mit den rein liquiditätsorientierten Modellen – Informationsasymmetrien zwischen unterschiedlichen Kapitalmarktteilnehmern. Wie bei den schätzungsrisikenorientierten Modellen werden jedoch mehrere Wertpapiere gleichzeitig betrachtet und die angesprochenen Informationsasymmetrien beziehen sich auf unterschiedliche Wertpapiere, da der Modellierung sowohl Wertpapiere mit ausschließlich öffentlichen Informationen als auch Wertpapiere mit zusätzlich privaten Informationen zugrundeliegen.[74] Kapitalmarktteilnehmer mit Informationsnachteilen sind zwar zwecks Diversifikation ihres Portfolios am Kauf von Wertpapieren mit privaten Informationen interessiert, werden aber aufgrund der monetären Risiken beim Handel mit informierten Investoren die entsprechenden Wertpapiere nur bei einem Preisabschlag kaufen und verlangen somit eine Risikoprämie.[75]

Zwar ist die Liquidität der Wertpapiere nicht explizit Gegenstand der Betrachtung, die Wirkungskette ist jedoch vergleichbar. Werden zu einem Wertpapier mehr Informationen veröffentlicht und verbleiben somit weniger private Informationen, steigt die Nachfrage nach diesem Wertpapier und demzufolge auch sein Preis. Aus Unternehmensperspektive verringern sich dadurch die Eigenkapitalkosten.[76] Andererseits werden zumindest implizit auch Schätzungsrisiken angesprochen. Private Informationen entsprechen einem systematischen Risiko, für das die Investoren im Kapitalmarkt-Gleichgewicht eine Entlohnung verlangen (siehe zusammenfassend Abbildung 5).[77]

---

[73] Vgl. Lambert/Leuz/Verrecchia (2007), S. 389.
[74] Vgl. Easley/O'Hara (2004), S. 1554.
[75] Vgl. Easley/O'Hara (2004), S. 1564 und 1554.
[76] Vgl. Easley/O'Hara (2004), S. 1572.
[77] Vgl. Easley/O'Hara (2004), S. 1554.

Modell/ Autoren	Ansatz des Modells	Modellierung der Informations- asymmetrie	Einfluss auf die Kapitalkosten bzw. die Bewertung des Unternehmens
Easley/ O'Hara (2004)	Erweiterung des CAPM unter Berück- sichtigung von informations- asymmetrie- abhängigen nicht- diversifizierbaren Transaktions- bzw. Schätzrisiken.	Informationsasymmetrien zwischen Kapitalmarkt- teilnehmern bezüglich unterschiedlicher Wert- papiere in einer Markt- gleichgewichtsbetrachtung: Anleger mit privaten Informationen und andere Anleger mit lediglich öffentlich verfügbaren Informationen. Portfolio- betrachtung.	Wird durch freiwillige Informations- veröffentlichung die Informations- asymmetrie zwischen den Anlegern verringert, steigt die Nachfrage und damit der Preis eines Wertpapiers. Dies senkt die Kapitalkosten des Unternehmens.

Abbildung 5: Modell von Easley/O'Hara (2004)

2.1.1.2.   Schätzungsrisikenorientierter Ansatz

Während der liquiditätsorientierte Ansatz Informationsasymmetrien zwischen einzelnen Kapitalmarktteilnehmern modelliert, haben beim schätzungsrisikenorientierten Ansatz alle Kapitalmarktteilnehmer den gleichen Informationsstand. Allerdings ergeben sich Unsicherheiten hinsichtlich der Zusammensetzung der Portfolios, da die Kapitalmarktteil- nehmer die Wahrscheinlichkeiten der erwarteten Renditen sowie die Parameter ihrer Verteilung schätzen müssen und hinsichtlich der einzelnen Wertpapiere über einen unter- schiedlichen Informationsstand verfügen.[78] Informationsasymmetrien ergeben sich bei den Modellen von Barry/Brown (1985), Coles/Loewenstein (1988), Handa/Linn (1993), Coles/Loewenstein/Suay (1995) sowie nachfolgend Lambert/Leuz/Verrecchia (2007) also nicht zwischen einzelnen Kapitalmarktteilnehmern, sondern zwischen verschiedenen Wertpapieren. Folglich unterliegen die Kapitalmarktteilnehmer bei der Schätzung der Renditen einzelner Wertpapiere einem unterschiedlich hohen Risiko.[79]

Für die Übernahme des wertpapierspezifischen Schätzungsrisikos verlangen die Kapital- marktteilnehmer nun eine Risikoprämie in Abhängigkeit von der Höhe der mit einem Wertpapier verbundenen Unsicherheit der Schätzung der erwarteten Rendite. Die Eigen-

---

[78] Mit einem unterschiedlichen Informationsstand bezüglich einzelner Wertpapiere und der daraus folgen- den Informationsasymmetrie haben sich bereits Klein/Bawa (1976) beschäftigt.

[79] Siehe ursprünglich Barry/Brown (1985), S. 409 oder für das APT-Modell Handa/Linn (1993), S. 88 f. Vgl. Fischer (2003), S. 55 f. oder Banzhaf (2006), S. 182.

kapitalkosten eines Unternehmens sind somit im Kapitalmarktgleichgewicht abhängig von dem Informationsstand des Kapitalmarktes und dem damit verbundenen Schätzungsrisiko des betreffenden Wertpapiers.[80]

Der Informationsstand des Kapitalmarktes wird zunächst als Anzahl der zur Verfügung stehenden Beobachtungen von Aktienrenditen modelliert. Die Ergebnisse beschränken sich allerdings nicht auf beobachtbare Aktienrenditen, sondern sind ebenso anzuwenden auf andere unterschiedliche Maße des Informationsniveaus wie etwa die Qualität der freiwilligen unternehmenseigenen Transparenz.[81] Im Ergebnis ist es einem kapitalmarktorientierten Unternehmen möglich, durch eine Erhöhung des Informationsstandes der Kapitalmarktteilnehmer seine Eigenkapitalkosten zu senken.[82]

Die wesentlichen Charakteristika der jeweiligen Modelle werden durch Abbildung 6 wiedergegeben. Auf Basis einer alternativen Vorgehensweise betrachten Lambert/Leuz/ Verrecchia (2007) – statt den erwarteten Renditen der Wertpapiere – die künftigen Cashflows der betreffenden Unternehmen.

---

[80] Vgl. stellvertretend Barry/Brown (1985), S. 412. Dies setzt voraus, dass das Schätzungsrisiko nicht diversifizierbar ist. Barry/Brown (1985), S. 407 etwa betrachten es daher als Teil des nicht-diversifizierbaren systematischen Risikos des Marktportfolios. Zur Diskussion der Diversifizierbarkeit des Schätzungsrisikos siehe etwa Clarkson/Guedes/Thompson (1996) oder Fischer (2003), S. 58 m. w. N. Aus einer nachfolgenden Modellierung von Lambert/Leuz/Verrecchia (2007), S. 387 und 396 f. ergibt sich eine Nicht-Diversifizierbarkeit des Schätzungsrisikos.

[81] Vgl. Barry/Brown (1985), S. 409 bzw. S. 412 f. sowie 419 f.

[82] Siehe bereits Barry/Brown (1985), S. 413 oder aktueller Lambert/Leuz/Verrecchia (2007), S. 410 f. Die Untersuchung von Hughes/Liu/Liu (2007) kommt zu entgegengesetzten Ergebnissen; vgl. Lambert/Leuz/Verrecchia (2007), S. 411. Zu dem Modell von Lambert/Leuz/Verrecchia (2007) siehe auch Indjejikian (2007).

Modell/ Autoren	Ansatz des Modells	Modellierung der Informations-Asymmetrie	Einfluss auf die Kapitalkosten bzw. die Bewertung des Unternehmens
Barry/ Brown (1985)	Erweiterung des CAPM um Schätzungsrisiken bezüglich der erwarteten Renditen.	Informationsasymmetrien bezüglich verschiedener Wertpapiere. Homogener Informationsstand aller Kapitalmarktteilnehmer. Portfoliobetrachtung.	Bei Informationsasymmetrien zwischen Wertpapieren zeichnen sich solche mit niedrigem (hohem) Informationsstand im Vergleich zum CAPM durch höhere (niedrigere) Eigenkapitalkosten aus.
Coles/ Loewenstein (1988)	Das Modell von Barry/Brown (1985) wird unter Annahme eines teilweise modellendogen angenommenen Payoff-Generierungs-Prozesses analysiert.	Informationsasymmetrien bezüglich verschiedener Wertpapiere. Homogener Informationsstand aller Kapitalmarktteilnehmer. Portfoliobetrachtung.	Bereits das Ausmaß symmetrisch verteilter Schätzungsrisiken wirkt sich auf die Eigenkapitalkosten und die Bewertung der Wertpapiere aus. Für asymmetrisch verteilte Schätzungsrisiken zwischen Wertpapieren ist dies auch der Fall. Die Richtung der Auswirkung entspricht für wichtige Fallkonstellationen der von Barry/Brown (1985).
Handa/ Linn (1993)	Erweiterung des APT-Modells[83] um Schätzungsrisiken bezüglich der erwarteten Renditen.	Informationsasymmetrien bezüglich verschiedener Wertpapiere. Homogener Informationsstand aller Kapitalmarktteilnehmer. Portfoliobetrachtung.	Bei Informationsasymmetrien zwischen Wertpapieren zeichnen sich solche mit niedrigem (hohem) Informationsstand im Vergleich zum APT-Modell durch höhere (niedrigere) Eigenkapitalkosten aus und werden am Kapitalmarkt tiefer (höher) bewertet.
Coles/ Loewenstein/Suay (1995)	Das Modell von Barry/ Brown (1985) wird unter Annahme eines teilweise modellendogen angenommenen Payoff-Generierungs-Prozesses mehrperiodig analysiert.	Informationsasymmetrien bezüglich verschiedener Wertpapiere. Homogener Informationsstand aller Kapitalmarktteilnehmer. Portfoliobetrachtung.	Die Resultate der Modelle von Barry/Brown (1985) bzw. Coles/ Loewenstein (1988) werden im wesentlichen unter der zeitlichen Erweiterung des Modells bestätigt.
Lambert/ Leuz/ Verrecchia (2007)	Modifikation des CAPM durch Betrachtung von Cashflows der Unternehmen statt Renditen der Wertpapiere und Erweiterung um Schätzungsrisiken bezüglich der erwarteten Cashflows.	Informationsasymmetrien bezüglich verschiedener Unternehmen. Homogener Informationsstand aller Kapitalmarktteilnehmer. Portfoliobetrachtung.	Bei Informationsasymmetrien bezüglich der Cashflows einzelner Unternehmen zeichnen sich solche Unternehmen mit niedrigem (hohem) Informationsstand im Vergleich zum CAPM durch höhere (niedrigere) Eigenkapitalkosten aus. Zusätzliche Betrachtung von Auswirkungen des Informationsstandes auf operative Entscheidungen. Diese Auswirkungen gehen für wichtige Fallkonstellationen in dieselbe Richtung.

Abbildung 6: Modelle des schätzungsrisikenorientierten Ansatzes

[83] Die Arbitrage Pricing Theory geht zurück auf Ross (1976).

2.1.1.3.   Verbreitungsorientierter Ansatz

Im Unterschied zu den Modellen des liquiditäts- und schätzungsrisikenorientierten Ansatzes geht Merton (1987) davon aus, dass zu den einzelnen Wertpapieren jeweils vollständige Informationen vorliegen und dementsprechend grundsätzlich keine Informationsasymmetrien zwischen dem Management eines Unternehmens und den Kapitalmarktteilnehmern bzw. zwischen einzelnen Kapitalmarktteilnehmern sowie zwischen unterschiedlichen Wertpapieren bestehen. Die asymmetrische Informationsverteilung ergibt sich vielmehr daraus, dass die Kapitalmarktteilnehmer aus rationalen Erwägungen nicht alle Anlagealternativen kennen und daher zu manchen Wertpapieren auch keine vollständigen Informationen besitzen.[84]

Die eingeschränkte Kenntnis der verfügbaren Anlagealternativen resultiert aus dem Umstand, dass einem Kapitalmarktteilnehmer aus der erstmaligen Information über eine Anlagealternative einmalige Fixkosten entstehen.[85] Er beobachtet dementsprechend nicht alle denkbaren Wertpapiere, sondern nur einen Teil der möglichen Anlagealternativen. Nur solche Wertpapiere, die er auch kennt, werden bei der Diversifikation seines Portfolios dann berücksichtigt.[86] Aus diesen Überlegungen ergibt sich die Marktkapitalisierung eines Unternehmens im Kapitalmarktgleichgewicht aus dem Anteil der Investoren, die über vollständige Informationen hinsichtlich des Unternehmens verfügen und das entsprechende Wertpapier daher bei der Portfoliokonzeption berücksichtigen.[87] Ist ein Wertpapier einer zunehmenden Anzahl von Kapitalmarktteilnehmern bekannt, steigt die Nachfrage nach den Wertpapieren und demzufolge auch die Bewertung des Unternehmens. Ein Unternehmen kann somit seine kapitalmarktorientierte Bewertung steigern und seine Eigenkapitalkosten senken, wenn es durch freiwillige unternehmenseigene Transparenz eine größere Verbreitung seiner Wertpapiere erzielt, also seine Investorenbasis verbreitert.[88]

---

[84]   Vgl. Banzhaf (2006), S. 179 f. oder Fischer (2003), S. 58 f. Der grundlegende Unterschied zu den Modellen von Klein/Bawa (1976) und Barry/Brown (1985) wird von Merton (1987), S. 489 selber angesprochen.

[85]   Diese einmaligen Fixkosten ermöglichen überhaupt erst eine nachfolgende Übermittlung von Informationen; vgl. Merton (1987), S. 489 f. Vorstellbar sind etwa Kosten durch die Verschaffung der notwendigen Grundkenntnisse über ein zugrundeliegendes Unternehmen; vgl. Labhart (1999), S. 73.

[86]   Vgl. Merton (1987), S. 488.

[87]   Vgl. Merton (1987), S. 492 f.

[88]   Vgl. Merton (1987), S. 500 f. Dies setzt als gedanklichen Schritt voraus, dass die entsprechenden Kapitalmarktteilnehmer aufgrund der Informations- und Kommunikationsmaßnahmen bereit sind, die einmaligen Fixkosten der Erlangung von Grundkenntnissen über das Unternehmen zu tragen; vgl. Merton (1987), S. 500.

Da die von Merton (1987) gewählte Modellierung im Vergleich zu dem liquiditäts- und dem schätzungsrisikenorientierten Ansatz durch eine andere Herangehensweise gekennzeichnet ist, die nicht die Liquidität oder die Schätzungsrisiken, sondern eine weitere Eigenschaft der betreffenden Wertpapiere – nämlich seine Verbreitung – behandelt, soll der Ansatz von Merton (1987) hier als verbreitungsorientierter Ansatz bezeichnet werden (siehe Abbildung 7).

Modell/ Autoren	Ansatz des Modells	Modellierung der Informationsasymmetrie	Einfluss auf die Kapitalkosten bzw. die Bewertung des Unternehmens
Merton (1987)	Erweiterung des CAPM unter Aufgabe der Bedingung der Informationseffizienz der Kapitalmärkte	Asymmetrische Informationsverteilung aufgrund von rationalen Erwägungen der Kapitalmarktteilnehmer. Wegen einmaligen Fixkosten der wertpapierbezogenen Information sind diesen nicht alle Anlagealternativen bekannt.	Bewertung (Eigenkapitalkosten) des Unternehmens ist (sind) im Vergleich zum CAPM umso höher (niedriger), je größer die Investorenverbreitung des Unternehmens (und umgekehrt für eine kleinere Investorenverbreitung).

Abbildung 7: Modell des verbreitungsorientierten Ansatzes

2.1.1.4.   Würdigung und Zwischenfazit

Die dargestellten Ansätze sind nicht frei von Kritik. So hängen die Ergebnisse – wie bei modelltheoretischen Ansätzen üblich – von bestimmten Parametern und grundlegenden Annahmen ab. Die implizite Unterstellung der hier vorgestellten Modelle, dass eine freiwillige unternehmenseigene Transparenz den Informationsstand des Kapitalmarktes erhöhen und Informationsasymmetrien verringern kann, ist im Übrigen selber Gegenstand modelltheoretischer Untersuchungen, welche neben der kapitalmarktorientierten Information und Kommunikation eines Unternehmens auch die unternehmensexterne Informationsproduktion sowie denkbare komplementäre bzw. substituierende Effekte in die Analysen einbeziehen.[89]

Weiterhin ist es natürlich nicht möglich, alle in der komplexen Realität des Kapitalmarktes relevanten Umstände in eine modelltheoretische Analyse zu integrieren. Dies

---

[89] Vgl. Verrecchia (1999); Ewert (1999), S. 41 ff.; Fischer (2003), S. 46 ff. m. w. N. oder Wagenhofer/ Ewert (2007), S. 405.

zeigen auch die unterschiedlichen Herangehensweisen und Charakteristika der vorgestellten Modelle.

Um so interessanter ist es jedoch, dass zu dem hier betrachteten Zusammenhang zwischen der freiwilligen Transparenz eines kapitalmarktorientierten Unternehmens und seiner Bewertung am Kapitalmarkt bzw. der Höhe seiner Eigenkapitalkosten drei unterschiedliche Wirkungsweisen aufgedeckt bzw. berechnet werden. Wenn sich auch diese Wirkungsweisen teilweise gegenseitig bedingen bzw. zumindest beeinflussen[90] und nicht klar voneinander separieren lassen, so lässt der Umstand dreier identifizierbarer Wirkungsweisen doch darauf hoffen, dass sich der erwartete Einfluss der freiwilligen unternehmenseigenen Transparenz auch empirisch nachweisen lässt.

2.1.2.   Agencytheoretischer Ansatz

Innerhalb des agencytheoretischen Ansatzes werden zuerst die Wirkungsweisen von Agency-Problemen besprochen. Anschließend gilt es Lösungsmöglichkeiten ohne und mit Berücksichtigung von freiwilliger unternehmenseigener Transparenz zu erläutern, die dazu dienen, Agency-Probleme zu bewältigen bzw. ihre nachteilige Wirkung abzumildern.

2.1.2.1.   Wirkungsweisen von Agency-Problemen

2.1.2.1.1.   Grundsätzliche Wirkungsweisen

Die Agency-Theorie beschäftigt sich in Abgrenzung zur Property-Rights-Theorie und der Transaktionskostentheorie[91] innerhalb der Neuen Institutionenökonomik mit der Beziehung zwischen einem Auftraggeber (principal) und einem Auftragnehmer (agent) und den Problemen, die sich für die Auftragsbeziehung daraus ergeben können, dass beide Parteien grundsätzlich ihren eigenen Nutzen maximieren und der Agent dadurch möglicherweise den Interessen des Principals zuwiderhandelt.[92]

---

[90] So wirkt sich das Bestehen von Schätzungsrisiken etwa negativ auf die Liquidität eines Wertpapiers aus und einer geringeren Verbreitung eines Wertpapiers wird die gleiche Wirkung zukommen. Andererseits haben Schätzungsrisiken sowie eine geringere Liquidität vermutlich einen nachteiligen Einfluss auf die Verbreitung eines Wertpapiers.

[91] Vgl. zu beiden Ansätzen etwa Picot/Dietl/Franck (2008), S. 46 ff. und 56 ff. oder Richter/Furubotn (2003), S. 55 ff. und 90 ff.

[92] So ursprünglich Jensen/Meckling (1976), S. 306: „We define an agency relationship as a contract under which one or more persons (the principal(s)) engage another person (the agent) to perform some service on their behalf which involves delegating some decision making authority to the agent. If both parties to

Dies ist insbesondere möglich durch den Informationsvorsprung und den daraus folgenden Handlungsspielraum, über den der Agent gegenüber dem Principal verfügt. Solche Informationsasymmetrien zwischen Auftraggeber und Auftragnehmer können vorvertraglich und nachvertraglich von Bedeutung sein. So kann der Agent vor Vertragsabschluss seine relevanten Qualitätsmerkmale besser als der Principal beurteilen (hidden information) und im Rahmen der eingegangenen Auftragsbeziehung nach Abschluss des Vertrages kann der Principal die Aktivitäten des Agents nur eingeschränkt beobachten, während diesem aufgrund der durch ihn vorgenommenen Auftragsdurchführung erneut ein Informationsvorsprung zukommt (hidden action).[93]

2.1.2.1.2. Kapitalmarktbezogene Wirkungsweisen

Aus beiden Konstellationen ergeben sich für potenzielle bzw. aktuelle Investoren eines kapitalmarktorientierten Unternehmens erhebliche Nachteile. Nach der vorvertraglichen Perspektive, also vor dem Erwerb von Aktien durch potenzielle Investoren – kann das Management eines Unternehmens aufgrund seiner Tätigkeit die künftige Entwicklung der Zahlungsüberschüsse und den Wert des Unternehmens besser abschätzen. Gegenüber dem Kapitalmarkt könnte man das eigene Unternehmen aus Eigennutz aber möglicherweise anders darstellen, um einen potenziellen Investor zu einem Kauf von Wertpapieren bzw. einen aktuellen Investor zu einem Halten der Wertpapiere zu bewegen.[94] Gegenüber aktuellen Investoren, die im Unterschied zu dem Management nicht aktiv an der laufenden Entwicklung des Unternehmens teilhaben, besteht – bei der nachvertraglichen Perspektive – aufgrund des Informationsvorteils ein Handlungsspielraum, den das Management zu opportunistischem Verhalten ausnutzen kann.[95]

Aus diesen Konstellationen heraus ergeben sich für den Eigenkapitalgeber zusätzliche Risiken, die nicht in der Modellierung des neoklassischen Capital Asset Pricing Modells enthalten sind.[96] Es ist jedoch zu vermuten, dass die Kapitalmarktteilnehmer sich dieser

---

the relationship are utility maximizers there is good reason to believe that the agent will not always act in the best interest of the principal."
[93] Vgl. Erlei/Leschke/Sauerland (2007), S. 109 ff. oder Göbel (2002), S. 100 ff. und siehe wegweisend Arrow (1985), S. 38 ff.
[94] Vgl. Perridon/Steiner (2007), S. 524 oder Siersleben (1999), S. 115. Eine bessere Darstellung des Unternehmens wird wohl regelmäßig im Interesse des Managements sein. Allerdings ist etwa im Vorfeld eines geplanten management buyouts auch das Gegenteil denkbar; vgl. im Zusammenhang mit bilanzpolitischen Erwägungen Perry/Williams (1994) und DeAngelo (1986).
[95] Vgl. Perridon/Steiner (2007), S. 525 f.
[96] Vgl. Spremann (1996), S. 695 f. oder Tiemann (1997), S. 107 ff.; Siersleben (1999), S. 70 ff.

Risiken bewusst sind. Sie werden demzufolge nur dann Wertpapiere des Unternehmens erwerben, wenn diesen zusätzlichen Risiken auch eine höhere Rendite gegenüber steht.[97] Da eine höhere Rendite der Investoren aus der Perspektive eines kapitalmarktorientierten Unternehmens höheren Eigenkapitalkosten entspricht, ergibt sich für das Management eines Unternehmens ein Anreiz, vorvertragliche und nachvertragliche Informationsasymmetrien zu verringern bzw. die aus ihnen für einen Kapitalgeber entstehenden Nachteile bzw. Risiken zu vermindern.[98]

2.1.2.2.   Lösungsmöglichkeiten für Agency-Probleme

Zur Verminderung der aus den vorvertraglichen und nachvertraglichen Informationsasymmetrien für den Investor erwachsenden Nachteile hat die Agency-Theorie mehrere Mechanismen entwickelt, die auch bei der hier betrachteten Principal-Agent-Beziehung zwischen Aktionären und dem Management eines kapitalmarktorientierten Unternehmens in der Praxis zur Anwendung kommen.[99] Nachfolgend wird zunächst auf bestehende und angewandte Lösungsmöglichkeiten eingegangen, ohne die hier fokussierten Maßnahmen der freiwilligen unternehmenseigenen Transparenz zu berücksichtigen. Anschließend werden diese gesondert dargestellt.

2.1.2.2.1.   Lösungsmöglichkeiten ohne Berücksichtigung von freiwilliger unternehmenseigener Transparenz

Bestehende Maßnahmen ohne Berücksichtigung von freiwilliger unternehmenseigener Transparenz entfalten zwischen dem Management eines kapitalmarktorientierten Unternehmens und seinen aktuellen oder potenziellen Investoren nur eine begrenzte Wirkung. So sind zunächst einer vorvertraglichen Verringerung von Informationsasymmetrien auf Initiative der externen Kapitalmarktteilnehmer durch „Screening" aufgrund der – ohne freiwillige unternehmenseigene Transparenz – notwendigen Beschränkung auf gesetzlich verpflichtende bzw. frei verfügbare Informationen enge Grenzen gesetzt. Auch eine

---

[97] Vgl. etwa Wenzel (2005), S. 98 und 102 oder bereits Hax (1988), S. 196. Schmidt (1981), S. 146 bezeichnet die von einem Kapitalgeber geforderte Extra-Rendite als „Misstrauens-Zuschlag". Aufgrund dieser Risiken für einen Kapitalgeber kommt eine Beteiligung an dem Unternehmen nur erschwerend (vgl. Hartmann-Wendels (1991), S. 138) oder möglicherweise gar nicht (vgl. Tiemann (1997), S. 110) zustande.

[98] Vgl. Tiemann (1997), S. 112; Siersleben (1999), S. 37 f.; Wenzel (2005), S. 102. Der Anreiz für ein kapitalmarktorientiertes Unternehmen, freiwillig glaubwürdige Informationen bereitzustellen, Informationsasymmetrien zu verringern und dadurch das Misstrauen der schlechter Informierten zu überwinden, wird bereits vorgebracht von Hartmann-Wendels (1991), S. 138.

[99] Vgl. etwa Perridon/Steiner (2007), S. 525 ff.

nachvertragliche Überwachung des Managements durch „Monitoring" hat aufgrund der bei der Aktiengesellschaft oder Kommanditgesellschaft auf Aktien im Vergleich zu anderen Rechtsformen stark ausgedünnten Kontrollrechte vieler kleiner Kapitalgeber einen eingeschränkten Einfluss und setzt darüber hinaus eine Angleichung des Informationsstandes zum Teil als wesentlich voraus. Dies jedoch ist wiederum ohne freiwillige unternehmenseigene Transparenz nicht in ausreichendem Umfang gegeben. „Anreizkompatible Verträge" des Managements dienen weiterhin der Herstellung einer Zielkongruenz von Principal und Agent durch eine Beteiligung des Managements am Erfolg des Unternehmens. Allerdings fällt es schwer, den Beitrag des Managements zum Unternehmenserfolg zu bemessen, weshalb die Erfolgsbeteiligung und die Leistung des Managements bisweilen stark voneinander abweichen.[100] Daher wird das Management die vertraglich fixierten Anreize abwägen gegen die Anreize zu eigennützigem Verhalten, so dass opportunistische Handlungen nur teilweise verhindert werden können.

Darüber hinaus kommt bei Erweiterung der Betrachtung auf eine mehrperiodige Betrachtungsweise ein weiterer Mechanismus in Frage: der Aufbau von Reputation und Vertrauen. So verringert sich die Unsicherheit eines Eigenkapitalgebers hinsichtlich der Qualität eines Unternehmens und hinsichtlich der Qualität seines Managements sowie die Unsicherheit aufgrund eines möglichen opportunistischen Verhaltens des Managements, wenn das Unternehmen bzw. das Management in zurückliegenden Perioden eine diesbezügliche Reputation aufbauen konnten.[101] Im Rahmen der betrachteten Agency-Beziehung zwischen Investoren und dem Management eines kapitalmarktorientierten Unternehmens kann eine solche Wirkung etwa einer stetigen Entwicklung der Jahreserfolge oder der Aktienkurse des Unternehmens zugesprochen werden.[102] Beide Merkmale können zumindest in einem gewissen Ausmaß Vertrauen hinsichtlich der genannten Unsicherheiten erzeugen. Sie sind jedoch von zahlreichen anderen Faktoren abhängig, lassen sich nicht einfach in die Zukunft übertragen und haben daher eine eingeschränkte Aussagekraft. Bestehen gleichzeitig erhebliche Informationsasymmetrien, können solche Merkma-

---

[100] Vgl. etwa Göbel (2002), S. 282 ff., 112 f. sowie 307 und 310. Das „Screening" dient einer vorvertraglichen Überprüfung der Qualität der Auftragsgegenstandes und durch das sogenannte „Monitoring" erfolgt eine nachvertragliche Überwachung der Auftragsausführung des Agenten; vgl. Perridon/Steiner (2007), S. 525 und 527 bzw. Picot/Dietl/Franck (2008), S. 78 f.

[101] Vgl. Richter/Furubotn (2003), S. 277; Göbel (2002), S. 284 f. oder bereits Spremann (1988), S. 613. Siehe auch Göbel (2002), S. 118 ff. sowie zur Bedeutung des Vertrauens in ökonomischen Beziehungen ausführlich Ripperger (1998).

[102] Vgl. hinsichtlich der Entwicklung des Aktienkurses etwa Drill (1995), S. 56; Tiemann (1997), S. 13 oder Serfling/Großkopff/Röder (1998), S. 274.

le demnach nur in begrenztem Umfang helfen, Vertrauen aufzubauen, da nicht mit Sicherheit von einer stetigen Entwicklung der Jahreserfolge oder Aktienkurse auf die Qualität des Unternehmens bzw. die Qualität des Managements geschlossen werden kann. Aus den genannten Gründen entfalten die vorgestellten Mechanismen zur Lösung von Agency-Problemen bei gleichzeitig bestehenden wesentlichen Informationsasymmetrien nur eine begrenzte Wirkung. Für die Principal-Agent-Beziehung zwischen dem Management eines börsennotierten Unternehmens und seinen Kapitalgebern sind deshalb freiwillige Maßnahmen zur Angleichung des Informationsniveaus auf Initiative des Agenten von besonderer Bedeutung.

Eine direkte Übermittlung von Informationen ist jedoch wertlos, wenn die Glaubwürdigkeit der Informationen aufgrund von Anreizen zur Fehlinformation in Frage steht.[103] Daher geht das „Signalling" als ein zentrales Konzept der Agency-Theorie der Frage nach, wie der Agent glaubhaft Informationen an den Principal übermitteln kann. Mit Hilfe des Signallings werden relevante Informationen nicht direkt übermittelt. Stattdessen initiiert das Management eines Unternehmens durch bestimmte Handlungen oder Merkmale verlässliche Signale, die den Principal indirekt auf relevante Informationen schließen lassen.[104]

Dabei erscheint ein Signal dann als glaubwürdig, wenn die Kosten seiner Erzeugung mit der Ausprägung des zu übermittelnden Qualitätsmerkmals negativ korreliert sind.[105] In Bezug auf die hier betrachtete Agency-Beziehung zwischen dem Management eines börsennotierten Unternehmens und aktuellen sowie potenziellen Investoren lässt sich die Ausschüttung einer hohen Dividende als Beispiel anführen. Einem erfolgreichen Unternehmen fällt es nicht schwer, eine solche Dividende zu zahlen – einem erfolglosen Unternehmen allerdings schon. Nur mit Mühe wäre es dem erfolglosen Unternehmen möglich, ein solches Signal des erfolgreichen Unternehmens zu imitieren und damit in Bezug auf den eigenen Erfolg ein unzutreffendes Signal auszusenden.[106]

---

[103] Vgl. Watrin (2001), S. 68 f. oder bereits Schmidt (1988), S. 252; Hartmann-Wendels (1986), S. 85. Im Unterschied zu prüfungspflichtigen Informationen der verpflichtenden Teile des Geschäftsberichts, deren Richtigkeit durch die Funktion des Wirtschaftsprüfers gewährleistet wird, steht die Glaubwürdigkeit der nicht prüfungspflichtigen Informationen des Voluntary Disclosure bzw. der Personal Communication grundsätzlich in Frage; vgl. hinsichtlich der Funktion des Wirtschaftsprüfers und denkbarer Einschränkungen Wagenhofer/Ewert (2007), S. 420 ff. Zu der Prüfung speziell wertorientierter Berichtselemente vgl. Hayn/Matena (2004), S. 333 ff.

[104] Vgl. Hartmann-Wendels (1986). Das Konzept des Signalling geht zurück auf Spence (1973).

[105] Vgl. Spremann (1996), S. 721 oder bereits Schmidt (1988), S. 253.

[106] Vgl. Miller/Rock (1985). Weitere Beispiele für ein Signalling bezüglich der Agency-Beziehung zwischen dem Management eines Unternehmens und aktuellen oder potenziellen Investoren nennt Perridon/Steiner (2007), S. 525 oder Siersleben (1999), S. 123 f. mit jeweils weiteren Nachweisen.

Die grundsätzliche Wirkungsweise des Signalling darf jedoch in dem hier dargestellten kapitalmarktorientierten Zusammenhang hinsichtlich ihres Einflusses zur Verringerung agencytheoretischer Probleme nicht überschätzt werden. Zunächst einmal wäre die Übermittlung von Informationen mit Hilfe eines solchen Signalling selbst im Falle einer unlimitierten Wirkungsweise nur sehr eingeschränkt möglich. Schließlich ließen sich auf diesem Wege nur sehr grobe Eigenschaften wie etwa Erfolg oder Misserfolg eines Unternehmens demonstrieren. Eine weitergehende quantitative Abstufung des Erfolges oder gar detaillierte Informationen über die Zukunftsperspektiven eines Unternehmens ließen sich so nicht transportieren.

Darüber hinaus ist es einem erfolglosen Unternehmen bzw. einem schlechten Management auch in dem betrachteten plausiblen Fall der Dividendenzahlung zumindest vorübergehend möglich, ein solches Signal zu imitieren, da dies angesichts der für deutsche indexnotierte Unternehmen üblichen Dividendenrendite von 2-4 % etwa lediglich die Hergabe einer verhaltenen Liquidität erfordert.

2.1.2.2.2.   Lösungsmöglichkeiten unter Berücksichtigung von freiwilliger unternehmenseigener Transparenz

Die im Rahmen dieser Arbeit betrachteten Kommunikationsformen freiwilliger unternehmenseigener Transparenz beabsichtigen eine Verringerung von Informationsasymmetrien bzw. den Aufbau und Erhalt von Vertrauen, was bei entsprechendem Erfolg eine Verminderung der vorvertraglichen und nachvertraglichen agencytheoretischen Nachteile eines potenziellen oder aktuellen Investors nach sich zieht.

Die agencytheoretischen Wirkungen freiwilliger unternehmenseigener Transparenz werden nachfolgend in Form von Reputation und Vertrauen sowie in Gestalt des Signallings betrachtet. Ein positiver Einfluss über die Ansätze des Screening und Monitoring ergibt sich darüber hinaus durch die höhere Effektivität dieser beiden Wirkungsmechanismen, welche durch freiwillige Transparenz hervorgerufen wird.

2.1.2.2.2.1.   Reputation und Vertrauen

Der Idee des Signalling folgend, kann unter bestimmten Voraussetzungen auch freiwillige direkte Information des Kapitalmarktes ohne den Umweg der indirekten Übermittlung durch Signale als glaubwürdig erachtet werden.[107] Nämlich dann, wenn für das Manage-

---

[107] Bei den prüfungspflichtigen Informationen der verpflichtenden Teile des Geschäftsberichts wird die Glaubwürdigkeit der Angaben durch die vorgeschriebene Prüfung eines Wirtschaftsprüfers sicherge-

ment eines kapitalmarktorientierten Unternehmens ein Anreiz besteht, zutreffend über das Unternehmen zu informieren – wenn also eine Fehlinformation des Kapitalmarktes mit Nachteilen für das Unternehmen selber verbunden ist.[108] Nachteile aus einer Fehlinformation des Kapitalmarktes ergeben sich für das berichtende Unternehmen insbesondere dann, wenn eine mehrperiodige Betrachtungsweise gewählt und die Auswirkungen mehrerer Perioden in die Überlegungen einbezogen werden.[109] Dies führt dazu, dass die gegebenen Informationen ex post – also in nachfolgenden Perioden – aufgrund der in der Zwischenzeit geschehenen relevanten Ereignisse bzw. realisierten Geschäftsvorfälle einer Beurteilung unterzogen werden können und sich demnach überprüfen lassen.[110] Erweisen sich gegebene Informationen im Nachhinein als zutreffend, lässt sich dadurch Reputation und Vertrauen aufbauen. Vorvertragliche und nachvertragliche Unsicherheiten werden dadurch verringert, da ein vertrauensvolles Verhalten in zurückliegenden Perioden auch ein künftiges konformes Verhalten des Agenten erwarten lässt. Darüber hinaus kommt positiver Reputation und aufgebautem Vertrauen eine weitere zentrale Eigenschaft zu: Sie können ihrerseits helfen, Informationen in nachfolgenden Perioden glaubwürdig zu übermitteln, da der Kapitalmarkt die Informationen im Falle der positiven Reputation eines Unternehmens bzw. seines eigenen Vertrauens dem Management gegenüber als verlässlich erachtet.[111] Daher kommt dem Aufbau von Reputation oder Vertrauen im Rahmen der externen Berichterstattung ein besonderer Nutzen zu.[112]

Während es sich aber bei dem Aufbau von Vertrauen um einen mehrperiodigen und damit langfristigen Prozess handelt, bei dem positive Erfahrungen aus der Vergangenheit in die Zukunft extrapoliert werden, kann ein solches Vertrauen aber durch eine einmalige Zuwi-

---

stellt. Zwar kommt bei freiwilligen Informationen auch eine freiwillige Prüfung der Angaben durch einen Wirtschaftsprüfer in Frage, hinsichtlich der überwiegend qualitativen und zukunftsgerichteten Informationen mit freiwilligem Charakter ist die Gewährleistungsfunktion des Wirtschaftsprüfers allerdings beschränkt; vgl. Hayn/Matena (2004), S. 340 und implizit Marten/Quick/Ruhnke (2007), S. 597 f.

[108] Vgl. Wohlschieß (1996), S. 19; Tiemann (1997), S. 113 bzw. Siersleben (1999), S. 121 oder in Bezug auf das Signalling Hartmann-Wendels (1986), S. 85.

[109] Vgl. Siersleben (1999), S. 127 f.

[110] Vgl. Siersleben (1999), S. 125 f. Allerdings darf nicht unerwähnt bleiben, dass prognoseorientierte Informationen des Voluntary Disclosure bzw. der Personal Communication sich auch ex post nur eingeschränkt auf ihren Wahrheitsgehalt hin beurteilen lassen, da solche Angaben aufgrund der immanenten Unsicherheit eine gewisse Irrtumswahrscheinlichkeit enthalten, die nicht dem Management angelastet werden kann; vgl. Wagenhofer/Ewert (2007), S. 370.

[111] Vgl. Göbel (2002), S. 108 und 285; Banzhaf (2006), S. 73 f.; Wagenhofer/Ewert (2007), S. 373.

[112] Vgl. Siersleben (1999), S. 127. Schmidt (1988), S. 253 spricht aufgrund der Verlässlichkeit bei einer Vertrauensbeziehung bzw. einer positiven Reputation auch von impliziten Garantien der Lieferung von wahrheitsgemäßen Informationen.

derhandlung – also innerhalb kurzer Zeit – auch verspielt werden.[113] Nachteiliges Verhalten in Form einer Fehlinformation des Kapitalmarktes würde aber nicht nur aufgebautes Vertrauen zerstören. Vielmehr hätte eine solche Verhaltensweise sogar eine negative Reputation sowie Misstrauen zur Folge. Eine Fehlinformation oder unvollständige Berichterstattung löst damit erhebliche Nachteile für das berichtende Unternehmen aus, die in Form von Misstrauen und negativer Reputation eine schädliche Wirkung hinsichtlich der Auftragsbeziehung zwischen Prinzipal und Agent entfalten. Einmal entstandenes Misstrauen kann zudem nur schwer und wenn überhaupt langfristig revidiert werden. Daher kommt die negative Wirkung im Falle eines nachteiligen Verhaltens sogar über mehrere Perioden zur Geltung.

Aus diesen Wirkungsweisen ergeben sich für das Management eines kapitalmarktorientierten Unternehmens also sehr wohl Anreize, zutreffend über das Unternehmen zu berichten.[114] Diese Anreize gehen dabei in zwei verschiedene Richtungen: Zum einen kann durch wahrheitsgemäße Berichterstattung Vertrauen aufgebaut werden und zum anderen würde durch unzutreffende Informationen bestehendes Vertrauen zerstört sowie Misstrauen hervorgerufen.[115] Aufgrund dieser Umstände besteht also eine gewisse Veranlassung, auch direkte Information als glaubwürdig zu erachten.[116] Dies gilt zumindest dann, wenn die Richtigkeit der gegebenen Informationen auch im Nachhinein überprüft werden kann.[117] Die Glaubwürdigkeit der direkten Informationen nimmt dabei im Zeitablauf zu, wenn das Management wiederholt zutreffend über das Unternehmen berichtet.[118] Dies liegt zunächst an dementsprechend mehrmaligen vertrauensvollen Verhalten. Weiterhin werden aber auch mit zunehmendem Vertrauen die Anreize für eine wahrheitsgemäße Berichterstattung größer. Schließlich ginge durch eine Zuwiderhandlung ein erheblicheres Ausmaß an

---

[113] Vgl. Siersleben (1999), S. 128 oder Göbel (2002), S. 284 f.

[114] „Auch ein breites Publikum wird nicht verkennen, dass Prognosen stets Fehlprognosen sein können. Bewusste Fehlprognosen der Rechnungslegungspflichtigen dürften indes eher die Ausnahme bilden: Der Rechnungslegungspflichtige gefährdet damit, wie bereits erwähnt, seine Vertrauenswürdigkeit." Moxter (2000), S. 2148.

[115] Vgl. Spremann (1988), S. 620.

[116] Dies bestätigen auch bereits frühe empirische Ergebnisse hinsichtlich der Kursreaktionen auf unternehmenseigene Ergebnisprognosen; vgl. Penman (1980).

[117] Dies gilt für zukunftsorientierte Informationen dann nur mit Einschränkung, wenn unvorhersehbare Ereignisse außerhalb der Verantwortung des Managements für das Verfehlen von avisierten unternehmensbezogenen Entwicklungen verantwortlich gemacht werden können; vgl. Wagenhofer/Ewert (2007), S. 370. Allerdings werfen eingetretene Verfehlungen selbst unter solchen Umständen hinsichtlich der Vertrauenswürdigkeit des Managements Zweifel auf, die insbesondere bei mehrmaligen Verfehlungen in Misstrauen umschlagen.

[118] Vgl. bezüglich der Zunahme der Glaubwürdigkeit im Zeitablauf Wagenhofer/Ewert (2007), S. 373.

Vertrauen und Reputation verloren, was vorher nur über mehrere Perioden aufgebaut werden konnte.

Durch den Aufbau einer Vertrauensbeziehung zwischen dem Management eines Unternehmens und dem Kapitalmarkt lässt sich das Problem der Übermittlung von glaubwürdigen Informationen nachhaltig reduzieren.[119] Eine Verminderung von Informationsasymmetrien durch freiwillige unternehmenseigene Transparenz wird dadurch möglich.[120]

2.1.2.2.2.2. Signalling

Darüber hinaus wird einem umfangreichen Voluntary Disclosure bzw. einer aufwendig betriebenen Personal Communication auch eine Signalling-Wirkung im eigentlichen Sinne zugesprochen. Analog zu der marketingbezogenen Argumentation bezüglich der Ausgaben für Werbung beinhaltet nämlich die Höhe der Aufwendungen für Voluntary Disclosure bzw. Personal Communication eine gewisse Gewährleistung für die Glaubwürdigkeit der kapitalmarktorientierten Kommunikation. Denn infolge einer Enttäuschung über unzutreffende positive Informationen eines eigentlich erfolglosen Unternehmens würden die Kapitalmarktteilnehmer mit einem Verkauf der Wertpapiere reagieren und ein entsprechender finanzieller Aufwand für irreführende Kommunikation würde einem berichtenden Unternehmen keine oder nur vorübergehende kapitalmarktbezogene Vorteile verschaffen.[121] Aufgrund von künftigem Misstrauen des Kapitalmarktes würde sich ein solches Verhalten vielmehr langfristig sogar negativ für das berichtende Unternehmen bemerkbar machen.

Aber auch aus einer anderen Perspektive kommt der Bereitschaft zu transparenter Berichterstattung durch Voluntary Disclosure oder Personal Communication eine auf den Kapitalmarkt bezogene Signalling-Wirkung zu. So wird von Unternehmen mit transparenter Berichterstattung nämlich auch in nachfolgenden Perioden ein ausführliches Reporting erwartet. Um eine negative Reputation zu vermeiden, wird ein Unternehmen dieser

---

[119] Vgl. Schmidt (1988), S. 253 und Siersleben (1999), S. 129. Aktuelle und potenzielle Investoren werden dabei als langfristige Kooperationspartner begriffen; vgl. Siersleben (1999), S. 128. Zu der Bedeutung des Vertrauens in der ökonomischen Theorie vgl. etwa Albach (1980), S. 2 ff.
[120] Vgl. sinngemäß Siersleben (1999), S. 129 oder Schmidt (1988), S. 253.
[121] Vgl. hinsichtlich der Ausgaben für Werbung aus marketingbezogener Perspektive Göbel (2002), S. 282.

Erwartung nachkommen[122] und sie vielmehr antizipieren. Unternehmen also, die ihre Zukunft pessimistisch einschätzen, werden sich wohl nicht freiwillig zu transparenter Berichterstattung verpflichten, um dadurch eine künftige negative Berichterstattung über ihr Unternehmen zu vermeiden,[123] während erfolgreiche Unternehmen regelmäßig weniger Bedenken haben, ein umfangreiches Voluntary Disclosure bzw. transparente Personal Communication zu initiieren.

2.1.2.3. Würdigung und Zwischenfazit

Unabhängig von den eigentlichen Inhalten, die zur Verringerung von Informationsasymmetrien von einem kapitalmarktorientierten Unternehmen an den Kapitalmarkt bzw. seine Teilnehmer berichtet werden, bewirkt also auch ein Signalling-Effekt aufgrund freiwilliger unternehmenseigener Transparenz eine Verringerung von Informationsasymmetrien zwischen dem Management eines Unternehmens und dem Kapitalmarkt.

Die dem eigentlichen Signalling zuzuschreibende Wirkung ist jedoch begrenzt, da es einem erfolgreichen Unternehmen durch Signalling lediglich möglich ist, sich von erfolglosen Unternehmen zu differenzieren, während sich durch den Aufbau einer Vertrauensbeziehung nach wiederholtem konformen Verhalten etwa detaillierte Erwartungen künftiger Cashflows transportieren lassen. Ist die Information und Kommunikation eines kapitalmarktorientierten Unternehmens durch positive Reputation bzw. Vertrauen geprägt, lassen sich dadurch also in weit größerem Ausmaß als durch Signalling bestehende Informationsasymmetrien verringern. Dem Aufbau von Vertrauen durch freiwillige unternehmenseigene Transparenz kommt deshalb im Rahmen der kapitalmarktorientierten Kommunikation eines Unternehmens aus agencytheoretischer Perspektive eine enorme Bedeutung zu.[124]

Während die üblichen Mechanismen zur Verringerung von agencytheoretischen Nachteilen – nämlich Screening, Monitoring, Signalling, anreizkompatible Verträge oder der

---

[122] Vgl. etwa Wagenhofer/Ewert (2007), S. 392. Böcking/Dutzi (2003), S. 223 bezeichnen die Entscheidung für eine investorenfreundliche Berichterstattung daher zu Recht als „Einbahnstraße".

[123] Dies wird bestätigt durch die Ergebnisse einer umfangreichen Befragung kapitalmarktorientierter Unternehmen durch Grahama/Harvey/Rajgopal (2005), S. 59 sowie durch die modelltheoretischen Erkenntnisse durch Einhorn/Ziv (2008).

[124] Vgl. zu der Bedeutung des Vertrauens für das Verhältnis zwischen Eigenkapitalgebern und Managern Göbel (2002), S. 284.
Hinsichtlich des Aufbaus von Vertrauen durch freiwillige unternehmenseigene Transparenz siehe Pulham (2005), S. 69; Drill (1995), S. 57; Tiemann (1997), S. 25; Hank (1999), S. 33; Harzer (2005), S. 42.

Aufbau und Erhalt von Vertrauen – ohne freiwillige unternehmenseigene Transparenz im kapitalmarktbezogenen Kontext nur eine beschränkte Wirkung entfalten, stellt die glaubwürdige Verringerung von Informationsasymmetrien für das Management eines börsennotierten Unternehmens eine zentrale Aufgabe dar.[125] Durch die Verminderung vorvertraglicher Risiken aufgrund der Unsicherheit über den Wert eines Unternehmens sowie über die Fähigkeiten des Managements und durch die Verringerung nachvertraglicher Risiken durch die Einschränkung des opportunistischen Handlungsspielraums des Managements wird die Position eines aktuellen oder potenziellen Investors entscheidend verbessert.[126] Er ist demzufolge dazu bereit, sich für eine geringere erwartete Rendite an dem Unternehmen zu beteiligen.[127] Dies hat für ein börsennotiertes Unternehmen eine Verringerung der Eigenkapitalkosten sowie eine entsprechende Erhöhung der kapitalmarktorientierten Bewertung zur Folge.[128]

Abbildung 8 fasst die dargestellten Wirkungsweisen der freiwilligen unternehmenseigenen Transparenz nachfolgend grafisch zusammen. Von zentraler Bedeutung ist wie erwähnt der Aufbau und Erhalt von Vertrauen. Zum einen bewirkt Vertrauen auch bei bestehenden Informationsasymmetrien eine Verringerung der agencytheoretischen Risiken, da aufgrund einer Vertrauensbeziehung ein konformes Verhalten erwartet werden kann. Zum anderen unterstützt aufgebautes Vertrauen eine glaubwürdige Übermittlung von Informationen. Freiwillige unternehmenseigene Transparenz kann ihrerseits neben der eigentlichen Übermittlung von Inhalten und der damit einhergehenden Verringerung von Informationsasymmetrien den Aufbau und Erhalt von Vertrauen fördern. Darüber hinaus kommt umfangreichem Voluntary Disclosure oder aufwendiger Personal Communication unter den genannten Umständen auch eine Signalling-Wirkung zu. Über die

---

[125] Bezüglich der Anreize zur freiwilligen Berichterstattung und dem Abbau von Informationsasymmetrien siehe auch Watrin (2001), S. 68 ff. oder Kuhner (1998), S. 213 ff.

[126] Der Informationsbedarf aktueller und potenzieller Investoren ist im Wesentlichen identisch; vgl. Siersleben (1999), S. 118. Da aktuelle Investoren zudem die Auftragsbeziehung jederzeit durch den Verkauf ihrer Wertpapiere beenden können und sowohl aktuelle als auch potenzielle Investoren grundsätzlich über die gleichen Informationen verfügen, sind sowohl die vorvertraglichen als auch die nachvertraglichen Risiken für beide Gruppen gleichermaßen relevant.

[127] Vgl. Kötzle/Niggemann (2001), S. 637; Böcking/Dutzi (2003), S. 223.

[128] Vgl. Tiemann (1997), S. 112 und 156 f.; Pellens/Fülbier/Gassen (1998), S. 56; Siersleben (1999), S. 37 f. und 129; Wenzel (2005), S. 102. Die Auswirkungen der freiwilligen unternehmenseigenen Transparenz können im Übrigen auch direkte praktische Relevanz hinsichtlich der Verringerung der Eigenkapitalkosten haben. So ist etwa denkbar, dass sich durch glaubwürdige wertorientierte Berichterstattung andere Signale wie etwa eine höhere Dividendenzahlung substituieren lassen; vgl. Labhart (1999), S. 104.

Verminderung agencytheoretischer Risiken lassen sich schließlich die Eigenkapitalkosten senken sowie die kapitalmarktorientierte Bewertung steigern.

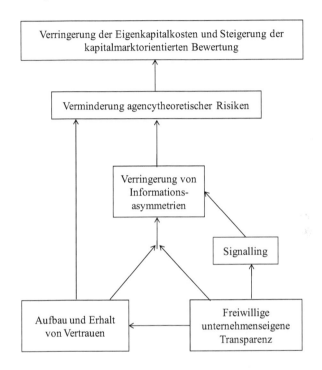

Abbildung 8: Agencytheoretische Wirkungsweisen freiwilliger unternehmenseigener Transparenz

Ein interessanter Einblick ergibt sich im Übrigen über die jeweils separate Betrachtung der modelltheoretischen Ansätze und des agencytheoretischen Ansatzes hinaus auch aus einem Vergleich beider unterschiedlicher Vorgehensweisen. Während eine Verringerung von Informationsasymmetrien innerhalb der modelltheoretischen Ansätze als zentrales Element fungiert, ist der Aufbau von Reputation und Vertrauen im Rahmen der agency-theoretischen Perspektive ebenfalls von entscheidender Bedeutung. Das lässt darauf schließen, dass auch im Rahmen von modelltheoretischen Analysen eine Betrachtung dieser Einflussfaktoren zusätzliche Sichtweisen ermöglicht und eine entsprechende Modellierung des Aufbaus und der Wirkungen von Reputation und Vertrauen weitergehende Erkenntnisse verspricht.

2.2.   Bisherige empirische Erkenntnisse

Welche Erkenntnisse haben empirische Studien bisher hervorgebracht hinsichtlich der fundamentalen Zielsetzungen der Steigerung der kapitalmarktorientierten Bewertung und der Verringerung der Eigenkapitalkosten? Die nachfolgenden Ausführungen sollen einen Überblick verschaffen hinsichtlich der bisherigen empirischen Erkenntnisse zu den fundamentalen Wirkungen freiwilliger unternehmenseigener Transparenz.[129]

Da der überwiegende Teil der bisherigen Untersuchungen eine der drei hier berücksichtigten Kommunikationsformen separat betrachtet, werden zunächst die Ergebnisse dieser Arbeiten – getrennt für das Voluntary Disclosure, die Accounting Quality und die Personal Communication – wiedergegeben. Andere Studien wiederum untersuchen die Wirkungen freiwilliger unternehmenseigener Transparenz nicht für einzelne Kommunikationsformen getrennt, sondern fokussieren stattdessen den Einfluss der gesamten Investor Relations. Diese Beiträge werden ebenfalls gesondert vorgestellt.

Anschließend jedoch wird auf die hier interessierenden Interdependenzen mehrerer Kommunikationsformen eingegangen. Dazu ist zunächst die Notwendigkeit der Betrachtung mehrerer Kommunikationsformen herauszustellen. Obwohl diese Notwendigkeit bereits verschiedentlich angesprochen wurde,[130] existiert nach Kenntnis des Verfassers bislang keine simultane Betrachtung aller drei Kommunikationsformen. Eine gleichzeitige Untersuchung zumindest zweier unterschiedlicher Kommunikationsformen wurde auch durch wenige Studien erst in der jüngeren Vergangenheit vorgenommen. Die entsprechenden Arbeiten von Botosan/Plumlee (2002), Gietzmann/Ireland (2005), Espinosa/ Trombetta (2007) und Francis/Nanda/Olsson (2008) werden demzufolge detailliert besprochen.

---

[129] Auch die Instrumentalziele der kapitalmarktorientierten Kommunikation wurden bereits mehrfach untersucht. So betrachten etwa Hassell/Jennings/Lasser (1988); Lang/Lundholm (1996); Francis/ Hanna/Philbrick (1997); Barron/Kile/O'Keefe (1999); Bowen/Davis/Matsumoto (2002); Hope (2003a); Vanstraelen/Zarzeski/Robb (2003); Hutton (2005); Jones (2007) sowie für den deutschen Kapitalmarkt Baetge/Glaum/Grothe/Oberdörster (2008) und Oberdörster (2009) den Einfluss freiwilliger unternehmenseigener Transparenz auf die Ex-post-Genauigkeit und die Streuung von Analystenprognosen oder Welker (1995); Coller/Yohn (1997); Healy/Hutton/Palepu (1999); Bushee/Leuz (2005) sowie für den deutschen Kapitalmarkt Leuz/Verrecchia (2000) und Ridder (2006) den Einfluss auf die durch die Handelsspanne gemessene Liquidität der Wertpapiere.

[130] Vgl. Lang/Lundholm (1996), S. 474; Tasker (1998), S. 142 f.; Botosan/Plumlee (2002), S. 21; Gietzmann/Trombetta (2003), S. 200; Espinosa/Trombetta (2007), S. 1389; Francis/Nanda/Olsson (2008), S. 96.

Da die vorliegende Arbeit die fundamentalen kapitalmarktorientierten Wirkungen freiwilliger unternehmenseigener Transparenz speziell für deutsche Unternehmen betrachtet, werden zum Schluss des Kapitels bisherige empirische Erkenntnisse mit Bezug zum deutschen Kapitalmarkt gesondert dargestellt.

Innerhalb der einzelnen Kapitel über die bisherigen empirischen Erkenntnisse werden die jeweiligen Arbeiten und ihre wesentlichen Ergebnisse entsprechend den betrachteten abhängigen Variablen geordnet. Aufgrund der Untersuchung der Fundamentalziele der kapitalmarktorientierten Kommunikation handelt es sich hierbei um eine Verringerung der Eigenkapitalkosten und eine Steigerung der kapitalmarktorientierten Bewertung.[131]

2.2.1. Empirische Erkenntnisse zu einzelnen Kommunikationsformen

2.2.1.1. Wirkungen des Voluntary Disclosure

Die Wirkungen des Voluntary Disclosure sind – wie aus Abbildung 9 ersichtlich – mehrfach hinsichtlich der Höhe der Eigenkapitalkosten, aber noch nicht bezüglich der Höhe der kapitalmarktorientierten Bewertung, empirisch untersucht worden.

Die Ergebnisse sind dabei differenziert zu betrachten. Zwar kann Hail (2002) ohne besondere Einschränkungen eine Verringerung der Eigenkapitalkosten durch Voluntary Disclosure erkennen,[132] andere Untersuchungen jedoch können einen Einfluss nur unter Berücksichtigung zusätzlicher Differenzierungen bestätigen bzw. beinhalten wenig aussagekräftige oder gar entgegengesetzte Ergebnisse.

Eine erste Differenzierung etwa wählt Botosan (1997). Ihre Ergebnisse lassen darauf schließen, dass die inverse Beziehung zu den Eigenkapitalkosten nur bei Unternehmen gegeben ist, die von einer geringen Anzahl an Aktienanalysten beobachtet werden. Für Unternehmen mit hoher Anzahl beobachtender Analysten kann sie den vermuteten Zusammenhang nämlich nicht erkennen. Dies führt sie auf einen denkbaren substitutiven Zusammenhang zwischen dem Voluntary Disclosure eines Unternehmens und der durch Analysten weitergegebenen bzw. produzierten Informationen zurück.

---

[131] Darüber hinaus wurde von anderen Studien auch die Senkung der Fremdkapitalkosten als fundamentale Zielsetzung freiwilliger Transparenz untersucht. Sengupta (1998) und Mazumdar/Sengupta (2005) etwa können bestätigen, dass Unternehmen durch transparente Berichterstattung die Fremdkapitalkosten senken können.

[132] Er geht davon aus, dass für die beobachteten schweizerischen Unternehmen ein solcher Effekt aufgrund des geringeren Ausmaßes an verpflichtender Berichterstattung leichter nachzuweisen ist; vgl. Hail (2002), S. 741.

Zielvariablen	Empirische Studien
Eigenkapitalkosten	[Botosan (1997); (+)], [Bloomfield/Wilks (2000); +], [Botosan/Plumlee (2002); + bzw. -], [Hail (2002); +], [Gietzmann/Ireland (2005); (+)], [Espinosa/Trombetta (2007); (+)], [Francis/Nanda/Olsson (2008); + bzw. 0]
Bewertung	---

Die in dieser und den nachfolgenden Abbildungen verwendeten Symbole sind wie folgt zu verstehen:

+　　　Ergebnisse der Studie sprechen für den Zusammenhang mit der jeweiligen Zielvariablen

-　　　Ergebnisse der Studie sprechen gegen den Zusammenhang mit der jeweiligen Zielvariablen

0　　　Ergebnisse der Studie ergeben keinen Zusammenhang gegenüber der jeweiligen Zielvariablen

(+), (-)　　Ergebnisse der Studie gelten nur mit Einschränkungen oder unter bestimmten Voraussetzungen

Abbildung 9: Kapitalmarktbezogene Wirkungen des Voluntary Disclosure

Botosan/Plumlee (2002) können zwar für eine hochwertige Qualität der Informationen des Jahresabschlusses eine Verringerung der Eigenkapitalkosten bestätigen, finden aber für die Qualität der Quartalsberichte und anderer zeitnaher Berichterstattung entgegengesetzte Ergebnisse.[133] Die dafür vorgebrachte Erklärung, dass eine zeitnahe Berichterstattung aufgrund zugehöriger Kursreaktionen eine höhere Volatilität und dadurch eine Erhöhung der Eigenkapitalkosten mit sich bringt, kann jedoch nicht überzeugen. Zwar rufen zeitnah veröffentlichte Informationen auch zeitnahe und damit häufigere Kursreaktionen hervor, jedoch ist das Ausmaß dieser Kursreaktionen regelmäßig geringer, als wenn ein Unternehmen stattdessen wertrelevante Informationen zurückhält und mehrere Informationen gesammelt zu einem späteren Zeitpunkt veröffentlicht.[134] Dementsprechend lassen auch die Ergebnisse von Gietzmann/Ireland (2005) für zeitnahe Berichterstattung die vermuteten positiven Wirkungen erkennen.[135]

Ein zusätzlicher Gesichtspunkt wird auch von Gietzmann/Ireland (2005), Espinosa/ Trombetta (2007) und Francis/Nanda/Olsson (2008) durch die gleichzeitige Berücksichtigung der Accounting Quality hervorgebracht. Gietzmann/Ireland (2005) sowie Espinosa/ Trombetta (2007) können die vermutete Wirkung des Voluntary Disclosure nur bei Unternehmen mit schlechter Accounting Quality beobachten, während die Ergebnisse von Francis/Nanda/Olsson (2008) ohne Berücksichtigung der Accounting Quality die

---

[133] Vgl. Botosan/Plumlee (2002), S. 21.

[134] Vgl. Lang/Lundholm (1996), S. 472.

[135] Vgl. Gietzmann/Ireland (2005), S. 632.

vermutete Wirkung nur zum Teil bestätigen und bei Einbeziehung der Accounting Quality keine signifikanten Effekte mehr erkennen lassen.[136]

Über diese Studien hinaus wird von Bloomfield/Wilks (2000) eine alternative methodische Vorgehensweise gewählt. Sie untersuchen den Einfluss des Voluntary Disclosure auf fundamentale kapitalmarktorientierte Zielsetzungen mit Hilfe eines Experiments und können für Unternehmen mit freiwilliger Berichterstattung höhere Aktienkurse und dementsprechend niedrigere Eigenkapitalkosten beobachten.[137]

2.2.1.2. Wirkungen der Accounting Quality

In den letzten Jahren sind auch die Wirkungen der Accounting Quality in Bezug auf die Höhe der Eigenkapitalkosten oder die Höhe der Bewertung kapitalmarktorientierter Unternehmen von einigen empirischen Studien betrachtet worden (siehe Abbildung 10).

Bisher können mehrere Arbeiten die unterstellten Wirkungen bestätigen. So etwa Francis u.a. (2005), die für Unternehmen mit geringerer Accruals Quality höhere Eigenkapitalkosten und eine niedrigere Bewertung gemessen an einem industrieadjustierten Gewinn-Kurs-Verhältnis beobachten. Auch die Ergebnisse von Aboody/Hughes/Liu (2005), Gietzmann/Ireland (2005) und Francis/Nanda/Olsson (2008) sprechen für die unterstellte Wirkung.

Francis u.a. (2004) betrachten zusätzlich andere qualitative Eigenschaften der berichteten Periodenergebnisse. Für jede einzelne dieser Eigenschaften können sie einen Einfluss auf die Eigenkapitalkosten kapitalmarktorientierter Unternehmen nachweisen und stellen fest, dass die Wirkung für die hier betrachtete Operationalisierung der Accounting Quality in Form der Accruals Quality am höchsten ist.[138]

Allerdings liegen auch zwei Arbeiten mit entgegengerichteten Erkenntnissen vor. So beobachtet Cohen (2006) zwar auf Basis einer einfachen linearen Regression eine Steigerung der Höhe der kapitalmarktorientierten Bewertung und eine Verringerung der Eigen-

---

[136] Dies liegt daran, dass die beobachteten Unternehmen mit höherer Qualität der Periodenabgrenzungen ebenfalls ein höheres Ausmaß an Voluntary Disclosure vorzuweisen hatten; vgl. Francis/Nanda/Olsson (2008), S. 53.

[137] Aufgrund der beobachteten Steigerung der Aktienkurse ließe sich diese Untersuchung auch der Höhe der kapitalmarktorientierten Bewertung zuordnen. Da die Autoren ihre Ergebnisse jedoch einer Untersuchung der Eigenkapitalkosten zuordnen, wurde diese – ebenfalls zulässige – Zuordnung hier übernommen.

[138] Vgl. Francis u.a. (2004), S. 1006.

kapitalkosten, seine zusätzlich durchgeführten zweistufigen Schätzverfahren unter Verwendung von Instrumentvariablen lassen jedoch die vorher sichtbaren Effekte nicht mehr erkennen.[139] Core/Guay/Verdi (2008) stellen die Ergebnisse von Francis u.a. (2005) mit der von ihnen unternommenen Untersuchung in Frage und können nicht erkennen, dass eine hochwertige Accounting Quality eine Verringerung der Eigenkapitalkosten bewirkt.

Zielvariablen	Empirische Studien
Eigenkapitalkosten	[Francis u.a. (2004); +], [Francis u.a. (2005); +], [Aboody/Hughes/Liu (2005); +], [Gietzmann/Ireland (2005); +], [Cohen (2006); + bzw. 0], [Core/Guay/Verdi (2008); 0], [Francis/Nanda/Olsson (2008); +]
Bewertung	[Francis u.a. (2005); +], [Cohen (2006); + bzw. 0]

Abbildung 10: Kapitalmarktbezogene Wirkungen der Accounting Quality

2.2.1.3.   Wirkungen der Personal Communication

Obwohl es sich bei der Personal Communication um eine Kommunikationsform handelt, die sowohl aus theoretischen Erwägungen als auch aus empirischen Ergebnissen heraus von besonderer Bedeutung ist,[140] wurden die fundamentalen kapitalmarktorientierten Wirkungen freiwilliger unternehmenseigener Transparenz bislang erst durch zwei verschiedene Arbeiten für die Personal Communication betrachtet. Verantwortlich dafür ist vermutlich der Umstand, dass die Personal Communication häufig nicht als eigenständige Kommunikationsform identifiziert wurde, sondern vielmehr als ein möglicher Indikator für das Voluntary Disclosure gesehen wird.[141]

Die bisherigen empirischen Erkenntnisse sind darüber hinaus nicht besonders vielsagend (siehe Abbildung 11). Botosan/Plumlee (2002) etwa können keinen Einfluss auf die Höhe

---

[139] Vgl. Cohen (2006), S. 40 ff.
[140] Dies wurde bereits angesprochen in Kapitel 1.1 und wird nachfolgend noch detaillierter dargestellt im Rahmen von Kapitel 2.3.1.2.
[141] Vgl. Tasker (1998), S. 137; Botosan/Plumlee (2002), S. 29 f.; Francis/Nanda/Olsson (2008), S. 91 ff.

der Eigenkapitalkosten nachweisen und Francis/Nanda/Olsson (2008) finden unter gleichzeitiger Berücksichtigung der Accounting Quality sogar entgegengesetzte Ergebnisse.[142]

Zielvariablen	Empirische Studien
Eigenkapitalkosten	[Botosan/Plumlee (2002); 0], [Francis/Nanda/Olsson (2008); -]
Bewertung	---

Abbildung 11: Kapitalmarktbezogene Wirkungen der Personal Communication

2.2.2. Empirische Erkenntnisse zu den gesamten Investor Relations

Auch zu den Investor Relations – also zu der gesamten Kapitalmarktkommunikation eines Unternehmens –[143] sollen die Wirkungen auf die fundamentalen kapitalmarktorientierten Zielsetzungen betrachtet werden. Bezüglich des Einflusses auf die Höhe der Eigenkapitalkosten liegen bisher – wie in Abbildung 12 aufgeführt – unterschiedliche Ergebnisse vor. So kann Fischer (2003) die unterstellte Wirkung bestätigen,[144] während Botosan/Plumlee (2002) keinen signifikanten Einfluss beobachten können. Bezüglich der Wirkung auf die Höhe der Bewertung entsprechender Wertpapiere kommen die vorliegenden Untersuchungen jedoch zu einheitlichen Ergebnissen. Bushee/Miller (2007) beobachten eine Steigerung der Bewertung der Wertpapiere gemessen an der Höhe der Kurs-Buchwert-Verhältnisse und der auf die Initiierung eines Investor-Relations-Programms folgenden Entwicklung des Aktienkurses. Höhere Aktienkurs-Entwicklungen können darüber hinaus auch von Healy/Hutton/Palepu (1999) im Anschluss an eine Ausweitung der Kapitalmarktkommunikation festgestellt werden, und Fischer (2003) bestätigt eine höhere Bewertung anhand der betrachteten Kurs-Gewinn-Verhältnisse.[145]

---

[142] Vgl. Botosan/Plumlee (2002), S. 34 und 36 sowie Francis/Nanda/Olsson (2008), S. 93 f.

[143] Nach dem hier dargelegten Verständnis umfassen die Investor Relations die gesamte Kapitalmarktkommunikation eines Unternehmens, zu der das Voluntary Disclosure, die Accounting Quality und die Personal Communication zugerechnet werden müssen. Mehrere der in diesem Kapitel zusammengefassten Untersuchungen lassen bei der Ermittlung der Qualität der Investor Relations die Accounting Quality außer Acht. Sie werden aber dennoch den Investor Relations zugeordnet, da sie mit dem Voluntary Disclosure und der Personal Communication zusammen einen größeren Ausschnitt der Kapitalmarktkommunikation aggregiert berücksichtigen.

[144] Vgl. Fischer (2003), S. 287.

[145] Vgl. Fischer (2003), S. 293.

Zielvariablen	Empirische Studien
Eigenkapitalkosten	[Botosan/Plumlee (2002); 0], [Fischer (2003); +]
Bewertung	[Healy/Hutton/Palepu (1999); +], [Fischer (2003); +], [Bushee/Miller (2007); +]

Abbildung 12: Kapitalmarktbezogene Wirkungen der Investor Relations

2.2.3. Empirische Erkenntnisse zu dem Zusammenwirken mehrerer Kommunikationsformen

2.2.3.1. Notwendigkeit der Betrachtung mehrerer Kommunikationsformen

Durch einige der dargestellten empirischen Untersuchungen wurde bereits nachgewiesen, dass neben dem Voluntary Disclosure auch andere Instrumente der Kapitalmarktkommunikation – so nämlich die Accounting Quality und die Personal Communication – die kapitalmarktbezogenen Zielsetzungen eines Unternehmens beeinflussen.[146]

Allerdings liegen bisher erst wenige Studien vor, die mehrere Instrumente der Kapitalmarktkommunikation gemeinsam betrachten. Da einem Unternehmen zur Verringerung von Informationsasymmetrien jedoch mehrere Kommunikationsformen zur Verfügung stehen, ist die Betrachtung lediglich eines Instruments mit einer beschränkten Aussagekraft verbunden.[147] Aufgrund der Nichtberücksichtigung von möglicherweise korrelierten Variablen kann sie zu systematischen Fehlern und darauf aufbauend zu fehlerhaften Schlussfolgerungen führen.[148]

Beispiele für diesen Zusammenhang liefern die empirischen Erkenntnisse von Espinosa/Trombetta (2007) und Francis/Nanda/Olsson (2008), die jeweils ohne bzw. mit Berück-

---

[146] Siehe auch Jones (2007), S. 495 oder Espinosa/Trombetta (2007), S. 1389. Weitere empirische Ergebnisse sprechen dafür, dass kapitalmarktorientierte Unternehmen etwa persönliche Kommunikationsinstrumente gezielt einsetzen, um anderweitig bestehende Informationsasymmetrien zu verringern. So erbringt Tasker (1998) einen Nachweis dafür, dass Unternehmen mit weniger aussagekräftigen Jahresabschlüssen daraus resultierende Informationsasymmetrien durch Personal Communication auszugleichen versuchen.

[147] Vgl. etwa Tasker (1998), S. 142 f.; Espinosa/Trombetta (2007), S. 1389 sowie implizit auch Lang/Lundholm (1996), S. 474.

[148] Vgl. Botosan/Plumlee (2002), S. 21; Gietzmann/Trombetta (2003), S. 200; Espinosa/Trombetta (2007), S. 1389 und implizit auch Francis/Nanda/Olsson (2008), S. 96.

sichtigung der Accounting Quality zusätzlich zum Voluntary Disclosure zu unterschiedlichen Ergebnissen kommen.

Systematische Fehler aufgrund der isolierten Betrachtung einer Kommunikationsform ergeben sich aus den folgenden Konstellationen:

(1) Stehen die unterschiedlichen Kommunikationsformen in einer komplementären Beziehung zueinander und sind Unternehmen mit einer hohen Qualität einer Kommunikationsform ebenfalls durch qualitativ hochwertige andere Instrumente gekennzeichnet, dann wird der Effekt einer einzelnen untersuchten Kommunikationsform im Rahmen einer empirischen Betrachtung überschätzt.[149]

(2) Sind die einzelnen Kommunikationsformen durch eine substitutive Beziehung zueinander gekennzeichnet und entscheiden sich kapitalmarktorientierte Unternehmen häufig für die Verwendung einer Kommunikationsform bei gleichzeitiger Vernachlässigung anderer Instrumente, so wird die Wirkung einer isoliert betrachteten Kommunikationsform empirisch hingegen unterschätzt.[150]

(3) Wenn die unterschiedlichen Kommunikationsformen von kapitalmarktorientierten Unternehmen unsystematisch bzw. zufällig eingesetzt werden, führt die Untersuchung eines einzelnen Instruments zu einer ungerichteten Verzerrung der Ergebnisse, wodurch sich die Aussagekraft der statistischen Testverfahren verringert.[151]

Aus diesem Grund kann die Betrachtung einer interessierenden Kommunikationsform nicht isoliert vorgenommen werden. Sie erfordert vielmehr grundsätzlich die gleichzeitige Berücksichtigung alternativer Instrumente.

Im Unterschied zu einer solchen gemeinsamen Untersuchung mehrerer Kommunikationsformen lassen Betrachtungen einer aggregierten Größe – so nämlich die Untersuchungen zu der Qualität der Investor Relations – keine relevanten Einflussfaktoren außer Acht, haben allerdings den Nachteil, dass gegebenenfalls unterschiedliche Einflüsse der verschiedenen Kommunikationsformen nicht berücksichtigt werden können.[152]

---

[149] Vgl. Hail (2002), S. 746 und Hail (2003), S. 278.
[150] Vgl. Espinosa/Trombetta (2007), S. 1372 f.
[151] Vgl. Tasker (1998), S. 143.
[152] Vgl. Botosan/Plumlee (2002), S. 39; Lang/Lundholm (1996), S. 474 sowie mit Bezugnahme auf unterschiedliche Bestandteile der unpersönlichen Kommunikation Bushman/Smith (2001), S. 312 f.

2.2.3.2.   Bisherige Arbeiten mit Betrachtung mehrerer Kommunikationsformen

Eine der wenigen Untersuchungen, die mehrere Kommunikationsformen gemeinsam betrachten, ist die von Botosan/Plumlee (2002). Während sie für zwei unterschiedliche Maße des Voluntary Disclosure bestätigende bzw. entgegengesetzte Ergebnisse erhalten,[153] lässt sich für die Qualität der Personal Communication kein Zusammenhang feststellen. Sie folgern daraus, dass einzelnen Kommunikationsformen eine unterschiedliche Wirkung bezogen auf kapitalmarktbezogene Zielvariablen zukommen kann.[154] Gegenüber der Personal Communication beobachten sie bei beiden verwendeten Maßen des Voluntary Disclosure hohe Korrelationen von 0,495 und 0,499. Während diese hohen Korrelationen möglicherweise auch dadurch begründet sind, dass den Indikatoren beider Kommunikationsformen eine simultane Befragung von professionellen Kapitalmarktteil-nehmern zugrundeliegt,[155] können wesentliche Korrelationen einerseits dazu führen, dass Multi-Kollinearität die Aussagekraft der Tests verringert, sollten aber andererseits kein fehlerhaftes Vorzeichen der Regressionskoeffizienten hervorrufen. Eine fehlende Berück-sichtigung unterschiedlicher Kommunikationsformen jedoch würde bei der separaten Betrachtung eines Instruments zu irrtümlichen Ergebnissen und fehlerhaften Schlussfolge-rungen führen.[156]

Im Unterschied zu Botosan/Plumlee (2002) beziehen Gietzmann/Ireland (2005) und Espinosa/Trombetta (2007) neben dem Voluntary Disclosure die Accounting Quality in ihre Untersuchung mit ein. Bei gleichzeitiger Berücksichtigung dieser Kommunikations-form können sie – der modelltheoretischen Arbeit von Gietzmann/Trombetta (2003) entsprechend –[157] für Unternehmen mit aggressiven bilanzpolitisch geprägten Periodenab-grenzungen und dementsprechend geringer Accounting Quality eine Verringerung der

---

[153] Wie in Kapitel 2.2.1.1 dargestellt, können sie für die Qualität der Informationen des Jahresabschlusses eine Verringerung der Eigenkapitalkosten bestätigen, finden allerdings für die Qualität der Quartalsbe-richte und anderer zeitnaher Berichterstattung entgegengesetzte Ergebnisse; vgl. Botosan/Plumlee (2002), S. 21.

[154] Vgl. Botosan/Plumlee (2002), S. 35.

[155] Siehe hierzu auch die kritischen Anmerkungen im Rahmen von Kapitel 3.3.1.1.2. Vgl. hinsichtlich der simultanen Befragung von professionellen Kapitalmarktteilnehmern Botosan/Plumlee (2002), S. 29 f.

[156] Vgl. Botosan/Plumlee (2002), S. 33 und 36 oder auch Gietzmann/Trombetta (2003), S. 200.

[157] Nach Gietzmann/Trombetta (2003) ergibt sich für Unternehmen mit konservativen Periodenabgrenzun-gen ein geringerer Anreiz zu Voluntary Disclosure, da das Unternehmen seine Qualität bereits durch die Verwendung zurückhaltender Rechnungslegungsmethoden signalisiert, während für Unternehmen mit aggressiven Periodenabgrenzungen Voluntary Disclosure eine Möglichkeit darstellt, um negative Kapitalmarkteffekte aufgrund einer geringeren Accounting Quality abzumildern.

Eigenkapitalkosten durch Voluntary Disclosure beobachten, wohingegen sich für Unternehmen mit konservativen Periodenabgrenzungen keine Effekte ergeben. In dieselbe Richtung geht die Studie von Francis/Nanda/Olsson (2008). Auch sie betrachten zusätzlich zu dem Voluntary Disclosure die Qualität der Periodenabgrenzungen. Ihre Ergebnisse lassen allerdings ohne Berücksichtigung der Accounting Quality den vermuteten Zusammenhang erkennen. Durch die Einbeziehung der Qualität der Periodenabgrenzungen wird der Effekt erheblich reduziert bzw. ist – in Abhängigkeit von dem Modell der Bestimmung der Eigenkapitalkosten – nicht mehr zu beobachten.[158] Für den Zusammenhang zwischen dem Voluntary Disclosure und der Accounting Quality werden durch Francis/Nanda/Olsson (2008) mit Werten von 0,181 bzw. 0,227 je nach Berechnung mittlere Korrelationskoeffizienten berichtet, auf Basis der Untersuchung von Gietzmann/Ireland (2005) jedoch ergibt sich kein Zusammenhang zwischen beiden Kommunikationsformen.[159]

Während diese Ergebnisse nun zunächst weiteren Forschungsbedarf hinsichtlich des Zusammenwirkens einzelner Kommunikationsformen erkennen lassen, wird jedoch an den dargestellten Arbeiten ebenfalls deutlich, dass die ausschließliche Berücksichtigung einer Kommunikationsform zu fehlerhaften Schlussfolgerungen führen kann.[160]

2.2.4.   Empirische Erkenntnisse zum deutschen Kapitalmarkt

In einer ersten Untersuchung zu den Wirkungen der Investor Relations am deutschen Kapitalmarkt gelingt Allendorf (1996) der Nachweis, dass Wertpapiere von Unternehmen mit aktiven Investor Relations durch eine geringere Aktienkursvolatilität – also durch ein geringeres Gesamtrisiko – gekennzeichnet sind. Allerdings ergaben sich keine Auswirkungen auf die Kapitalkosten, da die Risikounterschiede auf unsystematische Risiken zurückzuführen waren.[161] Im Unterschied dazu kann Tiemann (1997), der ebenfalls eine Verringerung der Volatilität der Aktienkurse beobachtet, eine Absenkung der Eigenkapitalkosten durch eine höhere Qualität der Investor Relations – abhängig von dem verwen-

---

[158] Die beobachteten Unternehmen ließen nämlich bei höherer Qualität der Periodenabgrenzungen auch ein höheres Ausmaß an Voluntary Disclosure erkennen; vgl. Francis/Nanda/Olsson (2008), S. 53.

[159] Vgl. Francis/Nanda/Olsson (2008), S. 76 sowie Gietzmann/Ireland (2005), S. 625. Espinosa/Trombetta (2007) beziehen die Accounting Quality nicht in die vorgenommenen Korrelationsbetrachtungen ein.

[160] Siehe Espinosa/Trombetta (2007), S. 1389.

[161] Vgl. Allendorf (1996), S. 226.

deten Modell zur Berechnung der Eigenkapitalkosten – zumindest zum Teil nachweisen.[162]

Darüber hinaus kann Daske (2006), der die Vorteilhaftigkeit einer freiwilligen Verwendung der umfangreicheren IFRS oder US-GAAP gegenüber der handelsrechtlichen Rechnungslegung untersucht und damit indirekt auch die Effekte eines Voluntary Disclosure betrachtet, keine positiven Wirkungen auf die Höhe der Eigenkapitalkosten, sondern vielmehr sogar gegenläufige Einflüsse erkennen.[163]

Die Ergebnisse dieser Untersuchungen zu den fundamentalen Wirkungen der freiwilligen unternehmenseigenen Transparenz mit Bezug auf den deutschen Kapitalmarkt werden durch Abbildung 13 nachfolgend zusammengefasst.[164]

Zielvariablen	Empirische Studien
Eigenkapitalkosten	[Allendorf (1996); **IR**; 0], [Tiemann (1997); **IR**; (+)], [Daske (2006); **VD**; 0 bzw. -]
Bewertung	---

Abbildung 13: Wirkungen des Voluntary Disclosure und der Investor Relations bezogen auf den deutschen Kapitalmarkt

2.2.5.　　Würdigung und Zwischenfazit

Vergleicht man nun aggregiert über die beiden abhängigen Variablen die Erkenntnisse zu den einzelnen Kommunikationsformen, dann wird deutlich, dass sich zwar für das Voluntary Disclosure, die Accounting Quality und die gesamten Investor Relations ein

---

[162] Vgl. Tiemann (1997), S. 326.
[163] Vgl. hinsichtlich denkbarer Erklärungen Daske (2006), S. 369.
[164] Siehe für einen Überblick über empirische Erkenntnisse hinsichtlich freiwilliger unternehmenseigener Transparenz mit Bezug zum deutschen Kapitalmarkt auch Achleitner/Bassen/Pietzsch (2001b); Steiner/ Hesselmann (2001); Möller/Hüfner (2002). Pellens/Tomaszewski (1999) und Bonse (2004) betrachten mögliche Kursreaktionen auf die Ankündigung eines freiwilligen Wechsels von HGB zu IFRS oder US-GAAP. Während die untersuchten unabhängigen Variablen aufgrund der umfangreicheren Offenlegungspflichten der internationalen Rechnungslegungsstandards dem Voluntary Disclosure zuzuordnen wären, werden diese Studien nicht gesondert aufgeführt, da sie lediglich auf einer Ankündigung freiwilliger unternehmenseigener Transparenz beruhen und nicht auf ihrer Verwirklichung. Die untersuchten Kapitalmarkteffekte sind vor diesem Hintergrund nur teilweise bereits zu erwarten.

Einfluss auf die fundamentalen kapitalmarktorientierten Zielsetzungen erkennen lässt, die Ergebnisse der vorliegenden Untersuchungen jedoch auch in wesentlichem Umfang durch eine Uneinheitlichkeit gekennzeichnet sind, da einige Arbeiten auch keine oder sogar gegenläufige Wirkungen nachweisen oder nur mit Einschränkungen bzw. unter bestimmten Voraussetzungen den vermuteten Einfluss beobachten können.

Zu den Wirkungen der Personal Communication liegen trotz ihrer besonderen Bedeutung im Rahmen der freiwilligen unternehmenseigenen Transparenz wie aufgeführt erst wenige und dazu nicht vielsagende Ergebnisse vor.

Diese übergreifende Betrachtung der empirischen Ergebnisse kann über die theoretischen Erwägungen hinaus als Anzeichen dafür gewertet werden, dass eine isolierte Analyse einzelner Kommunikationsformen zu weniger eindeutigen Ergebnissen führt, da einzelne Instrumente nur für einen Teil der kapitalmarktbezogenen Wirkungen verantwortlich sind. Demnach sollte eine Untersuchung bei beabsichtigter Zuordnung einzelner Effekte alle dafür relevanten Kommunikationsformen einbeziehen.

Alternativ lassen sich die gesamten Investor Relations als aggregierter Maßstab für die einzelnen Kommunikationsformen eines börsennotierten Unternehmens gegenüber dem Kapitalmarkt beobachten. Gegenüber den Operationalisierungen bisheriger Studien, die häufig auf einem Rating durch Befragung von Adressaten der Investor Relations beruhen,[165] wäre dann jedoch auch die Accounting Quality in die Operationalisierung einzubeziehen. Wird dieser Schritt nicht nachvollzogen, beinhaltet die so gemessene Qualität der Investor Relations nur das Voluntary Disclosure und die Personal Communication, wodurch sich entsprechend der Argumentation zu der separaten Betrachtung einzelner Kommunikationsformen auch in einem solchen Fall verzerrte Ergebnisse und fehlerhafte Schlussfolgerungen ergeben können.

Hinsichtlich der Interdependenzen mehrerer Kommunikationsformen werden erste interessante Einblicke durch solche Studien gewährt, die zusätzlich zum Voluntary Disclosure die Accounting Quality bzw. die Personal Communication in ihre Betrachtungen einschließen. Da einem Unternehmen zur Verringerung von Informationsasymmetrien nämlich mehrere Kommunikationsformen zur Verfügung stehen, ist die isolierte Betrachtung lediglich eines Instruments – hinsichtlich möglicher Korrelationen der einzelnen

---

[165] Vgl. stellvertretend Botosan/Plumlee (2002), S. 29 f. oder Healy/Hutton/Palepu (1999), S. 490 f.

Kommunikationsformen und dementsprechender systematischer Fehler – mit einer beschränkten Aussagekraft verbunden.

Bisher liegen allerdings erst wenige Arbeiten vor, die jeweils zwei unterschiedliche Kommunikationsformen gemeinsam untersuchen. Eine gleichzeitige Berücksichtigung aller drei Kommunikationsformen – nämlich des Voluntary Disclosure, der Accounting Quality und der Personal Communication wurde bisher nicht vorgenommen.[166]

Zum deutschen Kapitalmarkt gibt es bislang erst wenige Erkenntnisse, die sich auf die gesamten Investor Relations und das Voluntary Disclosure beschränken. Die Wirkungen der Accounting Quality und der Personal Communication wurden bis zum jetzigen Zeitpunkt nicht gesondert untersucht.

2.3.   Ableitung von Hypothesen

Im Rahmen der vorangegangenen Kapitel wurde der theoretische Bezugsrahmen für die hier untersuchten fundamentalen Zielsetzungen freiwilliger unternehmenseigener Transparenz dargestellt sowie bisherige empirische Arbeiten besprochen, welche die tatsächlichen Wirkungen anhand unterschiedlicher Kommunikationsformen für kapitalmarktorientierte Unternehmen betrachtet haben.

Nachfolgend gilt es nun, auf dieser Basis konkrete Hypothesen zu entwickeln. Dazu wird zunächst auf die grundsätzlichen Wirkungsweisen freiwilliger unternehmenseigener Transparenz eingegangen, bevor besondere Wirkungsweisen auf Basis bestimmter Eigenschaften der Geschäftstätigkeit betrachtet werden.

2.3.1.   Hypothesen zu den grundsätzlichen Wirkungsweisen freiwilliger unternehmenseigener Transparenz

2.3.1.1.   Hypothesen zu dem einfachen Einfluss der Kommunikationsformen

Als fundamentale Zielsetzungen der freiwilligen unternehmenseigenen Transparenz wurden im Rahmen des theoretischen Bezugsrahmens eine Verringerung der Eigenkapitalkosten sowie eine Steigerung der Bewertung eines kapitalmarktorientierten Unternehmens identifiziert. Bereits dort wurde auch schon deutlich, dass sich diese beiden

---

[166] Francis/Nanda/Olsson (2008), S. 91 ff. beziehen zwar neben dem Voluntary Disclosure und der Accounting Quality auch einen Indikator für die Personal Communication in ihre Untersuchung mit ein. Allerdings verstehen sie diesen nur als alternatives Maß für das Voluntary Disclosure und nicht als eigenständiges Kommunikationsinstrument und betrachten daher auch nicht alle drei Instrumente innerhalb einer gemeinsamen Regression.

fundamentalen Ziele gegenseitig bedingen.[167] Eine Untersuchung des fundamentalen Einflusses freiwilliger unternehmenseigener Transparenz kann daher sowohl anhand der Eigenkapitalkosten als auch auf Basis der kapitalmarktorientierten Bewertung eines Unternehmens erfolgen.[168]

Im Rahmen dieser Untersuchung erschien es sinnvoll die Höhe der kapitalmarktorientierten Bewertung zu betrachten. Da die Hintergründe für diesen Umstand allerdings den Erwägungen zu der Operationalisierung der abhängigen Variablen zuzuordnen sind, werden sie erst nachfolgend im Rahmen des entsprechenden Kapitels detailliert erläutert.[169]

Bisherige empirische Untersuchungen haben für die betrachtete freiwillige unternehmenseigene Transparenz drei unterschiedliche Kommunikationsformen als unabhängige Variablen verwendet, die im Rahmen dieser Untersuchung erstmalig simultan untersucht werden sollen. Dies erscheint sinnvoll, da sowohl das Voluntary Disclosure als auch die Accounting Quality und die Personal Communication gleichermaßen Informationen an den Kapitalmarkt übermitteln und damit bewertungsrelevante Informationsasymmetrien verringern können.[170]

Vor diesen Hintergründen ergeben sich für die Fragestellung, ob freiwillige unternehmenseigene Transparenz sich für ein börsennotiertes Unternehmen in Form einer höheren Bewertung am Kapitalmarkt als vorteilhaft erweist, die folgenden grundlegenden Hypothesen zu dem einfachen Einfluss der betrachteten Kommunikationsformen:

H1a: Das Voluntary Disclosure hat einen positiven Einfluss auf die kapitalmarktorientierte Bewertung des betreffenden Unternehmens.

H1b: Die Accounting Quality hat einen positiven Einfluss auf die kapitalmarktorientierte Bewertung des betreffenden Unternehmens.

H1c: Die Personal Communication hat einen positiven Einfluss auf die kapitalmarktorientierte Bewertung des betreffenden Unternehmens.

---

[167] Auch in Kapitel 3.2.2 wird auf den Zusammenhang zwischen den Eigenkapitalkosten eines Unternehmens und seiner kapitalmarktorientierten Bewertung nachfolgend noch eingegangen.

[168] Vgl. diesbezüglich Francis u.a. (2005), S. 308 ff.; Cohen (2006), S. 26 ff. oder Fischer (2003), S. 267 ff.

[169] Vgl. Kapitel 3.2.2.

[170] Vgl. hierzu sowohl die Darstellung der bisherigen empirischen Ergebnisse in Kapitel 2.2 als auch die grundlegende Vorstellung der unterschiedlichen Kommunikationsformen im Rahmen von Kapitel 1.1.

2.3.1.2.   Hypothesen zu dem unterschiedlichen Einfluss der Kommunikationsformen

Über die Betrachtung des einfachen Einflusses der unterschiedlichen Kommunikationsformen hinaus ist weiterhin von Interesse, ob sich die fundamentale Zielsetzung einer
höheren Bewertung am Kapitalmarkt durch die verschiedenen Kommunikationsformen
in unterschiedlichem Ausmaß erreichen lässt. Von besonderem Interesse ist in
diesem Zusammenhang der untersuchte Wirkungszusammenhang für die Personal
Communication. Wie bereits zu Beginn dieser Arbeit angesprochen verfügt diese
gegenüber dem Voluntary Disclosure und der Accounting Quality über eine herausgehobene Stellung. Während die beiden letztgenannten als unpersönliche Kommunikationsformen den Kapitalmarkt mit den unternehmensrelevanten Basis-Informationen
versorgen,[171] erlaubt die Personal Communication durch die Investor Relations und das
Management eines kapitalmarktorientierten Unternehmens einen unmittelbaren und
intensiven Kontakt[172] und die Möglichkeit des Eingehens auf spezifische Rückfragen und
individuelle Informationsbedürfnisse.[173]

Darüber hinaus kommt dieser Kommunikationsform aufgrund des persönlichen Kontaktes
zu den Gesprächspartnern neben der reinen Informationsübermittlung vermutlich auch in
stärkerem Maße als dem Voluntary Disclosure und der Accounting Quality eine zusätzliche Funktion zu: der Aufbau von Vertrauen.[174] Für die Kommunikation gegenüber dem
Kapitalmarkt ist der Aufbau von Vertrauen von besonderer Bedeutung, denn nur bei
bestehendem Vertrauen lassen sich wirksam Informationsasymmetrien verringern und
langfristig die fundamentalen Zielsetzungen einer hohen Bewertung des Unternehmens
und einer günstigen Eigenkapitalfinanzierung verfolgen.[175] In den modelltheoretischen
Ansätzen zur Wirkungsweise der freiwilligen unternehmenseigenen Transparenz werden

---

[171] Vgl. Täubert (1998), S. 103.

[172] Vgl. hinsichtlich der Bezeichnung als unpersönliche und persönliche Kommunikation stellvertretend
Täubert (1998), S. 102; Wolters (2005), S. 74 bezeichnet diese beiden Arten der Kommunikation als
Massen- und Individualkommunikation und Wichels (2002), S. 22 ff. als Informations- und Inter-
aktionsinstrumente.

[173] Vgl. Drill (1995), S. 128 oder Täubert (1998), S. 134.

[174] Vgl. Hartmann (1968), S. 88 f.; Allendorf (1996), S. 45; Tiemann (1997), S. 19 f.; Täubert (1998),
S. 33; Hank (1999), S. 32 ff.; Wichels (2002), S. 15; Harzer (2005), S. 27; Pulham (2005), S. 49. Siehe
ausführlich etwa Wolters (2005), S. 100 ff.

[175] Vgl. stellvertretend Wichels (2002), S. 8. oder Krystek/Müller (1993), S. 1785. „Je mehr die Adressaten
von Investor Relations in die Unternehmensnachrichten vertrauen, desto geringer sind die Kapitalkosten. Für die Investor-Relations-Verantwortlichen in den Unternehmen bedeutet dies, dass vertrauensbildende Maßnahmen neben der eigentlichen Information der Adressaten die wesentliche Rolle spielen";
Allendorf (1996), S. 225. Zu dem instrumentalen Charakter des Vertrauens vgl. auch die Zielsysteme
von Pulham (2005), S. 69; Drill (1995), S. 57; Tiemann (1997), S. 25; Hank (1999), S. 33; Harzer
(2005), S. 42.

bislang ausschließlich Informationsasymmetrien modelliert, die Bedeutung des Vertrauens ergibt sich allerdings aus dem allgemeineren agencytheoretischen Ansatz.[176]

Die Konsequenz der theoretischen Überlegungen hinsichtlich der besonderen Bedeutung der Personal Communication lässt sich auch in empirischen Erkenntnissen wiederfinden. So ergibt sich aus mehreren jüngeren Befragungen, dass professionelle Kapitalmarktteilnehmer in zunehmendem Maße eine persönliche Kommunikation etwa durch Analystenkonferenzen und Conference Calls bzw. durch Gruppen- oder Einzelgespräche gegenüber dem Geschäftsbericht als wichtiger einstufen.[177]

Daraus wird im Übrigen ein weiterer Vorteil der Personal Communication deutlich, der bisher nur implizit angeklungen ist: Gegenüber der unpersönlichen Kommunikation, die sowohl private Anleger als auch professionelle Kapitalmarktteilnehmer mit grundlegenden Informationen versorgt, handelt es sich bei der persönlichen Kommunikation um die Kommunikationsform mit den relevanten Zielgruppen eines börsennotierten Unternehmens bzw. um die Kommunikationsform, die konsequent auf die Bedürfnisse dieser Zielgruppen ausgerichtet ist. Bei diesen Zielgruppen handelt es sich aufgrund der multiplikativen Kommunikationseffekte vordergründig um Finanzanalysten und aufgrund der erheblichen Anlagevolumina um institutionelle Investoren.[178]

Eine höhere Bedeutung der Personal Communication gegenüber der unpersönlichen Kommunikation ergibt sich also gleich aus mehreren Aspekten heraus. Die zwei im Rahmen dieser Arbeit angesprochenen Formen der unpersönlichen Kommunikation – das Voluntary Disclosure und die Accounting Quality – sind vor diesem Hintergrund jedoch hinsichtlich ihres Bezugs zur Personal Communication zu differenzieren.

So sind die Informationen der Rechenwerke eines Geschäftsberichts aufgrund der detaillierten quantitativen Angaben sowie der zahlreichen durch Rechnungslegungsnormen

---

[176] Siehe zu den modelltheoretischen Ansätzen sowie zu dem agencytheoretischen Ansatz bereits die Ausführungen in Kapitel 2.1.

[177] Vgl. Pike/Meerjanssen/Chadwick (1993), S. 496; Barker (1998), S. 11 und 13; Epstein/Palepu (1999), S. 49; Wichels (2002), S. 159; Ernst/Gassen/Pellens (2005), S. 93 ff. i. V. m. S. 32 sowie Ernst/Gassen/Pellens (2009), S. 48 bzw. deutlicher S. 118 ff. sowie mit entsprechenden Verweisen Achleitner/Bassen/Pietzsch (2001a), S. 129 ff. oder Achleitner/Bassen/Pietzsch/Wichels (2002), S. 35 f. Bevor in Form der Investor Relations der intensive Kontakt zu den Investoren gesucht wurde, hatten die Geschäfts- und Quartalsberichte einen höheren Stellenwert; vgl. Arnold/Moizer (1984), S. 203 sowie Arnold/Moizer/Noreen (1984), S. 9 oder auch Day (1986), S. 304. Hinsichtlich der Bedeutung der Personal Communication siehe auch die Ergebnisse einer Befragung von Inhabern oder leitenden Angestellten verschiedener Dienstleister aus dem Bereich Investor Relations durch Bushee/Miller (2007), S. 12 f.

[178] Vgl. Drill (1995), S. 128 und 131 ff.

erteilten diesbezüglichen Vorgaben nur in schriftlicher Form sinnvoll zu kommunizieren. Weiterhin beschränken sich die Rechenwerke – wie bereits an anderer Stelle angesprochen – auf vergangenheitsbezogene Informationen, während das Voluntary Disclosure und die Personal Communication in besonderem Umfang auch auf zukunftsorientierte Informationen eingehen. Die Rechenwerke eines Geschäftsberichts erfüllen gegenüber dem Kapitalmarkt damit zwei wesentliche Funktionen. Sie dienen der Rechenschaftslegung über vergangene Perioden und fungieren als Basis für die Prognose künftiger Periodenerfolge.[179]

Den Informationen der Rechenwerke sowie der zuzuordnenden Accounting Quality als dem hier betrachteten Indikator für die Qualität dieser Kommunikationsform kommt damit eine Aufgabe zu, die sich nicht durch persönliche Kommunikation ersetzen lässt. Das Voluntary Disclosure und die Personal Communication hingegen dienen mehrheitlich der Übermittlung der gleichen Informationen, weshalb die angeführten theoretischen Erwägungen und empirischen Erkenntnisse bezüglich der besonderen Bedeutung der Personal Communication wohl insbesondere gegenüber dem Voluntary Disclosure zu verstehen sind. Vor diesem Hintergrund erscheint es wahrscheinlich, dass der Personal Communication eine stärkere Wirkung zukommt als dem Voluntary Disclosure in Bezug auf die Bewertung der Aktien eines kapitalmarktorientierten Unternehmens. Daraus ergibt sich die erste nachfolgende Hypothese H2a. Auch die übrigen möglichen Vergleiche hinsichtlich der Stärke der Wirkungszusammenhänge unabhängiger Variablen sollen jedoch betrachtet werden. Sie bilden die beiden weiteren Hypothesen H2b und H2c.

> H2a: Die Personal Communication hat einen stärkeren Einfluss als das Voluntary Disclosure auf die kapitalmarktorientierte Bewertung des betreffenden Unternehmens.

> H2b: Die Personal Communication hat einen stärkeren Einfluss als die Accounting Quality auf die kapitalmarktorientierte Bewertung des betreffenden Unternehmens.

---

[179] Vgl. Baetge/Kirsch/Thiele (2004), S. 39 sowie hinsichtlich der Funktion als Basis für die Prognose künftiger Periodenerfolge Koller/Goedhart/Wessels (2005), S. 159; Ernst/Schneider/Thielen (2008), S. 20 ff.

H2c: Die Accounting Quality hat einen stärkeren Einfluss als das Voluntary Disclosure auf die kapitalmarktorientierte Bewertung des betreffenden Unternehmens.

2.3.1.3. Hypothesen zu dem Zusammenwirken der Kommunikationsformen

Weiterhin ist von Interesse, ob sich die unterschiedlichen Kommunikationsformen hinsichtlich ihrer kapitalmarktorientierten Wirkung gegenseitig beeinflussen. In dieser Hinsicht sollte hier der Frage nachgegangen werden, ob sich durch eine Kommunikationsform eine stärkere (schwächere) Wirkung erzielen lässt, wenn eine andere Kommunikationsform eher gering (hoch) ausgeprägt ist. Auch zu diesem Zweck werden nachfolgend zusätzliche Hypothesen abgeleitet.

Ausgangspunkt einer solchen Frage ist dabei – der Vorgehensweise von Gietzmann/ Ireland (2005) und Espinosa/Trombetta (2007) entsprechend – eine Gruppierung der Stichprobe nach einer geringen und hohen Ausprägung einer unabhängigen Variable. Darauf aufbauend lässt sich nämlich untersuchen, wie sich der Einfluss der zwei anderen unabhängigen Variablen unter dieser Voraussetzung verhält. So wäre etwa anzunehmen, dass das Voluntary Disclosure insbesondere dann einen positiven Effekt erzielt, wenn das Unternehmen nur über eine geringe Accounting Quality verfügt, da dann auf Basis der Accounting Quality gegenüber dem Kapitalmarkt noch vergleichsweise hohe Informationsasymmetrien bestehen.[180]

Wie in diesem Beispiel erscheint eine solche Gruppierung zunächst für die Accounting Quality – wie bei Gietzmann/Ireland (2005) und Espinosa/Trombetta (2007) vorgenommen – zweckmäßig, da die Accounting Quality sich als einzige der drei betrachteten Kommunikationsformen sowohl aus freiwilligen (Bilanzpolitik) als auch nichtfreiwilligen (Schätzfehler) Einflussfaktoren ergibt[181] und zum Teil von geschäftsbedingten Faktoren beeinflusst wird.[182] Weiterhin stellt sie – aufgrund der Anknüpfung an den Rechenwerken des Geschäftsberichts – andersartige oder vielmehr grundlegendere

---

[180] Vgl. Gietzmann/Ireland (2005), S. 628 und Espinosa/Trombetta (2007), S. 1386 und 1387.

[181] Vgl. zu diesen beiden Ursachen der Accounting Quality Francis u.a. (2005), S. 302 sowie zu unbeabsichtigten Schätzfehlern im Besonderen Dechow/Dichev (2002), S. 36.

[182] Vgl. Francis/Nanda/Olsson (2008), S. 90 f. und 72.

Informationen als das Voluntary Disclosure und die Personal Communication zur Verfügung.[183] Allerdings soll darüber hinausgehend auch betrachtet werden, wie sich die verbleibenden unabhängigen Variablen verhalten, wenn die Stichprobe nicht nach der Accounting Quality, sondern nach dem Voluntary Disclosure oder der Personal Communication gruppiert wird. Auch dann verbleibt schließlich auf Basis der gruppierenden unabhängigen Variablen ein verschiedenes Ausmaß an bestehenden Informationsasymmetrien, was einen Einsatz der übrigen unabhängigen Variablen in unterschiedlichem Maße als lohnenswert erscheinen lässt.

Diesen Überlegungen folgend, ergeben sich zunächst für die Gruppierung anhand der Accounting Quality und anschließend für die Gruppierung anhand des Voluntary Disclosure bzw. der Personal Communication die nachfolgenden zusätzlichen Hypothesen:[184]

H3a: Das Voluntary Disclosure hat einen stärkeren Einfluss auf die kapital-marktorientierte Bewertung des betreffenden Unternehmens, wenn die Accounting Quality gering ausgeprägt ist.

H3b: Die Personal Communication hat einen stärkeren Einfluss auf die kapital-marktorientierte Bewertung des betreffenden Unternehmens, wenn die Accounting Quality gering ausgeprägt ist.

H3c: Die Accounting Quality hat einen stärkeren Einfluss auf die kapitalmarkt-orientierte Bewertung des betreffenden Unternehmens, wenn das Voluntary Disclosure gering ausgeprägt ist.

---

[183] Wie bereits angesprochen vermitteln die Rechenwerke des Geschäftsberichts vergangenheitsbezogene quantitative Informationen, während das Voluntary Disclosure und die Personal Communication zusätz-lich und in besonderem Umfang auf zukunftsorientierte quantitative und nicht quantitative Informatio-nen eingehen.

[184] Hinsichtlich der Formulierung der Hypothesen folgen Espinosa/Trombetta (2007), S. 1372 und Gietzmann/Ireland (2005), S. 605 den Ergebnissen der Modellierung zwischen Voluntary Disclosure und Accounting Quality durch Gietzrmann/Trombetta (2003), S. 199. Sie gehen daher entgegen der hier gewählten Formulierung davon aus, dass sich das Voluntary Disclosure im Fall einer niedrigen Accounting Quality lohnt, während sich im Fall einer hohen Accounting Quality kein Einfluss für das Voluntary Disclosure feststellen lässt; vgl. Espinosa/Trombetta (2007), S. 1376 und Gietzmann/Ireland (2005), S. 607.

H3d: Die Personal Communication hat einen stärkeren Einfluss auf die kapitalmarktorientierte Bewertung des betreffenden Unternehmens, wenn das
Voluntary Disclosure gering ausgeprägt ist.

H3e: Das Voluntary Disclosure hat einen stärkeren Einfluss auf die kapitalmarktorientierte Bewertung des betreffenden Unternehmens, wenn die Personal
Communication gering ausgeprägt ist.

H3f: Die Accounting Quality hat einen stärkeren Einfluss auf die kapitalmarktorientierte Bewertung des betreffenden Unternehmens, wenn die Personal
Communication gering ausgeprägt ist.

2.3.2. Hypothesen zu den besonderen Wirkungsweisen freiwilliger unternehmenseigener Transparenz aufgrund von Eigenschaften der Geschäftstätigkeit

In den vorangegangenen Ausführungen wurden zunächst Hypothesen zu den grundsätzlichen Wirkungsweisen der unterschiedlichen Kommunikationsformen betrachtet. Darauf
aufbauend stellt sich die Frage, ob die untersuchte Wirkung und die damit verbundenen
Anreize für unterschiedliche Unternehmen aufgrund bestimmter Eigenschaften ihrer
Geschäftstätigkeit in unterschiedlichem Maße zu beobachten sind. Dazu werden nachfolgend besondere Vorteile und besondere Nachteile freiwilliger unternehmenseigener
Transparenz behandelt.

2.3.2.1. Hypothesen zu besonderen Vorteilen freiwilliger unternehmenseigener Transparenz

Im Rahmen der einleitenden Darstellungen zum Voluntary Disclosure wurde bereits
erläutert, dass insbesondere bei hohen immateriellen Vermögenswerten und besonderen
künftigen Entwicklungen die Rechenwerke des Jahres- oder Konzernabschlusses –
aufgrund ihrer Beschränkung auf die Vermittlung finanzieller vergangenheitsorientierter
Informationen – um nicht-finanzielle und zukunftsorientierte Informationen zu ergänzen
sind.[185]

---

[185] Vgl. dazu Kapitel 1.1.

Um nun der Frage nachzugehen, ob bestimmte Unternehmen von dieser Notwendigkeit in unterschiedlichem Ausmaß betroffen sind, wurde zuerst eine branchenspezifische Betrachtung der Anreize erwogen, da eine solche Vorgehensweise der für die Standardsetzung bzw. die Erarbeitung einer Best-Practise-Empfehlung relevanten Fragestellung entspricht. So wird verschiedentlich vorgeschlagen, Vorgaben oder Empfehlungen zum Lagebericht nicht ausschließlich für Unternehmen aller Branchen gemeinschaftlich zu erarbeiten. Vielmehr sollten branchenbezogene Besonderheiten hinsichtlich der Anforderungen und Möglichkeiten einer erweiterten Berichterstattung insbesondere bezüglich solcher Berichtsgegenstände entsprechend berücksichtigt werden, die für einige Branchen von unterschiedlicher Bedeutung sind.[186]

Allerdings fällt die Einordnung eines Unternehmens in eine Branche teilweise schwer. Sie lässt sich gerade bei diversifizierten Unternehmen häufig nicht eindeutig vornehmen.[187] Außerdem sind einer solchen Betrachtung mit Bezug auf den deutschen Kapitalmarkt enge Grenzen gesetzt, da die jeweils notwendige Anzahl von Unternehmen eine Regression nur für wenige Branchen ermöglichen würde. Weiterhin wird die Abgrenzung der einzelnen Branchen nicht nach rechnungslegungsbezogenen Charakteristika festgelegt, sondern erfolgt abhängig von der Geschäftstätigkeit bzw. den Produkten und Dienstleistungen nach dem Umsatzschwerpunkt der betrachteten Unternehmen.[188] Um vor dem Hintergrund dieser Arbeit eine zielgerichtete Differenzierung zu ermöglichen, wird die Betrachtung der besonderen Anreize zu freiwilliger Transparenz auf Basis rechnungslegungsbezogener Kriterien vorgenommen. Eine zuverlässige Auffindbarkeit der unterstellten Wirkungen wird so vorgezogen. Sie erfolgt in Bezug auf relevante Bezugsgrößen und ermöglicht damit nachfolgende Rückschlüsse hinsichtlich der Entwicklung von differenzierten Vorgaben bzw. Best-Practise-Empfehlungen.

Statt einer branchenbezogenen Gruppierung wird im Rahmen dieser Arbeit demnach ein Kriterium betrachtet, welches häufig für die – durch die Geschäftstätigkeit eines Unternehmens bedingte – Aussagekraft der Rechenwerke herangezogen wird und in Bezug auf

---

[186] Vgl. stellvertretend Noll/Weygandt (1997), S. 60 f.

[187] So richtet sich die Deutsche Börse (2006), S. 10, um auch in solchen Fällen eine Zuordnung eines Unternehmens zu einem Sektor bzw. einem Subsektor vornehmen zu können, nach dem Umsatzschwerpunkt eines Unternehmens.

[188] Vgl. dazu die Festlegung durch die Deutsche Börse (2006), S. 10 sowie die Beschreibung der Sektoren und Subsektoren durch die Deutsche Börse (2006), S. 41 ff.

nicht-finanzielle und zukunftsorientierte Informationen von besonderer Bedeutung ist: der Aufwand für Forschung und Entwicklung.[189]

Unternehmen mit hohem Aufwand für Forschung und Entwicklung leisten hohe Investitionen in immaterielle Vermögensgegenstände, die sich in wesentlichem Umfang aufgrund von Objektivierungserfordernissen geltender Rechnungslegungsvorgaben nicht bilanzieren lassen und daher direkt als Aufwand verbucht werden.[190] Allerdings kommt immateriellen Vermögensgegenständen sowohl hinsichtlich ihres Umfangs als auch hinsichtlich ihres Erfolgsbeitrags bei zahlreichen Unternehmen eine steigende Bedeutung zu.[191] Durch die fehlende Möglichkeit zur Bilanzierung und nachfolgenden Abschreibung dieser Investitionen und die daraus folgende Verpflichtung zur direkten Verbuchung als Aufwand erfolgt keine verursachungsgerechte periodenbezogene Zuordnung der Aufwendungen zu den erst in nachfolgenden Geschäftsjahren auflaufenden Erträgen. Weiterhin gibt die Bilanz keine Informationen über die zu Gunsten des Unternehmens bestehenden immateriellen Vermögenswerte.[192]

Die Rechenwerke solcher Unternehmen also, die in besonderem Ausmaß in immaterielle Vermögensgegenstände investieren, verfügen infolgedessen über eine geringere Aussagekraft und erlauben nur eingeschränkte Rückschlüsse über die künftige Entwicklung des Unternehmens. So zeigen etwa Gu/Wang (2005), Amir/Lev/Sougiannis (2003) sowie Barron u.a. (2002) empirisch, dass die Komplexität und die geringere Qualität der bilanziellen Abbildung von immateriellen Vermögensgegenständen Aktienanalysten die Verarbeitung der relevanten Informationen erschwert und die Ex-Post-Genauigkeit sowie den Konsens der Analystenprognosen verringert.[193]

---

[189] Vgl. etwa Lev/Zarowin (1999), S. 371; Aboody/Lev (2000), S. 2758; Barron u.a. (2002), S. 296 f.; Gu/Li (2007), S. 784 bzw. 796 sowie Jones (2007), S. 494 bzw. 498. Andere Arbeiten verwenden das Kurs-Buchwert-Verhältnis als Indikator für die durch die Geschäftstätigkeit bedingte Aussagekraft der Rechenwerke eines Unternehmens; vgl. etwa Tasker (1998), S. 143; Jones (2007), S. 498 oder Huddart/ Ke (2007), S. 205 mit weiteren Verweisen, wobei ein hohes Kurs-Buchwert-Verhältnis aufgrund der Abweichung zwischen Kurswert und Buchwert eine geringe Aussagekraft indiziert. Weitere Indikatoren werden darüber hinaus etwa verwendet von Tasker (1998), S. 143 ff.; Gu/Li (2007), S. 782 oder Huddart/Ke (2007), S. 204 ff. Eine Verwendung des Kurs-Buchwert-Verhältnisses als Indikator für die Aussagekraft der Rechenwerke wird nicht vorgenommen, da das Gewinn-Kurs-Verhältnis bzw. das industrieadjustierte Gewinn-Kurs-Verhältnis und das Kurs-Buchwert-Verhältnis durch die jeweilige Verwendung des Aktienkurses im Rahmen der Kennzahl stark miteinander korrelieren.

[190] Siehe hinsichtlich der IFRS Pellens/Fülbier/Gassen/Sellhorn (2008), S. 289 sowie Hoffmann (2008b), § 13 Rn. 21 ff.

[191] Vgl. ausführlich Lev (2001), S. 8 ff.

[192] Vgl. stellvertretend Lev/Zarowin (1999), S. 353 f. sowie Aboody/Lev (2000), S. 2748.

[193] Vgl. Gu/Wang (2005), S. 1698 f.; Amir/Lev/Sougiannis (2003), S. 657 sowie Barron u.a. (2002), S. 310 f. Dass die direkte Verbuchung von Investitionen in immaterielle Vermögensgegenstände als Aufwand einen geringen Informationsnutzen beinhaltet, wird empirisch bestätigt durch Lev/Zarowin

Für die Gruppierung der Unternehmen anhand der Aufwendungen für Forschung und Entwicklung ist nicht das absolute Ausmaß der nicht-bilanzierungsfähigen Investitionen in immaterielle Vermögensgegenstände eines Unternehmens entscheidend, sondern die Aussagekraft der Rechenwerke gemäß der relativen Intensität der nicht-bilanzierungsfähigen immateriellen Vermögensgegenstände. Aufgrund des natürlichen Bezugs der Aufwendungen zu den Erträgen wird sie gemessen durch die Kennzahl „Aufwand für Forschung und Entwicklung zu Umsatz des Unternehmens".[194] Sie wird erhoben über einen fünfjährigen Zeitraum, um abweichende Einflüsse einzelner Perioden zu vermeiden und eine zuverlässige Gruppierung zu ermöglichen.

Während nun bestimmte Unternehmen aufgrund der Ausrichtung ihrer Geschäftstätigkeit relativ hohe Aufwendungen für Forschung und Entwicklung vorzuweisen haben und sich für ihre Rechenwerke aus diesem Umstand heraus eine geringe Aussagekraft ergibt, verbleiben auf dieser Basis demzufolge hohe Informationsasymmetrien gegenüber dem Kapitalmarkt.[195] Daraus ergibt sich für solche Unternehmen potenziell ein vergleichsweise starker Einfluss freiwilliger unternehmenseigener Transparenz. Schließlich können durch Voluntary Disclosure und Personal Communication etwa in besonderem Maße Informationen übermittelt und Informationsasymmetrien beseitigt werden. Im Rahmen der Regression freiwilliger unternehmenseigener Information und Kommunikation gegenüber der Bewertung eines Unternehmens führt die Berücksichtigung besonderer Anreize zu freiwilliger Transparenz, welche sich aus einer geringen Aussagekraft der Rechenwerke ergeben, für das Voluntary Disclosure und die Personal Communication zu folgenden Hypothesen:

(1999) sowie Luft/Shields (2001). Weiterhin konnten Aboody/Lev (1998) den mit der Kapitalisierung von immateriellen Vermögenswerten verbundenen Informationsnutzen nachweisen durch eine Regression des Bilanzbestandes der immateriellen Vermögenswerte und ihrer zugehörigen Abschreibung gegenüber beobachteten Aktienrenditen, der Marktkapitalisierung des Unternehmens und gegenüber nachfolgenden Periodenergebnissen. Plumlee (2003) beobachtet, dass die Ex-Post-Genauigkeit der Analystenprognosen mit der Komplexität der auszuwertenden Informationen geringer wird. Gu/Wang (2005) bemerken entsprechend, dass die Komplexität mit der Intensität der immateriellen Vermögenswerte ansteigt. Barth/Kasznik/McNichols (2001) erkennen, dass Unternehmen mit einer hohen Intensität an immateriellen Vermögenswerten über eine höhere Coverage durch Analysten verfügen, da ihre Tätigkeit aufgrund der höheren Informationsasymmetrien von größerem Nutzen ist.

[194] Vgl. Lev/Zarowin (1999), S. 371; Aboody/Lev (2000), S. 2758; Gu/Li (2007), S. 784 bzw. 796 sowie Jones (2007), S. 494 bzw. 498. Andere Kennzahlen für die relative Intensität der immateriellen Vermögenswerte werden verwendet durch Barron u.a. (2002), S. 296 f., welche die Aufwendungen für Forschung und Entwicklung in Relation zum gesamten operativen Aufwand setzen, oder durch Gu/Wang (2005), welche die Intensität der immateriellen Vermögenswerte eines Unternehmens in Relation zu dem Mittelwert einer Branche betrachten.

[195] Vgl. Gu/Wang (2005), S. 1698 f.; Amir/Lev/Sougiannis (2003), S. 657 sowie Barron u.a. (2002), S. 310 f.

H4a: Das Voluntary Disclosure hat einen stärkeren Einfluss auf die kapitalmarkt-
       orientierte Bewertung des betreffenden Unternehmens, wenn die Aussage-
       kraft der Rechenwerke aufgrund hoher Aufwendungen für Forschung und
       Entwicklung schwach ausgeprägt ist.

H4b: Die Personal Communication hat einen stärkeren Einfluss auf die kapital-
       marktorientierte Bewertung des betreffenden Unternehmens, wenn die
       Aussagekraft der Rechenwerke aufgrund hoher Aufwendungen für
       Forschung und Entwicklung schwach ausgeprägt ist.

Während nun das Voluntary Disclosure und die Personal Communication bei einer –
durch die Geschäftstätigkeit bedingten – geringen Aussagekraft der Rechenwerke
aufgrund der auf dieser Basis bestehenden hohen Informationsasymmetrien einen stärkeren Einfluss entfalten können, erfordert die ebenfalls betrachtete Accounting Quality in
diesem Kontext eine gesonderte Betrachtung.

Im Unterschied zu den anderen beiden Kommunikationsformen verringern sich nämlich
für die Accounting Quality die Möglichkeiten zu einer Übermittlung von Informationen,
wenn die Aussagekraft der Rechenwerke aufgrund von hohen Aufwendungen für
Forschung und Entwicklung ohnehin schwach ausgeprägt ist. Dementsprechend wäre es
vorstellbar, dass eine hochwertige Accounting Quality entgegen den vorangegangenen
Hypothesen zum Voluntary Disclosure und zur Personal Communication bei einer hohen
Aussagekraft der Rechenwerke aufgrund von niedrigen Aufwendungen für Forschung und
Entwicklung eine stärkere Wirkung entfaltet:

H4c: Die Accounting Quality hat einen stärkeren Einfluss auf die kapitalmarkt-
       orientierte Bewertung des betreffenden Unternehmens, wenn die Aussage-
       kraft der Rechenwerke aufgrund geringer Aufwendungen für Forschung und
       Entwicklung stark ausgeprägt ist.

2.3.2.2.   Hypothesen zu besonderen Nachteilen freiwilliger unternehmenseigener Transparenz

Während der Fokus dieser Arbeit darauf gerichtet ist, die Vorteile der freiwilligen unternehmenseigenen Information und Kommunikation zu betrachten, und insbesondere der
Frage nachgegangen wird, ob durch Transparenz die Bewertung eines Unternehmens

gesteigert werden kann, soll nun eine Erweiterung der Betrachtung vorgenommen werden, und zwar hinsichtlich der Frage, ob einem berichtenden Unternehmen aus höherer Transparenz auch besondere Nachteile bzw. Kosten erwachsen.

So werden in der Literatur bezüglich freiwilliger Publizität mehrere Kostenarten genannt, von denen die Informationskosten (Kosten der Informationsbeschaffung und -aufbereitung), die Verifikationskosten (Kosten der Prüfung der Informationen durch einen unabhängigen Wirtschaftsprüfer) und die Publizitäts- und Kommunikationskosten (Kosten der Veröffentlichung bzw. persönlichen Kommunikation der Informationen) als direkte Kosten der Transparenz eingeordnet werden.[196]

Darüber hinaus werden verschiedene Konstellationen als indirekte Kosten der Transparenz identifiziert – nämlich Kosten aufgrund juristischer Risiken[197], Kosten aufgrund politischer Risiken[198] und Kosten aufgrund potenzieller Wettbewerbsnachteile gegenüber bestehenden oder künftigen Konkurrenten[199] in Folge einer erhöhten Transparenz des Unternehmens. Schließlich können die publizierten oder kommunizierten Informationen, die originär für den Kapitalmarkt bestimmt sind, auch von anderen Empfängern der Informationen und zwar zum Nachteil des berichtenden Unternehmens genutzt werden.[200]

Da die direkten Kosten aufgrund von fixen Bestandteilen mit der Größe eines Unternehmens an Bedeutung verlieren[201] und ihre Existenz aufgrund ihrer Unvermeidbarkeit außer

---

[196] Vgl. etwa die Modellierung einzelner Kostenarten durch Wagenhofer (1990a), welche direkte und indirekte Kosten erhöhter Transparenz umfasst.

[197] Hinsichtlich der juristischen Risiken und erhöhter Transparenz ist die Wirkungsrichtung nicht eindeutig. So ist vorstellbar, dass insbesondere Informationen mit Prognosecharakter eine Anhäufung von Rechtsstreitigkeiten nach sich ziehen. Allerdings sind auch einige Umstände denkbar, die dazu führen, dass aufgrund transparenter und ausführlicher Informationen weniger Rechtsstreitigkeiten unternommen werden. Wahrscheinlich ist die Wirkungsrichtung abhängig von der Situation und dem Umfeld eines Unternehmens und der Art der herausgegebenen Informationen; vgl. Healy/Palepu (2001), S. 422 ff und Elliott/Jacobson (1994), S. 83 f. Siehe für eine Modellierung Hughes/Sankar (2006).

[198] In dieser Hinsicht sind etwa eine verstärkte staatliche Einflussnahme oder höhere Forderungen seitens der Stakeholder eines Unternehmens zu nennen; vgl. Wagenhofer (1990a), S. 4-5. Diesbezügliche Erkenntnisse liefert insbesondere die Positive Accounting Theory; vgl. Watts/Zimmermann (1986), S. 222 ff. sowie bezüglich ihrer Verwendung hinsichtlich der Kosten freiwilliger Transparenz Wagenhofer (1990a), S. 4 und Healy/Palepu (2001), S. 424 f. Zu den Ursprüngen der Positive Accounting Theory siehe Watts/Zimmermann (1978) und Watts/Zimmermann (1979).

[199] Für eine Modellierung der Konkurrenzeffekte siehe Verrecchia (1983); Dye (1986); Darrough/Stoughton (1990); Verrecchia (1990b); Wagenhofer (1990a); Wagenhofer (1990b); Ewert/Wagenhofer (1992); Darrough (1993); Hayes/Lundholm (1996) sowie Hempelmann (2002); Arya/Mittendorf (2007).

[200] Vgl. Verrecchia (2001), S. 141 ff. und Dye (2001), S. 219 ff.

[201] Vgl. Wagenhofer (1990a), S. 229 f.

Frage steht, sind die indirekten Kosten der Transparenz auf größeres empirisches Interesse gestoßen.[202]

Insbesondere die Kosten aufgrund potenzieller Wettbewerbsnachteile sind in einigen ersten Studien auf ihre Auswirkungen hin untersucht worden, weil ihnen innerhalb der indirekten Kosten eine große Bedeutung zukommt und sie sich verhältnismäßig zuverlässig unternehmensspezifisch modellieren lassen. So gehen die vorliegenden Arbeiten wohl zu recht davon aus, dass hohe Aktien- oder Kapitalrenditen als Indikatoren für eine attraktive Geschäftstätigkeit der Unternehmen verwendet werden können, die ihrerseits eine Ausnutzung von freiwilligen Informationen durch Wettbewerber wahrscheinlicher werden lassen. Dies versuchen die betroffenen Unternehmen demnach durch das Zurückhalten von freiwilligen Informationen zu vermeiden.[203]

So findet etwa Jones (2007), dass Unternehmen mit über dem Markt liegenden Aktienrenditen weniger freiwillige Informationen zur Verfügung stellen, oder Leuz (2004), dass eine hohe Gesamtkapitalrendite des gesamten Unternehmens sowie heterogene Kapitalrenditen einzelner Segmente dazu führen, dass segmentspezifische Angaben eher nicht freiwillig veröffentlicht werden, um anderenfalls entstehende Wettbewerbsnachteile zu vermeiden.[204]

Aufgrund dieser Zusammenhänge wird die Untersuchung der kapitalmarktbezogenen Vorteile an dieser Stelle um eine Analyse der konkurrenzbezogenen Nachteile aufgrund höherer Transparenz erweitert. Es stellt sich also die Frage, ob potenzielle Wettbewerbsnachteile gegenüber bestehenden oder künftigen Konkurrenten für die betrachtete Stichprobe dazu führen, dass Unternehmen mit attraktiver Geschäftstätigkeit weniger freiwillige Informationen zur Verfügung stellen und weniger ausführlich persönlich mit den Teilnehmern des Kapitalmarktes kommunizieren und sich dieser Umstand auf den untersuchten Wirkungszusammenhang auswirkt.

---

[202] So wird der Zusammenhang zwischen freiwilliger Transparenz und juristischen Risiken etwa durch Skinner (1994), Francis/Philbrick/Schipper (1994) und Baginski/Hassel/Kimbrough (2002), und die Verbindung zwischen freiwilliger Transparenz und politischen Risiken durch Liberty/Zimmerman (1986) empirisch untersucht.

[203] Vgl. Jones (2007), S. 497 f. und Leuz (2004), S. 174 f.

[204] Ebenfalls die Konkurrenzwirkungen freiwilliger Transparenz betrachten empirisch Clarkson/Kao/Richardson (1994); Stanford-Harris (1998); Ettredge/Kwon/Smith (2002), Prencipe (2004); Botosan/Stanford (2005); Cohen (2006) und Berger/Hann (2007). Clarkson/Kao/Richardson (1994), S. 439 ff.; Leuz (2004), S. 183 sowie Depoers (2000), S. 250 f. finden entgegen der Betrachtung von Aktien- oder Kapitalrenditen weiterhin Nachweise dafür, dass Unternehmen dann eher freiwillig berichten, wenn die Wahrscheinlichkeit von Wettbewerbsnachteilen aufgrund höherer Markteintrittsbarrieren geringer ist.

Hinsichtlich der Regression der freiwilligen Transparenz gegenüber der Bewertung eines Unternehmens würde sich nämlich für Unternehmen mit attraktiver Geschäftstätigkeit ein gegenläufiger Einfluss ergeben, und zwar in dem Ausmaß, in dem solche Unternehmen auch am Kapitalmarkt höher bewertet werden. Dann würde sich für solche Unternehmen nicht nur das Ausmaß der freiwilligen Transparenz auf die Höhe der Bewertung auswirken (Transparenzeffekt), sondern wäre auch ein gegenläufiger Effekt zu bemerken, wonach nämlich eine hohe Bewertung – hervorgerufen durch eine attraktive Geschäftstätigkeit – eine geringere Bereitschaft zu freiwilliger Transparenz mit sich bringt (Konkurrenzeffekt). Dieser Zusammenhang wird in Abbildung 14 nachfolgend grafisch verdeutlicht.

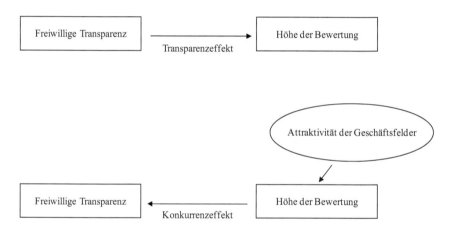

Abbildung 14: Zusammenhänge zwischen freiwilliger Transparenz und der Bewertung eines Unternehmens unter Berücksichtigung des Konkurrenzeffektes

Für Unternehmen mit weniger attraktiver Geschäftstätigkeit wäre also eine Auswirkung von freiwilliger Transparenz auf die Höhe der Bewertung besonders zu vermuten, wohingegen für Unternehmen mit attraktiver Geschäftstätigkeit dieser Zusammenhang wohl von dem Konkurrenzeffekt freiwilliger Transparenz überlagert wird und daher nicht bzw. weniger stark zu beobachten ist oder sogar ins Gegenteil verkehrt.

Aus diesem Grund sollte der – durch den Konkurrenzeffekt bedingte – gegenläufige Einfluss zwischen der Höhe der Bewertung und der freiwilligen unternehmenseigenen Transparenz im Rahmen einer weiteren Gruppierung untersucht werden. Vergleichbar mit Leuz (2004) wird hier die Gesamtkapitalrendite bzw. der Return on Assets als Indikator für die Attraktivität der Geschäftstätigkeit eines Unternehmens und damit für das Ausmaß der Konkurrenzgefahr freiwilliger Transparenz verwendet.[205] Wie bei den Aufwendungen für Forschung und Entwicklung wird ein fünfjähriger Durchschnitt des Return on Assets der Gruppierung zugrundegelegt, um abweichende Einflüsse einzelner Perioden zu vermeiden und eine zuverlässige Gruppierung zu ermöglichen. Dies führt zu folgenden Hypothesen:

H5a: Das Voluntary Disclosure hat einen stärkeren Einfluss auf die kapitalmarktorientierte Bewertung des betreffenden Unternehmens, wenn die Konkurrenzgefahr des Unternehmens aufgrund einer geringen Gesamtkapitalrendite schwach ausgeprägt ist.

H5b: Die Accounting Quality hat einen stärkeren Einfluss auf die kapitalmarktorientierte Bewertung des betreffenden Unternehmens, wenn die Konkurrenzgefahr des Unternehmens aufgrund einer geringen Gesamtkapitalrendite schwach ausgeprägt ist.

H5c: Die Personal Communication hat einen stärkeren Einfluss auf die kapitalmarktorientierte Bewertung des betreffenden Unternehmens, wenn die Konkurrenzgefahr des Unternehmens aufgrund einer geringen Gesamtkapitalrendite schwach ausgeprägt ist.

---

[205] Vgl. Leuz (2004), S. 174 f. – hier allerdings ohne Industrieadjustierung, da auch künftige oder nicht börsennotierte potenzielle Wettbewerber in Betracht gezogen werden sollen. Auch Jones (2007), S. 498 verwendet keine Industrieadjustierung. Andere Arbeiten verwenden die Wachstumsaussichten eines Unternehmens als Indikator für die Attraktivität der Geschäftstätigkeit eines Unternehmens; vgl. Prencipe (2004), S. 324 f. oder auch Cohen (2006), S. 13. Aufgrund der bereits vorliegenden Verwendung des EPS-Wachstums als Kontrollvariable wird hier jedoch der Return on Assets als Indikator verwendet.

3. Untersuchungsdesign und Datenerhebung

Nach der Darstellung des theoretischen und empirischen Fundaments sowie der Ableitung von Hypothesen vermittelt das folgende Kapitel zuerst einen Überblick über das verwendete Regressionsmodell, um sich dann mit der Operationalisierung der abhängigen Variable, der Operationalisierung der drei unabhängigen Variablen – namentlich des Voluntary Disclosure, der Accounting Quality und der Personal Communication – sowie schließlich der Ableitung und Operationalisierung der Kontrollvariablen zu beschäftigen. Auf die zeitliche Abfolge der Messung der relevanten Variablen und auf die Festlegung der Grundgesamtheit sowie die Festlegung der Stichprobe der Untersuchung wird anschließend eingegangen.

3.1. Regressionsmodell

Wie bereits angesprochen wird im Rahmen der vorliegenden Untersuchung der Einfluss dreier verschiedener unabhängiger Variablen auf die abhängige Variable betrachtet. Da einem Unternehmen zur Verringerung von Informationsasymmetrien nämlich mehrere Kommunikationsformen zur Verfügung stehen, ist die Betrachtung lediglich eines Instruments mit einer beschränkten Aussagekraft verbunden.[206] Sie kann zu systematischen Fehlern und fehlerhaften Schlussfolgerungen führen, sofern die nicht berücksichtigten Variablen mit einer betrachteten unabhängigen Variable korreliert sind.[207]

Sowohl das Voluntary Disclosure als auch die Accounting Quality sowie die Personal Communication sind demzufolge in einem einzelnen Regressionsmodell zusammen mit den zu berücksichtigenden Kontrollvariablen zu integrieren und gegen das industrie-adjustierte Gewinn-Kurs-Verhältnis – als hier gewählte Operationalisierung der abhängigen Variablen in Form der Höhe der kapitalmarktorientierten Bewertung –[208] zu regressieren. Dies geschieht mit Hilfe der folgenden linearen Gleichung:[209]

$$Y_i = \alpha + \beta_{VD} * VD_i + \beta_{AQ} * AQ_i + \beta_{PC} * PC_i + \sum_{k=1}^{K} \gamma_k * X_{ki} + \varepsilon_i$$

---

[206] Vgl. etwa Tasker (1998), S. 142 f. und Espinosa/Trombetta (2007), S. 1389.

[207] Vgl. Botosan/Plumlee (2002), S. 21; Gietzmann/Trombetta (2003), S. 200 und Espinosa/Trombetta (2007), S. 1389. Siehe ausführlich hierzu bereits die Darstellungen in Kapitel 2.2.3.1.

[208] Vgl. dazu im Detail die Darstellungen des nachfolgenden Kapitels 3.2.

[209] Vgl. etwa Backhaus u.a. (2008), S. 51 ff.; Hartung/Elpelt/Klösener (2009), S. 569 ff. oder Pindyck/Rubinfield (1998), S. 117 ff. zur Regressionsanalyse.

wobei:

$Y_i =$ Industrieadjustiertes Gewinn-Kurs-Verhältnis von Unternehmen i (abhängige Variable)

$\alpha =$ Konstante

$VD_i =$ Qualität des Voluntary Disclosure von Unternehmen i (unabhängige Variable)

$AQ_i =$ Accounting Quality von Unternehmen i (unabhängige Variable)

$PC_i =$ Qualität der Personal Communication von Unternehmen i (unabhängige Variable)

$X_{ki} =$ Für $k=1,...,K$ andere relevante Variablen von Unternehmen i, die Einfluss auf die abhängige Variable nehmen können (Kontrollvariablen)

$\beta_{VD}, \beta_{AQ}, \beta_{PC}, \gamma_k =$ Koeffizienten, die mit Hilfe der linearen Regression ermittelt werden

$\varepsilon_i =$ Störterm der linearen Regression – Ausprägung für Unternehmen i

Um ein solches lineares Regressionsmodell unverzerrt und effizient anwenden zu können, müssen mehrere Prämissen erfüllt sein.[210] Hierzu gehört zunächst die Vollständigkeit des Regressionsmodells, die durch die Berücksichtigung aller relevanten Variablen gewährleistet wird.[211] Wie angesprochen werden aus diesem Grund als erstem großen Schritt hier erstmalig mit dem Voluntary Disclosure, der Accounting Quality und der Personal Communication alle wesentlichen Kommunikationsformen im Rahmen der Regression simultan betrachtet.

---

[210] Vgl. Studenmund (2006), S. 88 ff.; von Auer (2007), S. 136 ff. oder Backhaus u.a. (2008), S. 80 ff.
[211] Vgl. stellvertretend von Auer (2007), S. 140.

In diesen Kontext fällt aber auch die nachfolgend noch vorzustellende Erweiterung des Regressionsmodells um einen Indikator für die Eigentümerstruktur des Unternehmens, da sich ein wesentlicher Anteilsbesitz durch einen Unternehmensgründer bzw. seine Familienmitglieder oder durch Manager positiv auf die Bewertung eines Unternehmens auswirkt.[212] Werden diese Schritte nicht vollzogen, kann die resultierende Vernachlässigung einer relevanten Variablen (omitted variable) eine Verzerrung der Ergebnisse verursachen.[213]

Darüber hinaus kann Multikollinearität – also eine paarweise oder gemeinsame Abhängigkeit zwischen unabhängigen Variablen – eine verminderte Zuverlässigkeit der Regressionskoeffizienten hervorrufen.[214] Im Rahmen der vorliegenden Untersuchung schien ein erhöhtes Ausmaß an Multikollinearität denkbar, da neben dem für kapitalmarktorientierte Untersuchungen gewöhnlichen Grad an Multikollinearität die Berücksichtigung drei verschiedener Kommunikationsformen und die zwischen diesen bestehenden Zusammenhänge eine stärkere Abhängigkeit innerhalb des Regressionsmodells begünstigen. So konnten in bisherigen Untersuchungen durch Botosan/Plumlee (2002) und Lang/Lundholm (1996) eine hohe Korrelation zwischen den von Ihnen verwendeten Indikatoren für die Qualität des Voluntary Disclosure und der Personal Communication festgestellt werden,[215] und Francis/Nanda/Olsson (2008) erkennen eine mittlere Korrelation zwischen Accounting Quality und Voluntary Disclosure.[216] Daher galt es, der Prämisse der Nicht-Existenz von linearen Abhängigkeiten zwischen den unabhängigen Variablen[217] besondere Aufmerksamkeit zu widmen, um einen negativen Einfluss durch Multikollinearität ausschließen zu können.

Um das Ausmaß der Multikollinearität für die durchgeführten Regressionen bzw. für die darin verwendeten Variablen prüfen zu können, wurde eine Kennzahl betrachtet, die zu diesem Zweck häufig verwendet wird. Es handelt sich dabei um den Varianzinflationsfaktor (Variance Inflation Factor) einer jeweiligen unabhängigen Variablen als Kennzahl

---

[212] Vgl. hinsichtlich des Anteilsbesitzes durch den Unternehmensgründer bzw. seine Familienmitglieder Anderson/Reeb (2003); Villalonga/Amit (2006); Fahlenbrach (2007) und Adams/Almeida/Ferreira (2009) sowie hinsichtlich des Anteilsbesitzes durch das Management Fahlenbrach/Stulz (2008); Coles/Lemmon/Meschke (2007) oder bereits Morck/Shleifer/Vishny (1988).

[213] Vgl. Backhaus u.a. (2008), S. 83 f. oder ausführlich von Auer (2007), S. 250 ff. sowie Studenmund (2006), S. 163 ff.

[214] Vgl. Winker (2007), S. 157 ff.; Backhaus u.a. (2008), S. 87 ff.

[215] Die entsprechenden Korrelationskoeffizienten liegen zwischen 0,463 und 0,499; vgl. Botosan/Plumlee (2002), S. 33; Lang/Lundholm (1996), S. 480.

[216] Die Korrelationskoeffizienten liegen für die unterschiedlichen Indikatoren der Accounting Quality zwischen 0,137 und 0,181; vgl. Francis/Nanda/Olsson (2008), S. 76.

[217] Vgl. von Auer (2007), S. 143.

für die Vergrößerung der Varianz des Regressionskoeffizienten durch Multikollinearität. Er basiert auf einer Berechnung des Bestimmtheitsmaßes R^2 der Regression einer unabhängigen Variablen auf die übrigen Variablen der Regressionsfunktion.[218]

Während sich nun die hohen Korrelationen bei Lang/Lundholm (1996) und Botosan/ Plumlee (2002) zum Teil wohl auch durch die Modellierung der Indikatoren erklären lassen,[219] sind im Rahmen der vorliegenden Untersuchung für den Zusammenhang zwischen Voluntary Disclosure und Personal Communication nur mittlere Korrelationen erkennbar. Die Zusammenhänge zwischen Voluntary Disclosure und Accounting Quality sowie zwischen Personal Communication und Accounting Quality sind nur schwach ausgeprägt.

Entscheidend ist allerdings im Unterschied zu diesen paarweisen Betrachtungen die multiple Einschätzung der Kollinearität durch den Varianzinflationsfaktor.[220] Dieser liegt für die unabhängigen Variablen der durchgeführten Regressionen durchgängig zwischen 1,08 und 1,64 und damit deutlich unterhalb der kritischen Werte, die bei > 5,0 gesehen werden. Eine verminderte Präzision der Schätzwerte durch Multikollinearität kann daher ausgeschlossen werden.[221]

Während auch die hier unkritischen übrigen Prämissen für die Verwendung eines linearen Regressionsmodells gewährleistet sind,[222] erscheint die Vollständigkeit des Regressions-

---

[218] Vgl. im Detail Backhaus u.a. (2008), S. 89 oder Studenmund (2006), S. 258 ff.

[219] Die verwendeten Indikatoren basieren auf einer simultan vorgenommenen Einschätzung durch Aktienanalysten, was möglicherweise dazu führt, dass eine Einschätzung der Qualität einer Kommunikationsform implizit zumindest teilweise auch auf die Beurteilung der anderen Kommunikationsform übertragen wird; vgl. dazu auch die Darstellungen im Rahmen von Kapitel 3.3.1.1.2. Darüber hinaus kann auch eine jeweilige Beeinflussung der Urteile der Aktienanalysten durch externe Faktoren im Fall einer solchen Befragung eine Kollinearität begünstigen. Ein denkbares Beispiel für eine solche Beeinflussung durch externe Faktoren wäre etwa eine bessere Beurteilung der unterschiedlichen Kommunikationsformen eines Unternehmens, wenn die Aktienkurse oder die Periodenergebnisse eines Unternehmens in der jüngeren Vergangenheit eine überzeugende Entwicklung vorzuweisen hatten; vgl. Healy/Hutton/ Palepu (1999), S. 489. Hinsichtlich der Verwendung von Analysteneinschätzungen vgl. Lang/Lundholm (1996), S. 473 f. und Botosan/Plumlee (2002), S. 29 f.

[220] Die Betrachtung der einfachen Korrelationen kann einen ersten Anhaltspunkt für die Einschätzung der Multikollinearität liefern; vgl. Backhaus u.a. (2008), S. 89.

[221] Vgl. hinsichtlich der für den Varianzinflationsfaktor kritischen Werte Studenmund (2006), S. 259. Für die Regressionen auf der Basis der vorgenommenen Gruppierungen liegen die Varianzinflationsfaktoren zwischen 1,06 und 2,12 und damit ebenfalls deutlich unterhalb der kritischen Werte.

[222] Eine Verletzung der Prämissen der Linearität des Einflusses der auf die abhängige Variable, der Homoskedastizität der Störgrößen und der Unabhängigkeit der Störgrößen kann für die gegebenen Regressionen bereits aufgrund von visueller Inspektion ausgeschlossen werden; vgl. Backhaus u.a. (2008), S. 81 ff. und 85 ff. Die Gültigkeit der Signifikanztests ist aufgrund der Stichprobengröße – unabhängig von der anderenfalls erforderlichen Normalverteilung der Störgröße – gegeben; vgl. Backhaus u.a. (2008), S. 90 f.

modells einerseits durch die hier erstmalig erfolgte simultane Einbeziehung der unterschiedlichen Kommunikationsformen und durch die zusätzliche Einbeziehung der Eigentümerstruktur im wesentlichen als sichergestellt. Andererseits kann trotz der simultanen Berücksichtigung der drei Kommunikationsformen für die vorliegende Untersuchung das Vorliegen von übermäßiger Multikollinearität ausgeschlossen werden. Das dargestellte lineare Regressionsmodell ermöglicht daher unverzerrte und effiziente Berechnungen. Seine Verwendung ist damit zulässig.

3.2. Operationalisierung der abhängigen Variablen

Wie bei der Ableitung der Hypothesen schon vorweggenommen,[223] soll im Rahmen der vorliegenden Untersuchung zu den fundamentalen Zielsetzungen freiwilliger unternehmenseigener Transparenz nicht die Höhe der Eigenkapitalkosten, sondern die Höhe der kapitalmarktorientierten Bewertung eines Unternehmens betrachtet werden. Die Hintergründe für diese Entscheidung werden nun nachfolgend im Detail erläutert, da sie mit der Operationalisierung der abhängigen Variablen zusammenhängen.

Zunächst wird dabei auf gängige Modellierungen bisheriger Untersuchungen eingegangen. Anschließend wird die Modellierung im Rahmen der vorliegenden Untersuchung beschrieben und die daraus letztlich folgende Operationalisierung der abhängigen Variablen dargestellt.

3.2.1. Modellierungen bisheriger Untersuchungen

Bisherige empirische Untersuchungen zur Betrachtung der fundamentalen Wirkungen freiwilliger unternehmenseigener Transparenz modellieren als abhängige Variable vordergründig die Eigenkapitalkosten eines kapitalmarktorientierten Unternehmens.[224] Diese wurden vormals regelmäßig auf Basis des CAPM aus historischen Kapitalmarktdaten und damit vergangenheitsorientiert abgeleitet. Zweckmäßig ist jedoch sowohl anlässlich einer Unternehmensbewertung als auch im Rahmen von empirischen Untersuchungen eine Gegenüberstellung der künftigen Überschussgrößen mit dementsprechend zukunftsorientierten Renditeforderungen.[225] Insbesondere in der jüngeren Vergangenheit kam vor diesem Hintergrund ein alternatives Modell für eine kapitalmarktbezogene Ermittlung der Eigenkapitalkosten mit Zukunftsbezug zur Anwendung: das Konzept der

---

[223] Vgl. Kapitel 2.3.1.1.
[224] Dies wird etwa deutlich anhand der Darstellung bisheriger empirischer Erkenntnisse im Rahmen von Kapitel 2.2.
[225] Vgl. stellvertretend Daske/Gebhardt (2006), S. 530 oder Ballwieser (2005), S. 329.

impliziten Eigenkapitalkosten. Nach dieser Verfahrensweise ergeben sich die Eigenkapitalkosten eines Unternehmens implizit aus den aktuellen Erwartungen des Kapitalmarktes[226] bezüglich der künftigen Überschüsse eines Unternehmens und seines zum
gleichen Zeitpunkt bestehenden Marktwertes[227] und zwar über den internen Zinsfuß,
welcher die jeweiligen Größen miteinander in Einklang bringt.[228]

Hinsichtlich der Berechnung der impliziten Eigenkapitalkosten werden im Detail zahlreiche unterschiedliche Modellierungen verwendet. Sie lassen sich allerdings in einige
wesentliche Konzeptionen unterteilen. So basiert der weit überwiegende Teil der empirischen Untersuchungen hinsichtlich der Berechnung der impliziten bzw. zukunftsorientierten Eigenkapitalkosten auf dem Dividendendiskontierungsmodell, dem Gewinnkapitali-
sierungsmodell oder dem Residualgewinnmodell sowie bei jüngeren Studien auch auf
einer Ableitung der Eigenkapitalkosten aus Bewertungskennzahlen wie dem Kurs/
Gewinn-Verhältnis bzw. dem Kurs/Gewinn-zu-Wachstum-Verhältnis (Price/Earnings-to-
Growth-Ratio).[229]

Allerdings ist zu beachten, dass auch das Konzept der impliziten Eigenkapitalkosten nicht
frei von Kritik ist. So wird vorgebracht, dass die Prognosen der Aktienanalysten, welche
üblicherweise verwendet werden, um die Überschusserwartungen des Kapitalmarktes zu
schätzen, diese nur ungenau repräsentieren können.[230] Dies wird begründet mit empirischen Erkenntnissen, die zeigen konnten, dass die Prognosen der Aktienanalysten
regelmäßig zu optimistisch ausfallen.[231] Auch die Gleichsetzung des Marktwertes eines

---

[226] Diese werden approximiert durch die Prognosen der Aktienanalysten; vgl. Daske/Gebhardt/Klein
(2006), S. 3.
[227] Die Marktkapitalisierung des Unternehmens wird dabei verwendet als Näherungswert für den
Marktwert des Eigenkapitals; vgl. Daske/Gebhardt/Klein (2006), S. 4.
[228] Vgl. etwa Daske/Gebhardt (2006), S. 537 oder Ballwieser (2005), S. 322 f. Siehe maßgeblich Gordon/
Gordon (1997); Claus/Thomas (2001); Gebhardt/Lee/Swaminathan (2001) sowie Gode/Mohanram
(2003).
[229] Vgl. Daske/Gebhardt (2006), S. 543. Zur Darstellung der einzelnen Modelle der impliziten Eigenkapitalkosten vgl. Reese (2007), S. 62 ff. oder auch Daske/Wiesenbach (2005), S. 407 ff. Siehe hinsichtlich der Ableitung von Eigenkapitalkosten aus dem Kurs/Gewinn-Verhältnis bzw. dem Kurs/Gewinn-
zu-Wachstum-Verhältnis Easton (2004) sowie hinsichtlich der Verwendung solcher Eigenkapitalkosten
zur Gegenüberstellung mit der freiwilligen Transparenz kapitalmarktorientierter Unternehmen etwa
Francis/Nanda/Olsson (2008), S. 87 oder Gietzmann/Ireland (2005), S. 609.
[230] Vgl. stellvertretend Daske (2005), S. 463.
[231] Vgl. etwa Brown (1993), Claus/Thomas (2001) oder Matsumoto (2002) sowie differenzierend Kothari
(2001), S. 152 ff. m. w. N. und Healy/Palepu (2001), S. 417 m. w. N. Hintergrund ist die Verwendung
der über Kapitalmarktinformationsdienstleister verfügbaren Prognosen der Sell-Side-Aktienanalysten,
die allerdings im Unterschied zu ihren Kollegen der Buy-Side nicht für Kaufentscheidungen verantwortlich sind; vgl. Daske/Gebhardt/Klein (2006), S. 29. Vielmehr liegt die primäre Zielsetzung der Sell-
Side-Analysten in der Generierung von Transaktionsvolumen und Handelserträgen; vgl. Schipper
(1991), S. 113 und Albrecht (2003), S. 97 f., was in Bezug auf die Erstellung von Prognosen bedeutende

Unternehmens innerhalb der Berechnung der impliziten Eigenkapitalkosten mit der aktuellen Marktkapitalisierung ist zwangsweise ungenau, da die Marktkapitalisierung aus einzelnen realisierten Aktienkursen berechnet wird, wohingegen für einen wesentlichen, mehrheitlichen oder gar vollständigen Anteilsbesitz oft erhebliche, je nach Transaktion aber unterschiedlich hohe, Paketzuschläge bezahlt werden.[232] Darüber hinaus wird den impliziten Eigenkapitalkosten ein Tautologie-Problem zugeschrieben. So sind sie für eine Bewertung des eigenen Unternehmens ungeeignet, da in die Berechnung der impliziten Eigenkapitalkosten ja bereits die Marktkapitalisierung als Unternehmenswert aufgenommen wurde.[233]

Verschiedene Studien haben die Validität der unterschiedlichen Modelle zur Berechnung von impliziten Eigenkapitalkosten empirisch getestet. So kommen Penman/Sougiannis (1998), Francis/Olsson/Oswald (2000) und Courteau/Kao/Richardson (2001) zu dem Schluss, dass dem Residualgewinnmodell eine höhere Aussagekraft zukommt.[234] Im Unterschied dazu finden allerdings Botosan/Plumlee (2005), dass die zwischenzeitlich als Alternative vorgeschlagene Ableitung der impliziten Eigenkapitalkosten aus Kurs-Gewinn-zu-Wachstum-Verhältnissen und die alternative Verwendung eines Kursziels als zu diskontierender Endwert statt der Zugrundelegung einer ewigen Rente zuverlässigere Indikatoren für die Eigenkapitalkosten der Unternehmen generieren.[235]
Die Frage der empirischen Genauigkeit der Approximation der unterschiedlichen Modelle zur Berechnung der impliziten Eigenkapitalkosten kann zum jetzigen Zeitpunkt wohl noch nicht als beantwortet betrachtet werden.[236] Bisherigen Untersuchungen der Auswirkungen freiwilliger Transparenz liegen – den empirischen Ergebnissen bezüglich der Aussage-kraft der unterschiedlichen Berechnungen der Eigenkapitalkosten entsprechend – häufig Residualgewinnmodelle und in jüngerer Vergangenheit Modelle mit einer Verwendung

---

Interessenkonflikte mit sich bringt; vgl. Schipper (1991), S. 113; Lin/McNichols (1998) sowie Wichels (2002), S. 35 und Hax (1998), S. 25 f.

[232] Vgl. Ballwieser (2005), S. 329 f. und Reese (2007), S. 94.

[233] Vgl. Gebhardt/Lee/Swaminathan (2001), S. 167; Daske/Gebhardt (2006), S. 547; Ballwieser (2005), S. 331.

[234] Vlg. etwa Reese (2007), S. 76 ff. für eine detaillierte Darstellung bisheriger empirischer Erkenntnisse.

[235] In Gegenüberstellung zu der Zugrundelegung einer ewigen Rente bestätigen weiterhin Courteau/Kao/Richardson (2001), dass eine Verwendung von Kurszielen als Endwert unabhängig vom verwendeten Modell genauere Ergebnisse liefert.

[236] Vgl. Daske/Gebhardt (2006), S. 543. Weitere empirische Betrachtungen der Genauigkeit unterschied-licher Modelle mit zum Teil abweichenden Erkenntnissen liefern Easton/Monahan (2005); Guay/Kothari/Shu (2005) oder auch Schröder (2007). Hinsichtlich der kontrovers geführten Diskussion der Sinnhaftigkeit solcher Studien vgl. Reese (2007), S. 79 m. w. N.

von Kurszielen als Endwerten und Modelle mit Ableitungen der Eigenkapitalkosten aus Kurs-Gewinn-zu-Wachstum-Verhältnissen zugrunde.[237]

Die Operationalisierung der kapitalmarktorientierten Bewertung als abhängige Variable, deren Steigerung der zweiten fundamentalen Zielsetzung freiwilliger unternehmenseigener Transparenz entspricht, wird erst in den letzten Jahren ebenfalls vorgenommen. Sie erfolgt über die Verwendung von gängigen Bewertungskennzahlen wie etwa dem Kurs-Gewinn-Verhältnis auf Basis des erwarteten Gewinns pro Aktie für das nachfolgende Geschäftsjahr oder dem Kurs-Buchwert-Verhältnis mit dem Buchwert des bilanziellen Eigenkapitals pro Aktie.[238]

Die Bewertung eines Unternehmens über Kennzahlen ist zwar einerseits vorteilhaft hinsichtlich der Einfachheit ihrer Anwendung, andererseits ergeben sich aber eben aufgrund dieser Einfachheit und der dadurch bedingten groben Annäherung an den Unternehmenswert auch mehrere Kritikpunkte hinsichtlich der eingeschränkten Genauigkeit dieser Vorgehensweise. So wird insbesondere darauf hingewiesen, dass sich ein solches Verfahren auf eine einzige Bezugsgröße beschränkt und die zu Vergleichszwecken herangezogenen Unternehmen wohl nur in seltenen Ausnahmefällen mit dem zu bewertenden Unternehmen in jeder wesentlichen Hinsicht auch vergleichbar und gleichzeitig in ausreichender Zahl gegeben sind.[239]

Mehrere verschiedene Typen von Bewertungskennzahlen werden in der Literatur vorgeschlagen und in der Praxis der Unternehmensbewertung verwendet. So kommt etwa im Zähler der Kennzahlen die Marktkapitalisierung der Aktien oder alternativ der Enterprise Value als Marktwert des Gesamtkapitals zur Anwendung. Diese Größen werden üblicherweise zu dem Jahreserfolg, zu cashfloworientierten Erfolgsgrößen, zu dem Umsatz oder zu dem Buchwert des Eigenkapitals in Beziehung gesetzt.[240] Die höchste Aussagekraft bzw. Genauigkeit innerhalb solcher Bewertungskennzahlen wurde in empirischen

---

[237] Vgl. bezüglich der Residualgewinnmodelle etwa Daske/Gebhardt (2006), S. 543 sowie hinsichtlich der jüngeren alternativen Verfahrensweisen Francis/Nanda/Olsson (2008), S. 68 und 87; Gietzmann/Ireland (2005), S. 609 sowie Botosan/Plumlee (2002), S. 31.

[238] Vgl. hinsichtlich des Kurs-Gewinn-Verhältnisses Francis u.a. (2005); Cohen (2006) oder auch Fischer (2003) sowie zu der Verwendung des Kurs-Buchwert-Verhältnisses Bushee/Miller (2007).

[239] Vgl. Kuhner/Maltry (2006), S. 270; Drukarczyk/Schüler (2007), S. 486; Ballwieser (2007), S. 205; Ernst/Schneider/Thielen (2008), S. 248. Die Betrachtung des Kurs-Gewinn-Verhältnisses etwa kann daher in der Praxis der Aktienanalyse nur ein Element der gesamten fundamentalen Überlegungen sein; vgl. Steiner/Bruns (2007), S. 267 f.

[240] Vgl. Koller/Goedhart/Wessels (2005), S. 371 ff.; Penman (2004), S. 66 ff. und 185 ff.; Ernst/Schneider/Thielen (2008), S. 176 ff.; Wagner (2005), S. 16.

Untersuchungen dem Verhältnis von Marktkapitalisierung und Jahreserfolg, also dem weitverbreiteten Kurs-Gewinn-Verhältnis auf Basis von künftigen erwarteten Jahreserfolgen zugewiesen. Dies deckt sich allerdings mit den Erwartungen, da künftigen Jahreserfolgen in der Regel eine größere Wertrelevanz zukommt als historischen Ergebnissen, Jahreserfolge aufgrund der dazu durchgeführten Periodenabgrenzungen eine größere Aussagekraft haben als cashfloworientierte Erfolgsgrößen und bezogen auf den Umsatz die Gegenüberstellung mit Aufwendungen ebenfalls eine höhere Relevanz des Jahreserfolgs bewirkt.[241]

3.2.2. Modellierung der vorliegenden Untersuchung

Die Überlegungen zu der Modellierung der fundamentalen Zielsetzungen freiwilliger unternehmenseigener Transparenz im Rahmen der vorliegenden Untersuchung konzentrierten sich aus den im vorigen Kapitel aufgeführten Gründen auf die impliziten Eigenkapitalkosten sowie auf das Kurs-Gewinn-Verhältnis auf Basis des erwarteten Gewinns pro Aktie für das nachfolgende Geschäftsjahr.

Da sich die impliziten Eigenkapitalkosten aus den Erwartungen des Kapitalmarktes bezüglich der künftigen Überschüsse und dem aktuellen Marktwert eines Unternehmens ergeben und sich das Kurs-Gewinn-Verhältnis als Kennzahl aus dem nächsten künftigen Überschuss und dem aktuellen Marktwert errechnet, geht eine Steigerung der Marktkapitalisierung ceteris paribus mit einer Erhöhung der Bewertung und einer Verringerung der Eigenkapitalkosten einher. Beide Fundamentalziele bedingen sich also gegenseitig.[242] Ist der Kapitalmarkt aufgrund einer Verringerung der Informationsasymmetrien dazu bereit, auf einen Teil der informationsasymmetriebedingten Risikoprämie der Eigenkapitalkosten zu verzichten, bedeutet dies aus Sicht der Bewertung, dass die Kapitalmarktteilnehmer dazu gewillt sind, für die entsprechenden Wertpapiere einen höheren Preis zu bezahlen.[243]

Verfolgen also die impliziten Eigenkapitalkosten und die relative Marktkapitalisierung in Form des Kurs-Gewinn-Verhältnisses eine im Detail unterschiedliche Modellierung der entsprechenden Zielvariable, wird im Ergebnis jedoch derselbe Zusammenhang lediglich

---

[241] Vgl. Liu/Nissim/Thomas (2002), S. 163. Siehe auch Kim/Ritter (1999), S. 409 sowie Koller/Goedhart/ Wessels (2005), S. 368 f.

[242] Das Kurs-Gewinn-Verhältnis kann daher auch als inverser Indikator für die Eigenkapitalkosten eines Unternehmens betrachtet werden; vgl. Francis u.a. (2005), S. 311. Siehe detailliert etwa Ernst/Schneider/Thielen (2008), S. 243. Hinsichtlich der theoretischen Zusammenhänge zwischen der Discounted-Cashflow-Methode und Bewertungskennzahlen vgl. Herrmann (2002), S. 43 ff. oder Drukarczyk/Schüler (2007), S. 477 ff.

[243] Zu den zugrunde liegenden theoretischen Wirkungsweisen siehe Kapitel 2.1.

durch verschiedene Konzepte überprüft. Sowohl die impliziten Eigenkapitalkosten als auch die relative Höhe der Bewertung können demnach gleichermaßen empirischen Tests zur Untersuchung der fundamentalen kapitalmarktorientierten Wirkungen freiwilliger unternehmenseigener Transparenz zugrundegelegt werden.[244]

Bisherigen empirischen Untersuchungen wurden insgesamt die Eigenkapitalkosten häufiger als abhängige Variable zugrundegelegt. Diese Vorgehensweise erwies sich jedoch in Bezug auf die hier betrachteten Unternehmen als problematisch, da die – innerhalb eines Modells zur impliziten Berechnung der Eigenkapitalkosten – zur Spezifizierung des Endwertes notwendigen Sekundärdaten für Unternehmen des deutschen Kapitalmarktes nicht bzw. nicht in ausreichender Zahl und Qualität zur Verfügung stehen.[245]

Die Modellierung einer ewigen Rente als Endwert etwa ist nicht möglich, weil langfristige Wachstums-Prognosen durch die beobachtenden Aktienanalysten nicht in ausreichender Zahl abgegeben werden. So liegen von den betrachteten 112 Unternehmen für 18 keine langfristigen Prognosen, für 38 lediglich eine einzige und für weitere 30 Unternehmen nur zwei langfristige Prognosen vor. Durchschnittlich erreichen die hier betrachteten Unternehmen weniger als zwei Prognosen für die langfristige Gewinnentwicklung.[246]

Entscheidend ist darüber hinaus auch der Umstand, dass Thomson Reuters für die Berechnung der langfristigen Gewinnprognosen durch I/B/E/S keine einheitlich definierten langfristigen Schätzungen der Analysten erfragt. Die erhaltenen Schätzungen basieren daher auf unterschiedlichen Vorstellungen der einzelnen Analysten, ab und bis zu welchem künftigen Geschäftsjahr die langfristige Gewinnprognose zu verstehen ist. Die aggregierten Daten lassen sich daher also nicht sinnvoll interpretieren. Interessant ist in diesem Zusammenhang auch, dass I/B/E/S bei langfristigen Gewinnprognosen die Nutzung des Median empfiehlt, während sonst üblicherweise die Mittelwerte der abgegebenen Analystenprognosen präferiert werden.[247] Offenbar hat man das uneinheitliche

---

[244] Vgl. dazu auch die simultane Verwendung durch Francis u.a. (2005), S. 308 ff.; Cohen (2006), S. 26 ff. oder Fischer (2003), S. 267 ff.

[245] Auf die Einschränkungen der impliziten Betrachtungsweise hinsichtlich des deutschen Kapitalmarktes wird ebenfalls hingewiesen durch Daske/Wiesenbach (2005), S. 414, die bemerken, dass eine Betrachtung der impliziten Eigenkapitalkosten je nach Modell für lediglich 15-23 % der in Bloomberg aufgeführten deutschen Unternehmen möglich ist.

[246] Die geringe Anzahl der abgegebenen langfristigen Gewinnprognosen ist wohl nur zum Teil auf die Eigenschaften der betroffenen Unternehmen und andererseits auch auf einen allgemeinen Einfluss des deutschen Kapitalmarktes zurückzuführen; die hier betrachteten Unternehmen des DAX kommen nämlich durchschnittlich auch nur auf knapp 3 langfristige Gewinnprognosen pro Unternehmen, was einen erheblichen Unterschied darstellt zu den ebenfalls durchschnittlichen 25 Prognosen für das erste künftige Geschäftsjahr für die Unternehmen des DAX.

[247] Vgl. Thomson Financial (2007), S. 52.

Verständnis der langfristigen Gewinnprognosen und ihre Auswirkung auf die Qualität der entsprechenden Daten erkannt und empfiehlt daher die Verwendung des Median, in dessen Berechnung die Ausreißerwerte einzelner Analystenprognosen nicht mit eingehen. Diese Vorgehensweise ist jedoch nur hilfreich, solange eine ausreichende Anzahl von Analystenprognosen in die Berechnung des Median mit eingeht. Dies ist hier – wie beschrieben – nicht der Fall.

Die Verwendung langfristiger Gewinnprognosen musste demnach im Rahmen der vorliegenden empirischen Betrachtung aufgrund einer anderenfalls notwendigen Einschränkung der möglichen Stichprobengröße, aufgrund der fehlenden Zuverlässigkeit weniger abgegebener Prognosen sowie aufgrund der eingeschränkten Interpretierbarkeit der Daten ausgeschlossen werden.[248]

Alternativ zu der Verwendung von langfristigen Wachstumsprognosen zur Berechung der ewigen Rente wird bei einigen Modellierungen der impliziten Eigenkapitalkosten auch ein vierjähriges Kursziel als Endwert verwendet.[249] Leider lässt sich aber auch diese alternative Vorgehensweise nicht auf eine empirische Betrachtung des deutschen Kapitalmarkts übertragen, da Thomson Reuters über I/B/E/S nur einjährige Kursziele zur Verfügung stellt und der in US-amerikanischen Studien in dieser Hinsicht erwähnte Anbieter Value Line vierjährige Kursziele nur für in den USA notierte Unternehmen vertreibt.[250]

Da somit also weder langfristige Wachstumsprognosen noch mehrperiodige Kursziele zur Approximation des Endwerts im Rahmen der impliziten Eigenkapitalkosten für die betrachteten deutschen Unternehmen in ausreichender Anzahl verfügbar waren, verbleiben hinsichtlich der Modellierung über implizite Eigenkapitalkosten lediglich ersatzweise vereinfachende pauschale Annahmen.[251] Dies widerspricht jedoch dem mit der Verwendung von impliziten Eigenkapitalkosten erhobenen Anspruch der theoretischen Genauig-

---

[248] Vgl. diesbezüglich Daske/Wiesenbach (2005), S. 414. Die ersten beiden Kritikpunkte treffen im Übrigen auch zu auf die detaillierten Analystenprognosen des vierten künftigen Geschäftsjahres (t+4), da sich hinsichtlich der Anzahl der abgegebenen Prognosen dort ein ähnliches Bild ergibt. Daher kommen für die Berechnung der impliziten Eigenkapitalkosten in der Detailplanungsphase in Bezug auf den deutschen Kapitalmarkt nur drei Perioden in Frage.

[249] Vgl. Botosan/Plumlee (2002), S. 31; Brav/Lehavy/Michaely (2005), S. 38 f. sowie Francis/Nanda/ Olsson (2008), S. 68.

[250] Ebenfalls ohne eine Prognose des langfristigen Wachstums kommen die Modelle von Easton (2004), S. 82; Easton/Taylor/Shroff/Sougiannis (2002), S. 663 sowie auch Daske/Gebhardt/Klein (2006), S. 8 aus, welche die Eigenkapitalkosten und das Wachstum simultan schätzen. Eine Berechnung der erwarteten Eigenkapitalkosten ist aber nur auf Portfolioebene und nicht für einzelne Unternehmen möglich; vgl. auch Daske/Wiesenbach (2005), S. 410 und 412.

[251] Vgl. im Rahmen der unterschiedlichen Modellierungen der impliziten Eigenkapitalkosten Reese (2007), S. 62 ff.

keit dieser Verfahrensweise gegenüber kennzahlengestützten Verfahrensweisen. Auch ergeben sich hinsichtlich der pauschalen Annahmen zur Modellierung des Endwerts bzw. zur Modellierung der langfristigen Entwicklung der Überschüsse subjektive Spielräume, die für die Glaubwürdigkeit der zu gewinnenden Erkenntnisse nicht förderlich sind. Diese Umstände sind vor allem deshalb unbefriedigend, weil gerade die langfristigen Wachstumsperspektiven bzw. die durch sie bestimmten Endwerte auf die Berechnung der impliziten Eigenkapitalkosten einen erheblichen Einfluss haben.[252]

Unabhängig von der für die betrachteten Unternehmen nicht gegebenen Verfügbarkeit, Qualität und Interpretierbarkeit der Sekundärdaten zur Berechnung der impliziten Eigenkapitalkosten spricht ein weiteres Argument für die Verwendung der relativen Bewertung in Form des Kurs-Gewinn-Verhältnisses, was darin begründet ist, dass üblicherweise zutreffende Kritikpunkte gegenüber der Verwendung von Bewertungskennzahlen im Rahmen einer regressionsbasierten Verwendung nicht anzubringen sind.

So handelt es sich bei den impliziten Eigenkapitalkosten zunächst um das – von den genannten Kritikpunkten einmal abgesehen – theoretisch zutreffende Konzept.[253] Im Vergleich dazu stellt die Verwendung einer einfachen Kennzahl eine grobe Vereinfachung dar. Dementsprechend wird hinsichtlich der Approximation der Bewertung über das Kurs-Gewinn-Verhältnis kritisiert, dass die zu Vergleichszwecken herangezogenen Unternehmen nur in Grenzfällen mit dem zu bewertenden Unternehmen auch in jeder wesentlichen Hinsicht vergleichbar sind und sich vielmehr regelmäßig hinsichtlich des erwarteten Wachstums und der unternehmensspezifischen Risiken etwa im Detail unterscheiden.[254] Eben dieser Umstand, der hinsichtlich einer kennzahlengestützten Unternehmensbewertung zu Recht kritisiert wird, ist jedoch im Rahmen einer regressionsbasierten empirischen Betrachtung anders zu bewerten. So ist ja gerade das entscheidende Kennzeichen einer Regressionsrechnung, dass unterschiedliche Ausprägungen relevanter Parameter hinsichtlich der betrachteten Unternehmen durch entsprechende Kontrollvariablen in die Regressionen einbezogen werden, um den Einfluss der unabhängigen auf die abhängige Variable herausstellen zu können.[255] Auf diese Weise werden also etwa im Rahmen dieser Untersuchung das erwartete Gewinnwachstum, zwei Risiko-Indikatoren und die Unter-

---

[252] Vgl. hinsichtlich der Bedeutung der langfristigen Wachstumsperspektiven für die Berechnung der impliziten Eigenkapitalkosten Daske (2005), S. 464.

[253] Vgl. etwa Daske/Gebhardt (2006), S. 537 oder Ballwieser (2005), S. 322 f.

[254] Vgl. Kuhner/Maltry (2006), S. 270; Drukarczyk/Schüler (2007), S. 486; Ballwieser (2007), S. 205; Ernst/Schneider/Thielen (2008), S. 248.

[255] Vgl. dazu stellvertretend Bortz/Döring (2006), S. 544.

nehmensgröße sowie in einem zusätzlichen Modell die Eigentümerstruktur eines Unternehmens in die Betrachtung einbezogen.[256] Der zentrale Kritikpunkt gegenüber der Verwendung einer Bewertungs-Kennzahl im Rahmen der Unternehmensbewertung ist damit
also in dem beschriebenen und hier vorliegenden Kontext nicht relevant.
Vielmehr wird durch die Verwendung des Kurs-Gewinn-Verhältnisses als Indikator für
die Höhe der Bewertung bzw. inverser Indikator für die Höhe der Eigenkapitalkosten[257]
und die Berücksichtigung relevanter Parameter in Form von Kontrollvariablen eine
konsequente empirische Ausrichtung gegenüber einer für den deutschen Kapitalmarkt
lediglich möglichen Scheingenauigkeit vorgezogen. Diese würde sich nämlich anderenfalls für die impliziten Eigenkapitalkosten ergeben vor dem Hintergrund der fehlenden
Verfügbarkeit von langfristigen Wachstumsprognosen sowie mehrjährigen Kurszielen und
der dadurch verbleibenden alternativen Verwendung von pauschalen Annahmen hinsichtlich der langfristigen Gewinnentwicklung zwecks Modellierung eines Endwertes im
Rahmen der Bestimmung der impliziten Eigenkapitalkosten.

Weiterhin erfordern die impliziten Eigenkapitalkosten wie angesprochen eine explizite
Modellierung, für deren Ausgestaltung zahlreiche Modelle vorgeschlagen werden. Im
Unterschied dazu lässt sich das Kurs-Gewinn-Verhältnis unmittelbar aus allgemein
verfügbaren Daten ersehen. Hinsichtlich seiner Berechnung bestehen keine Wahlmöglichkeiten, weshalb der Verwendung des Kurs-Gewinn-Verhältnisses keine Beliebigkeit der
vorgefundenen Ergebnisse aufgrund einer Auswahl passender Modelle vorgeworfen
werden kann.
Im Rahmen dieser Untersuchung soll aus den aufgeführten Gründen die wohl meistver-
wendete Kennzahl für die Bewertung eines Unternehmens – nämlich das Kurs-Gewinn-
Verhältnis – verwendet werden.[258]

Die weit überwiegende Anzahl der vorliegenden Untersuchungen zu den impliziten
Eigenkapitalkosten lässt im Übrigen eine empirisch sinnvolle Modellierung außer Acht,
die bei der Verwendung der Kurs-Gewinn-Verhältnisse regelmäßig und auch im Rahmen
der vorliegenden Untersuchung nachfolgend vorgenommen wird: die Erklärung eines
Teils der jeweiligen betrachteten Größe durch die Industriezugehörigkeit eines Unter-

---

[256] Vgl. zu den hier verwendeten Kontrollvariablen im Detail Kapitel 3.4.
[257] Vgl. dazu Francis u.a. (2005), S. 311.
[258] Vgl. hinsichtlich der praktischen Bedeutung des Kurs-Gewinn-Verhältnisses stellvertretend Ernst/
Schneider/Thielen (2008), S. 188 oder Fischer (2003), S. 288 m. w. N.

nehmens.[259] Über die Industriezugehörigkeit lässt sich nämlich bereits ein wesentlicher Teil der Chancen und Risiken eines Unternehmens kontrollieren.[260] Im Falle des Kurs-Gewinn-Verhältnisses wird dazu eine Adjustierung um die für die jeweilige Branche übliche Ausprägung dieser Kennzahl vorgenommen. Dazu wurde zunächst für jeden der 55 in diese Untersuchung einbezogenen Subsektoren[261] der Median der Kurs-Gewinn-Verhältnisse der Unternehmen dieses Subsektors berechnet.[262] Dabei wurden nur solche Unternehmen berücksichtigt, deren Kennzahlen sich aufgrund positiver Earnings Per Share auch berechnen ließen. Für die Ermittlung des Median wurde ein Minimum von drei Unternehmen mit positiven Earnings Per Share gefordert.[263] Um für möglichst viele Subsektoren auf dieser Basis ein industrieadjustiertes Kurs-Gewinn-Verhältnis berechnen zu können, wurden nicht nur die betrachteten 112 Unternehmen aus DAX, MDAX, SDAX und TecDAX, sondern darüber hinaus alle Unternehmen des Prime All Share-Index und falls erforderlich zusätzlich alle Unternehmen des CDAX, welcher neben den Unternehmen des Prime All Share-Index auch diejenigen des jetzigen General All Share-Index umfasst, in die Berechnung des Medians eines Subsektors einbezogen.[264]

---

[259] Einzig Cohen (2006), S. 17 f. berücksichtigt diesen Umstand allerdings – im Unterschied zu der Adjustierung der Kurs-Gewinn-Verhältnisse – als Kontrollvariable im Rahmen der Betrachtung der impliziten Eigenkapitalkosten. Gebhardt/Lee/Swaminathan (2001) können den Einfluss der Branchenzugehörigkeit auf die Eigenkapitalkosten eines Unternehmens jedoch nachweisen.

[260] Vgl. Francis u.a. (2005), S. 311. Der Zusammenhang wurde empirisch nachgewiesen durch Alford (1992) sowie in jüngerer Vergangenheit durch Liu/Nissim/Thomas (2002). Die Gegenüberstellung der Bewertungskennzahlen eines Unternehmens mit denjenigen von Unternehmen dergleichen Branche entspricht auch der in der Praxis gängigen Verfahrensweise; vgl. Palepu/Healy/Bernard/Peek (2007), S. 300 f.; Penman (2004), S. 66 f.; Ernst/Schneider/Thielen (2008), S. 174 oder Wagner (2005), S. 10 ff.

[261] Die Subsektoren stehen für die detaillierteste branchenbezogene Untergliederung, wie sie durch die Deutsche Börse vorgenommen wird. Insgesamt handelt es sich um 62 Subsektoren. Ohne Berücksichtigung der Subsektoren aus den Sektoren Banken, Finanzdienstleister und Versicherungen, die im Rahmen dieser Untersuchung nicht betrachtet werden, handelt es sich jedoch um 55 Subsektoren; vgl. Deutsche Börse (2006), S. 41-43.

[262] Diese Vorgehensweise entspricht derjenigen in US-amerikanischen Untersuchungen. So verwenden Francis u.a. (2005), S. 311 eine Unterteilung in 48 Branchen oder Liu/Nissim/Thomas (2002), S. 161 eine Unterteilung in 81 Branchen. Eine Zugrundelegung der niedrigeren Unterteilung in lediglich 15 zugehörige Sektoren für den deutschen Kapitalmarkt exklusive Banken, Finanzdienstleister und Versicherungen schließt sich aus, da eine solche grobe Industrieadjustierung erhebliche Ungenauigkeiten mit sich bringt. So gehören etwa zu dem Sektor der Industrieunternehmen (industrials) 7 unterschiedliche Subsektoren, bei denen aufgrund der verschiedenen Geschäftstätigkeit auch die Mediane der Bewertungskennzahlen erheblich voneinander abweichen. So beläuft sich etwa der Median des Kurs-Gewinn-Verhältnisses für die Hersteller von Großmaschinen (heavy maschinery) auf 17,3, während die Unternehmen aus dem Bereich der erneuerbaren Energien (renewable energies) mit einem Median von 40,9 deutlich höher bewertet werden. Die Ungenauigkeit aufgrund der Verwendung einer gröberen Unterteilung in wenige verschiedene Branchen wird empirisch bestätigt durch Liu/Nissim/Thomas (2002), S. 138.

[263] Vgl. diesbezüglich Francis u.a. (2005), S. 311.

[264] Per 31.12.2006 waren 402 Wertpapiere im Prime All Share-Index enthalten, welcher sämtliche im gehobenen Börsensegment der Frankfurter Wertpapierbörse notierten Gesellschaften umfasst. Vgl. hin-

Dennoch konnten für einige Subsektoren aufgrund zu weniger Fälle kein Median und daher für 20 von 112 Unternehmen kein industrieadjustiertes Kurs-Gewinn-Verhältnis berechnet werden.

Im Anschluss an die Ermittlung der jeweiligen Mediane der Bewertungskennzahlen der einzelnen Subsektoren wurde von dem Kurs-Gewinn-Verhältnis eines jeweiligen Unternehmens der zugehörige Median des Subsektors subtrahiert, um so das industrieadjustierte Kurs-Gewinn-Verhältnis eines Unternehmens zu berechnen.[265]

Darüber hinaus wird noch eine weitere relevante Modellierung vorgenommen. Um Bedenken hinsichtlich niedriger Werte für den Gewinn pro Aktie im Nenner des Kurs-Gewinn-Verhältnisses aufzugreifen und dadurch bedingte mögliche Ausreißer hinsichtlich der Höhe des Kurs-Gewinn-Verhältnisses aufzufangen,[266] wird in der Literatur statt dem Kurs-Gewinn-Verhältnis sein Kehrwert – also das Gewinn-Kurs-Verhältnis – betrachtet,[267] dessen Werte näher beieinander liegen. Vergleichbar mit einer Logarithmierung wird durch diese Transformation die Punktwolke gestaucht, während sich im Unterschied zu einer Logarithmierung die Relationen der einzelnen Kennzahlen zueinander nicht verändern. Im Rahmen der vorliegenden Untersuchung soll ebenso verfahren werden.

Die Operationalisierung der abhängigen Variablen erfolgt also vor diesen Hintergründen im Rahmen der vorliegenden Untersuchung mit Hilfe des industrieadjustierten Gewinn-Kurs-Verhältnisses, wobei zuerst der Kehrwert des Kurs-Gewinn-Verhältnisses zu bilden ist, bevor die Industrieadjustierung vorgenommen wird.

3.3.   Operationalisierung der unabhängigen Variablen

Nachfolgend wird nun die Operationalisierung der unabhängigen Variablen dargestellt. Dabei wird zuerst auf das Voluntary Disclosure eingangen, bevor die Indikatoren der Accounting Quality und der Personal Communication besprochen werden.

---

sichtlich der Zulassung und der Zulassungsfolgepflichten des Prime Standard § 60 bis 67 der Börsenordnung für die Frankfurter Wertpapierbörse, Stand 16.10.2006 (hierbei handelt es sich um die zum 31.2.2006 für die Auswahl der Index-Mitglieder relevante Fassung). Bei den Subsektoren Chemische Grunderzeugnisse (Chemicals Commodity) und Baustoffe (Building Materials) wurden zusätzlich die Unternehmen des CDAX in die Betrachtung einbezogen, um eine Industrieadjustierung vornehmen zu können. Hinsichtlich der Zulassung zum General Standard vgl. § 56 bis 58 der Börsenordnung für die Frankfurter Wertpapierbörse, Stand 16.10.2006.

[265] Vgl. Francis u.a. (2005), S. 311.

[266] Vgl. Francis u.a. (2005), S. 311.

[267] Siehe Francis u.a. (2005), S. 311 sowie Cohen (2006), S. 26 f.

3.3.1.   Operationalisierung des Voluntary Disclosure

Anhand der Operationalisierung des Voluntary Disclosure werden zunächst geeignete Indikatoren besprochen und die getroffene Auswahl begründet. Anschließend wird auf die hier relevanten Berichtselemente sowie deren Aggregation zu einem Index eingegangen und die zugrundeliegende Datenerhebung auf Basis der Inhaltsanalyse vorgestellt. Zuletzt werden die eigens durchgeführte Befragung professioneller Kapitalmarktteilnehmer und ihre Ergebnisse besprochen, die verwendet werden, um die Bewertungen der einzelnen Berichtselemente mit Hilfe des gewichteten Index zusammenzuführen.

3.3.1.1.   Geeignete Indikatoren zur Operationalisierung des Voluntary Disclosure

3.3.1.1.1.   Überblick

Da der Umfang bzw. die Qualität des Voluntary Disclosure nicht direkt beobachtbar ist, gilt es, einen geeigneten Indikator oder Proxy bzw. eine treffende Surrogatgröße zu verwenden,[268] anhand derer die Qualität des Voluntary Disclosure möglichst zuverlässig angenähert werden kann. Schaut man auf die empirische Literatur zum Voluntary Disclosure und die dort verwendeten Indikatoren für die Qualität der freiwilligen Bericht-erstattung, so lassen sich drei wesentliche Formen identifizieren:[269]

1) Rating durch Befragung von Rechnungslegungsadressaten: Mehrere Studien verwenden Ratings hinsichtlich der Qualität des Voluntary Disclosure, die entspre-chend einer Befragung vergeben werden.[270] Prominentestes Beispiel hierfür ist auf-grund seiner langen Historie und aufgrund der umfangreichen US-amerikanischen empirischen Forschung das bis 1997 durchgeführte Rating der AIMR (Association for Investment Management and Research), die in der Zwischenzeit umbenannt wurde und nun als CFA Institute[271] firmiert.[272] Dieser Indikator basiert auf einer

---

[268] Surrogatgrößen oder Proxies werden für die eigentlichen nicht beobachtbaren Variablen verwendet, wenn ein eindeutiger Zusammenhang zwischen der eigentlichen Variablen und der Surrogatgröße besteht; vgl. Wagenhofer/Ewert (2007), S. 399.

[269] Vgl. Healy/Palepu (2001), S. 426 f. oder auch Francis/Nanda/Olsson (2008), S. 62.

[270] Vgl. stellvertretend Lang/Lundholm (1996), S. 473 ff. und Botosan/Plumlee (2002), S. 29 f.

[271] Diese Bezeichnung ist in der Ausbildung und Prüfung zum Chartered Financial Analyst (CFA) begründet.

[272] Für deutsche kapitalmarktorientierte Unternehmen existieren vergleichbare Befragungen. So etwa der „DVFA Capital IR Preis" der DVFA (Deutsche Vereinigung für Finanzanalyse und Asset Management) in Zusammenarbeit mit der Zeitschrift Capital oder der „Deutsche Investor Relations Preis" des DIRK (Deutscher Investor Relations Kreis) in Zusammenarbeit mit Thomson Reuters Corp. und der Zeitschrift

Befragung von professionellen Kapitalmarktteilnehmern als Adressaten des Voluntary Disclosure und misst die Qualität der freiwilligen Berichterstattung sowohl aggregiert als auch getrennt für den Geschäftsbericht[273], für die Quartalsberichterstattung und für die persönliche Kommunikation der Investor Relations eines kapitalmarktorientierten Unternehmens.[274]

2) Rating anhand eines eigens konstruierten Katalogs von Berichtselementen: Anstelle einer direkten Befragung von Rechnungslegungsadressaten hinsichtlich der Qualität der Berichterstattung verwenden andere Studien eigens konstruierte Kataloge von Berichtselementen, um die Qualität der Berichterstattung aus Sicht der Rechnungslegungsadressaten indirekt zu erheben.[275] In der Regel werden dazu Geschäftsberichte ausgewertet. Die ermittelte Qualität einzelner Berichtselemente wird anschließend aggregiert. Idealerweise erfolgt der letzte Schritt dabei anhand einer Gewichtung der einzelnen Berichtselemente durch die Präferenzen von Rechnungslegungsadressaten, welche durch eine dafür konzipierte Befragung erhoben werden. Bei empirischen Studien wird jedoch häufig eine Gleichgewichtung der betrachteten Berichtselemente vorgenommen.[276]

3) Rating anhand der Genauigkeit der Prognosen des Managements: Prognosen durch das Management eines Unternehmens etwa zu der voraussichtlichen Entwicklung von Umsatz und Ergebnis werden überwiegend in Form von Punkt- oder Intervall-

---

Wirtschaftswoche sowie der „BIRD – Beste Investor Relations Deutschland" der Zeitschrift Börse Online. Hinsichtlich eines Vergleichs unterschiedlicher Investor-Relations-Ratings siehe bereits Pietzsch (2004), S. 212 ff. Die dort aufgeführte Studie der A&B Financial Dynamics GmbH zur Bewertung der Investor Relations deutscher Unternehmen wurde nur einmalig durchgeführt.

[273] Da US-amerikanische Unternehmen dem Rating der AIMR zugrunde liegen, wurden hinsichtlich der jährlichen Berichterstattung auch die 10-K- bzw. 10-Q-Publikationen bewertet vgl. Botosan/Plumlee (2002), S. 30. Dabei handelt es sich um jährlich bzw. quartalsweise gegenüber der amerikanischen Börsenaufsicht einzureichende und zu veröffentlichende Dokumente, die zahlreiche Informationen enthalten, die deutsche Unternehmen im Rahmen des Geschäftsberichts bzw. der Quartalsberichte an den Kapitalmarkt übermitteln.

[274] Vgl. Healy/Palepu (2001), S. 426.

[275] Vgl. beispielsweise Botosan (1997), S. 329 ff. oder Hail (2002), S. 750 f.

[276] Vgl. ebenfalls Botosan (1997), S. 334 oder Hail (2002), S. 751. Eine Gleichgewichtung der Berichtselemente, welche eine vergleichbare Bedeutung einzelner Berichtselemente aus Perspektive der Rechnungslegungsadressaten unterstellt, führt zu einer Vereinfachung der empirischen Vorgehensweise. Allerdings bringt dies zwangsweise auch eine gewisse Ungenauigkeit der Bewertung des Voluntary Disclosure mit sich, da das erhobene Rating aufgrund der fehlenden Gewichtung eben nicht die Einschätzung der Rechnungslegungsadressaten widerspiegelt.

schätzungen, komparativen oder lediglich qualitativen Angaben vorgenommen.[277] Solche Prognosen sind ein zentrales Element der freiwilligen Berichterstattung, da sie gewissermaßen das Aggregat der zukunftsorientierten Berichterstattung darstellen. Sie beinhalten aufgrund der unterschiedlichen Genauigkeit der einzelnen Prognoseformen ein ungleiches Ausmaß an Informationen. Das Rating anhand der Genauigkeit der Prognosen des Managements misst die Qualität der freiwilligen Berichterstattung anhand der Genauigkeit der abgegebenen Prognosen innerhalb des Geschäftsberichts oder anderer Kommunikationsinstrumente eines kapitalmarktorientierten Unternehmens.[278]

3.3.1.1.2.   Rating durch Befragung der Rechnungslegungsadressaten

Diese erste Alternative hat den Vorteil, dass sie die Qualität des Voluntary Disclosure direkt durch eine Befragung der Adressaten ermittelt und dadurch die entscheidende Sicht des Kapitalmarktes widerspiegelt. Ungenauigkeiten, die sich durch eine indirekte Vorgehensweise und eine solchenfalls erforderliche Modellierung möglicherweise ergeben, können dadurch vermieden werden.[279]

Andererseits unterliegt die Befragung der Rechnungslegungsadressaten den Kritikpunkten, die üblicherweise gegenüber einer Erhebung von Daten über eine Befragung vorgebracht werden. So hängen die gewonnenen Daten von der Objektivität und der Gewissenhaftigkeit der Befragten ab.[280] Darüber hinaus werden die Antworten der professionellen Kapitalmarktteilnehmer möglicherweise durch externe Faktoren beeinflusst. So wäre es etwa denkbar, dass das Rating eines Unternehmens maßgeblich durch die Aktienperformance der jüngeren Vergangenheit oder durch die Ergebnisentwicklung des Unternehmens bestimmt wird und damit weniger die tatsächliche Qualität der freiwilligen

---

[277] Zum Verständnis der unterschiedlichen Genauigkeitsgrade sei nachfolgend ein jeweiliges Beispiel angeführt. Qualitative Aussage: Das Management erwartet im laufenden Geschäftsjahr eine zufrieden stellende Umsatzentwicklung. Trend-Aussage: Das Management erwartet im laufenden Geschäftsjahr eine Steigerung des Umsatzes im Vergleich zum abgelaufenen Geschäftsjahr. Intervall-Schätzung: Das Management erwartet im laufenden Geschäftsjahr einen Umsatz zwischen EUR 550 Mio. und 600 Mio. Punkt-Schätzung: Das Management erwartet im laufenden Geschäftsjahr einen Umsatz von EUR 575 Mio.

[278] Ein solches Rating wurde beispielsweise verwendet durch Clarkson/Kao/Richardson (1994), S. 424; Coller/Yohn (1997), S. 183 und 185 oder auch Jones (2007), S. 495 und 496 sowie Francis/Nanda/ Olsson (2008), S. 91 f.

[279] Vgl. Healy/Palepu (2001), S. 426 f.

[280] Vgl. Healy/Palepu (2001), S. 426 f.

Berichterstattung als vielmehr die Ausprägung externer Faktoren widerspiegelt.[281] In dem Ausmaß, in dem externe Faktoren die Bewertung des Voluntary Disclosure durch die Befragten beeinflussen, kommt es zu irreführenden Ergebnissen und falschen Rückschlüssen.[282] Auch werden innerhalb einer Befragung üblicherweise mehrere Kommunikationsformen angesprochen. Für das Rating der AIMR wurde etwa die Berichterstattung in Geschäftsberichten, die Berichterstattung in Quartalsberichten sowie die persönliche Kommunikation der Investor Relations eines Unternehmens durch die befragten professionellen Kapitalmarktteilnehmer simultan beurteilt.[283] Es scheint daher nicht auszuschließen, dass die Qualität einzelner Kommunikationsformen unerwünschterweise auch auf die Bewertung anderer Formen der Kommunikation unbewusst übertragen und diese dadurch unzutreffend vorgenommen wird.

Weiterhin wird die Qualität der Berichterstattung zumindest bei Unternehmen unterschiedlicher Branchen – aufgrund der regelmäßig branchenabhängigen Spezialisierung der Analysten – auch durch unterschiedliche Personen bewertet.[284] In dem Ausmaß also, in dem verschiedene Analysten die Qualität der Berichterstattung ungleich bewerten, ergeben sich also ebenfalls relevante Ungenauigkeiten. Auch wird die Qualität der Berichterstattung eines Unternehmens daher wohl in Relation zu der Qualität der Berichterstattung anderer Unternehmen derselben Branche bewertet. Eine gute Qualitätsbeurteilung eines Unternehmens einer Branche ist daher nicht zwingend mit einer guten Qualitätsbeurteilung eines Unternehmens einer anderen Branche zu vergleichen.

3.3.1.1.3. Rating anhand eines eigens konstruierten Katalogs von Berichtselementen

Einem Rating anhand eines eigens konstruierten Katalogs von Berichtselementen – so die zweite Alternative – liegt die Zuversicht zugrunde, dass durch die gezielte Konzeption

---

[281] Vgl. Healy/Hutton/Palepu (1999), S. 489. So ergibt sich ein positiver Zusammenhang zwischen einer positiven Entwicklung der Aktienkurse und der Beurteilung des unternehmenseigenen Disclosure durch Aktienanalysten etwa aus der Untersuchung von Lang/Lundholm (1993), S. 269.

[282] Neben der Ergebnisentwicklung des Unternehmens und der Performance seiner Aktie können vermutlich auch andere externe Faktoren das Urteil der Analysten beeinflussen. So kommt etwa der Unternehmensgröße und der Indexzugehörigkeit – aufgrund der damit verbundenen Reputation und Medienpräsenz – möglicherweise ebenfalls eine beeinflussende Wirkung zu. Darüber hinaus ist bei mehrperiodigen Betrachtungen die Verfassung des Kapitalmarktes in diesem Zusammenhang zu erwähnen.

[283] Vgl. Botosan/Plumlee (2002), S. 29 f.

[284] Aus den tätigkeitsbezogenen Informationen der hier zu den Gewichten einzelner Berichtselemente befragten professionellen Kapitalmarktteilnehmer ergab sich etwa, dass Sell-Side-Analysten bzw. Buy-Side-Analysten sich regelmäßig auf eine oder wenige Branchen spezialisieren; vgl. dazu Kapitel 3.3.1.4.2.

eines Katalogs von Berichtselementen genau das gemessen wird, was beabsichtigt ist.[285] Allerdings gilt es, einen subjektiven Einfluss bei der Bestimmung der zu berücksichtigenden Berichtselemente zu vermeiden.[286] Dies kann durch eine empirische Validierung hinsichtlich der Vorauswahl der in die Bestimmung einbezogenen Berichtselemente gewährleistet werden, so dass der Katalog von Berichtselementen die für die Rechnungslegungsadressaten wichtigen Angaben widerspiegelt.[287]

Allerdings unterliegt ein solches Rating subjektiven Einflüssen bei der Bewertung der Qualität der einzelnen Berichtselemente durch die beurteilenden Personen. Die Datenerhebung ist also in dem Maße ungenau, in dem subjektive Einflüsse in die Bewertung eingehen. Dies ist insbesondere bei Berichtselementen der nicht-finanziellen Berichterstattung relevant, da sich etwa die Qualität der Angaben zu der strategischen Ausrichtung eines Unternehmens kaum objektiv für Unternehmen unterschiedlicher Größen und Branchen beurteilen lässt. Die Ergebnisse einer Analyse des Voluntary Disclosure anhand eines eigens konstruierten Katalogs von Berichtselementen ist daher schwierig zu replizieren.[288]

Im Übrigen wird bei einem solchen Rating so verfahren, dass die Berichterstattung zu den betrachteten Berichtselementen nur bei den Unternehmen bewertet wird, die zu den jeweiligen Berichtselementen auch etwas berichten können und bei denen eine entsprechende Berichterstattung auch zweckmäßig erscheint.[289] Dies ist im Regelfall jedoch nur sehr schwer als Externer zu beurteilen, da dafür häufig neben Branchenkenntnissen auch intensive Einblicke in das jeweilige Unternehmen erforderlich sind. Entsprechende Ungenauigkeiten in der Messung der Qualität der freiwilligen Berichterstattung sind auch hier nicht zu vermeiden.[290]

---

[285] Vgl. Healy/Palepu (2001), S. 427 oder Francis/Nanda/Olsson (2008), S. 62.

[286] Siehe ähnlich Hail (2002), S. 746.

[287] Vgl. in dieser Hinsicht etwa Botosan (1997), S. 331; Vanstraelen/Zarzeski/Robb (2003), S. 259 sowie Francis/Nanda/Olsson (2008), S. 63.

[288] Vgl. Healy/Palepu (2001), S. 427 und ebenso Francis/Nanda/Olsson (2008), S. 63.

[289] Beide Gesichtspunkte sind wichtig. Für den erstgenannten ist dies offensichtlich, aber auch der zweite Punkt muss gegeben sein, damit ein Berichtselement für ein entsprechendes Unternehmen gewertet werden kann. Kann ein Unternehmen zwar grundsätzlich zu einem Berichtselement informieren, kommt diesem Berichtselement aus Sicht des betrachteten Unternehmens aber eine nur unwesentliche Bedeutung zu, wird das Unternehmen über dieses Berichtselement möglicherweise keine Informationen zur Verfügung stellen. Aufgrund der Unwesentlichkeit des Berichtselements sollte sich die fehlende Berichterstattung für das betrachtete Unternehmen dementsprechend nicht nachteilig auswirken.

[290] Vgl. etwa Fischer (2003), S. 172, der zwar anhand der gesamten analysierten Unterlagen darüber entscheidet, ob ein Unternehmen zu einem jeweiligen Berichtselement berichten kann und die Berichterstattung auch erforderlich zu sein scheint, aber selbst unter Einbeziehung sämtlicher Unterlagen nur für ein Kriterium – allerdings von besonderer Bedeutung – diese Frage eindeutig beurteilen kann. Auch Wenzel (2005), S. 404 f. spricht wie bereits Armeloh (1998), S. 94 und Rolvering (2002), S. 129 f. diese Problematik an. Ausschließlich für den Fall der Angabe von Gründen für die Nicht-Berichterstattung

Konstruierte Kataloge von Berichtselementen sind weiterhin eher geeignet für branchen-spezifische Untersuchungen, da die für Aktienanalysten relevanten Berichtselemente je nach Branche stark voneinander abweichen.[291] Dies ist auch der Fall für operationale quantifizierbare Informationen, die sich am ehesten objektiv erfassen lassen.[292] Wird nun jedoch ein einheitlicher Katalog von Berichtselementen für Unternehmen unterschied-licher Branchen verwendet, können demnach eigentlich nur branchenübergreifende Berichtselemente bewertet werden. Branchenspezifische Informationen, die für Aktien-analysten von besonderem Interesse sind, werden nicht berücksichtigt oder in Form von übergreifenden Kategorien von Berichtselementen wie etwa „Strategieinformationen", „Geschäftsumfeld" oder „kritische Erfolgsfaktoren" in die Bewertung einbezogen, obwohl sich diesbezügliche Angaben in qualitativer Hinsicht branchenübergreifend kaum miteinander vergleichen lassen.[293]

Derselbe Kritikpunkt trifft im Übrigen auch zu auf die ggf. angewendeten Gewichtungen zur Aggregation der Bewertungen einzelner Berichtselemente,[294] da den einzelnen Berichtselementen aus Sicht der Aktienanalyse je nach Branche eine unterschiedlich hohe Bedeutung zukommt.[295] Eigentlich müssten also die ausgewählten Berichtselemente mit branchenspezifischen Gewichtungen in die Ermittlung eines aggregierten Qualitätswerts für die Berichterstattung eingehen. In der Praxis der empirischen Forschung jedoch werden die ggf. durch Befragung erhobenen Gewichtungen einheitlich auf Unternehmen unterschiedlicher Branchen angewandt.[296] Im Ergebnis führen beide Umstände zu erheb-lichen Ungenauigkeiten bei der Messung der Qualität des Voluntary Disclosure, sofern die Qualität der freiwilligen Berichterstattung branchenübergreifend betrachtet wird.

---

von Unternehmensseite sieht sie eine Möglichkeit, die genannten Umstände zu berücksichtigen. Da solche Erklärungen hinsichtlich einzelner Berichtselemente jedoch nicht verpflichtend sind und zumindest zum Teil wohl auch nicht notwendig erscheinen, nimmt sie keine notwendigen Anpassungen bei den Unternehmen ohne Möglichkeit oder Erfordernis der Berichterstattung vor.

[291] Vgl. Botosan (1997), S. 327, die daher Ihre Untersuchung auf eine Branche begrenzt. Siehe hinsichtlich einer branchenspezifischen Ausrichtung eines konstruierten Katalogs von Berichtselementen exempla-risch weiterhin Fischer (2003), S. 423 ff.

[292] Vgl. Tasker (1998), S. 142.

[293] Siehe hinsichtlich der branchenübergreifenden Vergleichbarkeit von Berichtselementen ebenfalls Tasker (1998), S. 142.

[294] Wie bereits angesprochen wird jedoch häufig aus Vereinfachungsgründen und unter Inkaufnahme immanenter Ungenauigkeiten bei empirischen Studien eine Gleichgewichtung der betrachteten Berichtselemente vorgenommen; vgl. etwa Botosan (1997), S. 334 oder Hail (2002), S. 751.

[295] So sind Angaben zu den geplanten Vorhaben und entsprechenden Budgets im Bereich Forschung & Entwicklung von Biotechnologie-Unternehmen wohl relevanter als dies für die Konsumgüterbranche der Fall ist.

[296] Vgl. stellvertretend Heumann (2005), S. 284 f.

Darüber hinaus erscheint gerade die Beurteilung von branchenspezifischen Angaben im Rahmen einer branchenübergreifenden Untersuchung der Qualität der freiwilligen Berichterstattung nur eingeschränkt zuverlässig möglich. Eine wahrheitsgemäße Beurteilung der branchenspezifischen Angaben erfordert nämlich ausreichende Branchenkenntnisse, die bei einem mit der Datenerhebung beschäftigten Kodierer[297] kaum für alle einbezogenen Branchen vorliegen können.[298]

3.3.1.1.4.   Rating anhand der Genauigkeit der Prognosen des Managements

An diesen Kritikpunkten knüpft die dritte Alternative – also das Rating anhand der Genauigkeit der Prognosen des Managements – an. Beurteilt werden bei einem solchen Indikator lediglich die quantifizierbaren Prognosen durch das Management eines Unternehmens zu der voraussichtlichen Entwicklung wesentlicher Posten der Bilanz und der Gewinn- und Verlustrechnung wie etwa dem Umsatz und dem Ergebnis, die für die voraussichtliche Entwicklung eines Unternehmens von zentraler Bedeutung sind.[299]

Solche Prognosen des Managements werden auch als „Management Guidance" bezeichnet.[300] Sie spielen für die Erwartungsbildung des Kapitalmarktes eine entscheidende Rolle und ihre den Aktienkurs beeinflussende Wirkung konnte mehrfach empirisch nachgewiesen werden.[301]

Bewertet wird bei diesem Rating nun die Genauigkeit, mit der ein quantitativer Ausblick auf die voraussichtliche Entwicklung wesentlicher Posten der Bilanz und der Gewinn- und Verlustrechnung gegeben wird. So beinhalten etwa komparative oder lediglich qualitative Aussagen vergleichsweise wenig Informationen, da dem Kapitalmarkt in einem solchen Fall hinsichtlich der künftigen Entwicklung des Unternehmens belastbare Anhaltspunkte fehlen. Punkt- oder Intervallschätzungen hingegen vermitteln einen ziemlich konkreten quantifizierten Eindruck über die Erwartungen des Managements hinsichtlich der Entwicklung des Unternehmens.[302]

---

[297] Hierbei handelt es sich um die übliche Bezeichnung für die Personen, die die Datenerhebung durchführen und die betrachteten Berichtselemente für die anschließende Datenauswertung kodiert erfassen; vgl. stellvertretend Bortz/Döring (2006), S. 153.

[298] Auch Aktienanalysten sind aus diesem Grund weit überwiegend auf unterschiedliche Branchen spezialisiert. Siehe hierzu stellvertretend die tätigkeitsbezogenen Informationen der hier befragten Sell-Side- und Buy-Side-Analysten in Kapitel 3.3.1.4.2.

[299] Vgl. Clarkson/Kao/Richardson (1994), S. 424; Coller/Yohn (1997), S. 183 und 185 oder auch Jones (2007), S. 495 und 496 sowie Francis/Nanda/Olsson (2008), S. 91 f.

[300] Vgl. Hutton (2005); Anilowski/Feng/Skinner (2007).

[301] Siehe bereits Ajinkya/Gift (1984) oder Waymire (1984). Sowie für einen Überblick über diesbezügliche Erkenntnisse Coller/Yohn (1998), S. 60 f.

[302] Vgl. etwa Jones (2007), S. 496 und Francis/Nanda/Olsson (2008), S. 92.

Ein wesentlicher Vorteil der Betrachtung der Prognosen des Managements liegt zunächst darin, dass sich das Ausmaß der freiwilligen Berichterstattung anhand der Genauigkeit der Prognosen objektiv beurteilen lässt.[303] So lassen sich etwa Punkt- oder Intervallschätzungen und komparative oder lediglich qualitative Aussagen eindeutig identifizieren und voneinander abgrenzen. Im Ergebnis ermöglicht ein solcher Indikator für das Ausmaß des Voluntary Disclosure aussagekräftigere Tests der kapitalmarktorientierten Effekte freiwilliger Berichterstattung.[304]

Indem man sich bei diesem Indikator auf die quantifizierbaren Prognosen des Managements beschränkt, konzentriert man sich weiterhin auf einige wenige Berichtselemente, die für Unternehmen unterschiedlichster Branchen gleichermaßen relevant sind. Die voraussichtliche Entwicklung von Umsatz und Ergebnis etwa spielt eine ganz zentrale Rolle hinsichtlich der Beurteilung eines Unternehmens unabhängig davon, ob sich das Unternehmen im Tiefbau oder der Spezialchemie engagiert. Darüber hinaus handelt es sich bei solchen Berichtselementen aufgrund der branchenübergreifenden zentralen Bedeutung um Punkte, zu denen jedes Unternehmen auch berichten kann, so dass diesbezügliche Unsicherheiten und Ungenauigkeiten ebenfalls vermieden werden.

Weiterhin kann vorausgesetzt werden, dass solch zentralen Berichtselementen branchenübergreifend auch relativ gesehen eine jeweils ähnlich hohe Bedeutung zukommt. Die Bewertungen der einzelnen Prognosen des Managements können also für Unternehmen unterschiedlicher Branchen auf der Basis von einheitlichen Gewichtungen zu einem Gesamtwert für das Voluntary Disclosure aggregiert werden. Für die Beurteilung der Genauigkeit der Prognosen des Managements sind schließlich keine Branchenkenntnisse erforderlich. Die Datenerhebung kann demnach einheitlich durch wenige Kodierer vorgenommen werden und die branchenübergreifend erhobenen Daten unterliegen auch in dieser Hinsicht keinen qualitativen Einschränkungen.

Im Unterschied zu freiwilliger qualitativer Berichterstattung können die quantifizierbaren Prognosen des Managements durch Investoren ex post hinsichtlich ihrem Wahrheitsgehalt bzw. ihrer Treffsicherheit leicht beurteilt werden. Die Ergebnisse der auf diese Weise gemessenen Qualität der freiwilligen Berichterstattung lassen sich daher nicht ohne

---

[303] Vgl. Clarkson/Kao/Richardson (1994), S. 424; Healy/Palepu (2001), S. 426. Eine ähnliche Vorgehensweise ebenfalls im Bemühen um eine objektive Datenerhebung wählen Hossain/Ahmed/Godfrey (2005), S. 879, welche die Anzahl der gesamten im Geschäftsbericht enthaltenen Berichtselemente mit Zukunftsbezug ermitteln, ohne die Genauigkeit dieser Berichtselemente in die Beurteilung mit einzubeziehen.

[304] Vgl. Healy/Palepu (2001), S. 426.

weiteres auf die qualitative Berichterstattung übertragen. So ist etwa denkbar, dass einige Unternehmen zwar keine quantitativen Prognosen abgeben, aber sehr wohl zahlreiche qualitativen Informationen zur Verfügung stellen.[305] Unternehmen hingegen, die quantitative Prognosen abgeben, werden im Regelfall auch die weniger kritischen qualitativen Informationen publizieren. Ratings anhand der Genauigkeit der Prognosen des Managements konzentrieren sich also auf die Bewertung der besonders kritischen und daher differenzierenden Merkmale und erhöhen damit hinsichtlich der kapitalmarktbezogenen Effekte des Voluntary Disclosure die Aussage-kraft der statistischen Tests.

3.3.1.1.5.   Hier verwendeter Indikator zur Operationalisierung des Voluntary Disclosure

Gegen die Verwendung von Ratings anhand eigens konstruierter Kataloge von Berichts-elementen spricht zunächst, dass bei der vorliegenden Untersuchung der Einfluss des Voluntary Disclosure branchenübergreifend betrachtet werden soll. Durch die mit einer solchen Operationalisierung einhergehende Verwendung von einheitlichen Berichts-elementen bzw. Kategorien von Berichtselementen sowie einheitlichen Gewichtungen für Unternehmen unterschiedlicher Branchen und schließlich durch fehlende Branchenkennt-nisse der auswertenden Personen ergeben sich erhebliche Ungenauigkeiten bei der Messung der Qualität der freiwilligen Berichterstattung.

Gegen die Verwendung eines Ratings durch Befragung der Rechnungslegungsadressaten sprachen zum einen die vorgebrachten inhaltlichen Kritikpunkte. Da die Qualität eines bestimmten Teils der kapitalmarktorientierten Kommunikation – nämlich das Ausmaß des Voluntary Disclosure – gemessen werden soll, dürfte es nur eingeschränkt möglich sein, den Fokus der Befragten ausschließlich auf diese Kommunikationsform zu lenken. Auch sind externe Einflüsse auf die Antworten der Befragten nicht zu unterschätzen. Schließlich ist eine eingeschränkte Vergleichbarkeit der Beurteilungen des Voluntary Disclosure für Unternehmen unterschiedlicher Branchen für die hier gewählte branchenübergreifende Untersuchung von Relevanz. Sie ergibt sich aufgrund der Beurteilung durch branchen-bezogene Aktienanalysten und aufgrund des impliziten branchenbezogenen Bench-marking.

---

[305] Dies kann abhängig von dem Aufbau der Untersuchung zu einer Einschränkung der möglichen Schlussfolgerungen führen; vgl. Healy/Palepu (2001), S. 426.

Über die inhaltlichen Gesichtspunkte hinaus waren jedoch zum anderen auch praktische Gründe entscheidend. So kam ein Rückgriff auf Sekundärdaten nicht in Frage, da die für deutsche kapitalmarktorientierte Unternehmen bestehenden Befragungen der DVFA (Deutsche Vereinigung für Finanzanalyse und Asset Management), des DIRK (Deutscher Investor Relations Kreis) bzw. der Zeitschrift Börse Online die Ergebnisse grundsätzlich geeigneter Subkategorien nicht veröffentlichen, vordergründig die Qualität der persönlichen Kommunikation fokussieren bzw. ausschließlich private Investoren befragen sowie durch eine eingeschränkte Verfügbarkeit der Daten gekennzeichnet sind.[306] Eine Durchführung einer eigenen Befragung erschien weiterhin nicht sinnvoll, da auch bei optimistischer Einschätzung der realisierbaren Rücklaufquoten eine Generierung verlässlicher Einschätzungen zu den betrachteten 112 deutschen Unternehmen mit zum Teil kleiner Analystencoverage[307] unmöglich erschien.[308]

Aus diesen Gründen wurde der vorliegenden Untersuchung das Rating anhand der Genauigkeit der Prognosen des Managements zugrundegelegt. Im Unterschied zu den anderen beiden Vorgehensweisen werden bei diesem Indikator die genannten Ungenauigkeiten bei der Datenerhebung vermieden. Die Qualität des Voluntary Disclosure lässt sich objektiv bewerten und branchenübergreifend miteinander vergleichen.

Über diese grundsätzlichen Vorzüge hinaus wurde die Vorgehensweise dieses Ratings bzw. der Katalog der berücksichtigten quantifizierbaren Berichtselemente – wie in dem nachfolgenden Kapitel darzustellen – dem Bedarf entsprechend erweitert. Im Ergebnis berücksichtigt der hier verwendete Indikator quantifizierbare zukunftsorientierte Informationen, die für die Teilnehmer des Kapitalmarktes hinsichtlich der Bewertung eines Unternehmens von besonderer Bedeutung sind. Durch die Erweiterung des Katalogs der betrachteten quantifizierbaren Berichtselemente kann die Messung des Voluntary Disclosure damit noch zuverlässiger erfolgen.

---

[306] Der „DVFA Capital IR Preis" wird in Zusammenarbeit mit der Zeitschrift Capital und der „Deutsche Investor Relations Preis" des DIRK wird in Zusammenarbeit mit Thomson Reuters sowie der Zeitschrift Wirtschaftswoche durchgeführt. Die Befragung privater Investoren durch die Zeitschrift Börse Online trägt die Bezeichnung „BIRD – Beste Investor Relations Deutschland".

[307] Hierbei handelt es sich um den üblichen Ausdruck für die Anzahl der Aktienanalysten, die ein kapitalmarktorientiertes Unternehmen beobachten.

[308] Zu berücksichtigen ist dabei, dass die Zielgruppe der Aktienanalysten häufig Gegenstand von Befragungen ist. Die Bereitschaft zur Beantwortung von umfangreichen Fragebögen ist aus diesem Grund eher gering.

3.3.1.2.   Datenauswertung durch Indexbildung

Nach der grundlegenden Entscheidung für das Rating anhand der Genauigkeit der Prognosen des Managements geht es hinsichtlich der nachfolgenden Operationalisierung des Voluntary Disclosure in einem ersten Schritt darum, die quantifizierbaren zukunftsorientierten Berichtselemente zu bestimmen, welche in die Ermittlung des Ratings einbezogen werden. Anschließend soll dargestellt werden, wie die einzelnen Qualitätswerte der Berichtselemente anhand der Konstruktion eines Index zu einem Gesamtwert für das Voluntary Disclosure aggregiert werden.

3.3.1.2.1.   Relevante Berichtselemente

3.3.1.2.1.1.   Ableitung bewertungsrelevanter Berichtselemente

Aufgrund der Verwendung des Ratings anhand der Genauigkeit der Prognosen des Managements konzentriert sich die Auswahl der einzubeziehenden Berichtselemente auf quantifizierbare zukunftsorientierte Angaben des Geschäftsberichts. Dabei ist zu beachten, dass nur solche Berichtselemente berücksichtigt werden, die für Unternehmen unterschiedlichster Branchen gleichermaßen relevant sind. Nur dann ist nämlich sichergestellt, dass durch die Bewertung und Aggregation der Berichtselemente ein Indikator für die Qualität des Voluntary Disclosure generiert werden kann, der sich branchenübergreifend miteinander vergleichen lässt. Darüber hinaus ist entscheidend, dass jedes Unternehmen zu den betrachteten Berichtselementen grundsätzlich auch berichten kann und eine Berichterstattung für zweckdienlich hält, damit anderweitige Ungenauigkeiten der Messung der Berichterstattungsqualität vermieden werden.[309]

Aus diesen Gründen konzentrieren sich bisherige Untersuchungen, die auf einem solchen Rating basieren, auf die Prognosen zu wesentlichen Posten der Bilanz und der Gewinn- und Verlustrechnung, da für sie diese Voraussetzungen gegeben sind. Während die Zusammensetzung der betrachteten Berichtselemente dabei zum Teil innerhalb dieser Untersuchungen voneinander abweicht, beinhalten alle Arbeiten einige wenige Berichtselemente, von denen die Prognosen der Periodenerfolge und die Prognosen der Umsätze einheitlich bzw. mehrheitlich berücksichtigt werden.[310]

---

[309] Vgl. hierzu die Erläuterungen in Kapitel 3.3.1.1.4 sowie die kritischen Ausführungen im Rahmen von Kapitel 3.3.1.1.3.

[310] Vgl. Clarkson/Kao/Richardson (1994), S. 424 und Jones (2007), S. 517 sowie vergleichbar Botosan (1997), S. 332 oder Hail (2002), S. 767. Ausschließlich die Prognosen der Periodenerfolge betrachten Coller/Yohn (1997).

Um die Aussagekraft des Indikators für das Voluntary Disclosure zu steigern, soll über die Prognosen der Periodenerfolge und Umsätze hinaus der Katalog der Berichtselemente erweitert werden und zwar dem Gedanken dieses Ratings folgend um weitere quantifizierbare zukunftsorientierte Angaben des Geschäftsberichts, die sich ebenfalls objektiv bewerten und branchenübergreifend miteinander vergleichen lassen.

Durch Voluntary Disclosure sollen Informationsasymmetrien zwischen dem Management kapitalmarktorientierter Unternehmen und gegenwärtigen oder potenziellen Investoren vermindert und Externen eine zuverlässigere Bewertung des Unternehmens ermöglicht werden. Während die Prognosen zu den Periodenerfolgen und Umsätzen dabei zunächst auf die möglichen künftigen Zahlungsüberschüsse der Unternehmen Bezug nehmen, soll mit der Erweiterung des Katalogs der betrachteten Berichtselemente die Idee verfolgt werden, solche Berichtselemente in die Betrachtung einzubeziehen, die in ihrer Gesamtheit den Teilnehmern des Kapitalmarktes schließlich die Bewertung eines Unternehmens erlauben. Dazu benötigen diese – über Angaben zu der voraussichtlichen Entwicklung der Zahlungsüberschüsse hinaus – Informationen zu den Kapitalkosten eines Unternehmens, da sich nur dann der Zukunftserfolgswert auch bestimmen lässt.[311] Die Ableitung der zu berücksichtigenden Berichtselemente orientiert sich daher am Zukunftserfolgswert der Unternehmensbewertung.[312]

Im Detail wird das in der Praxis favorisierte Discounted-Cashflow-Verfahren in Form des verbreiteten WACC-Ansatzes auf der Basis von Free Cashflows und der Berücksichtigung des Steuervorteils im Rahmen der durchschnittlichen gewichteten Kapitalkosten (WACC) zugrundegelegt,[313] der zum Teil auch als Free-Cashflow-Methode bezeichnet wird.[314]

---

[311] Angaben zum Zukunftserfolgswert werden von professionellen Kapitalmarktteilnehmern im Vergleich zu anderen unternehmensbezogenen Informationen als besonders wichtig erachtet. So wird solchen Informationen laut einer Befragung von Aktienanalysten, Fondsmanagern und sonstigen professionellen Kapitalmarktteilnehmern eine höhere Bedeutung beigemessen als Angaben zum Reinvermögenszeitwert, als nichtfinanzielle Angaben und als Angaben zum internen Steuerungs- und Anreizsystem; vgl. Heumann (2005), S. 189.

[312] Vgl. zu dieser Vorgehensweise Heumann (2005), S. 105 ff. Die Ergebnisse der Befragung von Heumann (2005), S. 195 lassen im Übrigen auch darauf schließen, dass für professionelle Kapitalmarktteilnehmer Angaben zu den Kapitalkosten und der Kapitalstruktur verglichen mit den Angaben über künftige Periodenüberschüsse ebenfalls von Bedeutung sind.

[313] Siehe hinsichtlich der praktischen Verbreitung des WACC-Ansatzes in Form der Free Cashflow-Methode etwa Mandl/Rabel (1997), S. 311; Ernst/Schneider/Thielen (2008), S. 27; Brealey/Myers/Allen (2008), S. 552 oder Mandl/Rabel (2009), S. 65 sowie hinsichtlich der zugrundeliegenden praktischen Vorteile Ballwieser (1998), S. 85 und Mandl/Rabel (2009), S. 65 f.
WACC steht für den Weighted Average Cost of Capital; vgl. dazu grundlegend etwa Drukarczyk/Schüler (2007), S. 138 ff. und 206 ff.

[314] Vgl. hinsichtlich der Bezeichnung als Free Cashflow-Methode Ballwieser (2007), S. 145 oder Kuhner/Maltry (2006), S. 199.

Demnach sollen zukunftsorientierte quantifizierbare Angaben kapitalmarktorientierter Unternehmen berücksichtigt werden, die künftige Free Cashflows und den WACC eines Unternehmens betreffen.

Vor diesem Hintergrund wird neben den Angaben des Managements zu der voraussichtlichen Entwicklung von Umsatz und Ergebnis zunächst ein Berichtselement berücksichtigt, welches zum Teil bereits im Rahmen der prognoseorientierten Informationen von anderen Studien betrachtet wird, nämlich quantitative Angaben des Managements eines Unternehmen zu dem von ihm geplanten Investitionsvolumen.[315] Während Informationen über die geplanten Investitionen nämlich für die Einschätzung der künftigen Ausrichtung eines Unternehmens von besonderer Bedeutung sind, stellen sie auch ein wichtiges Element dar hinsichtlich der Bestimmung zukünftiger Free Cashflows.[316]

Hinsichtlich des WACC wurden zunächst Angaben des Managements zu den Eigenkapitalkosten und Fremdkapitalkosten des Unternehmens berücksichtigt. Auch die Berichterstattung zu geplanten Finanzierungsvorhaben wurde in die Betrachtung einbezogen, da dies darüber Aufschluss gibt, wie sich die Kapitalstruktur eines Unternehmens künftig darstellen wird und wie die Eigen- und Fremdkapitalkosten zur Berechnung des WACC zueinander zu gewichten sind.[317]

Sowohl für die Ermittlung des Free Cashflow als auch für die Bestimmung des WACC relevant sind schließlich Angaben eines Unternehmens zu der voraussichtlichen Entwicklung seiner Steuerquote. Diesbezügliche Prognosen werden daher ebenfalls in die Bewertung des Voluntary Disclosure einbezogen.[318]

Der auf diese Weise theoretisch abgeleitete Katalog von Berichtselementen wurde anschließend in Gesprächen mit Sell-Side- und Buy-Side-Analysten sowie Fondsmanagern hinsichtlich seiner praktischen Bedeutung besprochen. Dadurch sollte sichergestellt werden, dass die ausgewählten Berichtselemente dazu imstande sind, die Qualität

---

[315] Vgl. etwa Botosan (1997), S. 332. Da für Unternehmen einiger Branchen Investitionen in das Anlagevermögen im Vergleich zu Ausgaben für Forschung und Entwicklung eine untergeordnete Bedeutung spielen, beiden jedoch hinsichtlich der langfristigen Nutzung und der künftigen Ausrichtung des Unternehmens ein vergleichbarer Charakter zukommt, werden Angaben zu den geplanten Ausgaben für Forschung und Entwicklung gleichermaßen berücksichtigt wie Informationen über das geplante Investitionsvolumen. Ebenso verfährt Botosan (1997), S. 332.

[316] Vgl. hinsichtlich der Ermittlung von Cashflows auf der Basis von prognostizierten Periodenergebnissen und hinsichtlich der Bestimmung des Free Cashflow im Besonderen Baetge/Niemeyer/Kümmel/Schulz (2009), S. 355 ff.

[317] Vgl. Drukarczyk/Schüler (2007), S. 141.

[318] Vgl. Baetge/Niemeyer/Kümmel/Schulz (2009), S. 348 und 358.

des Voluntary Disclosure aus Sicht des Kapitalmarktes zuverlässig wiederzugeben. Die Rückmeldungen aus den durchgeführten Gesprächen wurden in die Bestimmung der ausgewählten Berichtselemente einbezogen.[319] Erst dann wurde die relative Bedeutung der Berichtselemente zueinander mit Hilfe einer umfassenden Befragung erhoben.[320]

Der Katalog der auf diese Weise abgeleiteten Berichtselemente soll zunächst auf Konzernebene hinsichtlich der Genauigkeit der quantifizierbaren Berichterstattung bewertet werden. Neben aggregierten Informationen auf Konzernebene sind für kapitalmarktorientierte Adressaten der unternehmerischen Berichterstattung aber auch segmentierte Angaben von Bedeutung, da diese einen detaillierten Einblick in die einzelnen Geschäftssparten und damit eine bessere Einschätzung des gesamten Unternehmens erlauben.[321] Aus diesem Grund wird die Genauigkeit der Quantifizierung zu den vorgestellten Berichtselementen auf Segmentebene zusätzlich betrachtet.[322] Die Bewertung des Voluntary Disclosure der betrachteten Unternehmen erlangt dadurch zusätzliches Gewicht.

Über die Quantifizierung der Berichtselemente hinaus wurde weiterhin eine Erläuterung der Angaben gefordert, da sich die quantifizierten Prognosen eines Unternehmens häufig nur unter Kenntnis der zugrundeliegenden Prämissen auch zweckmäßig einordnen lassen.[323] Allerdings wurden hinsichtlich der Erläuterungen nur übergeordnete Kategorien von Informationen betrachtet, die zum Verständnis der jeweiligen Quantifizierung von zentraler Bedeutung sind.[324] Um die Objektivität ihrer Bewertung sicherzustellen, wurde nicht die Qualität dieser Angaben, sondern lediglich ihr Vorhandensein oder Nicht-Vorhandensein dichotom erfasst.[325] Auf eine detaillierte Bewertung der Qualität der abgegebenen Erläuterungen wird dadurch zwar verzichtet. Eine zusätzliche Differenzierung zwischen erläuternden und nicht-erläuternden Unternehmen wird durch die

---

[319] Auf diese Weise konnten andere Berichtselemente, denen innerhalb der Bestimmung des prospektiven Free Cashflow aus der praktischen Sicht der professionellen Kapitalmarktteilnehmer eine nachrangige Bedeutung zugeschrieben wurde, aus dem Katalog der zu betrachtenden Berichtselemente ausgeschlossen werden; vgl. zu anderen diesbezüglich grundsätzlich in Frage kommenden Berichtselementen Baetge/Niemeyer/Kümmel/Schulz (2009), S. 355 ff.

[320] Vgl. hinsichtlich der Befragung zu den Berichtselementen und ihrer diesbezüglichen Gewichtungen Kapitel 3.3.1.4.

[321] Vgl. stellvertretend AICPA (1994), S. 68 und Heumann (2005), S. 69 m. w. N.

[322] Vgl. zu der Einbeziehung der segmentspezifischen Angaben in die Bewertung des Voluntary Disclosure Heumann (2005), S. 69 f. und 174.

[323] Vgl. AICPA (1994), S. 61 ff.

[324] Vgl. dazu im Detail die Ausführungen in Kapitel 3.3.1.3.2.1.

[325] Vgl. hinsichtlich einer dichotomen Vorgehensweise Hossain/Ahmed/Godfrey (2005), S. 879 f.

Einbeziehung dieser Vorgehensweise aber erreicht und dadurch eine Steigerung der Aussagekraft der gemessenen Qualität des Voluntary Disclosure erzielt sowie die Objektivität ihrer Erhebung gewahrt.

Der so konzipierte Katalog von Berichtselementen konzentriert sich damit auf ein Bündel von Angaben, die zur Einschätzung der künftigen Ausrichtung eines Unternehmens von besonderer Bedeutung sind und die in ihrer Gesamtheit die Bewertung des Unternehmens auf Basis des Zukunftserfolgswert-Verfahrens ermöglichen. Bei allen Berichtselementen handelt es sich um zukunftsorientierte Angaben von elementarer Bedeutung, die sich objektiv bewerten lassen und für Unternehmen unterschiedlichster Branchen gleichermaßen relevant sind.

3.3.1.2.1.2. Prüfung einer ausreichenden Varianz

Neben der objektiven Erfassung des Voluntary Disclosure ist auch von Bedeutung, dass die Operationalisierung der verwendeten unabhängigen Variablen über eine ausreichende Varianz verfügt, da sich nur in einem solchen Fall bestehende Zusammenhänge auch statistisch erkennen lassen.[326] Aus diesem Grund war zu prüfen, ob einerseits zu den betrachteten Berichtselementen nicht nahezu alle Unternehmen aufgrund verbindlicher Vorgaben berichten und ob andererseits eine ausreichende Anzahl von Unternehmen trotz unverbindlicher Vorgaben freiwillig über die Berichtselemente informiert. Wie nachfolgend noch im Detail zu zeigen, unterliegen deutsche Unternehmen – als Grundgesamtheit der hier vorliegenden Untersuchung –[327] insbesondere hinsichtlich der Quantifizierung der angesprochenen Berichtselemente keiner Verpflichtung. Andererseits war aber auch zu erwarten, dass zahlreiche Unternehmen auch quantitativ über die Berichtselemente informieren. Denn sie sind von zentraler Bedeutung für die externe Finanzanalyse und hinsichtlich ihrer Berichterstattung werden im Rahmen von § 289 bzw. § 315 HGB und insbesondere durch DRS 15 mehrere Teil-Verpflichtungen und Empfehlungen ausgesprochen.[328]

---

[326] Daraus ergibt sich hinsichtlich der Operationalisierung die Gefahr, die Unterschiede der unabhängigen Variablen nicht differenziert genug abzubilden; vgl. etwa Kromrey (2006), S. 227 f.

[327] Vgl. zu den Hintergründen für die Auswahl deutscher Unternehmen als Grundgesamtheit der Untersuchung – neben den hier folgenden Ausführungen zu der Prüfung einer ausreichenden Varianz hinsichtlich der Operationalisierung des Voluntary Disclosure – nachfolgend Kapitel 3.6.1.

[328] Vgl. hinsichtlich der Bedeutung der Berichtselemente für die externe Finanzanalyse etwa die Ergebnisse der Befragung von Heumann (2005), S. 213 ff.

Die Pflicht zur Prognoseberichterstattung ergibt sich zunächst auch für kapitalmarktorientierte deutsche Unternehmen mit Rechnungslegung nach IFRS – aufgrund der dort noch nicht bestehenden bzw. nicht ausreichenden Vorschriften –[329] für den Lagebericht bzw. den Konzernlagebericht aus § 289 Abs. 1 S. 4 HGB bzw. § 315 Abs. 1 S. 5 HGB.[330] Während danach die voraussichtliche Entwicklung der Kapitalgesellschaft mit ihren wesentlichen Chancen und Risiken beurteilt und erläutert werden muss,[331] ergibt sich aus diesen Vorgaben auch auf Basis der entsprechenden Kommentierungen keine Verpflichtung zur Angabe von quantifizierten Prognosen.[332]

Mit § 289 HGB bzw. § 315 HGB sind die Vorgaben zum Lagebericht bzw. Konzernlagebericht – auch hinsichtlich der voraussichtlichen Entwicklung der Kapitalgesellschaft – überwiegend unbestimmt und ihre Inhalte werden nur grob umrissen.[333] Um entsprechende Unterschiede in Inhalt und Umfang der Lageberichterstattung deutscher Unternehmen zu verringern sowie zu einer Vereinheitlichung und Vergleichbarkeit der Lageberichterstattung beizutragen wurde DRS 15 konzipiert.[334] Der Standard konkretisiert dazu die Anforderungen an die Konzernlageberichterstattung nach § 315 HGB und hinsichtlich der Lageberichterstattung nach § 289 HGB wird seine Anwendung empfohlen.[335] Dementsprechend ergeben sich auch die Vorgaben und Empfehlungen zu den hier betrachteten Berichtselementen vornehmlich aus DRS 15.

Hinsichtlich der Berichterstattung über die voraussichtliche Entwicklung von Umsatz und Ergebnis finden sich in DRS 15 zunächst explizite Verpflichtungen.[336] Diese haben jedoch

---

[329] Das entsprechende Projekt des IASB zum Management Commentary wird zur Zeit noch bearbeitet.

[330] Für kapitalmarktorientierte Mutterunternehmen mit verpflichtender Rechnungslegung nach IFRS ergibt sich dies aus § 315a Abs. 1-3 HGB. Vgl. etwa Pellens u.a. (2008), S. 937.

[331] Die Verpflichtung von § 315 Abs. 1 S. 5 HGB entspricht dabei der Vorgabe aus § 289 Abs. 1 S. 4 HGB mit dem Unterschied, dass sich § 315 HGB auf den Konzern bezieht; vgl. Ellrott (2006b), Rn. 23.

[332] Vgl. Ellrott (2006a), Rn. 39; Krawitz (2007), Rn. 128 oder Kirsch/Köhrmann (2007), Rn. 107. Die herrschende Meinung entspricht lediglich einer Empfehlung, die qualitativen Erläuterungen um quantitative Angaben zu ergänzen; vgl. Krawitz (2007), Rn. 128 f. und Kirsch/Köhrmann (2007), Rn. 107.

[333] Vgl. Ellrott (2006a), Rn. 38 oder mit Bezugnahme auf § 289 und § 315 HGB vor Verabschiedung des Bilanzrechtsreformgesetzes (BilReG) Kirsch/Scheele (2003), S. 2733 und Kajüter (2004), S. 197. Durch die Umsetzung des BilReG haben sich jedoch in Bezug auf die Konkretisierung der Vorgaben in § 289 und § 315 HGB keine wesentlichen Änderungen ergeben.

[334] Vgl. Buchheim/Knorr (2006), S. 413; Solfrian (2005), S. 913 und Kirsch/Scheele (2003), 2733.

[335] Siehe hinsichtlich der konkretisierenden Funktion DRS 15.1 sowie hinsichtlich der Empfehlung zur Anwendung auf den Lagebericht nach § 289 HGB DRS 15.5 und vgl. Kirsch/Scheele (2003), S. 2733 sowie Baetge/Prigge (2006), S. 401. Bezüglich des verpflichtenden bzw. empfohlenen Charakters siehe DRS 15.4 f. und vgl. Buchheim/Knorr (2006), S. 416. Zur Einbindung der DRS in die handelsrechtliche Rechnungslegung siehe § 342 Abs. 2 HGB.

[336] Siehe DRS 15.89.

einen lediglich qualitativen Charakter. Eine Quantifizierung der entsprechenden Berichtselemente wird lediglich empfohlen.[337]
Dieselbe Konstellation ergibt sich hinsichtlich der Berichterstattung über geplante Investitionen bzw. über das geplante Investitionsvolumen. Entsprechende Erläuterungen werden
in DRS 15 ausdrücklich gefordert, eine Quantifizierung der diesbezüglichen Angaben
wird aber nur nahegelegt.[338] Auch bei der Quantifizierung der voraussichtlichen Entwicklung der Kapitalstruktur bzw. der wesentlichen Finanzierungsvorhaben ergibt sich dassel-
be Bild. Verpflichtend sind lediglich qualitative Angaben.[339] Eine Quantifizierung wird
allerdings empfohlen.[340]

Einen anderen Charakter haben die Vorgaben zu der Berichterstattung über die Eigen- und
Fremdkapitalkosten. Hier wird nicht zwischen qualitativen und quantitativen Angaben
differenziert, da ausschließlich qualitative Angaben bezüglich dieser Berichtselemente
keine Aussagekraft haben. Dementsprechend wird eine Berichterstattung über die Eigen-
und Fremdkapitalkosten in DRS 15 nicht verbindlich vorgegeben.[341] Es findet sich jedoch
eine Empfehlung zur Angabe und Erläuterung der gewichteten Fremdkapitalkosten für das
abgelaufene Geschäftsjahr[342] sowie eine Empfehlung zur Angabe der voraussichtlichen
Entwicklung der Fremdkapitalkosten.[343] Nur bei wertorientierter Unternehmensführung
wird empfohlen, die Gesamtkapitalkosten des Unternehmens anzugeben sowie darzustellen, wie sich diese aus den Eigen- und Fremdkapitalkosten errechnen.[344] Auch die
Ermittlung der Eigen- und Fremdkapitalkosten soll in einem solchen Fall dargestellt
werden.[345]

Zu der voraussichtlichen Entwicklung der Steuerquote werden ebenfalls keine Angaben
verbindlich vorgegeben. Empfohlen wird allerdings eine Quantifizierung im Rahmen der

---

[337] Siehe DRS 15.120 f. und vgl. Baetge/Heumann (2006a), S. 47; Baetge/Solmecke (2006), S. 28 f.;
Baetge/Solmecke (2009), S. 62 oder auch Fink/Keck (2005), S. 145. Klarstellend hinsichtlich der
lediglich qualitativen geforderten Angaben siehe DRS 15.34 und vgl. Freidank/Steinmeyer (2005),
S. 2513.
[338] Siehe hinsichtlich der Erläuterung DRS 15.84 und hinsichtlich der Quantifizierung DRS 15.120 und
DRS 15.122. Vgl. Buchheim/Knorr (2006), S. 422 oder Freidank/Steinmeyer (2005), S. 2513.
[339] Siehe DRS 15.65 und DRS 15.84 und vgl. Baetge/Prigge (2006), S. 407.
[340] Siehe DRS 15.120 und DRS 15.122 und vgl. Buchheim/Knorr (2006), S. 422.
[341] Vgl. Baetge/Heumann (2006a), S. 46; Baetge/Solmecke (2006), S. 29 sowie Baetge/Prigge (2006),
S. 406.
[342] Vgl. DRS 15.108.
[343] Vgl. DRS 15.121.
[344] Siehe DRS 15.96 und vgl. Baetge/Heumann (2006a), S. 46 oder Baetge/Solmecke (2006), S. 29.
[345] Siehe DRS 15.96

Überleitung vom operativen Ergebnis zum Konzernergebnis.[346] Die nachfolgende Abbildung 15 fasst die verpflichtenden Vorgaben und Empfehlungen durch DRS 15 hinsichtlich der hier betrachteten Berichtselemente – geordnet nach dem jeweiligen Bezug zum Free Cash Flow oder Weighted Average Cost of Capital – zusammen.[347]

	Obligatorisch	Fakultativ/Empfohlen
Angaben mit Bezug zum Free Cash Flow		
Angaben zu der voraussichtlichen Entwicklung des Umsatzes	qualitative Angaben (DRS 15.89)	quantitative Angaben (DRS 15.120 f.)
Angaben zu der voraussichtlichen Entwicklung des Ergebnisses	qualitative Angaben (DRS 15.89)	quantitative Angaben (DRS 15.120 f.)
Angaben zum geplanten Investitionsvolumen	qualitative Angaben (DRS 15.84 und 15.89)	quantitative Angaben (DRS 15.120 und 15.122)
Angaben mit Bezug zum Weighted Average Cost of Capital		
Angaben zu der voraussichtlichen Entwicklung der Kapitalstruktur	qualitative Angaben (DRS 15.65, 15.84 und 15.89)	quantitative Angaben (DRS 15.120 und 15.122)
Angaben zu den Eigenkapitalkosten	---	Angaben (DRS 15.96)
Angaben zu den Fremdkapitalkosten	---	Angaben (DRS 15.96 und 15.108)
Angaben mit Bezug zum Free Cash Flow und Weighted Average Cost of Capital		
Angaben zu der voraussichtlichen Entwicklung der Steuerquote	---	quantitative Angaben (DRS 15.121)

Abbildung 15: Vorgaben von DRS 15 zur Quantifizierung von Berichtselementen

Umfasst der Konzernabschluss eine Segmentberichterstattung, so sind die genannten prospektiven Berichtselemente zur Ertrags- und Finanzlage für die voraussichtliche Entwicklung der Segmente gesondert darzustellen.[348] Hinsichtlich der Quantifizierung der

---

[346] Siehe DRS 15.121.
[347] Hinsichtlich des Bezugs der Berichtselemente zum Free Cash Flow und zum Weighted Average Cost of Capital siehe Kapitel 3.3.1.2.1.1.
[348] Siehe DRS 15.90.

segmentbezogenen Berichtselemente enthalten aber auch die Vorgaben des DRS 15 lediglich Empfehlungen.[349] Angaben zu den Eigen- und Fremdkapitalkosten sowie zu der voraussichtlichen Entwicklung der Steuerquote haben ja bereits für das gesamte Unternehmen ausschließlich Empfehlungscharakter. Eine Segmentierung dieser Informationen wird nicht explizit angesprochen und kann höchstens indirekt aus DRS 15.13 – dann allerdings ebenfalls nur mit Empfehlungscharakter – abgeleitet werden.

Verpflichtungen zu ergänzenden Erläuterungen der voraussichtlichen Entwicklung einer Kapitalgesellschaft ergeben sich bereits aus § 289 Abs. 1 S. 4 HGB bzw. § 315 Abs. 1 S. 5 HGB sowie aus DRS 15.84 f. und 15.89. Diese Vorgaben haben jedoch zwangsweise einen meist übergreifenden und daher auch unbestimmten Charakter. Daraus ergeben sich entsprechende Ermessensspielräume, die von Unternehmensseite in Anspruch genommen werden können. Qualitative Unterschiede sind also auch hinsichtlich der Erläuterung der Berichtselemente zu der voraussichtlichen Entwicklung der Unternehmen zu erwarten. Die Erläuterungen zu den ebenfalls in die Betrachtung einbezogenen Eigen- und Fremdkapitalkosten sowie zu der voraussichtlichen Entwicklung der Steuerquote sind darüber hinaus nicht verpflichtend, sondern werden in DRS 15.96, 15.108 und 15.121 nur empfohlen.

Die genannten qualitativen Angaben zu der voraussichtlichen Entwicklung der Kapitalgesellschaft sind grundsätzlich für die zwei nachfolgenden Geschäftsjahre vorzunehmen. Dies ergibt sich nach der herrschenden Meinung bereits aus den Kommentierungen zu § 289 HGB und § 315 HGB.[350] In DRS 15 wird dieser Prognosehorizont von zwei Jahren – bzw. mindestens zwei Jahren bei Unternehmen mit längeren Marktzyklen oder komplexen Großprojekten – für die verbindlichen Elemente der Prognoseberichterstattung explizit genannt und damit bestätigt.[351] Hinsichtlich der lediglich empfohlenen Quantifizierung von prospektiven Berichtselementen des Prognoseberichts wird jedoch aufgrund der zeitlich abnehmenden Prognosesicherheit nur ein Prognosehorizont von einem Jahr ausdrücklich genannt.[352]

---

[349] Siehe DRS 15.98 sowie implizit DRS 15.120.
[350] Vgl. Kirsch/Köhrmann (2007), Rn. 106; Krawitz (2007), Rn. 135 oder Ellrott (2006a), Rn. 37.
[351] Siehe DRS 15.34 und DRS 15.84 und vgl. Buchheim/Knorr (2006), S. 421 sowie Schultze/Fink/Straub (2007), S. 570. Zu der Erweiterung der Prognoseberichterstattung auf mehr als zwei Jahre siehe DRS 15.87 und vgl. Solfrian (2005), S. 915.
[352] Siehe DRS 15.94 bzw. DRS 15.120 und vgl. Buchheim/Knorr (2006), S. 422.

Um aussagekräftige Ergebnisse bekommen zu können, ist es – wie angesprochen – von wesentlicher Bedeutung, dass die unabhängige Variable – also der Voluntary Disclosure Index – über eine ausreichende Varianz verfügt. Dies sollte bei den in die Betrachtung einbezogenen Berichtselementen aus zwei Gründen der Fall sein. Zum einen bestehen vor allem hinsichtlich der Quantifizierung der prospektiven Informationen, der Angabe der Eigen- und Fremdkapitalkosten und der Quantifizierung prospektiver Segment-Informationen keine Verpflichtungen und auch hinsichtlich der verbindlichen Erläuterungen sind aufgrund von Ermessensspielräumen unterschiedlich ausführliche Informationen zu erwarten. Zum anderen handelt es sich bei den hier betrachteten Angaben überwiegend um Berichtselemente, die für die externe Finanzanalyse von zentraler Bedeutung sind. Auch wird eine diesbezügliche Berichterstattung im Rahmen von DRS 15 aufgrund mehrerer Teil-Verpflichtungen und Empfehlungen mehrfach nahegelegt.

Aus diesen Gründen war also zu vermuten, dass sich in der Stichprobe einerseits mehrere Unternehmen befinden, die weniger ausführlich über die betrachteten Berichtselemente informieren, aber andererseits auch mehrere Unternehmen mit ausführlicher diesbezüglicher Berichterstattung. Für diese beiden Typen von Unternehmen sollten sich – den aufgestellten Hypothesen entsprechend – unterschiedlich Ausprägungen der Zielvariablen ergeben.

3.3.1.2.2.   Aggregation der Berichtselemente

3.3.1.2.2.1.   Konstruktion des verwendeten Index

Nachdem zunächst die einzelnen Berichtselemente abgeleitet wurden, mit Hilfe derer auf Basis eines Ratings anhand der Genauigkeit der Prognosen des Managements die Qualität des Voluntary Disclosure gemessen werden soll, wird nun darauf eingegangen, wie die einzelnen Bewertungen der Berichtselemente zu einem aggregierten Wert für die Qualität der freiwilligen Berichterstattung verdichtet werden. Zur Anwendung kommt dazu die Methode des Disclosure Index, welche von zahlreichen Untersuchungen zu einem solchen Zweck verwendet wird.[353] Dazu werden zunächst einzelne publizierte Berichtselemente bewertet und diese Bewertungen anschließend zu einem Index additiv zusammengefasst, der so den Informationsgehalt der gesamten relevanten Berichterstattung eines Unternehmens wiedergibt.[354]

---

[353] Für eine Übersicht einiger Studien mit Verwendung des Disclosure Index siehe Fischer (2003), S. 393.
[354] Vgl. Wagenhofer/Ewert (2007), S. 398 f. sowie erstmalig Cerf (1961), S. 25. Siehe zur Indexbildung grundlegend etwa Schnell/Hill/Esser (2008), S. 166 ff.

Erforderlich ist diese Vorgehensweise, da das Voluntary Disclosure als theoretisches Konstrukt eine latente Variable darstellt, die im Unterschied zu manifesten Variablen nicht direkt beobachtet werden kann.[355] Sie setzt sich zweckmäßigerweise aus mehreren Dimensionen bzw. Berichtselementen zusammen und kann daher nicht mit Hilfe eines einzelnen Indikators gemessen werden. Mit Hilfe eines Index werden bei solchen Konstellationen mehrere Einzelindikatoren zu einer neuen Variable zusammengefasst.[356] Die Bezeichnung als Disclosure Index in dem dargestellten Kontext ergibt sich aus dem Umstand, dass mit seiner Hilfe das Ausmaß der freiwilligen externen Berichterstattung gemessen werden soll.[357]

Sollen die so ermittelten Indexwerte den Informationsgehalt der Berichterstattung aus Sicht der Informationsempfänger möglichst getreu widerspiegeln, werden die Bewertungen einzelner Berichtselemente bei der Aggregation zum Disclosure Index mit der jeweiligen Bedeutung gewichtet, die den Berichtselementen aus Sicht der Informationsempfänger zukommt.[358]

Formell ausgedrückt handelt es sich dann um einen gewichteten additiven Index, denn die Bewertungen der einzelnen Berichtselemente werden mit ihren Gewichten multipliziert und anschließend addiert.[359] Zwar erfordert die Gewichtung der Berichtselemente die Durchführung einer eigenen aufwendigen Befragung von professionellen Kapitalmarktteilnehmern, um dementsprechend die Bedeutung der Berichtselemente aus Sicht des Kapitalmarktes zu ermitteln.[360] Diese erschien jedoch im Rahmen der vorliegenden Untersuchung als unerlässlich, da davon ausgegangen werden musste, dass den betrachteten Berichtselementen eine nicht unerheblich voneinander abweichende Bedeutung zukommt.[361]

Wird eine solche Gewichtung der Bewertungen entsprechend der Bedeutung der Berichtselemente aus Sicht der Informationsempfänger vorgenommen, spiegelt der jeweilige

---

[355] Vgl. Bortz/Döring (2006), S. 3 und 4 oder Kerlinger/Lee (2000), S. 54.

[356] Vgl. Kerlinger/Lee (2000), S. 211 f. oder Diekmann (2008), S. 240.

[357] Aufgrund der vielseitigen Verwendbarkeit kommen Indizes fachübergreifend in unterschiedlichen empirischen Fragestellungen zur Anwendung. Methodisch gesprochen handelt es sich bei der Indexbildung um ein Auswertungsverfahren und nicht um ein Datenerhebungs- oder Messverfahren; vgl. Schnell/Hill/Esser (2008), S. 166.

[358] Vgl. zu der Zweckmäßigkeit der Berechnung eines Disclosure Index mit Gewichtung der betrachteten Berichtselemente bereits Buzby (1974), S. 429 oder auch Fischer (2003), S. 110.

[359] Vgl. zu gewichteten additiven Indizes Schnell/Hill/Esser (2008), S. 173.

[360] Vgl. zu dieser Verfahrensweise etwa Heumann (2005), S. 160 und Fischer (2003), S. 109.

[361] Die Ergebnisse der durchgeführten Befragung haben diese Vermutung und die Notwendigkeit der Gewichtung der Berichtselemente eindrucksvoll bestätigt; vgl. zu der hier durchgeführten Befragung im Detail Kapitel 3.3.1.4.

aggregierte Indexwert eines Unternehmens den gesamten Nutzen wider, der sich aus der Berichterstattung eines Unternehmens hinsichtlich der betrachteten Berichtselemente für die Adressaten der Rechnungslegung ergibt. In dieser Hinsicht ähnelt die Methode des Disclosure Index dem aus der betriebswirtschaftlichen Entscheidungstheorie und aus der Investitionsrechnung bekannten Verfahren der Nutzwertanalyse, weshalb die dargestellte Verfahrensweise im deutschsprachigen Raum häufig auch von der Nutzwertanalyse abgeleitet wird.[362]

3.3.1.2.2.2. Konkretisierung des verwendeten Index

Die Bewertung des Voluntary Disclosure eines Unternehmens soll im Rahmen dieser Untersuchung in Anlehnung an die Disclosure Index-Methode als Voluntary Disclosure Index bezeichnet werden und berechnet sich wie folgt:

$$VD_i = \sum_{j=1}^{J}(g_j * b_{ij})$$

$$\text{mit } \sum_{j=1}^{J} g_j = 1$$

wobei:

$VD_i =$ Voluntary Disclosure Index von Unternehmen i

$g_j =$ Gewichtung des Berichtselements j, errechnet als arithmetisches Mittel der Einstufungen der Bedeutung des Berichtselements durch die befragten Rechnungslegungsadressaten

$b_{ij} =$ Bewertung des Berichtselements j von Unternehmen i

Der Voluntary Disclosure Index eines Unternehmens ergibt sich also wie dargestellt aus der Summe der Bewertungen aller in die Untersuchung einbezogenen Berichtselemente[363],

---

[362] Vgl. etwa Heumann (2005), S. 155 ff.; Rolvering (2002), S. 81 ff.; Armeloh (1998), S. 61 ff. oder Krumbholz (1994), S. 29 ff. Zu der Funktionsweise der Nutzwertanalyse vgl. ausführlich etwa Götze (2008), S. 180 ff. oder Hoffmeister (2000), S. 278 ff. Auch die Bezeichnung als Scoring-Modell ist geläufig; vgl. etwa Wenzel (2005), S. 366 oder Ruhwedel/Schultze (2002), S. 626 ff.

[363] Hierzu zählen – wie in Kapitel 3.3.1.2.1.1 hergeleitet – die Angaben zu der voraussichtlichen Entwicklung des Umsatzes und des Ergebnisses, zu dem geplanten Investitionsvolumen, zu der voraussichtlichen Entwicklung der Kapitalstruktur, zu den Eigenkapital- und Fremdkapitalkosten sowie zu der voraussichtlichen Entwicklung der Steuerquote.

welche im Rahmen der Addition entsprechend der jeweiligen Bedeutung aus Sicht der befragten Rechnungslegungsadressaten gewichtet werden. Die Bewertungen der betrachteten Berichtselemente wiederum setzen sich jeweils aus den einzelnen Bewertungen der diesbezüglichen Kriterien „Quantifizierung", „Segmentierung" und „Erläuterung" zusammen und können somit der Systematik der Indexbildung entsprechend jeweils als Subindex bezeichnet werden.[364]

Die Kriterien werden ebenfalls ihrer Bedeutung entsprechend gewichtet. Somit ergibt sich die Bewertung eines Berichtselements aus der nachfolgenden Formel:

$$b_{ij} = \sum_{k=1}^{K} g_k * b_{ijk}$$

$$\text{mit } \sum_{k=1}^{K} g_k = 1$$

wobei:

$g_k =$ Gewichtung des Kriteriums k, errechnet als arithmetisches Mittel der Einstufungen der Bedeutung des Kriteriums durch die befragten Rechnungslegungsadressaten

$b_{ijk} =$ Bewertung des Berichtselements j von Unternehmen i hinsichtlich des Kriteriums k

Insgesamt bestimmt sich die Qualität des Voluntary Disclosure eines Unternehmens auf Basis der betrachteten Berichtselemente und der zugrundeliegenden Kriterien sowie der jeweiligen Gewichtungen anhand der folgenden ausformulierten Formel:[365]

---

[364] Zu der Bewertung der Segmentierung und der Erläuterung neben der Genauigkeit der Quantifizierung vgl. Heumann (2005), S. 173 f.

[365] Vgl. hinsichtlich der konkreten Gewichtungen im Rahmen dieser Untersuchung die Ergebnisse der eigens durchgeführten Befragung professioneller Kapitalmarktteilnehmer im Rahmen von Kapitel 3.3.1.4.3.

$$VD_i = g_{Umsatz} * \left[\left(g_q * b_{i,Umsatz,q} \right) + \left(g_s * b_{i,Umsatz,s} \right) + \left(g_e * b_{i,Umsatz,e} \right) \right] +$$

$$g_{Ergebnis} * \left[\left(g_q * b_{i,Ergebnis,q} \right) + \left(g_s * b_{i,Ergebnis,s} \right) + \left(g_e * b_{i,Ergebnis,e} \right) \right] +$$

$$g_{Investition} * \left[\left(g_q * b_{i,Investition,q} \right) + \left(g_s * b_{i,Investition,s} \right) + \left(g_e * b_{i,Investition,e} \right) \right] +$$

$$g_{Kap.-Struktur} * \left[\left(g_q * b_{i,Kap.-Struktur,q} \right) + \left(g_s * b_{i,Kap.-Struktur,s} \right) + \left(g_e * b_{i,Kap.-Struktur,e} \right) \right] +$$

$$g_{EK-Kosten} * \left[\left(g_q * b_{i,EK-Kosten,q} \right) + \left(g_s * b_{i,EK-Kosten,s} \right) + \left(g_e * b_{i,EK-Kosten,e} \right) \right] +$$

$$g_{FK-Kosten} * \left[\left(g_q * b_{i,FK-Kosten,q} \right) + \left(g_s * b_{i,FK-Kosten,s} \right) + \left(g_e * b_{i,FK-Kosten,e} \right) \right] +$$

$$g_{Steuerquote} * \left[\left(g_q * b_{i,Steuerquote,q} \right) + \left(g_s * b_{i,Steuerquote,s} \right) + \left(g_e * b_{i,Steuerquote,e} \right) \right]$$

wobei:

$q =$ Kriterium „*Quantifizierung*"

$s =$ Kriterium „*Segmentierung*"

$e =$ Kriterium „*Erläuterung*"

3.3.1.3. Datenerhebung durch Inhaltsanalyse

Die in den Voluntary Disclosure Index eingehenden Bewertungen einzelner Berichtselemente werden durch Anwendung der Inhaltsanalyse als nicht-reaktivem[366], systematischen und intersubjektiv nachprüfbaren Verfahren der Datenerhebung erhalten.[367] Offengelegte Informationen in den Kommunikationsinstrumenten der kapitalmarkt-

---

[366] Vgl. Kromrey (2006), S. 397 oder Schnell/Hill/Esser (2008), S. 407. Unter nicht-reaktiven Verfahren werden solche Datenerhebungsmethoden verstanden, welche eine Reaktion der Probanden auf die Datenerhebung selber und eine damit einhergehende Verfälschung der Daten vermeiden, indem den untersuchten Personen nicht bewusst wird, dass sie Gegenstand einer Datenerhebung sind; vgl. etwa Kromrey (2006), S. 532 f.

[367] Für einen Überblick über die Datenerhebungstechnik der Inhaltsanalyse vgl. Schnell/Hill/Esser (2008), S. 407 ff. oder Diekmann (2008), S. 576 ff. Vgl. hinsichtlich der Intersubjektivität der Inhaltsanalyse Früh (2007), S. 27 oder Mayring (2008), S. 12 f.

orientierten Unternehmen werden dazu durch Erkennen oder Interpretieren anhand eines vorab erstellten Kategorienschemas einzelnen relevanten Kategorien für die hier betrachteten Berichtselemente zugeordnet.[368]

Nachfolgend wird zunächst auf die inhaltsanalytisch betrachteten Kommunikationsinstrumente eingegangen, bevor die Datenerhebungstechnik anhand der Verwendung des Kategorienschemas und der zweifachen unabhängigen Datenerhebung im Detail dargestellt wird.

3.3.1.3.1.   Inhaltsanalytisch betrachtete Kommunikationsinstrumente

Da die relevanten Informationen eines kapitalmarktorientierten Unternehmens mit Hilfe unterschiedlicher Kommunikationsinstrumente vom Unternehmen an den Kapitalmarkt übermittelt werden können, war bezüglich der Datenerhebung zu entscheiden, welche Kommunikationsinstrumente in die Beurteilung der Qualität des Voluntary Disclosure einbezogen werden sollen. Neben den verpflichtenden Instrumenten der Berichterstattung wie etwa dem Geschäftsbericht, den Quartalsberichten oder Ad-hoc-Mitteilungen kommen so zahlreiche freiwillige Instrumente wie etwa Investoren-Handbücher, Pressemitteilungen, Aktionärsbriefe sowie schließlich das Internet in Frage.[369]

Empirische Studien, welche die Qualität des Voluntary Disclosure kapitalmarktorientierter Unternehmen untersuchen, beschränken sich hinsichtlich der betrachteten Kommunikationsinstrumente regelmäßig auf den Geschäftsbericht,[370] da dieser aufgrund seiner formalisierten Struktur,[371] aufgrund des erheblichen Umfangs an verpflichtenden und freiwilligen Informationen und aufgrund seiner Ausrichtung auf alle relevanten Zielgruppen als das zentrale Medium der unpersönlichen Informationsvermittlung und Rechen-

---

[368] Bei der hier verwendeten Form der Inhaltsanalyse handelt es sich um eine einfache Klassifikation von Textelementen, die im Unterschied zu der Valenzanalyse, der Intensitätsanalyse oder der Kontingenzanalyse über die Kategorisierung der Textelemente hinaus keine Bewertung (positiv, negativ neutral), Intensität oder Bedeutungszusammenhänge mit beurteilt; siehe hierzu etwa Kromrey (2006), S. 342 ff.; Mayring (2008), S. 13 f. oder ausführlicher mit abweichenden Bezeichnungen Früh (2007), S. 141 ff.

[369] Vgl. ausführlich Täubert (1998), S. 102 ff.

[370] Vgl. etwa Clarkson/Kao/Richardson (1994), S. 429; Botosan (1997), S. 329 ff.; Hail (2002), S. 746 oder Francis/Nanda/Olsson (2008), S. 54.

[371] Aufgrund der formalisierten Struktur handelt es sich um ein Kommunikationsinstrument, welches sich hinsichtlich des Aufbaus und der Inhalte von Unternehmen zu Unternehmen vergleichen lässt im Gegensatz zu nicht-formalisierten unpersönlichen Kommunikationsinstrumenten wie etwa Presseberichten; vgl. Hail (2002), S. 746 bzw. Hail (2003), S. 278.

schaftslegung angesehen wird.[372] Diese wesentliche Bedeutung des Geschäftsberichts ergibt sich zunächst aus theoretischen Erwägungen, aber auch aus empirischen Ergebnissen. So erweist sich der Geschäftsbericht über mehrere Untersuchungen hinweg für professionelle Kapitalmarktteilnehmer als bedeutende unpersönliche Informationsquelle,[373] die aufgrund ihrer umfangreichen Informationen einer weiterführenden persönlichen Kommunikation mit professionellen Kapitalmarktteilnehmern gewissermaßen als Grundlage dient.[374] Aber auch von privaten Anlegern, die sich vordergründig über unternehmensexterne Quellen wie etwa Zeitungen und Zeitschriften, Fernsehen oder Internet über das Unternehmen informieren, wird der Geschäftsbericht noch regelmäßig als Informationsquelle genutzt.[375]

Für eine Konzentration der Betrachtung auf den Geschäftsbericht als zentrales Instrument der unpersönlichen Information spricht weiterhin der Umstand, dass kapitalmarktorientierte Unternehmen ihre Informationspolitik und somit die Inhalte verschiedener unpersönlicher Kommunikationsformen aufeinander abstimmen und damit die zur Verfügung gestellten Informationen via Geschäftsbericht den Angaben im Rahmen anderer Medien weitgehend entsprechen.[376]

Darüber hinaus folgt aus der Betrachtung der Geschäftsberichte ein verhältnismäßig einheitlicher Zeitraum für die Messung der Qualität des Voluntary Disclosure. Dies ergibt sich aus dem Umstand, dass Kapitalgesellschaften laut § 264 Abs. 1 S. 2 HGB verpflichtet sind, den Jahresabschluss und Lagebericht innerhalb von drei Monaten nach Ablauf des Geschäftsjahres aufzustellen.[377]

---

[372] Vgl. Hail (2002), S. 746 oder Botosan (1997), S. 331 sowie Knutson/AIMR (1993), S. 16: „At the top of every analyst´s list ist the annual report to shareholders. It ist the major reporting document, and every other financial report is in some respect subsidiary or supplementary to it." Siehe auch Täubert (1998), S. 104 ff.

[373] Zu der Unterteilung in persönliche und unpersönliche Informationsinstrumente vgl. ausführlich etwa Täuber (1998), S. 101 ff.

[374] Vgl. Täubert (1998), S. 103.

[375] Vgl. Ernst/Gassen/Pellens (2009), S. 29 oder Ernst/Gassen/Pellens (2005), S. 21. Siehe hinsichtlich einer Gegenüberstellung der Bedeutung unterschiedlicher Informationsquellen aus Sicht professioneller Kapitalmarktteilnehmer und privater Anleger durch 18 verschiedene empirische Studien von 1973 bis 2001 Fischer (2003), S. 115.

[376] So haben empirische Erkenntnisse ergeben, dass die im Rahmen verschiedener unpersönlicher Kommunikationsinstrumente zur Verfügung gestellten Informationen in hohem Maße positiv korreliert sind; vgl. Lang/Lundholm (1993), S. 257 f. sowie mit diesbezüglichen Verweisen etwa Botosan (1997), S. 329 und Hail (2002), S. 746 sowie Hail (2003), S. 278.

[377] Vgl. zu dieser Argumentation Hail (2002), S. 746.

Aus den dargestellten Gründen soll die Qualität des Voluntary Disclosure der einzelnen Unternehmen anhand des jeweiligen Geschäftsberichts eines Unternehmens beurteilt werden.

3.3.1.3.2. Datenerhebungstechnik

Um die Datenerhebung für die betrachteten Unternehmen einheitlich zu gestalten und so objektiv wie möglich durchführen zu können wurden zwei Maßnahmen ergriffen, die zu diesem Zweck regelmäßig zur Anwendung kommen: Zum einen die Verwendung eines Kategorienschemas, welches alle relevanten Vorgaben zur Bewertung der getätigten Angaben in den Geschäftsberichten der Unternehmen vor Beginn der Untersuchung festhält,[378] und zum anderen eine zweifache inhaltsanalytische Durchführung der Datenerhebung durch voneinander unabhängig arbeitende Kodierer. Beide Maßnahmen werden nachfolgend ausführlich beschrieben.

3.3.1.3.2.1. Verwendung eines Kategorienschemas

Wie bereits zum Ausdruck gebracht, liegt der zentrale Vorteil des Ratings anhand der Genauigkeit der Prognosen des Managements gegenüber den anderen vorgestellten Indikatoren für das Ausmaß des Voluntary Disclosure in der Objektivität der Datenerfassung.[379] Die Gewährleistung einer einheitlichen Vorgehensweise bei der inhaltsanalytischen Datenerhebung ist vor diesem Hintergrund eine logische Konsequenz. Sie wird erreicht durch die Erstellung eines Kategorienschemas, welches die Ausprägungen (Kategorien) der Bestandteile der unabhängigen Variablen beschreibt und damit für die jeweiligen Formen der Quantifizierung, der Segmentierung und der Erläuterung eine Kategorisierung einheitlich vorgibt.[380]

So wurde im Rahmen des Kategorienschemas zunächst festgelegt, wie denkbare Angaben zu der Quantifizierung der prospektiven Berichtselemente den vier Kategorien „Qualitative Aussage", „Trend-Aussage", „Intervall-Schätzung" und „Punkt-Schätzung" zugeordnet werden sollten. Vor allem für Formulierungen, bei denen sich eine Zuordnung zu den Genauigkeitsgraden nicht von selbst ergibt, wie etwa „ein zweistelliger Millionen-

---

[378] Vgl. Schnell/Hill/Esser (2008), S. 409 und 411.

[379] Vgl. Kapitel 3.3.1.1.4.

[380] Vgl. Schnell/Hill/Esser (2008), S. 409 und 411. Zur Entwicklung eines Kategorienschemas siehe Kromrey (2006), S. 326 ff.

betrag" oder „eine hohe einstellige prozentuale Steigerung des Ergebnisses" wurde auf diesem Weg eine einheitliche Kategorisierung durch die Kodierer erreicht.[381]

Die relevanten Angaben innerhalb der Geschäftsberichte konnten mit Hilfe solcher Festlegungen dann den unterschiedlichen Genauigkeitsgraden zugeordnet werden. Die Bewertung der Genauigkeitsgrade wiederum ergab sich dann anschließend aus den Ergebnissen der hier durchgeführten Befragung, wonach eine Intervallprognose etwa aufgrund der Präferenzen der professionellen Kapitalmarktteilnehmer mit der vollen Punktzahl bewertet wurde.[382]

Bei der Bewertung der Berichterstattung über die Eigen- und Fremdkapitalkosten wurde in der letzten Hinsicht jedoch anders verfahren als bei den prospektiven Berichtselementen. Da für diese Berichtselemente schon aus theoretischen Erwägungen heraus keine unterschiedlichen Genauigkeitsgrade, sondern allein eine Punktangabe in Frage kamen[383] und diese Vermutung auch durch die empirischen Ergebnisse bestätigt wurde[384], wurde die Quantifizierung der Eigen- und Fremdkapitalkosten rein dichotom bewertet und dementsprechend eine Angabe der Kapitalkostensätze mit der vollen Punktzahl bewertet sowie für eine Nicht-Angabe der Kapitalkostensätze keine Punkte vergeben.

Während solche Festlegungen für die Bewertung der Quantifizierung auch für die Segmentierung relevant waren, wurden im Rahmen des Kategorienschemas für die Bewertung der Segmentierung auch besondere Vorgaben getroffen. So wurde festgelegt, dass eine Segmentierung bereits als solche zu werten war, wenn das relevante Berichtselement zwar nicht für alle einzelnen Segmente, aber für die Mehrheit der Segmente des betrachteten Unternehmens dargestellt wurde bzw. Segmente mit mehrheitlichem Einfluss[385] auf das jeweilige Unternehmen gesondert betrachtet wurden. Eine Besonderheit war darüber hinaus für die prospektiven Berichtselemente zu beachten: Erfolgten hinsichtlich der einzelnen Segmente unterschiedlich genaue quantitative Angaben, wurde ebenfalls das Unternehmen als Ganzes betrachtet: Gewertet wurde der Genauigkeitsgrad,

---

[381] Vgl. Diekmann (2008), S. 591 f. oder Kromrey (2006), S. 322.

[382] Vgl. zu den Ergebnissen der Befragung sowie zu den daraus folgenden Bewertungen Kapitel 3.3.1.4.3

[383] Siehe hierzu bereits Kapitel 3.3.1.2.1.2. Lediglich qualitative oder komparative Angaben aber auch Intervall-Angaben haben aufgrund der Berichterstattung über tatsächliche Bedingungen bezüglich der Eigen- und Fremdkapitalkosten keine Aussagekraft.

[384] Den theoretischen Überlegungen entsprechend konnten in den untersuchten Geschäftsberichten fast ausschließlich Punktangaben oder aber keine Angaben zu den Eigen- und Fremdkapitalkosten beobachtet werden.

[385] Zur Beurteilung eines mehrheitlichen Einflusses eines oder mehrerer Segmente auf ein Unternehmen wurden Umsatz und Ergebnis der Segmente sowie des Konzerns einander gegenübergestellt.

der sich unter Berücksichtigung der Einzelwertungen für die gegebenen Segmente durchschnittlich ergeben hat.

Da die betrachteten Geschäftsberichte hinsichtlich der Segmentberichterstattung auf IAS 14 basieren, war für die Bewertung der Segmentierung auch die Frage entscheidend, welche Form der Aufteilung in Segmente der Beurteilung der Berichterstattung zugrundegelegt werden sollte.[386] IAS 14 fordert nämlich von kapitalmarktorientierten Unternehmen sowohl eine sektorale als auch eine regionale Segmentierung der Berichterstattung, sofern jeweils berichtspflichtige Segmente vorliegen.[387] Dabei wird zwischen einer primären und sekundären Segmentierung unterschieden, sofern ein Unternehmen zweifach – sowohl nach sektoralen als auch nach regionalen Kriterien – berichtspflichtige Segmente vorzuweisen hat.[388] Über die primären Segmente sind ausführlichere Informationen zur Verfügung zu stellen, da diese nach IAS 14.26 die Erträge und Risiken eines Unternehmens dominieren, was sich laut IAS 14.27 auch in der Organisation und der internen Berichterstattung des Unternehmens widerspiegelt.

Verfügte ein Unternehmen im betrachteten Geschäftsjahr über primär und sekundär berichtspflichtige Segmente, so wurden aufgrund der höheren Bedeutung innerhalb des Unternehmens die Angaben zu den primären Segmenten betrachtet, um das Voluntary Disclosure hinsichtlich der Segmentierung der relevanten Berichtselemente zu bewerten.[389] Bei Unternehmen ohne zweifache Pflicht zur Segmentierung liegen in der betrachteten Untersuchungsgrundgesamtheit regelmäßig keine sektoral berichtspflichtigen Segmente vor.[390] Solche Unternehmen erstellen aufgrund der Vorgaben des IAS 14 häufig eine Segmentberichterstattung nach regionalen Segmenten, die keine oder nur geringe Relevanz für die interne Unternehmensführung besitzt und daher auch bei der externen Berichterstattung keine wesentliche Rolle spielt. Da den betrachteten Unternehmen aus einem solchen Umstand heraus hinsichtlich der Bewertung des Voluntary Disclosure

---

[386] Zur Anwendbarkeit der Nachfolgeregelungen des IFRS 8 siehe Hütten (2007), § 36 Rn. 208 sowie die entsprechende Kommentierung von IFRS 8 durch Hütten/Fink (2008), § 36 und hinsichtlich der Anwendbarkeit insbesondere Rn. 130.

[387] Siehe IAS 14.9.

[388] Vgl. Hütten (2007), § 36 Rn. 25 f.

[389] Wurden in Einzelfällen die Angaben zu den hier relevanten Berichtselementen jedoch entgegen dem primären Berichtsformat der Segmentberichterstattung vordergründig anhand der sekundären Segmente unterteilt, so wurde eine solche Segmentierung ebenfalls gewertet, da den Rechnungslegungsadressaten auch durch diese segmentierten Angaben zusätzliche Informationen zur Verfügung gestellt werden.

[390] Ohne berichtspflichtige Segmente hinsichtlich der sektoralen und regionalen Betrachtung entfällt die Verpflichtung zur Segmentierung der Berichterstattung; vgl. Hütten (2007), § 36 Rn. 35.

keine Nachteile entstehen sollten, wurde die grundsätzlich geforderte Segmentierung der relevanten Berichtselemente in diesen Fällen nicht gewertet.[391]

Über eine Quantifizierung und eine Segmentierung der genannten Angaben hinaus sind ergänzende Erläuterungen des Managements hinsichtlich wesentlicher Annahmen und Bedingungen für die angegebenen Quantifizierungen wünschenswert. Obwohl im Rahmen dieser Untersuchung – aufgrund der Verwendung des Ratings anhand der Genauigkeit der Prognosen des Managements – die quantitativen Angaben im Fokus stehen, sollten notwendige Erläuterungen zumindest soweit bei der Bestimmung der Qualität des Voluntary Disclosure berücksichtigt werden, wie dies bei Wahrung einer objektiven Datenerhebung möglich war.

Da eine objektive Bewertung von qualitativen Informationen insbesondere im Rahmen einer branchenübergreifenden Untersuchung Schwierigkeiten bereitet, wurden ausschließlich solche Erläuterungen betrachtet, die für alle Unternehmen und alle Branchen gleichermaßen von Bedeutung sind und zu denen alle Unternehmen auch berichten können. Darüber hinaus war entscheidend, dass die Datenerhebung der betrachteten Erläuterungen keine Branchenkenntnisse oder intensive Einblicke in das jeweilige Unternehmen voraussetzt. Die zu den betrachteten Berichtselementen erwarteten Erläuterungen wurden daher rein dichotom bewertet. Auch subjektive Einflüsse bei der Bewertung der Qualität der Berichterstattung werden dadurch ausgeschlossen.[392] Ein Unternehmen erhielt dementsprechend für geforderte Erläuterungen die volle Punktzahl, sofern über diese berichtet wurde und keine Punkte, sofern es nicht auf notwendige Erläuterungen einge-gangen ist. Die Qualität der abgegebenen Erläuterungen wurde aufgrund der genannten Schwierigkeiten und Einschränkungen also nicht in die Bewertung mit einbezogen und lediglich das Vorliegen oder Nicht-Vorliegen der Erläuterungen bewertet.[393]

Da die betrachteten Erläuterungen für alle Unternehmen gleichermaßen relevant sein sollten, wurden sie auf einem aggregierten Niveau bewertet. So wurde hinsichtlich der voraussichtlichen Entwicklung des Umsatzes und des Ergebnisses nur untersucht, ob das

---

[391] Für Unternehmen ohne sektoral berichtspflichtige Segmente wurde die beschriebene Neutralisierung der geforderten Segmentierung bei den Berichtselementen Kapitalstruktur und Steuerquote allerdings nicht vorgenommen. Da zu diesen beiden Berichtselementen keines der betrachteten Unternehmen segmen-tierte Informationen gegeben hat, hätte dies nämlich andererseits den Unternehmen ohne sektoral berichtspflichtige Segmente aufgrund der dann größeren Gewichtung der Quantifizierung und der Erläuterung wiederum einen ungerechtfertigten Vorteil verschafft.

[392] Die in Kapitel 3.3.1.1.3 dargestellten Einschränkungen hinsichtlich der Objektivität der Datenerhebung bei qualitativen Berichtselementen konnten so ausgeschlossen werden.

[393] Vgl. zu der dichotomen Vorgehensweise stellvertretend Lim/Matolcsy/Chow (2007), S. 566 oder Depoers (2000), S. 247.

Unternehmen über zugrundeliegende interne Einflussfaktoren berichtet und weiterhin im Rahmen des Geschäftsberichts auf externe Einflussfaktoren wie gesamtwirtschaftliche oder branchenspezifische Bedingungen eingegangen wird. Zum geplanten Investitionsvolumen und zu der voraussichtlichen Entwicklung der Kapitalstruktur wurde betrachtet, ob zu Art und Zeitpunkt der Investitionen[394] bzw. Finanzierungen Angaben gemacht wurden, sofern beabsichtigt war, solche Maßnahmen durchzuführen. Zu den Eigen- und Fremdkapitalkosten wurde gewertet, ob Erläuterungen hinsichtlich der jeweiligen Berechnung und hinsichtlich der voraussichtlichen künftigen Entwicklung der Kapitalkostensätze gemacht wurden, und hinsichtlich der voraussichtlichen Entwicklung der Steuerquote wurde geprüft, ob zur Erläuterung auf zugrundeliegende Einflussfaktoren – etwa gesetzgeberische oder operative Einflüsse – eingegangen wurde.[395]

Schließlich war die Auffindbarkeit der Berichtselemente innerhalb eines Geschäftsberichts vor der Datenerhebung zu klären und die Schlussfolgerungen daraus im Rahmen des Kategorienschemas sowie im Rahmen der Instruktionen für die Kodierer anzusprechen. Da die betrachteten Berichtselemente hinsichtlich der Genauigkeit ihrer Berichterstattung wie vorangegangen dargelegt keinen verbindlichen Vorgaben unterliegen,[396] waren die zu beurteilenden quantitativen Angaben sowohl innerhalb des Lageberichts oder des Anhangs als auch innerhalb der freien Teilen des Geschäftsberichts zu finden. Daher wurden die Geschäftsberichte der relevanten Unternehmen jeweils vollständig betrachtet, um keine Informationen unberücksichtigt zu lassen.

---

[394] Bei technologiebasierten Unternehmen wurden hinsichtlich des geplanten Investitionsvolumens auch Angaben zu Forschung & Entwicklung berücksichtigt.

[395] Da die Erläuterungen auf einem aggregierten Niveau dichotom bewertet wurden, erreichten insbesondere bei den prospektiven Berichtselementen Umsatz, Ergebnis und Investitionsvolumen viele Unternehmen die volle Punktzahl. Dies ergibt sich zunächst aus § 289 Abs. 1 S. 4 HGB bzw. § 315 Abs. 1 S. 5 HGB, wonach die voraussichtliche Entwicklung der Kapitalgesellschaft erläutert werden muss und weiterhin aus den konkretisierenden Passagen von DRS 15.84 und 15.89, welche für die voraussichtliche Entwicklung des Umsatzes und des Ergebnisses sowie für das geplante Investitionsvolumen notwendige Erläuterungen explizit vorgeben. Dennoch finden sich selbst bei diesen Berichtselementen auch einige Unternehmen, welche die im Rahmen dieser Untersuchung geforderten Erläuterungen vermissen lassen. Im Ergebnis erreichten dadurch zwar viele Unternehmen zu der voraussichtlichen Entwicklung von Umsatz und Ergebnis sowie zu dem geplanten Investitionsvolumen die volle Punktzahl. Unternehmen jedoch mit fehlenden Erläuterungen erfuhren bei diesen Kriterien eine zusätzliche Differenzierung hinsichtlich der Qualität des Voluntary Disclosure. Darüber hinaus ergaben sich aus der Bewertung der Erläuterungen für die übrigen Berichtselemente wertvolle zusätzliche Ergebnisse.

[396] Vgl. Kapitel 3.3.1.2.1.2.

3.3.1.3.2.2.   Zweifache unabhängige Datenerhebung

Wie bereits dargestellt, zeichnen sich die Berichtselemente, die dieser Untersuchung zugrundeliegen, dadurch aus, dass sich ihr Vorliegen sowie die Genauigkeit ihrer Berichterstattung mit Hilfe der Inhaltsanalyse objektiv erfassen lassen.[397] Bei der Auswertung der ersten Geschäftsberichte zeigte sich jedoch, dass selbst bei der Bewertung dieser Berichtselemente bzw. ihrer Genauigkeitsgrade und trotz der Verwendung eines Kategorienschemas subjektive Einflüsse nicht vollständig ausgeschlossen werden können. Gründe dafür ergeben sich aus einer gegebenenfalls notwendigen unterschiedlichen Interpretation relevanter Textabschnitte oder aus der Berücksichtigung zusätzlicher zusammenhängender Passagen. Im Vergleich zu anderen Indikatoren zur Messung des Voluntary Disclosure sind diese subjektiven Einflüsse zwar vergleichsweise gering, sie sollen aber dennoch berücksichtigt werden.

Sämtliche Geschäftsberichte wurden daher durch zwei Kodierer unabhängig voneinander ausgewertet, um so die Objektivität der Messungen des Voluntary Disclosure über diese verbleibenden subjektiven Einflüsse hinaus sicherzustellen.[398] Dazu erhielten die Kodierer vor Beginn der Auswertungen ausführliche Instruktionen hinsichtlich der Anwendung des Kategorienschemas und hinsichtlich der notwendigen Interpretation und Kategorisierung der Berichtselemente bzw. ihrer Genauigkeitsgrade. Die Schulung der Kodierer dient dabei wie auch das verwendete Kategorienschema einer einheitlichen Vorgehensweise im Rahmen der unabhängig voneinander erfolgten Auswertungen.[399]

Festgehalten wurden in den Auswertungsvorgängen der beiden Kodierer die jeweiligen Bewertungen und die zugrundeliegenden Fundstellen. Im Anschluss an die Auswertungen konnten dann mit Hilfe dieser Notizen sämtliche Einzelbewertungen beider Kodierer miteinander verglichen werden. Kamen beide Kodierer hinsichtlich einer Einzelbewertung zu unterschiedlichen Einschätzungen, so wurden beide Einschätzungen einander gegenübergestellt und auf Basis einer nachfolgenden Diskussion der zugrundeliegenden Fundstellen ein Konsens hinsichtlich der jeweiligen Einzelbewertungen gefunden.[400] Das Ergebnis dieser gemeinsamen Beurteilung der entsprechenden Textabschnitte wurde dann

---

[397] Siehe dazu Kapitel 3.3.1.1.4 sowie Kapitel 3.3.1.3.2.1.
[398] Vgl. zu dieser Verfahrensweise Hossain/Ahmed/Godfrey (2005), S. 879 oder Debreceny/Gray/Rahman (2002), S. 383. Siehe auch Bortz/Döring (2006), S. 153.
[399] Vgl. Diekmann (2008), S. 592.
[400] Ebenso verfahren Hossain/Ahmed/Godfrey (2005), S. 879 oder Debreceny/Gray/Rahman (2002), S. 383.

für anschließende Regressionen in ein abschließendes Datenblatt übernommen. Die dargestellte Verfahrensweise der Diskussion beider Bewertungen war jedoch nur in Zweifelsfällen durchzuführen, bei denen die Kodierer zu unterschiedlichen Einschätzungen gekommen waren. Waren beide Kodierer hinsichtlich der Bewertung eines Berichtselements bzw. hinsichtlich der Bewertung seiner Genauigkeit derselben Ansicht, brauchten keine Anpassungen vorgenommen zu werden.

Um einen Eindruck von dem Ausmaß der Objektivität des Ratings anhand der Genauigkeit der Prognosen des Managements zu bekommen, wurden sämtliche Einzelbewertungen beider Kodierer – vor der gegebenenfalls notwendigen Diskussion – hinsichtlich übereinstimmender oder abweichender Bewertungen ausgezählt. Das Ergebnis bestätigt den vorgestellten Vorzug dieses Verfahrens. In 85,4 % der betrachteten Berichtselemente kamen die beiden vorher geschulten Kodierer zu exakt derselben Einschätzung hinsichtlich der Qualität der zugehörigen Berichterstattung.[401] Durch die aufwendige und zeitintensive Vorgehensweise der zweifachen unabhängigen Datenerhebung und anschließenden Gegenüberstellung sowie Diskussion von abweichenden Bewertungen wurde ein höchstmögliches Maß an Objektivität der gewonnenen Daten für die nachfolgenden statistischen Untersuchungen gewährleistet.

3.3.1.4.   Befragung zur Gewichtung einzelner Berichtselemente

3.3.1.4.1.   Funktion der Befragung und Adressaten

Wie bereits vorgestellt erfolgt die Messung der Qualität des Voluntary Disclosure in der vorliegenden Untersuchung anhand eines Ratings zu der Genauigkeit der Prognosen des Managements zu der voraussichtlichen Entwicklung des Unternehmens. Dazu werden einige zentrale Berichtselemente betrachtet, die für die voraussichtliche Entwicklung des Unternehmens von wesentlicher Bedeutung sind und die Bewertung dieser einzelnen Berichtselemente in einem zweiten Schritt zu der Gesamtqualität des Voluntary Disclosure aggregiert.[402]

---

[401] Die Übereinstimmung der Einschätzungen der Kodierer kann als Maßstab für die Objektivität der Datenerhebung gewertet werden; vgl. Bortz/Döring (2006), S. 153. Formell gesprochen wird der Grad der Übereinstimmung der Bewertungen von zwei Kodierern als Interkoder-Reliabilität bezeichnet; vgl. Diekmann (2008), S. 593.

[402] Vgl. zur Aggregation der einzelnen Bewertungen bereits Kapitel 3.3.1.2.2.

Vorliegende empirische Untersuchungen verfolgen hinsichtlich der Aggregation einzelner Bewertungen regelmäßig eine vereinfachende Vorgehensweise. So werden die Bewertungen einzelner Berichtselemente in gleichgewichteter Form in einen Index für die Qualität des Voluntary Disclosure übernommen, obwohl nicht davon auszugehen ist, dass jedes Berichtselement für den Kapitalmarkt auch von gleicher Bedeutung ist.[403] Auch die Genauigkeit der getätigten Angaben wird auf pauschale Weise bewertet. So vergeben etwa Jones (2007) oder Francis/Nanda/Olsson (2008) einen Punkt für qualitative Aussagen zu den betrachteten Berichtselementen und zwei bzw. drei Punkte für eine Intervall-Schätzung bzw. Punkt-Schätzung.[404] Auch Botosan (1997) bewertet eine Punkt-Schätzung am höchsten und vergibt dafür drei Punkte, während sie Trend-Aussagen mit zwei Punkten bewertet.[405] Eine solche Vorgehensweise beinhaltet allerdings eine bedeutende Annahme hinsichtlich der Rangfolge der einzelnen Genauigkeitsgrade. So ist etwa nicht zwingend davon auszugehen, dass der Kapitalmarkt aufgrund der mit einer Punkt-Schätzung verbundenen Unsicherheit eine solche Angabe einem anderen quantifizierten Ausblick auch wirklich vorzieht. Vielmehr ist es vorstellbar, dass eine Intervall-Schätzung aufgrund der vermittelten quantitativen Information über eine Ober- und Untergrenze hinsichtlich der erwarteten künftigen Entwicklung und aufgrund der damit verbundenen höheren Eintrittswahrscheinlichkeit im Endergebnis der Scheingenauigkeit einer Punkt-Schätzung vorgezogen wird.[406] Zum anderen wird die Bedeutung der einzelnen Genauigkeitsgrade zueinander aus Sicht des Kapitalmarktes wohl kaum der durch die vergebenen Punkte repräsentierten Gewichtung entsprechen.

Im Unterschied zu einer solchen pauschalen und damit zwangsweise ungenauen bis möglicherweise irreführenden Vorgehensweise soll hier ein anderer Ansatz verfolgt werden. Damit die über einzelne Berichtselemente erhobene Qualität des Voluntary Disclosure möglichst wahrheitsgemäß die Sicht des Kapitalmarktes widerspiegelt, erfolgt die Aggregation der Bewertung einzelner Berichtselemente und bereits die Bewertung der

---

[403] Vgl. zu der gleichgewichteten Vorgehensweise stellvertretend Botosan (1997), S. 334 oder Hail (2002), S. 751. Einen Eindruck über die unterschiedliche Bedeutung einzelner Berichtselemente vermittelt Heumann (2005), S. 284 f. Die Bedeutungen der einzelnen Berichtselemente fallen in der Realität jedoch – wie nachfolgend zu zeigen – noch stärker auseinander. Durch die Verwendung der Likert-Skala bei Heumann (2005), S. 264 f. zur Erhebung der Bedeutung der einzelnen Berichtselemente wird eine Tendenz zur Gleichgewichtung begünstigt, da eine Vielzahl der Teilnehmer einer solchen Befragung die überwiegende Mehrheit der Berichtselemente für wichtig oder sehr wichtig erachtet.

[404] Vgl. Jones (2007), S. 496 und Francis/Nanda/Olsson (2008), S. 92.

[405] Vgl. Botosan (1997), S. 333. Sie ähnlich auch Hail (2002), S. 751.

[406] Vgl. Schmidt/Wulbrand (2007), S. 422 sowie Krumbholz (1994), S. 61 f. sowie mit empirischem Nachweis Heumann (2005), S. 214.

Berichtselemente selber auf der Basis von Gewichtungen, die bezüglich der Bericht-erstattung die Präferenzen von professionellen Kapitalmarktteilnehmern widerspiegeln. Um die Präferenzen der Kapitalmarktteilnehmer zu ermitteln, wurde eine eigene Befragung konzipiert, welche nur zu diesem Zweck mit professionellen Kapitalmarkt-teilnehmern durchgeführt wurde. Entsprechend dem Prozess der professionellen Kapital-anlage sollten dazu zunächst Aktienanalysten der Sell-Side und der Buy-Side sowie Asset Manager befragt werden.[407] Da auch andere professionelle Kapitalmarktteilnehmer aus den Bereichen Mergers & Acquisitions, Consulting und Auditing einen großen Einfluss auf den Kapitalmarkt haben, sollten jedoch auch solche Berufsgruppen in die Befragung einbezogen werden.

Zur Weiterleitung der Befragung wurden zunächst in Deutschland ansässige Berufs-verbände professioneller Kapitalmarktteilnehmer angesprochen und mit der German CFA Society[408] konnte ein namhafter Verband zur Unterstützung gewonnen werden, dessen 1131 Mitglieder sich auf alle genannten Berufsgruppen verteilen. Da besonders die Kapitalmarktteilnehmer im Vordergrund standen, die in den Prozess der professionellen Kapitalmarktanlage eingebunden sind, wurde darüber hinaus über Thomson Financial ein eigener Verteiler kreiert, der weiterhin 819 Aktienanalysten und Asset Manager umfasst.[409] Insgesamt konnten so 358 Aktienanalysten der Sell-Side, 183 Analysten der Buy-Side, 472 Asset Manager und 872 sonstige professionelle Kapitalmarktteilnehmer zu ihren Präferenzen der Berichterstattung befragt werden.[410]

---

[407] Die professionelle Kapitalmarktanlage kann gewissermaßen als dreistufiger Prozess angesehen werden. Sell-Side-Analysten beobachten zunächst nur wenige Unternehmen und erarbeiten ein dementsprechend intensives Verständnis, das sie in Form von Studien und Gesprächen Externen zur Verfügung stellen, um auf dieser Basis Transaktionsvolumen und Handelserträge generieren zu können. Buy-Side-Analysten ihrerseits greifen auf das Research der Sell-Side zurück und aggregieren diese und andere Informationen zu unabhängigen Empfehlungen, die lediglich für interne Zwecke der Kapitalmarkt-anlage genutzt werden. Asset Manager schließlich setzen die gewonnenen Erkenntnisse in unterschied-lich enger Zusammenarbeit mit Buy-Side-Analysten in konkrete Transaktionen und verwaltete Portfolios um; vgl. dazu etwa Ellis (1985), S. 38 f.; Schipper (1991), S. 106 und 113 sowie Trueman (1996), S. 334.

[408] Die German CFA Society ist der nationale Verband innerhalb des CFA Institute, welches die internatio-nal angesehene berufliche Weiterbildung zum CFA (Chartered Financial Analyst) durchführt.

[409] Hierbei ist bereits berücksichtigt, dass 111 Aktienanalysten und Asset Manager des über Thomson Financial kreierten Verteilers aufgrund von veralteten Email-Adressen nicht angeschrieben werden konnten. Die ursprüngliche Größe des Verteilers belief sich auf 930 professionelle Kapitalmarkt-teilnehmer.

[410] Aufgrund von Überschneidungen zwischen der Mitgliederliste der German CFA Society und der eigenen kreierten Verteilerliste ergibt sich die Menge der insgesamt befragten Adressaten nicht durch einfache Addition der professionellen Kapitalmarktteilnehmer beider Listen.

3.3.1.4.2.   Rücklauf der Befragung

Die Kapitalmarktteilnehmer wurden per Email zu einer Teilnahme an der Befragung aufgefordert. Um den Rücklauf des Fragebogens zu erhöhen, wurde dazu sowohl eine internetbasierte als auch eine papierbasierte Beantwortung der Fragen über einen Dienstleister für Online-Befragungen ermöglicht. Weiterhin wurden sowohl die Mitglieder der German CFA Society als auch die professionellen Kapitalmarktteilnehmer des eigenen erstellten Verteilers ein erstes und ein zweites Mal per Email angeschrieben. Insgesamt konnte so eine Rücklaufquote von 7 % erreicht werden.

Differenziert nach Berufsgruppen ergibt sich hinsichtlich des Rücklaufs der Befragung ein uneinheitliches Bild (siehe Tabelle 1). Während sich die Grundgesamtheit zu etwa gleichen Teilen aus Aktienanalysten, Asset Managern und sonstigen Kapitalmarktteilnehmern zusammensetzt, dominieren in der Stichprobe der erhaltenen Fragebögen aufgrund der unterschiedlich hohen Rücklaufquoten die Gruppe der Aktienanalysten.

Berufsgruppen	Rücklauf		Rücklaufquote
	Absolut	**Relativ**	
Sell-Side-Analysten	43	32,6 %	12,0 %
Buy-Side-Analysten	32	24,2 %	17,5 %
Asset Manager	22	16,7 %	4,7 %
Andere professionelle Kapitalmarktteilnehmer	26	19,7 %	3,0 %
Keine Angabe zur Berufsgruppe	9	6,8 %	-
Gesamt	132	100,0 %	7,0 %

Tabelle 1: Rücklauf und Rücklaufquoten nach Berufsgruppen

Die Zusammensetzung der Stichprobe der erhaltenen Fragebögen weicht damit von der Zusammensetzung der Grundgesamtheit ab. Dies ist jedoch nicht verwunderlich, da die einzelnen Berufsgruppen hinsichtlich des Gegenstands der Befragung über ein unterschiedlich hohes Involvement verfügen. So sind insbesondere Sell-Side-Analysten, aber auch Buy-Side-Analysten, deutlich stärker in die Berichterstattung eines Unternehmens involviert. Während nämlich Buy-Side-Analysten neben der Berichterstattung der kapitalmarktorientierten Unternehmen bereits auf Studien der Sell-Side-Analyse zurückgreifen, nehmen Asset Management und sonstige Kapitalmarktteilnehmer in noch größerem Umfang die gegenüber der unternehmerischen Berichterstattung komprimierten und entscheidungsorientierten Studien der Sell-Side und der Buy-Side in Anspruch, um ihren Informationsbedarf zu decken.[411] Der gesamte Rücklauf der Befragung kann vor diesem Hintergrund – basierend auf unterschiedlich hohen Rücklaufquoten der einzelnen Berufsgruppen – als durchaus repräsentativ für die Nutzung der unternehmerischen Berichterstattung gesehen werden.

Um die Teilnehmer der Befragung näher beschreiben zu können, wurden zusätzlich einige tätigkeitsbezogene Informationen erhoben. So verteilen sich die Teilnehmer der Befragung etwa hinsichtlich ihrer Coverage überwiegend gleichmäßig auf alle Branchen der Deutsche Börse. Während sich Sell-Side-Aktienanalysten überwiegend auf eine Branche konzentrieren und Buy-Side-Aktienanalysten zwei oder drei Branchen beobachten, fällt auf, dass Asset Manager vielfach branchenübergreifend arbeiten. Dies entspricht den Erwartungen hinsichtlich der Arbeitsaufteilung im Rahmen des Prozesses der professionellen Kapitalmarktanlage.[412] Hinsichtlich der Anzahl der beobachteten Unternehmen lässt sich wiederum ein Unterschied feststellen, der den Berufsgruppen nach den Erwartungen hinsichtlich der Arbeitsaufteilung im Prozess der professionellen Kapitalmarktanlage entspricht. Während Sell-Side-Aktienanalysten im Durchschnitt 9 Unternehmen beobachten, liegt dieser Wert mit 37 Unternehmen bei Buy-Side-Aktienanalysten und 88 Unternehmen bei Asset Managern deutlich höher.[413] Aufgrund der unterschiedlichen Tätigkeiten innerhalb der Gruppe der sonstigen Kapitalmarktexperten lassen sich aus der Anzahl der beobachteten Branchen bzw. Unternehmen hinsichtlich der sonstigen Kapitalmarktexperten keine besonderen Rückschlüsse ziehen. Über alle Berufsgruppen hinweg haben die Teilnehmer der Befragung durchschnittlich eine Berufserfahrung von 9 Jahren.

3.3.1.4.3.   Gegenstand und Ergebnisse der Befragung

Konzipiert, um die notwendigen Gewichtungen zur Aggregation einzelner Berichtselemente zu einem Voluntary Disclosure Index ermitteln zu können, konzentriert sich die im Rahmen der vorliegenden Untersuchung vorgenommene Befragung der professionel-

---

[411] Vgl. Wichels (2002), S. 31 ff.; Albrecht (2003), S. 97 ff. sowie Friedrich (2007), S. 40.
[412] Vgl. Ellis (1985), S. 38 f.
[413] Diese empirischen Ergebnisse können damit die quantitative Beschreibung der drei Berufsgruppen von Ellis (1985), S. 39 bestätigen, nach der Sell-Side-Analysten regelmäßig weniger als 12 und Buy-Side-Analysten zwischen 40 und 60 Unternehmen beobachten.

len Kapitalmarktteilnehmer auf fünf Fragen zur Ermittlung der relativen Bedeutung einzelner Berichtselemente bzw. einzelner Gruppen von Berichtselementen zueinander und der relativen Bedeutung der Genauigkeitsgrade und zugehörigen Subkategorien der Berichtselemente.[414]

Mehrere in den vergangenen Jahren durchgeführte Untersuchungen ermitteln die relative Bedeutung einzelner Berichtselemente zueinander mit Hilfe einer Likert-Skala.[415] Eine solche Skala ermöglicht zwar aufgrund ihrer einfachen Handhabung die Befragung zu einer Vielzahl von Berichtselementen, begünstigt allerdings tendenziell eine Gleichgewichtung der einzelnen Elemente, da nämlich eine Vielzahl der Teilnehmer einer solchen Befragung die überwiegende Mehrheit der Berichtselemente auf Basis der Likert-Skala – aufgrund einer ökonomischen Beantwortung des Fragebogens – für jeweils vergleichbar wichtig erachten.[416] Begründen lässt sich dies mit dem fehlenden Zwang, die Bedeutung einzelner Berichtselemente gegeneinander abzuwägen, was im Ergebnis weniger differenzierende Antworten mit sich bringt.[417]

Da in Relation zu einem Rating anhand eines eigens konstruierten Katalogs von Berichtselementen im Rahmen dieser Arbeit relativ wenige Berichtselemente ausgewertet werden, kommt ihrer Gewichtung im Rahmen eines Index eine vergleichsweise hohe Bedeutung zu. Weniger differenzierende Gewichte, wie sie sich auf Basis der Likert-Skala ergeben würden, wurden daher nicht für zweckmäßig erachtet. Weiterhin ermöglicht gerade die relativ geringe Zahl der betrachteten Berichtselemente die Anwendung eines aufwendigeren Verfahrens zur Befragung der relevanten Kapitalmarktteilnehmer.

Aus diesen Gründen wird im Rahmen der vorliegenden Arbeit mit der Konstant-Summen-Skala ein anderer Skalentyp zur Erhebung der relativen Gewichte angewendet. Im Unterschied zu der Likert-Skala wird nämlich durch die Konstant-Summen-Skala der Vergleich der unterschiedlichen Elemente in Relation zueinander forciert.[418] Die Teilnehmer der Befragung werden dazu gebeten, die Bedeutung einzelner Berichtselemente in Relation zueinander so auszudrücken, dass sich die zugeordneten relativen Gewichte insgesamt zu 100 % aufaddieren. Dabei kann einem einzelnen Berichtselement in extremen Fällen eine

---

[414] In Anhang 1 wird der Online-Fragebogen vollständig wiedergegeben.

[415] Vgl. etwa Heumann (2005), S. 264 f. oder Fischer (2003), S. 149 f. Zu manchen Fragestellungen verwendet letzterer allerdings auch eine Konstant-Summen-Skala; vgl. Fischer (2003), S. 148 f.

[416] Siehe dazu etwa die Ergebnisse von Heumann (2005), S. 284 f., dessen mit Hilfe einer Likert-Skala ermittelte Gewichte für einzelne Abschnitte und Unterabschnitte, aber auch für entsprechende Berichtselemente, mehrheitlich recht nah beieinander liegen.

[417] Vgl. dazu mit empirischen Ergebnissen Krosnick/Alwin (1988) und Russell/Gray (1994).

[418] Vgl. in Gegenüberstellung mit anderen Skalentypen etwa Haley/Case (1979), S. 22.

Bedeutung von bis zu 0 % bzw. 100 % zugeordnet werden.[419] Diese Verfahrensweise stellt im Ergebnis sicher, dass alle zu bewertenden Berichtselemente gleichzeitig betrachtet und anschließend bewertet werden. Durch die relative Bewertung werden differenzierte Gewichte ermöglicht, die eher der tatsächlichen Bedeutung der einzelnen Berichtselemente aus Sicht der professionellen Kapitalmarktteilnehmer entsprechen.[420]

Nicht zuletzt aufgrund der Erforderlichkeit der vergleichsweise intensiven Auseinandersetzung mit den zu gewichtenden Berichtselementen im Rahmen der jeweiligen Fragen[421] wurde der Fragebogen vor der eigentlichen Durchführung der Befragung mit mehreren professionellen Kapitalmarktteilnehmern besprochen sowie anschließend einem umfangreichen Pretest unterzogen.[422] Im Vordergrund stand dabei der Erhalt von wertvollen Rückmeldungen hinsichtlich der Angemessenheit des Aufbaus des Fragebogens, der Verständlichkeit des Skalentypus sowie der Auswahl der Berichtselemente. In Reaktion auf die erhaltenen Rückmeldungen wurden hinsichtlich der Gestaltung des Fragebogens und der betrachteten Berichtselemente zum Teil notwendige Anpassungen vorgenommen.[423]

Den vorangegangen abgeleiteten Berichtselementen entsprechend, stehen im Rahmen des Fragebogens Angaben kapitalmarktorientierter Unternehmen im Fokus, die zukünftige Free Cashflows und die durchschnittlichen gewichteten Kapitalkosten eines Unternehmens (WACC) betreffen und damit eine externe Unternehmensbewertung auf Basis der Free Cashflow-Methode ermöglichen.[424]

In der ersten Frage wurden die professionellen Kapitalmarktteilnehmer nun darum gebeten, die für die Einschätzung künftiger Free Cashflows relevanten Angaben eines Unternehmens in Form der Berichterstattung über die voraussichtliche Entwicklung von Umsatz und Periodenerfolg sowie über das geplante Investitionsvolumen hinsichtlich ihrer Bedeutung zueinander ins Verhältnis zu setzen.

---

[419] Die Höhe der konstanten Summe ist von nachgelagerter Bedeutung. Zur Vereinfachung wurde hier eine Aufteilung von 100 Prozentpunkten gewählt, in der Literatur werden jedoch auch andere Werte erwähnt. Vgl. zu der grundsätzlichen Konstruktion etwa Axelrod (1968), S. 4 oder Haley/Case (1979), S. 22. Eine Konstant-Summen-Skala wird im Kontext der hier betrachteten kapitalmarktorientierten Kommunikation durch Fischer (2003), S. 148 f. und 150 f. zum Teil bereits verwendet.

[420] Vgl. mit empirischen Ergebnissen Reibstein (1978); Haley/Case (1979) und Hauser/Shugan (1980).

[421] Vgl. etwa Hauser/Shugan (1980), S. 307.

[422] An dem Pretest des Fragebogens haben 18 Doktoranden der Wirtschaftswissenschaftlichen Fakultät der Westfälischen Wilhelms-Universität Münster teilgenommen.

[423] Vgl. zu dieser vorgeschalteten Verfahrensweise stellvertretend Jones (2007), S. 495.

[424] Vgl. Kapitel 3.3.1.2.1.1.

Über alle betrachteten Berufsgruppen hinweg ergab sich – wie aus den Mittelwerten der abgegebenen Antworten ersichtlich – in dieser Hinsicht ein ziemlich einheitliches Ergebnis, welches kaum berufsgruppenbezogenen Schwankungen unterliegt (siehe Tabelle 2): Von höchster Bedeutung für die befragten Kapitalmarktteilnehmer sind mit einer Gewichtung von 43,22 % die unternehmenseigenen Prognosen hinsichtlich der voraussichtlichen Entwicklung des Ergebnisses. Von nachfolgender Wichtigkeit mit ebenfalls hoher Bedeutung sind dann Umsatzprognosen mit 32,56 % und schließlich Angaben hinsichtlich des geplanten Investitionsvolumens mit 24,22 %. Die Rangfolge der Bedeutung dieser Berichtselemente erscheint damit auf den ersten Blick intuitiv einleuchtend. Während Prognosen zu künftigen Periodenerfolgen einen direkten Bezug zu künftigen Free Cashflows besitzen und prinzipiell alleine verwendbar wären, kommt einer Einschätzung über die Entwicklung des Umsatzes eine maßgebliche unterstützende Aussagekraft zu und Angaben zu dem geplanten Investitionsvolumen sind für die Bestimmung der Free Cashflows nachgelagert von Bedeutung, wobei sie zusätzlich einen Eindruck über die Fähigkeit des Unternehmens zur Generierung von künftigen Periodenerfolgen vermitteln.

Die von den Vertretern der einzelnen Berufsgruppen abgegebenen Antworten unterliegen zum Teil nennenswerten Schwankungen, die durch die zugehörigen Standardabweichungen wiedergegeben werden. Möglicherweise ist dies auf unterschiedliche Strategien hinsichtlich der Modellierung künftiger Free Cashflows bzw. auf unterschiedliche Präferenzen hinsichtlich der dazu einzubeziehenden Informationen im Detail zurückzuführen.

Job	N	Maß	Umsatz	Ergebnis	Investition
Sell-Side-Analysten	43	Mittelwert	32,09	44,65	23,26
		Standardabw.	10,191	12,459	10,795
Buy-Side-Analysten	32	Mittelwert	32,84	43,19	23,97
		Standardabw.	11,596	16,528	11,493
Asset Manager	22	Mittelwert	31,82	43,86	24,32
		Standardabw.	11,375	11,072	8,780
Andere professionelle Kapitalmarkt-teilnehmer	26	Mittelwert	33,04	40,19	26,77
		Standardabw.	10,746	12,179	8,820
Keine Angabe	9	Mittelwert	34,22	43,67	22,11
		Standardabw.	13,572	17,951	12,654
Insgesamt	132	Mittelwert	32,56	43,22	24,22
		Standardabw.	10,934	13,588	10,369

Tabelle 2: Gewichtungen hinsichtlich der Berichterstattung eines Unternehmens zu künftigen Free Cashflows in Prozent[425]

In der zweiten Frage standen die Berichtselemente hinsichtlich der Bestimmung der durchschnittlichen gewichteten Kapitalkosten im Fokus. Auch hier ergab sich für die einzelnen Berichtselemente über die Berufsgruppen hinweg – wie aus Tabelle 3 ersichtlich – ein einheitliches Bild. Mit durchschnittlich 49,14 % wurden Angaben hinsichtlich geplanter Finanzierungsvorhaben bzw. bezüglich der beabsichtigten Kapitalstruktur als sehr wichtig angesehen, während Informationen über die Eigenkapitalkosten und Fremd-kapitalkosten des Unternehmens mit 23,22 % und 27,64 % von nachgelagerter Bedeutung

---

[425] Zusätzlich zu den Antworten der jeweiligen Berufsgruppen wird in dieser und den nachfolgenden Abbildungen jeweils eine Zeile geführt, welche die Angaben derjenigen Teilnehmer der Befragung enthalten, die keine persönlichen Angaben über sich machen wollten und den Fragebogen daher hinsichtlich der Berufszugehörigkeit nicht mehr beantwortet haben. Aufgrund der geringen Anzahl der zugehörigen Antworten und der damit verbundenen geringen Aussagekraft wird auf die diesbezüglichen Ergebnisse im Text nicht gesondert eingegangen. Da sie in das Gesamtergebnis eingehen, sind sie jedoch ebenfalls aufgeführt.

sind. Zurückführen lässt sich dies vermutlich auf den Umstand, dass die Eigenkapitalkosten mit Hilfe frei zugängiger Informationen vergangenheitsorientiert auf Basis des
CAPM und zukunftsorientiert auf Basis des Konzeptes der impliziten Eigenkapitalkosten
angenähert werden können,[426] wobei einer unternehmenseigenen Schätzung unter detaillierter Kenntnis künftiger Chancen und Risiken dennoch eine höhere Aussagekraft
zukommt. Hinsichtlich der Fremdkapitalkosten ist der Zusammenhang ähnlich. Über
verpflichtende Anhangangaben zu einzelnen Verbindlichkeiten lassen sich die durchschnittlichen Fremdkapitalkosten annähern,[427] eine genauere Angabe bzw. Schätzung
unter Einbeziehung sämtlicher Fremdkapitalpositionen und unter Berücksichtigung
künftiger Einflussfaktoren ist jedoch darüber hinausgehend von Bedeutung. Die künftige
Kapitalstruktur eines Unternehmens lässt sich jedoch im Unterschied dazu nicht aus
anderen Informationsquellen abschätzen, diesbezügliche Angaben des Unternehmens
werden daher am meisten geschätzt.

---

[426] Siehe zu dem Konzept der impliziten Eigenkapitalkosten die Erläuterungen in Kapitel 3.2.1.
[427] Zu verpflichtenden Angaben hinsichtlich der Fremdkapitalpositionen mit Bezug zu den Kapitalkosten
siehe IAS 32.60a und vgl. Hoffmann (2008a), § 21 Rn. 161 f.

Job	N	Maß	Kapitalstruktur	EK-Kosten	FK-Kosten
Sell-Side-Analysten	43	Mittelwert	51,33	19,46	29,21
		Standardabw.	19,169	13,475	13,513
Buy-Side-Analysten	32	Mittelwert	47,94	26,03	26,03
		Standardabw.	22,048	15,816	11,920
Asset Manager	22	Mittelwert	53,18	20,46	26,36
		Standardabw.	19,120	9,625	11,146
Andere professionelle Kapitalmarkt- teilnehmer	26	Mittelwert	43,31	28,08	28,61
		Standardabw.	17,563	17,706	10,396
Keine Angabe	9	Mittelwert	50,00	23,89	26,11
		Standardabw.	23,452	24,467	16,541
Insgesamt	132	Mittelwert	49,14	23,22	27,64
		Standardabw.	19,884	15,531	12,308

Tabelle 3: Gewichtungen hinsichtlich der Berichterstattung eines Unternehmens zu den durchschnittlichen gewichteten Kapitalkosten in Prozent

Anschließend ging es darum, die gesamten Angaben hinsichtlich der künftigen Free Cashflows und die gesamten Angaben bezüglich der durchschnittlichen gewichteten Kapitalkosten im Paket zueinander unter Hinzuziehung der für beide Größen relevanten Steuerquote zu gewichten. Auch in dieser Hinsicht lassen die Angaben der befragten Kapitalmarktteilnehmer ein vergleichsweise einheitliches Antwortverhalten erkennen (siehe Tabelle 4). Angaben bezüglich der künftigen Free Cashflows werden mit 55,07 % durchgängig als deutlich wichtiger eingeschätzt gegenüber Informationen hinsichtlich der durchschnittlichen gewichteten Kapitalkosten mit 23,51 % und Angaben über die voraussichtliche Entwicklung der Steuerquote mit 21,42 %. Hinsichtlich des WACC lässt sich dies durch die bereits genannten Möglichkeiten zur Annäherung der Eigen- und Fremdkapitalkosten erklären.

Auffällig ist, dass Angaben zu der voraussichtlichen Entwicklung der Steuerquote zwar überwiegend eine geringere Bedeutung als den gesamten Angaben zu den durchschnittlichen gewichteten Kapitalkosten, aber dennoch eine fast gleichwertige Bedeutung zukommt, obwohl es sich bei letzterem im Unterschied zu der Steuerquote um drei verschiedene Berichtselemente handelt. Auch in Bezug auf die gesamten Angaben über den Free Cashflow erreichen die Informationen zu der voraussichtlichen Entwicklung der Steuerquote ein hohes Gewicht gemessen an dem Umstand, dass es sich mit den Angaben zu der voraussichtlichen Entwicklung von Umsatz und Ergebnis sowie den Informationen zu dem geplanten Investitionsvolumen ebenfalls um drei verschiedene Berichtselemente handelt, die zudem von zentraler Bedeutung sind. Erklären lässt sich dieses Antwortverhalten wohl damit, dass die voraussichtliche Entwicklung der Steuerquote sowohl für die Bestimmung künftiger Free Cashflows als auch für die Ermittlung der durchschnittlichen gewichteten Kapitalkosten von Bedeutung ist. Eine solche doppelte Relevanz für die Bestimmung des Unternehmenswertes kann demnach eine hohe Gewichtung durch die professionellen Kapitalmarktteilnehmer rechtfertigen.

Nicht ganz auszuschließen ist allerdings, dass die Angaben zu der voraussichtlichen Entwicklung der Steuerquote zusätzlich deshalb eine hohe Gewichtung erhalten, weil ihnen durch die gesonderte Berücksichtigung im Rahmen der Befragung eine herausgehobene Stellung zukommt.[428] Andererseits wurde im Rahmen des Fragebogens explizit darauf hingewiesen, dass mit den gesamten Angaben über den Free Cashflow und den gesamten Angaben zu den durchschnittlichen gewichteten Kapitalkosten zwei Pakete mit jeweils drei Berichtselementen den Angaben zu der Steuerquote als einzelnem Berichtselement gegenübergestellt werden. Außerdem wurden die einzelnen Berichtselemente der beiden Pakete im Rahmen dieser Frage zur Verdeutlichung gesondert aufgeführt. Sollte die tatsächliche relative Bedeutung der Steuerquote also eventuell geringer sein als hier auf diesem Weg erhoben, wird sich die Differenz aufgrund der gesonderten Hinweise wohl auf ein verhaltenes Ausmaß belaufen.[429]

---

[428] Vermeiden ließ sich dieser Umstand durch die Konstruktion des Fragebogens übrigens nicht. Eine getrennte Befragung zu den Berichtselementen hinsichtlich der Free Cashflows und des WACC war zunächst erforderlich, da eine Vergabe von sinnhaften Gewichten durch die Befragten eine Gegenüberstellung von inhaltlich verbundenen Berichtselementen erfordert. Aufgrund der daran anschließenden Feststellung, dass Angaben zu der voraussichtlichen Entwicklung der Steuerquote sowohl den Free Cashflow als auch den WACC betreffen, wäre eine alternative Berücksichtigung dieses Berichtselements im Rahmen eines der beiden Pakete ebenso wenig sinnvoll gewesen wie eine doppelte Berücksichtigung sowohl im Rahmen des Free Cashflows als auch im Rahmen des WACC.

[429] Um einen diesbezüglich denkbaren Einfluss auf die Regressionsergebnisse ausschließen zu können, wurde der Voluntary Disclosure Index auch mit verringerter Gewichtung für die Steuerquote testweise in die Regressionen einbezogen. Selbst bei der Hälfte der hier ermittelten Gewichtung ergaben sich

Job	N	Maß	FCF	WACC	Steuerquote
Sell-Side-Analysten	43	Mittelwert	52,21	20,93	26,86
		Standardabw.	17,262	13,595	13,230
Buy-Side-Analysten	32	Mittelwert	58,13	24,19	17,68
		Standardabw.	17,904	12,920	10,262
Asset Manager	22	Mittelwert	56,54	23,64	19,82
		Standardabw.	16,681	13,556	12,022
Andere professionelle Kapitalmarkt- teilnehmer	26	Mittelwert	53,85	27,65	18,50
		Standardabw.	13,214	13,576	10,203
Keine Angabe	9	Mittelwert	57,78	21,11	21,11
		Standardabw.	12,019	13,642	13,642
Insgesamt	132	Mittelwert	55,07	23,51	21,42
		Standardabw.	16,257	13,449	12,276

Tabelle 4: Gewichtungen hinsichtlich der Berichterstattung eines Unternehmens zu den künftigen Free Cashflows (FCF), den durchschnittlichen gewichteten Kapitalkosten (WACC) und der voraussichtlichen Entwicklung der Steuerquote in Prozent

Die Gewichtungen der Befragung zu den einzelnen Berichtselementen hinsichtlich der künftigen Free Cashflows und bezüglich der durchschnittlichen gewichteten Kapitalkosten sowie die Gewichtungen dieser beiden Gruppen von Berichtselementen waren anschließend miteinander zu multiplizieren, um die Gewichtungen der Berichtselemente für den Voluntary Disclosure Index zu erhalten. Aufgrund der separaten Behandlung der Angaben zu der voraussichtlichen Entwicklung der Steuerquote war dieser Zwischenschritt für die Steuerquote hingegen nicht vorzunehmen.

---

hinsichtlich der untersuchten Wirkungszusammenhänge unveränderte Ergebnisse, die hier aus diesem Grund nicht gesondert aufgeführt werden.

Die nachfolgende Abbildung 16 gibt die Berechnung der Gewichtungen der Berichts-elemente für den Voluntary Disclosure Index wieder. Die besondere Bedeutung der Informationen hinsichtlich künftiger Free Cashflows wird hier wiederum sichtbar anhand der berechneten Gewichtungen für die Angaben zu der voraussichtlichen Entwicklung des Umsatzes und des Ergebnisses sowie zu dem geplanten Investitionsvolumen, die einheit-lich höher ausfallen als die Gewichtungen für die Angaben zu der voraussichtlichen Entwicklung der Kapitalstruktur sowie zu den Eigenkapital- und Fremdkapitalkosten, die den durchschnittlichen gewichteten Kapitalkosten zuzurechnen sind. Auch bei der Gegenüberstellung der Gewichtungen für die einzelnen Berichtselemente wird die relativ hohe Bedeutung der Angaben zu der voraussichtlichen Entwicklung der Steuerquote sichtbar.

Berichtselemente	Berechnung der Gewichtungen für den Voluntary Disclosure Index auf Basis der Ergebnisse der Befragung	
Angaben zu der voraussichtlichen Entwicklung des Umsatzes	Gewichtung für die Angaben zum FCF * Gewichtung für die Angaben zum Umsatz: 55,07 % * 32,56 % =...	17,93 %
Angaben zu der voraussichtlichen Entwicklung des Ergebnisses	Gewichtung für die Angaben zum FCF * Gewichtung für die Angaben zum Ergebnis: 55,07 % * 43,22 % =...	23,80 %
Angaben zu dem geplanten Investitionsvolumen	Gewichtung für die Angaben zum FCF * Gewichtung für die Angaben zum Investitionsvolumen: 55,07 % * 24,22 % =...	13,34 %
Angaben zu der voraussichtlichen Entwicklung der Kapitalstruktur	Gewichtung für die Angaben zum WACC * Gewichtung für die Angaben zur Kapitalstruktur: 23,51 % * 49,14 % =...	11,55 %
Angaben zu den Eigenkapitalkosten	Gewichtung für die Angaben zum WACC * Gewichtung für die Angaben zu den Eigenkapitalkosten: 23,51 % * 23,22 % =...	5,46 %
Angaben zu den FremdkapitalKosten	Gewichtung für die Angaben zum WACC * Gewichtung für die Angaben zu den Fremdkapitalkosten: 23,51 % * 27,64 % =...	6,50 %
Angaben zu der voraussichtlichen Entwicklung der Steuerquote	Gewichtung für die Angaben zu der Steuerquote : 21,42 %	21,42 %
Summe		100,00 %

Abbildung 16: Berechnung der Gewichtungen für den Voluntary Disclosure Index auf Basis der Ergebnisse der Befragung

Hinsichtlich der Bedeutung unterschiedlicher Genauigkeitsgrade ist zunächst festzustellen, dass Angehörige aller befragten Berufsgruppen die Intervall-Schätzung in Höhe von 44,18 % als mit Abstand am wichtigsten und qualitative Aussagen mit 11,14 % erwartungsgemäß als am wenigsten hilfreich erachten (siehe Tabelle 5).

Uneinigkeit besteht allerdings hinsichtlich der Trend-Aussagen und der Punkt-Schätzungen. Die Ergebnisse der Sell-Side-Analysten widerspiegeln zwar noch die in der empirischen Literatur einheitlich vertretene Ansicht, dass eine Punkt-Schätzung aufgrund der größeren Genauigkeit gegenüber einer Trend-Aussage mehr Informationen beinhaltet,[430] im Unterschied dazu werden beide Quantifizierungen allerdings aus Sicht der hier befragten Buy-Side-Analysten bereits als gleich bedeutend angesehen. Durch die anderen professionellen Kapitalmarktteilnehmer wird eine Trend-Aussage schon leicht präferiert, und die befragten Asset Manager ziehen eine Trend-Aussage einer Punkt-Schätzung sogar mehr als deutlich vor. Für die Gesamtheit der Befragten ergibt sich damit eine gleichwertige Bedeutung der Trend-Aussagen in Höhe von 22,00 % und Punkt-Schätzungen in Höhe von 22,68 %. Dieses Ergebnis ist insbesondere deswegen beachtenswert, weil es im deutlichen Widerspruch zu bisherigen Erkenntnissen bzw. Annahmen steht.

---

[430] Vgl. Jones (2007), S. 496; Francis/Nanda/Olsson (2008), S. 92 oder Botosan (1997), S. 333.

Job	N	Maß	Qualitative Aussage	Trend- Aussage	Intervall- Schätzung	Punkt- Schätzung
Sell-Side-Analysten	40	Mittelwert	8,93	17,57	45,87	27,63
		Standardabw.	6,490	9,315	16,828	16,132
Buy-Side-Analysten	30	Mittelwert	13,83	23,17	39,67	23,33
		Standardabw.	10,396	13,676	20,254	19,928
Asset Manager	22	Mittelwert	13,77	28,09	42,91	15,23
		Standardabw.	10,179	16,423	17,182	10,743
Andere professionelle Kapitalmarkt- teilnehmer	24	Mittelwert	10,21	22,92	46,04	20,83
		Standardabw.	8,658	13,426	19,392	14,193
Keine Angabe	7	Mittelwert	7,14	20,00	51,43	21,43
		Standardabw.	9,512	19,149	21,931	20,354
Insgesamt	123	Mittelwert	11,14	22,00	44,18	22,68
		Standardabw.	9,017	13,582	18,530	16,574

Tabelle 5: Gewichtungen hinsichtlich der unterschiedlichen Genauigkeitsgrade zukunftsorientierter Berichterstattung eines Unternehmens in Prozent

Eine plausible Begründung kann für dieses Antwortverhalten allerdings durchaus angeführt werden. So beinhaltet zwar eine Punkt-Schätzung vordergründig eine genauere Information, diese erfolgt jedoch unter Inkaufnahme einer geringeren Eintritts-wahrscheinlichkeit. Im Unterschied dazu ist eine Trend-Aussage zwar weniger präzise, aber in der Regel verlässlicher.[431]

Interessant ist in diesem Zusammenhang auch das differierende Antwortverhalten der unterschiedlichen Berufsgruppen. Die Bevorzugung der Punkt-Schätzungen durch die Sell-Side-Analysten könnte darauf zurückzuführen sein, dass eine solche Quantifizierung

---

[431] Dies ergibt sich aus dem Umstand, dass Prognosen umso sicherer eintreffen, je allgemeiner sie formuliert sind. Andererseits nimmt der Informationsgehalt mit steigender Genauigkeit zu; vgl. Lück (1998), Rn. 61 zu § 315 HGB. Für die Qualität zukunftsorientierter Angaben sind daher mit der Genauigkeit und der Sicherheit zwei Kriterien ausschlaggebend; vgl. Krumbholz (1994), S. 60.

hinsichtlich der von ihnen zu erstellenden Modellierungen eine größere Orientierung bietet. Im Unterschied zu dieser Berufsgruppe kommt allerdings Buy-Side-Analysten und vor allem Asset Managern im Rahmen der Kapitalmarktanlage eine höhere Performance-Verantwortung zu.[432] Dies führt wohl dazu, dass der Scheingenauigkeit einer Punkt-Schätzung eine geringere Bedeutung beigemessen und ein verlässlicherer Ausblick als gleichwertig bzw. höherwertig angesehen wird,[433] während dieser Umstand für Sell-Side-Analysten aufgrund ihrer besonderen Ausrichtung weniger von Bedeutung ist.[434]

Ein quantifizierter Ausblick in Form einer Intervall-Schätzung kombiniert beide gewünschten Eigenschaften. Durch die Angabe konkreter Werte für die zu prognostizierenden Berichtselemente wird zunächst eine detaillierte Vorstellung von der künftigen Entwicklung vermittelt und durch die Angabe einer Unter- und Obergrenze alternative mögliche Szenarien aufgezeigt sowie die Wahrscheinlichkeit der Realisierung des quantitativen Ausblicks erhöht.[435] Aufgrund dieser Eigenschaften wurde die Intervall-Schätzung wohl auch von allen Berufsgruppen als am wertvollsten angesehen.

Auch in dieser Hinsicht ergibt sich ein Unterschied zu bisherigen empirischen Vorgehensweisen. So wird von mehreren Studien die Intervall-Schätzung gegenüber der Punkt-Schätzung als weniger wünschenswert eingestuft.[436] Dies erscheint jedoch bereits aufgrund der dargelegten theoretischen Erwägungen kritisch und wird durch die hier vorgefundenen empirischen Ergebnisse auf eindrucksvolle Weise widerlegt.[437] Auch

---

[432] Vgl. Albrecht (2003), S. 99 und 101; Wichels (2002), S. 32 f. sowie implizit Ellis (1985), S. 39.

[433] Vgl. hinsichtlich der Scheingenauigkeit Forster u.a. (1995), Rn. 108 zu § 289 HGB oder Lück (2003), Rn. 90 zu § 289 HGB sowie Fischer (2003), S. 158 m. w. N.

[434] Die primäre Zielsetzung der Sell-Side-Analysten liegt im Unterschied zu der Buy-Side in der Generierung von Transaktionsvolumen und Handelserträgen; vgl. Schipper (1991), S. 113 und Albrecht (2003), S. 97 f. Aufgrund dieser Ausrichtung der Tätigkeit der Sell-Side ergeben sich in Bezug auf die Erstellung der Research-Berichte und der zugehörigen Empfehlungen bedeutende Interessenkonflikte; vgl. Schipper (1991), S. 113; Lin/McNichols (1998) sowie Wichels (2002), S. 35 und Hax (1998), S. 25 f. Dies führt schließlich zu einer weniger stark ausgerichteten Performance-Orientierung der Sell-Side (vgl. explizit Albrecht (2003), S. 98) und einem damit wohl geringeren Interesse an einer verlässlichen Management-Guidance.

[435] Vgl. Krumbholz (1994), S. 62 und Forster u.a. (1995), Rn. 108 zu § 289 HGB. Zu der Unterscheidung der Ausrichtung zwischen einer Punkt- und einer Intervall-Schätzung siehe auch Han/Tan (2007), S. 522 m. w. N.

[436] Vgl. Jones (2007), S. 496; Francis/Nanda/Olsson (2008), S. 92.

[437] Unter Hinzuziehung von t-Tests zum paarweisen Vergleich der Mittelwerte der einzelnen Genauigkeitsgrade kann die Präferenz der Intervall-Schätzung gegenüber der Punkt-Schätzung im Übrigen als signifikant bestätigt werden; vgl. Watrin/Lammert (2009), S. 16 f.

vorangegangene Erhebungen auf Basis der Likert-Skala lassen eine Präferenz der Intervall-Schätzung erkennen.[438] Die Ergebnisse der Befragung wurden erreicht durch eine direkte Erhebung von relativen Gewichten, was im Unterschied zu der Verwendung von einfachen Likert-Skalen aufgrund der intensiveren Auseinandersetzung mit den zu bewertenden Kategorien genauere bzw. differenziertere Ergebnisse erwarten lässt. Die in bisherigen empirischen Studien verwendeten Gewichte bzw. Relationen für die genannten Genauigkeitsgrade sollten daher überdacht werden.

Im Rahmen dieser Arbeit werden die verwendeten Voluntary Disclosure-Indizes auf Basis der hier vorgebrachten Gewichtungen berechnet. Im Rahmen eines Robustness-Tests erfolgt allerdings eine Berechnung mit Hilfe der Gewichtungen von Heumann (2005), dessen Befragung auf Basis einer Likert-Skala eine deutlich höhere Bedeutung der Punkt-Schätzung gegenüber der Trend-Aussage ergeben hatte, während die Intervall-Schätzung zwar als Idealform, allerdings gegenüber der Punkt-Schätzung als weniger überlegen eingestuft wurde.[439]

Für die qualitative Aussage, die Trend-Aussage, die Intervall-Schätzung und die Punkt-Schätzung wurden die Ergebnisse der Befragung umgerechnet, so dass das Kriterium mit der höchsten relativen Bedeutung die maximal erreichbare Qualität der Genauigkeit der Berichterstattung widerspiegelt. Für eine Intervall-Schätzung werden demnach 100 % vergeben und die relative Bedeutung der Angaben von geringerer Qualität wird in Relation zu der Intervallschätzung ausgedrückt. So ergibt sich für eine qualitative Aussage, eine Trend-Aussage und eine Punkt-Schätzung eine Gewichtung von 25,22 %, 49,80 % und 51,34 %, die – in Bezug auf die aus Adressatensicht maximal mögliche Genauigkeit der Intervall-Schätzung – den Erfüllungsgrad der geringerwertigen Angaben repräsentieren.

Schließlich wurden die Teilnehmer darum gebeten, die Bedeutung der Quantifizierung, Segmentierung und Erläuterung zukunftsorientierter Berichterstattung eines kapitalmarktorientierten Unternehmens zueinander in Relation zu setzen. Hier ergab sich wiederum

---

[438] Vgl. Heumann (2005), S. 214. Die Präferenz gegenüber der Punkt-Schätzung fällt jedoch – möglicherweise aufgrund der Verwendung der Likert-Skala – weniger deutlich aus.

[439] Die Gewichtungen von Heumann (2005), S. 214 sind normiert auf 100 % im Detail wie folgt: Qualitative Aussage (36,83 %), Trend-Aussage (57,78 %), Punkt-Schätzung (91,92 %) und Intervall-Schätzung (100 %).

über die Berufsgruppen hinweg – wie in Tabelle 6 aufgeführt – ein vergleichsweise einheitliches Antwortverhalten. Während die Quantifizierung der voraussichtlichen Entwicklung mit 40,59 % als am wichtigsten einstuft wurde, kommt auch der Segmentierung und der Erläuterung der zukunftsorientierten Informationen mit 31,84 % und 27,57 % noch eine hohe Bedeutung zu.

Job	N	Maß	Quantifizierung	Segmentierung	Erläuterung
Sell-Side-Analysten	43	Mittelwert	40,24	33,60	26,16
		Standardabw.	14,514	12,693	10,226
Buy-Side-Analysten	32	Mittelwert	39,50	33,06	27,44
		Standardabw.	17,424	13,383	14,945
Asset Manager	22	Mittelwert	41,09	30,59	28,32
		Standardabw.	18,074	10,581	13,087
Andere professionelle Kapitalmarkt-teilnehmer	26	Mittelwert	41,27	29,85	28,88
		Standardabw.	10,872	10,035	11,420
Keine Angabe	6	Mittelwert	44,17	25,83	30,00
		Standardabw.	12,007	8,612	8,367
Insgesamt	129	Mittelwert	40,59	31,84	27,57
		Standardabw.	15,035	11,889	12,087

Tabelle 6: Gewichtungen hinsichtlich der Quantifizierung, Segmentierung und Erläuterung zukunftsorientierter Berichterstattung eines Unternehmens in Prozent

In einigen Fällen haben die Befragten nicht alle Fragen beantwortet, sondern die Bearbeitung des Fragebogens vorzeitig abgebrochen. Der zugehörige Fragebogen wurde jedoch hinsichtlich vorangegangener beantworteter Fragen berücksichtigt und nicht aufgrund nachfolgender unbeantworteter Fragen vollständig aus der Auswertung herausgenommen.[440] Aufgrund nicht beendeter Fragebögen ergibt sich daher ein abnehmender Stichprobenumfang hinsichtlich nachfolgender Fragen.[441]

---

[440] Vgl. zu dieser Verfahrensweise auch Heumann (2005), S. 182. Nur solche Fragebögen mit Antworten auf lediglich die erste oder die erste und zweite Frage wurden aufgrund zu vieler fehlender Werte nicht

3.3.1.5.   Hier verwendete Operationalisierung des Voluntary Disclosure

Aufgrund der dargestellten Gründe wird das Voluntary Disclosure im Rahmen dieser Arbeit mit Hilfe des Ratings anhand der Genauigkeit der Prognosen des Managements operationalisiert. Die Bewertung der betrachteten Berichtselemente erfolgt daher hinsichtlich der Genauigkeit ihrer Berichterstattung. Die an diese Entscheidung anschließenden Elemente der Operationalisierung des Voluntary Disclosure, welche in den vorangegangenen Kapiteln erarbeitet wurden, werden durch Abbildung 17 nachfolgend zusammenfassend wiedergegeben.

Ausgestaltet wird das Rating durch die Bewertung mehrerer Berichtselemente, die sich ihrerseits aus den relevanten Kriterien Quantifizierung, Segmentierung und Erläuterung zusammensetzen. Zur Erhebung der Bewertungen werden die Geschäftsberichte der einbezogenen kapitalmarktorientierten Unternehmen inhaltsanalytisch ausgewertet. Die auf diese Weise generierten Bewertungen werden anschließend zu einem gewichteten additiven Index für die Qualität des Voluntary Disclosure zusammengefasst. Die dafür erforderlichen Gewichtungen wurden anhand einer eigens dazu durchgeführten Befragung professioneller Kapitalmarktteilnehmer im Rahmen dieser Arbeit ermittelt.

---

berücksichtigt. Zwei Fragebögen wurden aufgrund widersprüchlichen Antwortverhaltens nicht in die Auswertung einbezogen.

[441] Aufgrund inkonsistenter Antworten konnten 7 Fragebögen nicht in die Auswertung von Frage 4 einbezogen werden. Daher ergibt sich zu dieser Frage ein zusätzlich geringerer Stichprobenumfang. Siehe hierzu auch die vorangegangene Fußnote.

Elemente der Operationalisierung des Voluntary Disclosure	Konkretisierung im Rahmen dieser Untersuchung
Betrachtete Kommunikationsinstrumente	Geschäftsberichte der kapitalmarktorientierten Unternehmen (vgl. Kapitel 3.3.1.3.1)
Berücksichtigte Berichtselemente (Gewichtungen in Klammern)	Umsatz (17,93 %), Ergebnis (23,80 %), Investition (13,34 %), Kapitalstruktur (11,55 %), EK-Kosten (5,46 %), FK-Kosten (6,50 %), Steuerquote (21,42 %) (vgl. Kapitel 3.3.1.2.1 und 3.3.1.4.3)
Relevante Kriterien der Berichtselemente (Gewichtungen in Klammern)	Quantifizierung (40,59 %), Segmentierung (31,84 %), Erläuterung (27,57 %) (vgl. Kapitel 3.3.1.2.1 und 3.3.1.4.3)
Aggregation der Bewertungen	Gewichteter additiver Index (vgl. Kapitel 3.3.1.2.2)
Datenerhebungstechnik	Inhaltsanalyse; kategoriale Erfassung der Genauigkeit quantifizierbarer Angaben und ergänzende bivariate Erhebung zugehöriger Erläuterungen (vgl. Kapitel 3.3.1.3.2)

Abbildung 17: Operationalisierung des Voluntary Disclosure im Rahmen dieser Untersuchung

Im Ergebnis dient das verwendete Rating als Indikator für die Qualität des Voluntary Disclosure aus Perspektive der Adressaten der kapitalmarktorientierten Unternehmenskommunikation und zwar auf der Basis von Informationen, die zur Bestimmung des Unternehmenswertes unter Zugrundelegung der Free Cashflow-Methode von zentraler Bedeutung sind.

3.3.2.   Operationalisierung der Accounting Quality

Auch der verpflichtenden Aufstellung der Rechenwerke eines Geschäftsberichts – also etwa der Bilanz und der Gewinn- und Verlustrechnung – kann durch kapitalmarktorientierte Unternehmen in unterschiedlicher Qualität nachgekommen und dadurch ein ungleiches Ausmaß von Informationen an den Kapitalmarkt übermittelt werden.[442] Die Qualität der Rechenwerke bzw. die Accounting Quality ist damit ebenfalls verantwortlich für das Ausmaß der bestehenden Informationsasymmetrien zwischen dem Management eines Unternehmens und den Teilnehmern des Kapitalmarkts.[443]

Als zentrales Maß für die Accounting Quality wird regelmäßig die Beschaffenheit der Periodenerfolge betrachtet, die sich als bedeutende Residualwerte aus der Gewinn- und Verlustrechnung im Zusammenspiel mit der Bilanz ergeben.[444] Berichtete Periodenerfolge werden aus rechnungslegungsbasierter Perspektive dann als hochwertig angesehen, wenn die mit Cashflows verbundenen Aufwendungen und Erträge über den Prozess der periodengerechten Erfolgsermittlung möglichst verursachungsgerecht durch dementsprechende Periodenabgrenzungen den Geschäftsjahren zugewiesen werden. Aus kapitalmarktbasierter Perspektive handelt es sich dann um hochwertige Periodenerfolge, wenn der wirtschaftliche Erfolg eines Unternehmens, der sich in der Kursentwicklung des zugehörigen Wertpapiers widerspiegelt, durch die berichteten Periodenerfolge zuverlässig wiedergegeben wird.[445]

3.3.2.1. Modellgestützte Fokussierung der Periodenabgrenzungen als etablierter Indikator

Für die Operationalisierung der Accounting Quality kommen grundsätzlich rechnungslegungsbasierte und kapitalmarktbasierte Indikatoren in Frage. Der wohl am häufigsten verwendete Maßstab für die Einschätzung der Rechnungslegungsqualität unterschiedlicher Unternehmen ist allerdings das Konzept der Accruals Quality, welches als rechnungslegungsbasierter Indikator die Periodenabgrenzungen eines Unternehmens untersucht.[446] Im Vergleich zu anderen Konzepten konnte für die Betrachtung der Periodenabgrenzungen außerdem eine höhere Kapitalmarktrelevanz nachgewiesen werden.[447] Sie sollen daher vergleichbar mit Francis u.a. (2005) oder Francis/Nanda/ Olsson (2008) sowie Aboody/Hughes/Liu (2005), Gietzmann/Ireland (2005) und

---

[442] Vgl. Lang/Lundholm (1996), S. 468.

[443] Vgl. Francis u.a. (2005), S. 298.

[444] Vgl. hinsichtlich der Betrachtung der Beschaffenheit der Periodenerfolge Francis u.a. (2004); Francis u.a. (2005); Aboody/Hughes/Liu (2005).

[445] Vgl. Francis u.a. (2004), S. 969.

[446] Andere neben der Accruals Quality beachtete Indikatoren für die Rechnungslegungsqualität werden etwa untersucht von Francis u.a. (2004), welche sechs weitere Eigenschaften der berichteten Periodenerfolge analysieren, von denen einige als rechnungslegungsorientiert und andere als kapitalmarktorientiert eingeordnet werden können; vgl. Francis u.a. (2004), S. 969 und siehe für eine detaillierte Beschreibung der betrachteten Eigenschaften der Periodenerfolge Francis u.a. (2004), S. 972 f.

[447] Vgl. Francis u.a. (2004).

Espinosa/Trombetta (2007) oder auch Cohen (2006) zur Operationalisierung der Accounting Quality verwendet werden.[448]

3.3.2.1.1. Grundsätzliche Funktionsweise verwendeter Modelle

Periodenabgrenzungen ergeben sich aus der Differenz zwischen Jahreserfolg und operativem Cashflow, das heißt es handelt sich um zahlungsunwirksame Erträge und Aufwendungen.[449] Sie werden gebucht, um den Aufwand und Ertrag eines Unternehmens den Perioden zuzurechnen, in denen er verursacht worden ist, auch wenn die betreffenden Zahlungen in früheren oder späteren Perioden erfolgt sind.[450] Der über Periodenabgrenzungen ermittelte Periodenerfolg liefert ein aussagekräftigeres Maß für die Leistungsbeurteilung eines Unternehmens als der Cashflow, da dieser aufgrund der zum Teil mehrperiodigen Wirkung von Zahlungen (etwa die Tätigung einer Investition) und auch der Abhängigkeit von Zufälligkeiten (so etwa der Zeitpunkt der Zahlung eines Kunden) i. d. R. volatiler ist und über eine eingeschränkte Aussagekraft hinsichtlich der Beurteilung des wirtschaftlichen Erfolgs eines Unternehmens verfügt.[451]

Allerdings erfordert die Ermittlung des nicht direkt zu beobachtenden Periodenerfolgs im Unterschied zu der Berechnung des Cashflow detaillierte Regelungen, die den Ansatz der Periodenabgrenzungen vorgeben.[452] Eine vollständige Normierung der Abbildung zugrundeliegender Sachverhalte ist jedoch aufgrund des Spannungsfeldes zwischen Relevanz und Verlässlichkeit der Informationen[453] etwa im Rahmen der IFRS zum Teil nicht zweckmäßig und darüber hinaus oft auch gar nicht möglich.[454] Dies führt zu Entscheidungsspielräumen im Rahmen der externen Rechnungslegung, die durch

---

[448] Die genannten Autoren sprechen entgegen dem hier gewählten Ausdruck ausschließlich von Accruals Quality oder Earnings Quality. Die Bezeichnungen sind zutreffend, allerdings aufgrund der Gegenüberstellung mit dem Voluntary Disclosure oder der Personal Communication und der Verwendung als Indikator für die Qualität der Rechenwerke wegen der lediglich untergeordneten Bezeichnung als Accruals Quality oder Earnings Quality nach der hier vertretenen Ansicht zu eng eingeordnet. Francis/ Nanda/Olsson (2008), S. 54, 56 f. oder Cohen (2006), S. 7 vertreten dieselbe Ansicht und betrachten die verwendeten Kriterien für die Accruals Quality bzw. Earnings Quality ebenfalls als Indikator für die Rechnungslegungsqualität oder Accounting Quality eines Unternehmens.

[449] Vgl. Healy (1985), S. 89.

[450] Vgl. Dechow/Skinner (2000), S. 237.

[451] Vgl. Wagenhofer/Ewert (2007), S. 10; Dechow (1994), S. 4; Dechow/Skinner (2000), S. 237.

[452] Vgl. Wagenhofer/Ewert (2007), S. 11 oder auch Healy (1985), S. 89.

[453] Die Relevanz und die Verlässlichkeit nach F.26 und F.31 repräsentieren zwei Primärgrundsätze innerhalb der qualitativen Anforderungen an Jahresabschlüsse nach IFRS; vgl. hinsichtlich der fundamentalen Bedeutung der mit der Relevanz und der Verlässlichkeit verbundenen Interessendivergenz für die externe Rechnungslegung etwa Dye/Sridhar (2004), S. 52.

[454] Vgl. Dechow (1994), S. 5 und Fields/Lys/Vincent (2001), S. 260 f.

Standardsetzer zum Teil auch bewusst eingeräumt werden, um die Unternehmensleitung dadurch in die Lage zu versetzen, bestmöglich über die wirtschaftliche Lage des Unternehmens zu informieren.[455] Bestehende Entscheidungsspielräume können von der Unternehmensleitung jedoch auch im eigenen Interesse ausgenutzt werden. Ist dies der Fall, so spricht man von Bilanzpolitik bzw. Earnings Management.[456] Weiterhin kann die Unternehmensleitung – in der Bemühung, bestmöglich über die wirtschaftliche Lage des Unternehmens zu informieren – bei der Ausübung von Ermessensspielräumen auch unbeabsichtigten Schätzfehlern unterliegen, die sich ihrerseits ebenfalls negativ auf die Qualität der Periodenabgrenzungen auswirken. Die Accruals Quality wird somit schließlich bestimmt durch das idealerweise geringe Ausmaß der in den Periodenabgrenzungen enthaltenen Bilanzpolitik oder unbeabsichtigten Schätzfehler und durch die damit verbundene Aussagekraft der berichteten Periodenerfolge.[457]

Zur Beurteilung der Accruals Quality existieren mehrere unterschiedliche Modelle, die alle gleichermaßen versuchen, das Ausmaß der normalen Periodenabgrenzungen abzuschätzen, um durch die anschließende Gegenüberstellung mit den gesamten Periodenabgrenzungen den Umfang der durch Bilanzpolitik bedingten oder durch Schätzfehler hervorgerufenen Periodenabgrenzungen zu ermitteln.[458] Zur Abschätzung der normalen Periodenabgrenzungen werden einige Bezugsgrößen der Jahresabschlüsse mit hinreichender Erklärungskraft für die Höhe der normalen Periodenabgrenzungen in die entsprechenden Berechnungen einbezogen.[459] Dennoch beinhalten alle vorgeschlagenen Modelle zwingenderweise eine Vereinfachung der Realität. Verbleibende Ungenauigkeiten der Schätzung der normalen sowie der abnormalen Periodenabgrenzungen sind demnach nicht zu vermeiden.[460]

Aus diesem Grund existiert zwar kein allgemein anerkanntes Modell, allerdings einige Konzeptionen, die aufgrund ihrer relativen Genauigkeit häufig verwendet werden. Um die Aussagekraft der Accounting Quality als unabhängige Variable zu steigern, kommen im Rahmen dieser Arbeit zwei Modelle zwecks Berechnung der zugrundeliegenden Accruals Quality zur Anwendung, die über eine vergleichsweise ausführliche Modellierung und

---

[455] Vgl. Healy/Wahlen (1999), S. 366.
[456] Vgl. etwa Dechow (1994), S. 5; Fields/Lys/Vincent (2001), S. 259; Healy/Wahlen (1999), S. 366, 368.
[457] Vgl. dazu Francis u.a. (2005), S. 302.
[458] Siehe etwa Young (1999), S. 834 oder Dechow/Sloan/Sweeney (1995), S. 197.
[459] Vgl. etwa die Gegenüberstellung einiger Modelle bei Dechow/Sloan/Sweeney (1995), S. 197 ff. oder Young (1999), S. 836 ff.
[460] Vgl. Young (1999), S. 834 und McNichols (2000), S. 319 f.

relative Genauigkeit verfügen[461] und aufgrund dessen eine hohe Verbreitung und empirisch nachgewiesene – auf den Kapitalmarkt bezogene – Aussagekraft vorweisen können.[462]

3.3.2.1.2. Modifiziertes Modell von Jones

Vor diesem Hintergrund wird das durch Dechow/Sloan/Sweeney (1995) modifizierte Modell von Jones (1991) als erstes Modell in die hier vorliegenden Betrachtungen einbezogen. Es versucht die Höhe der normalen Periodenabgrenzungen zu erklären über Veränderungen des Umsatzes und die Höhe des Sachanlagevermögens. So wird bei einer Veränderung des Umsatzes erwartet, dass sich normale Periodenabgrenzungen zum Beispiel in Form von Veränderungen des Netto-Umlaufvermögens bzw. Working Capitals entsprechend ändern, oder eine Veränderung des Sachanlagevermögens zu veränderten Abschreibungen führt.[463] Die Möglichkeit, dass der Umsatz Gegenstand realer Bilanzpolitik etwa in Form einer vorgezogenen Umsatzrealisation gegen Erhöhung von Forderungen sein kann, wird berücksichtigt durch die Modifizierung des Modells durch Dechow/Sloan/Sweeney (1995), indem sie die Veränderung des Umsatzes um die Veränderung in den Forderungen aus Lieferungen und Leistungen verringern.[464]

Um dieses Modell anzuwenden wurden zunächst die betreffenden Koeffizienten für jedes Unternehmen mit Hilfe der nachfolgenden Regression geschätzt und zwar auf Basis der Geschäftszahlen von 1998 bis 2007 – also für 10 Berichtsperioden:[465]

$$\frac{TA_{j,t}}{Assets_{j,t-1}} = \varphi_{1,j}\frac{1}{Assets_{j,t-1}} + \varphi_{2,j}\frac{\Delta\operatorname{Re}v_{j,t}}{Assets_{j,t-1}} + \varphi_{3,j}\frac{PPE_{j,t}}{Assets_{j,t-1}} + v_{j,t}$$

---

[461] Vgl. für die Genauigkeit des modifizierten Modells von Jones (1991) etwa Guay/Kothari/Watts (1996), S. 103 f.; Young (1999), S. 857 f.; Dechow/Sloan/Sweeney (1995), S. 223-225 und Thomas/Zhang (2000), S. 372 f. und für die Genauigkeit des modifizierten Modells von Dechow/Dichev (2002) implizit etwa Francis u.a. (2005), S. 323 sowie Francis/Nanda/Olsson (2008), S. 95.

[462] Vgl. Francis u.a. (2005) und Francis/Nanda/Olsson (2008).

[463] Vgl. Jones (1991), S. 211 f.

[464] Vgl. Dechow/Sloan/Sweeney (1995), S. 199. Das unmodifizierte Modell von Jones (1991) würde anderenfalls dazu führen, dass die unberechtigten Periodenabgrenzungen zu niedrig eingeschätzt werden; vgl. Dechow/Sloan/Sweeney (1995), S. 199 sowie Jones (1991), S. 212.

[465] Dabei werden die Jahre 1998 bis 2007 betrachtet, da die Konzeption des modifizierten Modells von Dechow/Dichev (2002) die Einbeziehung eines nachfolgenden Geschäftsjahres erfordert. Die Accruals Quality wird jedoch vor diesem Hintergrund nur bis zum Jahr 2006 bewertet.

wobei:

$TA_{j,t}$ =   Gesamte Periodenabgrenzungen (total accruals) von Unternehmen j in Jahr t; ihre Höhe ergibt sich aus der folgenden Gleichung:

$$TA_{j,t} = (\Delta CA_{j,t} - \Delta Cash_{j,t}) - (\Delta CL_{j,t} - \Delta STDEBT_{j,t}) - DEPN_{j,t}$$

$\Delta CA_{j,t}$ =   Veränderung des Umlaufvermögens (current assets) von Unternehmen j in Jahr t gegenüber t-1

$\Delta CL_{j,t}$ =   Veränderung der kurzfristigen Verbindlichkeiten (current liabilities) von Unternehmen j in Jahr t gegenüber t-1

$\Delta Cash_{j,t}$ =   Veränderung des Bestands an Bargeld und Zahlungsmittel-Äquivalenten von Unternehmen j in Jahr t gegenüber t-1

$\Delta STDEBT_{j,t}$ =   Veränderung der Darlehen mit einer (Rest-) Laufzeit von einem Jahr oder weniger innerhalb der kurzfristigen Verbindlichkeiten (short-term debt in current liabilities) von Unternehmen j in Jahr t gegenüber t-1

$DEPN_{j,t}$ =   Abschreibungen (depreciation) von Unternehmen j in Jahr t[466]

$\Delta Rev_{j,t}$ =   Veränderung des Umsatzes (revenues) von Unternehmen j in Jahr t gegenüber t-1

$PPE_{j,t}$ =   Brutto-Sachanlagevermögen (property, plant and equipment) von Unternehmen j in Jahr t[467]

---

[466] Die Position beinhaltet auch solche Abschreibungen, die auf immaterielle Vermögenswerte und natürliche Ressourcen vorgenommen werden. Die Einbeziehung dieser Vermögenswerte wird hier im Unterschied zu anderen Studien explizit erwähnt, da auch diesem Teil der Abschreibungen ein Erklärungsgehalt in Bezug auf die Höhe der normalen Periodenabgrenzungen zukommt.

[467] Entsprechend der Abgrenzung der Abschreibungen beinhaltet auch diese Position immaterielle Vermögenswerte und natürliche Ressourcen. Zu beachten ist, dass – wie erwähnt – das Brutto-Anlagevermögen verwendet wurde. Dies ist deshalb von Bedeutung, da es sich bei der linearen Abschreibung auch nach IFRS um die zentrale Abschreibungsmethode handelt, obwohl neben der linearen auch die degressive und die verbrauchsabhängige Abschreibung nach IAS 16.62 zulässig sind; vgl. Hoffmann (2008c), § 10 Rn. 24-26. Dass es sich bei der linearen Abschreibung um die am häufigsten verwendete Methode handelt, ließ sich für deutsche Unternehmen auch empirisch zeigen; vgl. von Keitz (2003), S. 51 sowie von Keitz (2005), S. 60 f. Dem Brutto-Sachanlagevermögen kommt also ein größerer Erklärungswert hinsichtlich des jährlichen Abschreibungsaufwands zu, da die lineare Abschreibung im Unterschied zu der degressiven Abschreibung am Brutto- und nicht am Netto-Sachanlagevermögen ansetzt.

$Assets_{j,t-1} =$ Bilanzsumme von Unternehmen j in Jahr t-1

$\varphi_{1,j}, \varphi_{2,j}, \varphi_{3,j} =$ Unternehmensspezifische Koeffizienten, die mit Hilfe der Regression für Unternehmen j geschätzt werden

$v_{j,t} =$ Residualgröße, die durch die Regressionsfunktion nicht erklärt werden kann, von Unternehmen j in Jahr t

Anschließend wurden die so ermittelten Koeffizienten verwendet, um mit Hilfe der – um die Veränderung der Forderungen aus Lieferungen und Leistungen – erweiterten Gleichung die Höhe der normalen Periodenabgrenzungen – ausgedrückt in Prozent der Bilanzsumme – zu schätzen:[468]

$$NA_{j,t} = \hat{\varphi}_{1,j} \frac{1}{Assets_{j,t-1}} + \hat{\varphi}_{2,j} \frac{(\Delta \mathrm{Re} v_{j,t} - \Delta AR_{j,t})}{Assets_{j,t-1}} + \hat{\varphi}_{3,j} \frac{PPE_{j,t}}{Assets_{j,t-1}}$$

wobei zusätzlich:

$NA_{j,t} =$ Normale Periodenabgrenzungen (normal accruals) von Unternehmen j in Jahr t ausgedrückt in Prozent der Bilanzsumme

$AA_{j,t} =$ Abnormale Periodenabgrenzungen (abnormal accruals) von Unternehmen j in Jahr t ausgedrückt in Prozent der Bilanzsumme

$\Delta AR_{j,t} =$ Veränderung der Forderungen aus Lieferungen und Leistungen (accounts receivable) von Unternehmen j in Jahr t gegenüber t-1

$\hat{\varphi}_{1,j}, \hat{\varphi}_{2,j}, \hat{\varphi}_{3,j} =$ Unternehmensspezifische Koeffizienten, die aus der Regression zur Schätzung der normalen Periodenabgrenzungen für Unternehmen j übernommen werden

---

[468] Vgl. Dechow/Sloan/Sweeney (1995), S. 199.

Die Höhe der abnormalen Periodenabgrenzungen ergibt sich dann durch Subtraktion der normalen Periodenabgrenzungen von den gesamten Periodenabgrenzungen:

$$(AA_{j,t} = \frac{TA_{j,t}}{Assets_{j,t-1}} - NA_{j,t}).^{469}$$

Aus dem Absolutbetrag der abnormalen Periodenabgrenzungen wird dann der Mittelwert über die betrachteten Berichtsperioden berechnet, um einen mehrjährigen Indikator für die Accounting Quality aus dem modifizierten Modell von Jones (1991) zu erhalten:

$$(AQ(J^{mod.}) = \overline{|AA_j|} = \frac{1}{T} \sum_{t=1}^{T} (|AA_{j,t}|)).$$

Eine hohe Ausprägung des so berechneten Mittelwerts steht aufgrund der zugrundeliegenden abnormalen Periodenabgrenzungen schließlich für eine geringe Accounting Quality.[470] Um die Zuverlässigkeit dieses Indikators sicherzustellen, wurden Absolutbeträge für wenigstens fünf Berichtsperioden zur Berechnung des Mittelwerts gefordert.

3.3.2.1.3. Modifiziertes Modell von Dechow/Dichev

Bei dem zweiten hier berücksichtigten Modell handelt es sich um das durch McNichols (2002) modifizierte Modell von Dechow/Dichev (2002), welches die Periodenabgrenzungen des Working Capital durch Regression gegenüber dem operativen Cashflow des aktuellen, des vorangegangenen und des nachfolgenden Geschäftsjahres sowie gegenüber der Veränderung im Umsatz im Vergleich zum vorangegangenen Geschäftsjahr und gegenüber dem Bestand an Sachanlagevermögen zu erklären versucht:[471]

$$\frac{TCA_{j,t}}{aAssets_{j,t}} = \psi_{0,j} + \psi_{1,j} \frac{CFO_{j,t-1}}{aAssets_{j,t}} + \psi_{2,j} \frac{CFO_{j,t}}{aAssets_{j,t}}$$
$$+ \psi_{3,j} \frac{CFO_{j,t+1}}{aAssets_{j,t}} + \psi_{4,j} \frac{\Delta Rev_{j,t}}{aAssets_{j,t}} + \psi_{5,j} \frac{PPE_{j,t}}{aAssets_{j,t}} + v_{j,t}$$

---

[469] Vgl. Jones (1991), S. 212.

[470] Vgl. zu dieser Verfahrensweise Francis/Nanda/Olsson (2008), S. 68. Im Unterschied zu der dort vorgenommenen branchenspezifischen Ermittlung der Regressionskoeffizienten wurde hier eine mehrperiodige unternehmensspezifische Vorgehensweise gewählt, da die fehlende Breite des deutschen Aktienmarktes durch die für mehrere Perioden erforderliche Mindestanzahl der Unternehmen je Branche die Stichprobe der Untersuchung übermäßig eingeschränkt hätte.

[471] Vgl. Dechow/Dichev (2002), S. 37 ff. sowie McNichols (2002), S. 65 f.

wobei zusätzlich:

$TCA_{j,t}$ =   Gesamte Periodenabgrenzungen ohne Berücksichtigung von Abschreibungen (total current accruals) von Unternehmen j in Jahr t; ihre Höhe ergibt sich aus der folgenden Gleichung:
$$TCA_{j,t} = (\Delta CA_{j,t} - \Delta Cash_{j,t}) - (\Delta CL_{j,t} - \Delta STDEBT_{j,t})$$

$CFO_{j,t}$ =   Operativer Cashflow (cashflow from operations) von Unternehmen j in Jahr t; seine Höhe ergibt sich aus der folgenden Gleichung:
$$CFO_{j,t} = NIBE_{j,t} - TA_{j,t}$$

$NIBE_{j,t}$ =   Jahresüberschuss ohne außerordentliche Erfolgskomponenten (net income before extraordinary items) von Unternehmen j in Jahr t

$aAssets_{j,t}$ =   Durchschnittliche Bilanzsumme (average total assets) von Unternehmen j in Jahr t und t-1

$\psi_{0,j}, \psi_{1,j}, ..., \psi_{5,j}$ =   Unternehmensspezifische Konstante bzw. Koeffizienten, die mit Hilfe der Regression für Unternehmen j geschätzt werden

$v_{j,t}$ =   Residualgröße, die durch die Regressionsfunktion nicht erklärt werden kann, von Unternehmen j in Jahr t

Der durch die Regression nicht erklärte Anteil der Periodenabgrenzungen ist als Residualgröße ein negativer Indikator für die Accruals Quality eines Geschäftsjahres. Aus den einzelnen Residualgrößen für die in die Regression einbezogenen Geschäftsjahre wird die Accounting Quality eines Unternehmens – für das modifizierte Modell von Dechow/ Dichev (2002) – ermittelt in Form der Standardabweichung, welche sich für die berechneten Residualgrößen ergibt ($AQ(DD^{mod.}) = \sigma(v_{j,t})$). Eine hohe Standardabweichung steht demnach für eine geringe Accounting Quality.[472] Auch dieses Modell wurde auf Basis der Geschäftszahlen eines jeweiligen Unternehmens von 1998 bis 2007 berechnet.

---

[472] Vgl. Dechow/Dichev (2002), S. 40 bzw. Francis u.a. (2005), S. 303; Francis/Nanda/Olsson (2008), S. 66 f. oder auch Cohen (2006), S. 9 f. und siehe kritisch McNichols (2002), S. 64.

3.3.2.2.   Aggregation beider Modelle und Zuverlässigkeit des hier verwendeten Indikators zur Operationalisierung der Accounting Quality

Die verbleibende Ungenauigkeit der Schätzung der normalen und abnormalen Periodenabgrenzungen selbst bei diesen ausführlicheren Modellen soll dadurch eingeschränkt werden, dass aus beiden Modellen nach dem Vorbild von Francis/Nanda/Olsson (2008) ein aggregierter Indikator berechnet wird, der dann als Operationalisierung der Accounting Quality neben dem Voluntary Disclosure und der Personal Communication in die Regressionen mit eingeht.[473] Ungenaue Einschätzungen der Periodenabgrenzungen in Bezug auf einzelne Unternehmen, die sich potenziell aus der ausschließlichen Verwendung eines der beiden Modelle ergeben, werden dann durch die Abbildung des anderen Modells ausgeglichen.[474]

Da die Ergebnisse beider Modelle als gleichberechtigt angesehen werden bzw. kein Anlass für eine Übergewichtung eines der beiden besteht, erfolgt die Aggregation der Ergebnisse beider Modelle über einen gleichgewichteten Accounting Quality Index:[475]

$$AQI = (AQ(J^{\text{mod.}}) + AQ(DD^{\text{mod.}}))/2$$

Verwendet werden im Übrigen mehrjährige Modelle für die Messung der Accounting Quality. Empirische Ergebnisse lassen nämlich darauf schließen, dass nicht nur die Periodenabgrenzungen des letzten Geschäftsjahres, sondern die Accounting Quality

---

[473] Siehe zu der Verminderung von Ungenauigkeiten im Falle einzelner Indikatoren durch Aggregation mehrerer Variablen zur Messung des gleichen Sachverhalts Ittner/Larcker (2001), S. 396 f. oder auch Core (2001), S. 451.

[474] Francis/Nanda/Olsson (2008), S. 66 ff. verwenden neben dem modifizierten Modell von Jones (1991) und dem modifizierten Modell von Dechow/Dichev (2002) weiterhin die Standardabweichung der Periodenerfolge bzw. der Gesamtkapitalrentabilitäten als drittes Kriterium für die Ermittlung eines aggregierten Indikators für die Accounting Quality. Dem soll hier jedoch nicht gefolgt werden, da die Standardabweichung der Gesamtkapitalrentabilitäten vordergründig die Unsicherheit hinsichtlich der Rentabilität eines Unternehmens widerspiegelt und der hier verwendete aggregierte Indikator für die Accounting Quality nicht durch abweichende Eigenschaften einbezogener Kriterien verzerrt werden soll.
Aufgrund ihrer Eignung als Indikator für die Unsicherheit der Rentabilität eines Unternehmens wird die Standardabweichung der Eigenkapitalrentabilitäten im Übrigen auch als Kontrollvariable in die Regression gegenüber den Eigenschaften der Analystenprognosen – als empirisch untersuchtem Instrumentalziel der kapitalmarktorientierten Kommunikation – durch Lang/Lundholm (1996), S. 475 und 477; Jones (2007) S. 498 und Barron/Kile/O'Keefe (1999), S. 89 einbezogen.

[475] Aufgrund der Nicht-Einbeziehung der Standardabweichung der Gesamtkapitalrentabilitäten wird der aggregierte Indikator hier im Unterschied zu Francis/Nanda/Olsson (2008), S. 66 nicht auf Basis der Faktoranalyse, sondern mit Hilfe eines gleichgewichteten Index berechnet, da eine Faktoranalyse bei zwei Variablen auf eine Gleichgewichtung hinausläuft und ihre Anwendung daher keinen Sinn ergibt.

mehrerer Jahre für den Kapitalmarkt relevant sind.[476] Dies liegt auch aus theoretischen Erwägungen nahe, da nicht nur die Geschäftszahlen eines Jahres, sondern die mehrerer Perioden sowie die sich aus ihnen ergebenden Entwicklungen als Basis für die Prognosen künftiger Periodenerfolge in die Berechnungen der Finanzanalysten einbezogen werden.[477] Weiterhin ermöglicht die Betrachtung mehrerer Geschäftsjahre eine treffendere Einordnung der Accounting Quality eines Unternehmens, da die verbleibende Ungenauigkeit der Modelle für einzelne Perioden auch durch eine mehrperiodige Betrachtung potenziell ausgeglichen wird.

Die Aussagekraft des hier verwendeten Indikators für die Accounting Quality eines Unternehmens wird also durch mehrere Kriterien sichergestellt: (1) durch die Verwendung zweier vergleichsweise ausführlicher, etablierter Modelle, mit empirisch nachgewiesener relativer Genauigkeit und kapitalmarktbezogener Aussagekraft, (2) durch die Aggregation der Ergebnisse beider Modelle zu einem gemeinsamen Indikator und (3) durch eine mehrjährige Betrachtung der Periodenabgrenzungen.

Zuletzt ist es noch erforderlich, auf einen rein technischen Aspekt hinzuweisen: Sowohl die Maßzahlen für die Accounting Quality auf Basis des modifizierten Modells von Jones (1991) sowie auf Basis des modifizierten Modells von Dechow/Dichev (2002) als auch der aus beiden Modellen berechnete Accounting Quality Index kennzeichnen bei einer hohen Ausprägung eine niedrige Accounting Quality.

Zur Vereinheitlichung gegenüber den anderen betrachteten Kommunikationsformen wurden die Vorzeichen der berechneten Werte für die Accounting Quality jedoch umgekehrt. Während sich die Ergebnisse der Regressionen durch diese Modifikation nicht verändern, wird dadurch erreicht, dass für alle drei unabhängigen Variablen eine jeweils hohe Ausprägung auch einen positiven Charakter hat und die Wirkung auf die abhängige Variable der kapitalmarktorientierten Bewertung für alle Kommunikationsformen einheitlich in dieselbe Richtung geht. Die Ergebnisse der Regressionen lassen sich dadurch leichter lesen.

---

[476] Vgl. Francis u.a. (2004), Francis u.a. (2005) und Francis/Nanda/Olsson (2008).
[477] Siehe etwa Day (1986), S. 301 sowie Hax (1998), S. 12 und Friedrich (2007), S. 71.

3.3.3.   Operationalisierung der Personal Communication

**3.3.3.1.   Geeignete Indikatoren zur Operationalisierung der
                Personal Communication**

Auch für die Intensität der Personal Communication gilt es, einen geeigneten Indikator zu
verwenden. Zwei grundsätzlich verschiedene Operationalisierungen sind in empirischen
Untersuchungen bislang zu diesem Zweck verwendet worden:

1) Rating durch Befragung von Adressaten der persönlichen Kommunikation:
   Zunächst ist es möglich, die Bewertung der persönlichen Kommunikation mit
   Hilfe einer Befragung von professionellen Kapitalmarktteilnehmern vorzuneh-
   men.[478] Auch hier ist wieder das bis 1997 durchgeführte Rating der AIMR
   (Association for Investment Management and Research) als prominentestes
   Beispiel zu nennen, welches neben der Qualität von Geschäfts- und Quartals-
   berichten auch die Qualität der persönlichen Kommunikation der Investor
   Relations bewertet.[479]

2) Rating durch quantitative Erfassung der persönlichen Kommunikation: Statt einer
   Befragung professioneller Kapitalmarktteilnehmer versuchen einige Studien, das
   Ausmaß der persönlichen Kommunikation anhand etablierter Kommunikations-
   formen – wie etwa der Häufigkeit abgehaltener Telefonkonferenzen (Conference
   Calls)[480], der Durchführung einer zentralen Unternehmenspräsentation[481] und der
   Besprechung von Prognose- bzw. Bewertungsmodellen[482] quantitativ zu erfassen.

Für eine Beurteilung der Personal Communication durch professionelle Kapitalmarkt-
teilnehmer spricht zunächst, dass sich eine solche Bewertung nicht lediglich auf ein
Kommunikationsinstrument beschränkt, sondern die Quantität und Qualität sämtlicher
Instrumente der persönlichen Kapitalmarktkommunikation insgesamt bewertet wird.[483]
Andererseits unterliegt die Befragung der Adressaten der Kommunikation möglicherweise
einer Beeinflussung durch externe Faktoren. So wäre etwa denkbar, dass die Personal

---

[478] Vgl. stellvertretend Botosan/Plumlee (2002), S. 30.
[479] Vgl. zu den Hintergründen des Ratings der AIMR bereits Kapitel 3.3.1.1.1 und Kapitel 3.3.1.1.2.
[480] Die Häufigkeit der Conference Calls wird betrachtet durch Bowen/Davis/Matsumoto (2002), Francis/
       Nanda/Olsson (2008), Tasker (1998), und Frankel/Johnson/Skinner (1999).
[481] Vgl. Francis/Hanna/Philbrick (1997), S. 365.
[482] Vgl. Hutton (2005), S. 886.
[483] Vgl. Healy/Palepu (2001), S. 426 f.

Communication eines Unternehmens besser beurteilt wird, wenn die Aktienkurse oder die Periodenergebnisse eines Unternehmens in der jüngeren Vergangenheit eine überzeugende Entwicklung vorzuweisen hatten.[484] Außerdem führt der Umstand, dass die Personal Communication zumindest bei Unternehmen unterschiedlicher Branchen durch verschiedene Analysten bewertet wird, dazu, dass sich die Bewertungen der Kommunikation nur eingeschränkt branchenübergreifend vergleichen lassen.[485]

Über die inhaltlichen Gesichtspunkte hinaus sprachen jedoch – vergleichbar mit der Konstellation bezüglich des Voluntary Disclosure – auch praktische Gründe gegen die Verwendung dieses Ratings. So kam ein Rückgriff auf Sekundärdaten nicht in Frage, da die DVFA grundsätzlich geeignete Subkategorien ihrer Befragung nicht veröffentlicht und die Befragung des DIRK lediglich in aggregierter Form erfolgt sowie durch eine wesentlich eingeschränkte Datenverfügbarkeit gekennzeichnet ist.[486] Für die Durchführung einer eigenen Befragung erschien es nicht möglich, eine ausreichend hohe Rücklaufquote zu erreichen.[487]

Demgegenüber lässt eine quantitative Erfassung anhand etablierter Kommunikationsformen qualitative Aspekte von vornherein außer acht. Dies ist hinsichtlich der Einschätzung der persönlichen Kommunikation insofern von Nachteil, als dass etwa im Rahmen von Conference Calls oder Analystenpräsentationen Informationen von unterschiedlichem Ausmaß und unterschiedlicher Beschaffenheit übermittelt werden können sowie die Glaubwürdigkeit der Unternehmenskommunikation in unterschiedlicher Intensität zum Ausdruck kommen kann.[488]

Der wesentliche Vorteil einer quantitativen Erfassung der persönlichen Kommunikation liegt allerdings darin, dass sich das Ausmaß der Personal Communication unterschiedlicher Unternehmen auf diese Weise objektiv miteinander vergleichen lässt. Unternehmen mit intensiver Kapitalmarktkommunikation lassen sich so eindeutig identifizieren und ohne Beeinflussung durch externe Faktoren voneinander abgrenzen. Weiterhin lässt sich

---

[484] Vgl. Healy/Hutton/Palepu (1999), S. 489.

[485] Vgl. zu den Kritikpunkten im Detail bereits Kapitel 3.3.1.1.2.

[486] Durch die aggregierte Form der Befragung und eine fehlende Angabe von relevanten Kriterien ist nicht sichergestellt, dass alle Teilnehmer bei der Bewertung der Investor Relations die gleichen Qualitätskriterien zugrundelegen. Schwerer wiegt jedoch die eingeschränkte Datenverfügbarkeit auf 90 von 160 Unternehmen aus DAX, MDAX, SDAX und TecDAX. Hinsichtlich eines Vergleichs unterschiedlicher Wettbewerbe siehe bereits Pietzsch (2004), S. 212 ff.
Die Zeitschrift Börse Online, welche ebenfalls einen Wettbewerb zur Bewertung der kapitalmarktorientierten Unternehmenskommunikation veranstaltet, befragt ausschließlich private Investoren. Siehe zu den einzelnen Wettbewerben auch Kapitel 3.3.1.1.5.

[487] Siehe hierzu die Ausführungen in Kapitel 3.3.1.1.5.

[488] Vgl. dazu implizit Bowen/Davis/Matsumoto (2002), S. 286.

das Ausmaß der Kapitalmarktkommunikation auf dieser Basis auch uneingeschränkt branchenübergreifend vergleichen.[489]

Im Rahmen dieser Arbeit wird aus den aufgeführten Gründen eine quantitative Erfassung der persönlichen Kommunikation vorgezogen. Dabei ist es erforderlich, solche Indikatoren zu betrachten, denen branchenübergreifend eine hohe Bedeutung zukommt und die von Unternehmen unterschiedlicher Größe oder anderer relevanter Voraussetzungen gleichermaßen verwendet werden.[490] Wenn eine Kommunikationsform etwa von manchen Unternehmen weniger präferiert und daher durch eine andere ersetzt wird, führt dies bei der Betrachtung einer der beiden Kommunikationsformen zu Ungenauigkeiten in der Bewertung der persönlichen Kommunikation.[491] Weiterhin ist zu beachten, dass mit unterschiedlichen Gruppen professioneller Kapitalmarktteilnehmer möglicherweise aufgrund verschiedener Kommunikationsbedürfnisse über unterschiedliche Kommunikationsinstrumente kommuniziert wird. Sind diese Gruppen professioneller Kapitalmarktteilnehmer darüber hinaus für unterschiedliche kapitalmarktbezogene Wirkungen primär verantwortlich, so sollte dann – der betrachteten kapitalmarktbezogenen Wirkung entsprechend – eine diesbezügliche Kommunikationsform Beachtung finden.

3.3.3.2.   Gegenstand einer quantitativen Erfassung

Bislang wurden erst wenige Versuche unternommen, das quantitative Ausmaß der persönlichen Kapitalmarktkommunikation als Indikator für weiterführende Regressionen zu erfassen. Neben der mehrfach verwendeten Operationalisierung durch die Anzahl der durchgeführten Conference Calls wurden mit der dichotomen Einstufung hinsichtlich der Durchführung oder Nicht-Durchführung einer zentralen Unternehmenspräsentation bzw. der Vornahme oder Nicht-Vornahme von Besprechungen der Prognosemodelle lediglich zwei weitere Quantifizierungen einmalig verwendet.[492]

Dieser Umstand wurde im Rahmen der vorliegenden Untersuchung zum Anlass genommen, die bisherigen Versuche um Vorschläge hinsichtlich möglicher alternativer Vorgehensweisen zu erweitern. Zur Generierung diesbezüglicher Ideen wurden zunächst

[489] Vgl. Tasker (1998), S. 137 f.
[490] Siehe hinsichtlich der Verwendung der Conference Calls etwa Bowen/Davis/Matsumoto (2002), S. 286.
[491] Vgl. anhand der beispielhaften Überlegungen hinsichtlich der Kommunikationsformen in Abhängigkeit von dem Ausmaß der Coverage durch Aktienanalysten Tasker (1998), S. 143.
[492] Vgl. hinsichtlich der durchgeführten Conference Calls Tasker (1998), S. 149 f.; Frankel/Johnson/Skinner (1999), S. 138 f.; Bowen/Davis/Matsumoto (2002), S. 292 f. und Francis/Nanda/Olsson (2008), S. 92 sowie zu den letztgenannten Vorgehensweisen Francis/Hanna/Philbrick (1997), S. 365 und Hutton (2005), S. 886.

mehrere Interviews mit Investor-Relations-Mitarbeitern in leitender Funktion durchgeführt. Diese Gespräche hatten hinsichtlich der quantitativen Erfassung der persönlichen Kommunikation einen explorativen Charakter und sollten dazu dienen, alternativ vorstellbare Indikatoren herauszufinden, die eine quantitative und damit objektive Bewertung der Kapitalmarktkommunikation ermöglichen.[493] Vor diesem Hintergrund sollten die Indikatoren zu ihrer Eignung die nachfolgenden Kriterien erfüllen:

- Sie sollten branchenübergreifend von hoher Bedeutung sein, um in der vorliegenden branchenübergreifenden Untersuchung verwendet werden zu können.

- Sie sollten im Rahmen einer potenziellen Befragung der betrachteten Unternehmen eine hohe Rücklaufquote ermöglichen, um so für möglichst viele Unternehmen die Intensität der persönlichen Kommunikation quantitativ erheben zu können.

- Sie sollten sich idealerweise den unterschiedlichen Gruppen professioneller Kapitalmarktteilnehmer eindeutig zuordnen lassen. Sofern diese nämlich für unterschiedliche kapitalmarktbezogene Wirkungen primär verantwortlich sind, wäre es dann möglich – der betrachteten abhängigen Variable und zugehörigen Personengruppe entsprechend – den zweckmäßigen Indikator auszuwählen.

Die explorativ durchgeführte Befragung ergab hinsichtlich der Kommunikation gegenüber institutionellen Investoren eine zweckmäßige Betrachtung der Anzahl der persönlich geführten Gespräche durch die Investor Relations der betrachteten Unternehmen, da es sich bei One-on-Ones bzw. Round-Table-Gesprächen[494] gegenüber institutionellen Investoren um die wesentlichen Kommunikationsinstrumente handelt. Darüber hinaus wird die Anzahl dieser persönlichen Gespräche zur internen Kommunikation sowie zu Zwecken des Controllings von den meisten Investor-Relations-Abteilungen auch erfasst.[495]

---

[493] Vgl. hinsichtlich der Charakteristika und der Vorgehensweisen von explorativen Interviews etwa Kromrey (2006), S. 71.
[494] Hierbei handelt es sich um die in der Branche üblichen Bezeichnungen für Einzel- und Gruppengespräche.
[495] Vgl. etwa Drill (1995), S. 131 ff. Die Anzahl der extern durchgeführten Unternehmenspräsentationen wurde nicht als Maßstab verwendet, da diesbezüglich eine Abgrenzung der Präsentationen etwa nach der Anzahl der Zuhörer vorgenommen werden sollte, um eine einheitliche Beurteilungsbasis zu erhalten. Einige Gespräche im Rahmen der anschließend durchgeführten Befragung haben ergeben, dass

Die Kommunikation gegenüber Aktienanalysten wird dagegen vornehmlich telefonisch und im Vergleich zu den Gesprächen mit Investoren dafür sehr regelmäßig vorgenommen. Aufgrund des dafür notwendigen Erfassungsaufwandes wird die Intensität der telefonischen Kommunikation allerdings laut den durchgeführten Interviews jedoch bisher häufig nicht im Detail nachgehalten. Die Anzahl der durchgeführten Conference Calls[496] sowie unternehmenseigenen Präsenzkonferenzen gegenüber Aktienanalysten wurde daher ausweichend in Betracht gezogen.[497]

Unabhängig von den unterschiedlichen Gruppen der professionellen Kapitalmarktteilnehmer kommen als Maß für die gesamte Kommunikation der Investor Relations die Anzahl der Mitarbeiter sowie das Budget der Investor Relations in Frage, da sie unabhängig von einzelnen Kommunikationsformen einen Eindruck der Intensität der persönlichen Kommunikation vermitteln können.[498] Diese beiden Indikatoren lassen sich den unterschiedlichen Gruppen professioneller Kapitalmarktteilnehmer allerdings nicht eindeutig zuordnen und beinhalten damit eine grobe Erfassung der entsprechenden Personal Communication. Ungenaue Ergebnisse könnten sich darüber hinaus ergeben, wenn das gemessene Ausmaß der Kommunikation bei den betrachteten Unternehmen in unterschiedlichem Maße den einzelnen Gruppen professioneller Kapitalmarktteilnehmer gewidmet wird.

Sinnvollerweise wären im Übrigen die Tätigkeiten der Investor Relations, welche nicht mit persönlicher Kommunikation in Verbindung stehen, aus den genannten Größen rauszurechnen. Es handelt sich dabei nämlich unter anderem um solche Projekte, die – wie die Erstellung der Geschäfts- und Quartalsberichte oder die Durchführung der Hauptversammlung – sowohl vom Arbeitsaufwand als auch vom zugehörigen Budget durchaus ins Gewicht fallen und bei manchen, aber nicht bei allen Unternehmen, organisatorisch

---

vor diesem Hintergrund möglicherweise die Anzahl der Tage, welche die Mitarbeiter der Investor Relations zwecks Präsentation des Unternehmens an anderen Finanzplätzen auf Roadshow sind, als alternativer Indikator in Frage kämen. Als Roadshow wird eine Reihe von Veranstaltungen bezeichnet, die von Investor-Relations-Vertretern und Mitgliedern der Geschäftsführung unternommen wird, um ihr Unternehmen an wichtigen Finanzzentren zu präsentieren; vgl. Drill (1995), S. 132 oder Täubert (1998), S. 141 f.

[496] Über solche Telefonkonferenzen lässt sich kurzfristig und flexibel ein größerer Adressatenkreis erreichen; vgl. Wichels (2002), S. 24.

[497] Vgl. für einen Überblick zu den gängigen Formen der persönlichen Kommunikation Wolters (2005), S. 77 f.

[498] Im Unterschied zu der Anzahl der Mitarbeiter hätte das Budget der Investor Relations als Indikator den Vorteil, dass ein unterschiedliches Ausmaß der Vergabe von Tätigkeiten an externe Dienstleister dadurch ebenfalls berücksichtigt werden könnte.

den Investor Relations zugewiesen werden.[499] Eine solche Bereinigung erfordert jedoch einen deutlich höheren Aufwand hinsichtlich der zugrundeliegenden Befragung und wurde im Rahmen dieser Arbeit nicht durchgeführt, da dies vermutlich zu einer deutlich reduzierten Rücklaufquote geführt hätte. Die daraus folgende zusätzliche Ungenauigkeit ist jedoch bei der Interpretation der Ergebnisse zu berücksichtigen.

3.3.3.3. Datenerhebung durch Befragung

Während einige Studien die Häufigkeit der Conference Calls von kapitalmarktbezogenen Informationsdienstleistern erhalten,[500] sind die übrigen Informationen nicht als Sekundär-daten erhältlich. Die Qualität der Datenerfassung durch Informationsdienstleister bezüglich der durchgeführten Conference Calls wird außerdem durch Tasker (1998) erheblich in Frage gestellt. So werden die durchgeführten Konferenzen der grundsätzlich beobachteten Unternehmen häufig nicht vollständig erfasst und ein Teil der Unternehmen mit regelmäßigen Conference Calls wird nicht einmal registriert.[501] Die Datenerhebung der Indikatoren des quantitativen Ausmaßes der Personal Communication sollte daher in Form einer Befragung durchgeführt werden.

Um den Teilnehmern der Befragung die Möglichkeit einzuräumen, die erforderlichen Daten vorab zu generieren, wurden die jeweiligen Leiter der Investor-Relations-Abteilun-gen zunächst per Email über die Befragung informiert. Hinsichtlich der Beantwortung der gestellten Fragen wurden zwei alternative Vorgehensweisen vorgeschlagen. Zunächst wurde angeboten, die wenigen Angaben bereits per Email zu tätigen. Alternativ wurde eine nachfolgende telefonische Kontaktaufnahme mit einem 10-tägigen zeitlichen Abstand angekündigt.[502]

Das Budget der jeweiligen Investor-Relations-Abteilungen wurde als Indikator des Ausmaßes der Personal Communication aus den Überlegungen ausgeschlossen, da schon die persönlich geführten explorativen Gespräche darauf schließen ließen, dass diese Größe auch unter Zusicherung von Vertraulichkeit wohl häufig nicht durch die Unternehmen zur Verfügung gestellt werden würde. Durch die entsprechende Konzentration auf drei relevante Kriterien – die Anzahl der persönlich geführten Gespräche, die Anzahl der Conference Calls und die Anzahl der Mitarbeiter – konnte der zeitliche Aufwand der

---

[499] Vgl. hinsichtlich der unterschiedlichen organisatorischen Zuordnung etwa Marston/Straker (2001), S. 85 sowie Serfling/Großkopff/Röder (1998), S. 279.

[500] Vgl. etwa Tasker (1998), S. 138 und Frankel/Johnson/Skinner (1999), S. 133.

[501] Vgl. Tasker (1998), S. 151. Siehe auch Frankel/Johnson/Skinner (1999), S. 139.

[502] In Anhang 2 wird der Email-Fragebogen vollständig wiedergegeben.

Teilnahme an der Befragung für die Investor Relations der betrachteten Unternehmen gering gehalten werden. Darüber hinaus waren auch die Vorab-Information über die Befragung per Email, die Möglichkeit alternativer pragmatischer Vorgehensweisen zur Teilnahme an der Befragung und die anschließende telefonische Kontaktaufnahme hilfreich hinsichtlich des Erreichens einer hohen Rücklaufquote von 96 %.[503]

Um möglichst aussagekräftige Daten zu erhalten wurden im Rahmen der Befragung einige relevante Spezifierungen vorgenommen. So wurden hinsichtlich der Anzahl der persönlich geführten Gespräche ausgedehnte Telefonate mit institutionellen Investoren explizit ausgeschlossen, um ein einheitliches Verständnis der One-on-Ones und Round-Table-Gespräche und eine zuverlässige Erfassung zu ermöglichen.

Weiterhin wurde mit der Anzahl der Telefon-Konferenzen (Conference Calls) entgegen den bisherigen Studien auch die Anzahl der Präsenz-Konferenzen (Analystenkonferenzen) zusammen erfasst. Da Telefon- und Präsenz-Konferenzen nämlich einen substitutiven Charakter haben, ist nur eine gemeinsame Betrachtung sinnvoll. Außerdem wurden vordergründig solche Telefon- und Präsenzkonferenzen berücksichtigt, die anlässlich der regulären Ergebnis-Veröffentlichungen gehalten wurden.[504] Entsprechende Veranstaltun-gen aufgrund von M & A-Transaktionen oder anderen außerordentlichen Anlässen wurden aufgrund des reaktiven Charakters bezüglich unternehmensbezogener Ereignisse separat erhoben, um in dieser Hinsicht zusätzliche Betrachtungen zu ermöglichen.

Bezüglich der Anzahl der Mitarbeiter der Investor Relations wurden schließlich nur solche Mitarbeiter berücksichtigt, die hauptsächlich mit der persönlichen Kommunikation gegenüber Analysten und anderen professionellen Kapitalmarktteilnehmern beschäftigt waren. Da den Investor Relations je nach Unternehmen neben der eigentlichen persön-lichen Kommunikation gegenüber dem Kapitalmarkt unterschiedliche Aufgaben zugerechnet werden,[505] sollten diesbezügliche Verzerrungen – bei einer anderenfalls unbereinigten Erfassung der Investor-Relations-Mitarbeiter – zumindest in diesem Umfang ausgeschlossen werden.

---

[503] Die Rücklaufquote von 96 % bezieht sich auf die Angaben zu der Anzahl der Conference Calls sowie zu der Anzahl der Mitarbeiter. Für die Anzahl der persönlich geführten Gespräche haben 90 % der befragten Unternehmen eine Quantifizierung vorgenommen.

[504] Auch Bowen/Davis/Matsumoto (2002), S. 296 oder Tasker (1998), S. 149 f. beschränken sich auf die Betrachtung von Conference Calls bei regulären Ergebnis-Veröffentlichungen.

[505] Vgl. Marston/Straker (2001), S. 85 sowie Serfling/Großkopff/Röder (1998), S. 279.

Hinsichtlich der zeitlichen Ausrichtung der Befragung war zu beachten, dass die Qualität der persönlichen Kommunikation für denselben Zeitraum wie die Qualität des Voluntary Disclosure erhoben wird. Da die Geschäftsberichte für das Geschäftsjahr 2006 im darauf folgenden Frühjahr veröffentlicht werden, wurden die Investor Relations der betrachteten Unternehmen hinsichtlich der Quantifizierung der persönlichen Kommunikation um die entsprechenden Angaben für das Geschäftsjahr 2007 gebeten.[506]

3.3.3.4.   Hier verwendeter Indikator zur Operationalisierung der Personal Communication

Aufgrund der bislang erst wenigen Versuche zur Quantifizierung der persönlichen Kapitalmarktkommunikation und der daher im Rahmen dieser Arbeit explorativ geführten Interviews wurden zunächst alle Indikatoren, die grundsätzlich in Frage kamen, im Rahmen der Befragung erfasst, um die diesbezüglich möglichen Erkenntnisse nicht im Vorhinein einzuschränken. Nachfolgend soll jedoch die letztlich verwendete Operationalisierung der persönlichen Kommunikation konkretisiert werden. Zu diesem Zweck werden nun einige empirische Ergebnisse vorweggenommen.

So erwies sich sowohl die Fokussierung der Anzahl der Mitarbeiter der Investor Relations als auch die Betrachtung der Anzahl abgehaltener Conference Calls als nicht aussagekräftig.[507] Erstere ist allerdings aus bereits angesprochenen grundsätzlichen Erwägungen nachvollziehbar. So gestattet die Anzahl der Mitarbeiter der Investor Relations zunächst eine lediglich grobe Erfassung der Personal Communication, die zudem wesentliche Bereinigungen erfordern würde, um zuverlässig angewendet werden zu können.
Überraschender kommt hingegen die fehlende Aussagekraft der Conference Calls, die in mehreren Untersuchungen bereits als Indikator für die Intensität der persönlichen Kommunikation verwendet wurden.[508] Allerdings gibt es dafür einige Argumente, die der

---

[506] Vgl. zu der kalenderjahrbasierten Betrachtung Francis/Nanda/Olsson (2008), S. 92. Eine solche Vorgehensweise ist im Übrigen deshalb sinnvoll, weil die Auswahl nur eines Teils des Geschäftsjahres aufgrund der unternehmensspezifisch unterschiedlichen Veröffentlichungszeitpunkte der Geschäfts- und Quartalsberichte und der zumindest zum Teil danach ausgerichteten persönlichen Kommunikation anderenfalls zu Verzerrungen führen würde.

[507] Auch bisherige Literaturbeiträge zu den Wirkungen der Kommunikation über Conference Calls liefern jedoch kein eindeutiges Bild. So finden zwar Bowen/Davis/Matsumoto (2002), S. 313, dass die Durchführung von Conference Calls eine positive Wirkung hinsichtlich der Eigenschaften der Analystenprognosen entfaltet, Francis/Nanda/Olsson (2008), S. 94, allerdings beobachten entgegen Ihren Erwartungen für Unternehmen mit häufigeren Conference Calls höhere Eigenkapitalkosten.

[508] Vgl. Bowen/Davis/Matsumoto (2002), Francis/Nanda/Olsson (2008), Tasker (1998), und Frankel/Johnson/Skinner (1999).

bisherigen empirischen Praxis zur Verwendung dieses Indikators zum Teil entgegenstehen. So ergab zunächst die Betrachtung der Telefonkonferenzen anlässlich regulärer Ergebnis-Veröffentlichungen eine nicht ausreichende Differenzierung – 96 der 108 an der Befragung teilnehmenden Unternehmen haben zu jedem Quartalsbericht eine Telefonkonferenz abgehalten. Daher verwundert es wenig, dass eine testweise Verwendung der regulären Conference Calls als Indikator für die Personal Communication im Rahmen dieser Untersuchung kein aussagekräftiges Ergebnis liefert.[509] Weiterhin nannten einige – gemessen an der Marktkapitalisierung kleinere – Unternehmen als Grund dafür, nicht zu jedem Quartalsbericht eine Telefonkonferenz durchzuführen, dass man die beobachtenden Aktienanalysten vordergründig über persönliche Telefonate statt über einen Conference Call erreichen wolle. Eine solche Substitution der Conference Calls durch eine andere – und zudem intensivere – Kommunikationsform führt vermutlich ebenfalls dazu, dass für die Anzahl der regulären Conference Calls als Indikator für die Intensität der persönlichen Kommunikation keine regressionsbasierte Aussagekraft festgestellt werden konnte.[510]

Eine Verwendung der Telefonkonferenzen anlässlich außerordentlicher Anlässe wiederum erscheint nicht sinnvoll, da die persönliche Kommunikation solcher Unternehmen, die innerhalb des betrachteten Geschäftsjahres mehrere Anlässe zur Durchführung eines Conference Calls hatten und daher auch wahrgenommen haben, als besser eingeschätzt wird, obwohl letztlich nur ein unruhigeres bzw. ereignisreicheres Geschäftsumfeld für die intensivere Kommunikation verantwortlich ist. Dennoch wurde auch die Anzahl außerordentlicher Telefonkonferenzen sowie die Summe aus regulären und außerordentlichen Conference Calls jeweils als Indikator für das Ausmaß der persönlichen Kommunikation getestet. Für beide Größen blieben die Regressionen jedoch ebenfalls ohne Aussagekraft.[511]

---

[509] Im Unterschied zu der vorliegenden Untersuchung verfügen Bowen/Davis/Matsumoto (2002), S. 292 ff., über eine ausreichende Anzahl von Unternehmen ohne regelmäßige Durchführung von Conference Calls. Dies liegt zum einen an der damals anscheinend noch in der Entwicklung begriffenen Etablierung der Conference Calls als Kommunikationsinstrument. So haben die betrachteten US-amerikanischen Unternehmen im Jahr 1997 durchschnittlich 2,57 Conference Calls anlässlich der 4 Quartalsveröffentlichungen durchgeführt, während die durchschnittliche Anzahl der Conference Calls bei den hier im Jahr 2007 betrachteten deutschen Unternehmen bereits bei 3,68 lag. Weiterhin ermöglicht die von ihnen gewählte empirische Vorgehensweise eine weitaus größere Stichprobe, wodurch ebenfalls die Anzahl der Unternehmen ohne regelmäßige Conference Calls erhöht werden kann.

[510] Vgl. dazu bereits Tasker (1998), S. 143.

[511] Vgl. Francis/Nanda/Olsson (2008), S. 94, die sogar entgegen ihren Erwartungen für Unternehmen mit häufigeren Conference Calls höhere Eigenkapitalkosten erkennen. Da sie im Unterschied zu Bowen/Davis/Matsumoto (2002) allerdings nicht ausschließlich reguläre, sondern ebenfalls außerordentliche Conference Calls in die Betrachtung einschließen, könnte eine mögliche Ursache für ihre Ergebnisse darin liegen, dass negative Ereignisse die Durchführung von zusätzlichen Conference Calls hervorgeru-

Darüber hinaus ist – wie bereits angedeutet – ein weiterer Aspekt zu berücksichtigen, der bislang keine Beachtung gefunden hat. So erscheint es plausibel, dass für unterschiedliche kapitalmarktbezogene Zielvariablen auch die Kommunikation gegenüber unterschiedlichen professionellen Kapitalmarktteilnehmern von ausschlaggebender Relevanz ist, sofern diesen in Bezug auf die Zielvariablen eine besondere Verantwortung zukommt. So ist vermutlich für die Ex-post-Genauigkeit der Analystenprognosen – als empirisch viel beachtetes Instrumentalziel der Kapitalmarktkommunikation und Ausdruck für das Ausmaß der bestehenden Informationsasymmetrien –[512] die persönliche Kommunikation gegenüber Aktienanalysten relevant. Für die hier betrachtete kapitalmarktorientierte Bewertung eines Unternehmens allerdings scheint vordergründig die Kommunikation mit institutionellen Investoren von Bedeutung, da diesen aufgrund der durch sie letztlich vorgenommenen Kauf- und Verkaufentscheidungen hinsichtlich der erheblichen verwalteten Anlagevolumina ein hoher Einfluss auf die Bewertung der Aktien zukommt.[513] Auch dieser Umstand also erklärt die fehlende Aussagekraft der Ergebnisse für die Betrachtung der Conference Calls in Bezug auf die hier interessierende Wirkung auf die kapitalmarktorientierte Bewertung eines Unternehmens, da dieses Kommunikationsinstrument auf die Zielgruppe der Aktienanalysten ausgerichtet ist.[514]

Im Unterschied zu diesen gegenüber der Anzahl der Mitarbeiter und der Anzahl der Conference Calls vorgebrachten Kritikpunkten ermöglicht die Betrachtung der Anzahl der persönlichen Gespräche mit institutionellen Investoren eine hinreichend genaue Erfassung der Intensität der persönlichen Kommunikation, die zudem in Bezug auf die für die Bewertung eines Unternehmens vordergründig relevante Zielgruppe erfolgt.

Dementsprechend wird die Personal Communication im Rahmen dieser Untersuchung durch die Anzahl persönlicher Gespräche mit institutionellen Investoren operationalisiert. Diese Größe war noch hinsichtlich der Kapitalmarktrelevanz eines Unternehmens zu

---

fen haben. Ein gemeinsames Auftreten von höheren Eigenkapitalkosten und häufigeren Conference Calls erscheine dann plausibel.

[512] Die Ex-post-Genauigkeit und andere Eigenschaften der Analystenprognosen werden etwa empirisch betrachtet durch Hassell/Jennings/Lasser (1988); Lang/Lundholm (1996); Francis/Hanna/Philbrick (1997); Barron/Kile/O'Keefe (1999); Bowen/Davis/Matsumoto (2002); Hope (2003a); Vanstraelen/Zarzeski/Robb (2003); Hutton (2005); Jones (2007) sowie für den deutschen Kapitalmarkt durch Baetge/Glaum/Grothe/Oberdörster (2008) und Oberdörster (2009).

[513] Vgl. etwa Wichels (2002), S. 17 und Günther/Otterbein (1996), S. 401. Empirische Nachweise dafür, dass sich das Ausmaß der von institutionellen Investoren gehaltenen Kapitalanteile positiv auf die Bewertung eines Unternehmens auswirkt, erbringen Sias/Starks/Titman (2006); Gibson/Safieddine (2003); Gompers/Metrick (2001); Wermers (1999); Nofsinger/Sias (1999).

[514] Vgl. hinsichtlich der Bedeutung der telefonischen Kommunikation mit Aktienanalysten Wichels (2002), S. 24 und Täubert (1998), S. 149.

gewichten und wurde daher durch die Anzahl der beobachtenden Analysten[515] skaliert.[516] Dadurch wurde dem Umstand Rechnung getragen, dass nicht das absolute, sondern das relative Ausmaß des betrachteten Indikators für die Qualität der persönlichen Kommunikation von Bedeutung ist.

So wird von Unternehmen mit einer größeren Kapitalmarktrelevanz regelmäßig eine höhere Anzahl persönlicher Gespräche geführt, da sie ihrer Kapitalmarktrelevanz entsprechend auch über eine größere Anzahl aktueller und potenzieller institutioneller Investoren verfügen. Eine identische Anzahl persönlicher Gespräche hat daher eine unterschiedliche Bedeutung in Abhängigkeit davon, ob es sich etwa um ein DAX-Unternehmen oder ein SDAX-Unternehmen handelt.

3.4.   Ableitung und Operationalisierung der Kontroll-Variablen

In die Regression gegenüber der kapitalmarktorientierten Bewertung eines Unternehmens sind neben dem Voluntary Disclosure, der Accounting Quality und der Personal Communication weitere Variablen als Kontrollvariablen einzubeziehen, deren Einfluss auf die Höhe der Bewertung bzw. der Eigenkapitalkosten eines Unternehmens schon in anderen empirischen Untersuchungen nachgewiesen werden konnte:[517]

-   *Gewinnwachstum*: Im Unterschied zu den Untersuchungen, welche die Höhe der impliziten Eigenkapitalkosten betrachten und daher das Gewinnwachstum in die Berechnung der Eigenkapitalkosten einbeziehen, ist das Gewinnwachstum bei der Betrachtung der Bewertung als gesonderte Kontrollvariable zu berücksichtigen. Schließlich rechtfertigt die Aussicht auf Wachstum der Gewinne eine höhere Bewertung auf Basis aktueller Bewertungskennzahlen.[518] Dabei ist zu beachten,

---

[515] Die Anzahl der beobachtenden Analysten wird berechnet als Mittelwert der zum jeweiligen Monatsende in die Berechnung der I/B/E/S-Schätzungen einbezogenen Analystenprognosen der Earnings Per Share über die zwölf Monate des Jahres 2007; siehe Hope (2003b), S. 13 sowie ähnlich Hope (2003a), S. 246.

[516] Eine alternative Skalierung durch die Marktkapitalisierung eines jeweiligen Unternehmens als Proxy für die Unternehmensgröße wurde ebenfalls in Erwägung gezogen, erschien jedoch aufgrund von theoretischen Überlegungen und unter Hinzuziehung der empirischen Werte nicht zweckmäßig zu sein, da die Anzahl der durchzuführenden Gespräche mit der Marktkapitalisierung eines Unternehmens nicht proportional steigt.

[517] Hinsichtlich der Berücksichtigung des Gewinnwachstums, der unternehmensbezogenen Risiken in Form des Beta und des Verschuldungsgrades sowie der Unternehmensgröße entspricht das hier verwendete Basis-Regressionsmodell exakt demjenigen von Francis u.a. (2005), S. 311 sowie Cohen (2006), S. 40 f. Wie nachfolgend noch zu zeigen, werden gegenüber diesem zusätzlich einige Erweiterungen erstmalig vorgenommen.

[518] Vgl. Francis u.a. (2005), S. 311 f.; Cohen (2006), S. 26; Fischer (2003), S. 290. Siehe zur Erläuterung dieses Zusammenhangs auch Penman (2004), S. 185 f.

dass Schätzungen des künftigen Wachstums auf Basis von Analystenprognosen aufgrund ihrer Zukunftsorientierung aus theoretischer Sicht eine größere Bedeutung zukommt als Wachstumsraten, welche aus vergangenen Geschäfts- jahren extrapoliert werden. Empirische Untersuchungen konnten zudem die größere Aussagekraft zukunftsorientierter Schätzungen bestätigen.[519] Hinsichtlich der Operationalisierung wurden sowohl kurzfristige detaillierte Analystenprognosen als auch langfristige Gewinn-Schätzungen sowie eine Kombination beider in Erwägung gezogen und zwar in Form der von Thomson Reuters berechneten I/B/E/S-Zahlen, in die alle laufenden Analystenprognosen einbezogen werden. Der Empfehlung des Kapitalmarkt-Informationsdienstleisters folgend wurde für kurzfristige detaillierte Analystenprognosen der Mittelwert und für langfristige Gewinn-Schätzungen der Median der einzelnen Analystenprogno- sen verwendet.[520] Für die 112 Unternehmen der Stichprobe aus DAX, MDAX, SDAX und TecDAX musste nach Überprüfung der Sekundärdaten konstatiert werden, dass eine Verwendung von langfristigen Gewinn-Schätzungen zumindest für den deutschen Kapitalmarkt nicht sinnvoll erscheint. Für 18 dieser Unterneh- men liegt nämlich keine langfristige Analystenprognose vor, für 38 Unternehmen prognostiziert lediglich ein Analyst das langfristige Gewinnwachstum, und im Durchschnitt wurden weniger als zwei Prognosen je Unternehmen abgegeben. Langfristige Analystenprognosen für die hier betrachteten deutschen Unternehmen basieren somit auf den Urteilen einiger weniger Analysten und können daher nicht als zuverlässig eingestuft werden. Entscheidend ist ebenfalls der Umstand, dass für die Berechnung der langfristigen Gewinnprognosen durch I/B/E/S keine eindeutige Definition vorgegeben wird, ab und bis zu welchem künftigen Geschäftsjahr die langfristige Gewinnprognose zu verstehen ist – die erhaltenen Zahlen basieren dementsprechend auf einer unterschiedlichen Berechnungsweise der einzelnen Analysten, weshalb sich die Daten nicht sinnvoll interpretieren lassen.[521] Vor diesem Hintergrund basiert das hier zugrundegelegte Gewinnwachstum auf den Detailprognosen für die ersten drei zu schätzenden Geschäftsjahre, da für diese

---

[519] Vgl. Cho (1994) sowie Zarowin (1990). Demgegenüber verwenden einige Autoren vergangenheits- orientierte Größen; vgl. Francis u.a. (2005), S. 311; Nikbakht/Polat (1998), S. 260 f. und Beaver/Morse (1978), S. 67.

[520] Für die langfristigen Analystenprognosen wird aufgrund der unterschiedlichen Berechnungsmethoden der Aktienanalysten die Verwendung des Median empfohlen.

[521] Versuchsweise wurde jedoch eine Regression unter Verwendung der langfristigen Analystenprognosen vorgenommen. Die vermutete fehlende Zuverlässigkeit bzw. geringe Aussagekraft der erhältlichen langfristigen Gewinnprognosen konnte durch die Ergebnisse bestätigt werden.

im Unterschied zu den langfristigen Gewinnprognosen eine ausreichende Anzahl von Analystenschätzungen verfügbar ist sowie klare Vorstellungen hinsichtlich des zeitlichen Bezugs der Prognosen bestehen. Es wird errechnet als geometrischer Mittelwert aus den Wachstumsraten der Gewinne für die ersten drei zu schätzenden Geschäftsjahre und steht damit für das durchschnittliche erwartete Gewinnwachstum je Geschäftsjahr.[522]

Dabei wird das Gewinnwachstum – bisherigen Untersuchungen entsprechend – zunächst in unmodifizierter Form den Regressionen zugrundegelegt.[523] Darüber hinaus soll es jedoch alternativ erstmalig auch industrieadjustiert einbezogen werden und zwar als Differenz zwischen dem Gewinnwachstum des Unternehmens und dem Median des Gewinnwachstums der gesamten Unternehmen seiner jeweiligen Branche.[524] Hintergrund für diese Verwendung eines industrieadjustierten Gewinnwachstums ist der Umstand, dass auch das Gewinn-Kurs-Verhältnis in industrieadjustierter Form den Berechnungen zugrundegelegt wird,[525] und es sich bei dem Gewinnwachstum aufgrund seines direkten Bezugs zu dem betrachteten Gewinn-Kurs-Verhältnis und des erheblichen Einflusses, der von dem Gewinnwachstum auf die Bewertung eines Unternehmens ausgeht, um die wohl wichtigste Kontrollvariable handelt.

Hinsichtlich der Korrespondierung der Industrieadjustierung des Gewinnwachstums mit der Industrieadjustierung des Gewinn-Kurs-Verhältnisses war von entscheidender Relevanz, dass die dafür zu berücksichtigenden Mediane zum Teil

---

[522] Vgl. zu dieser Verfahrensweise Cohen (2006), S. 35. Sowohl kurzfristige als auch langfristige Gewinnprognosen verwendet Fischer (2003), S. 290. Bezogen auf das industrieadjustierte Gewinn-Kurs-Verhältnis als abhängige Variable, welches in Bezug auf den ersten zu schätzenden Gewinn berechnet wird, werden durch die angesprochene Verfahrensweise für das Gewinnwachstum die auf den ersten zu schätzenden Gewinn folgenden zwei Wachstumsraten zugrundegelegt.

[523] Vgl. Cohen (2006), S. 35 sowie ähnlich Francis u.a. (2005), S. 311.

[524] Für die Ermittlung des Median wurde ein Minimum von drei Unternehmen gefordert. Um für möglichst viele der 55 einbezogenen Subsektoren auf dieser Basis ein industrieadjustiertes Gewinnwachstum berechnen zu können, wurden nicht nur die betrachteten 112 Unternehmen aus DAX, MDAX, SDAX und TecDAX, sondern darüber hinaus alle Unternehmen des Prime All Share-Index und falls erforderlich zusätzlich alle Unternehmen des CDAX in die Berechnung des Medians eines Subsektors einbezogen.
Die Berechnung des industrieadjustierten Gewinnwachstums erfolgt dabei auf die gleiche Weise wie die Berechnung der industrieadjustierten Gewinn-Kurs-Verhältnisse; vgl. dazu im Detail bereits Kapitel 3.2.2.

[525] Vgl. hinsichtlich der Industrieadjustierung des Gewinn-Kurs-Verhältnisses Francis u.a. (2005), S. 311 sowie Cohen (2006), S. 26 f.

erheblich voneinander abweichen.[526] Ein industrieadjustiertes Gewinnwachstum ermöglicht daher genauere Ergebnisse, da ein solcher Indikator sich bei Betrachtung eines industrieadjustierten Gewinn-Kurs-Verhältnisses branchenübergreifend treffender miteinander vergleichen lässt.[527]

-   *Unternehmensbezogene Risiken*: Gewöhnlich werden unternehmensbezogene Risiken durch zwei verschiedene Indikatoren als Kontrollvariablen in die Berechnungen einbezogen.[528] Das Beta der Anteilsscheine berücksichtigt das systematische und der Verschuldungsgrad das finanzielle Risiko des Unternehmens.[529] Nach dem Capital Asset Pricing Modell sollte das Beta positiv mit den Eigenkapitalkosten und damit negativ mit der Bewertung eines Unternehmens korreliert sein.[530] Das Gleiche gilt nach dem Modigliani-Miller-Theorem für den

---

[526] So ergibt sich etwa für den Subsektor Erneuerbare Energien der höchste Median der Kurs-Gewinn-Verhältnisse in Höhe von 40,93 bei einem Median für das durchschnittliche Gewinnwachstum für die ersten drei zu schätzenden Geschäftsjahre von 43,62 %, während sich diese Werte für den am niedrigsten bewerteten Subsektor Automobilzulieferer für das Kurs-Gewinn-Verhältnis auf 13,35 und für das durchschnittliche Gewinnwachstum auf 15,22 % belaufen.

[527] Eine solche Vorgehensweise der Industrieadjustierung kann im Übrigen auch für andere einbezogene Variablen künftig angedacht werden. Für das Gewinnwachstum war sie aus den genannten Gründen allerdings von besonderer Bedeutung.

[528] Vgl. zu der gemeinsamen Berücksichtigung von Beta und Verschuldungsgrad etwa Hail (2002), S. 762; Francis u.a. (2005), S. 311; Gietzmann/Ireland (2005), S. 608 oder Espinosa/Trombetta (2007), S. 1383. Vgl. kritisch hinsichtlich der Verwendung eines unadjustierten Betas in Kombination mit dem Verschuldungsgrad Hail (2002), S. 758. Ausschließlich das Beta verwenden Francis u.a. (2004), S. 989 und Francis/Nanda/Olsson (2008), S. 70. Die nachfolgend darzustellenden Regressionsmodelle wurden versuchsweise auch mit ausschließlicher Verwendung des Beta gerechnet. Für diese alternative Modellierung ergaben sich hinsichtlich der Ergebnisse der Regressionen keine maßgeblichen Unterschiede.

[529] Vgl. Hail (2002), S. 761. Vereinzelt wird auch die Standardabweichung der Analystenprognosen als Indikator für die Unsicherheit des Kapitalmarktes hinsichtlich der künftigen Entwicklung eines Unternehmens verwendet; vgl. Ajinkya/Atiase/Gift (1991), S. 389 f. oder Fischer (2003), S. 291 und 281. Aus theoretischen Erwägungen heraus handelt es sich hierbei um einen zweckmäßigen Indikator, da es sich bei der Standardabweichung der Analystenprognosen im Unterschied zum Beta um ein zukunftsorientiertes Risikomaß handelt; vgl. Fischer (2003), S. 291. Die größere Aussagekraft gegenüber vergangenheitsorientierten Risikomaßen konnte weiterhin durch Cho (1994) empirisch nachgewiesen werden.
Eine Verwendung dieses Indikators wird hier aber nicht vorgenommen, da für die freiwillige Transparenz ein Einfluss auf die Standardabweichung der Analystenprognosen mehrfach empirisch nachgewiesen werden konnte. Die unabhängigen Variablen und der Indikator für das Risiko eines Unternehmens wären also voneinander abhängig, was gegen die Prämissen des linearen Regressionsmodells verstoßen würde. Durch die Verwendung dieses Indikators würden die Ergebnisse der Regression aufgrund der Kollinearität der genannten Variablen verzerrt; vgl. Bortz/Döring (2006), S. 544 f.; Backhaus u.a. (2008), S. 91.

[530] Vgl. Sharpe (1964); Lintner (1965) und Mossin (1966). Zu der Unterteilung in systematisches und unsystematisches Risiko und für einen Überblick über die Funktionsweise des Capital Asset Pricing Modells vgl. grundlegend Steiner/Bruns (2007), S. 21ff. und Poddig/Dichtl/Petersmeier (2008), S. 265 ff.

Verschuldungsgrad. Mit einer höheren Verschuldung steigt nämlich die Volatilität der künftigen Periodenergebnisse[531] und das Kapitalstrukturrisiko des Unternehmens.[532]

Das Beta wird berechnet auf Basis von wöchentlichen Renditen über einen zweijährigen Zeitraum unter Verwendung des Deutschen Aktienindex (DAX) als Vergleichsindex.[533] Der Verschuldungsgrad wird ausgedrückt als bilanzielle Relation von Fremdkapital zu Eigenkapital in Prozent.[534] Vergleichbar mit der nachfolgenden Operationalisierung der Unternehmensgröße wird der jeweilige Mittelwert vom Jahresanfang und Jahresende dem Verschuldungsgrad zugrundegelegt.

- *Unternehmensgröße*: Nach dem sogenannten „small-cap-effect" erzielen kleinere Unternehmen höhere Aktienrenditen als große Unternehmen. Damit kommt auch der Unternehmensgröße eine Erklärungskraft zu.[535] Solche Effekte werden mit der höheren Unsicherheit einer Investition in kleinere Unternehmen und einem geringeren Informationsumfeld begründet.[536] Sie finden sich in höheren Eigenkapitalkosten sowie einer niedrigeren Bewertung wieder.[537] Daher wird die Unternehmensgröße von nahezu allen Untersuchungen als Kontrollvariable verwendet.[538]

---

[531] Dies bestätigen empirisch etwa Hail (2002), Botosan/Plumlee (2002) oder Gebhardt/Lee/Swaminathan (2001).

[532] Vgl. Modigliani/Miller (1958) und Modigliani/Miller (1963). Siehe dazu auch Hail (2002), S. 755.

[533] Das so berechnete Beta gibt einen vergleichsweise aktuellen Eindruck von dem systematischen Risiko eines jeweiligen Unternehmens; vgl. zu dieser Verfahrensweise Hail (2002), S. 762. Ein fünfjähriges Beta auf Basis monatlicher Renditen verwenden Francis u.a. (2005), S. 311; Francis/Nanda/Olsson (2008), S. 70; Botosan/Plumlee (2002), S. 27. Zu Testzwecken wurde den Regressionen ein solches fünfjähriges Beta zugrundegelegt. Für diese alternativen Berechnungen ergaben sich hinsichtlich der resultierenden Ergebnisse keine wesentlichen Veränderungen.

[534] Vgl. zu dieser Verfahrensweise Francis u.a. (2005), S. 310. Der Forderung des Modigliani-Miller-Theorems zur Verwendung von Marktwerten (vgl. Modigliani/Miller (1958) und Modigliani/Miller (1963)) wurde nicht entsprochen, da die Marktwerte des Fremdkapitals der betrachteten Unternehmen mehrheitlich nicht verfügbar waren. Vergleichbar der Verfahrensweise von Gebhardt/Lee/Swaminathan (2001), S. 145 oder Hail (2002), S. 759 und 762 wurde der Verschuldungsgrad jedoch zusätzlich auf der Basis von Bilanzwerten für das Fremdkapital und Marktwerten für das Eigenkapital berechnet und den Regressionen zugrundegelegt. Diese alternative Betrachtung führte im Wesentlichen zu unveränderten Ergebnissen.

[535] Vgl. ursprünglich Banz (1981).

[536] Vgl. etwa Francis u.a. (2005), S. 312; Espinosa/Trombetta (2007), S. 1383 und Cohen (2006), S. 20.

[537] Vgl. Hail (2002), S. 758; Francis u.a. (2005), S. 312 oder Fischer (2003), S. 277. Dementsprechend konnte Basu (1977) bestätigen, dass Unternehmen mit niedrigen Kurs-Gewinn-Verhältnissen höhere Aktienrenditen erzielen.

[538] Vgl. stellvertretend Botosan (1997); Botosan/Plumlee (2002); Hail (2002); Francis u.a. (2004); Francis/Nanda/Olsson (2008).

Sie wird hier approximiert durch den Mittelwert des Marktwerts des Eigenkapitals vom Jahresanfang und Jahresende.[539]

Während die Unternehmensgröße zunächst in absoluten Beträgen den Regressionen zugrundegelegt wird, soll die Marktkapitalisierung eines Unternehmens in einem zusätzlichen Regressionsmodell statt in absoluten Beträgen in logarithmierter Form verwendet werden. Diese Verfahrensweise, die in mehreren Untersuchungen zum Ansatz kommt,[540] erscheint sinnvoll, da auch hinsichtlich des „small-cap-effects" nicht absolute Beträge, sondern das jeweilige Niveau der Unternehmensgröße relevant sind.[541]

- *Eigentümerstruktur*: In einem erweiternden Regressionsmodell soll die Eigentümerstruktur der betrachteten Unternehmen ergänzend als Kontrollvariable berücksichtigt werden. Dies erscheint sinnvoll, da für das Ausmaß der gehaltenen Kapitalanteile durch Unternehmensgründer bzw. ihre Familienmitglieder oder durch leitende Manager eine Relevanz hinsichtlich der Bewertung eines Unternehmens im Rahmen mehrerer Untersuchungen nachgewiesen werden konnte. So werden etwa Unternehmen, bei denen Anteile durch die Unternehmensgründer bzw. ihre Familienmitglieder gehalten werden, regelmäßig höher am Kapitalmarkt bewertet. Dies lässt sich dadurch erklären, dass diese Personengruppe aufgrund

---

[539] Im Rahmen anderer Studien wird häufig ausschließlich die Marktkapitalisierung zum Jahresanfang verwendet; vgl. stellvertretend Hail (2002), S. 759 und 762 oder Francis/Nanda/Olsson (2008), S. 70 sowie hinsichtlich der Betrachtung von Eigenschaften der Analystenprognosen etwa Lang/Lundholm (1996), S. 478. Um jedoch zum Teil nennenswerte Abweichungen zwischen beiden Werten zu neutralisieren, wird im Rahmen dieser Studie der Mittelwert der Marktwerte vom Jahresanfang und Jahresende zugrundegelegt; vgl. zu dieser Vorgehensweise Fischer (2003), S. 207. Die Erhebung dieser Größe erfolgt in jedem Fall nicht zum gleichen innerjährigen Zeitpunkt wie die Erhebung der abhängigen Variablen, da weniger die tagesaktuelle Ausprägung als vielmehr das grundsätzliche Niveau der Marktkapitalisierung und damit der Unternehmensgröße entscheidend ist.

Teilweise wird die Marktkapitalisierung auch in logarithmierter Form verwendet; vgl. stellvertretend Francis u.a. (2004), S. 989. Hier wurde sie jedoch zunächst unverändert übernommen wie etwa bei Hail (2002), S. 759 und 762. Eine Regression auf Basis logarithmierter Werte wurde jedoch zusätzlich vorgenommen.

Für Unternehmen mit unterschiedlichen Aktienkategorien (so etwa Stamm- und Vorzugsaktien oder vinkulierten und nicht vinkulierten Stammaktien) wurden die jeweiligen Marktkapitalisierungen der einzelnen Aktienkategorien aggregiert berücksichtigt. Dies war der Fall bei den folgenden Unternehmen: BayWa AG, BMW AG, Drägerwerk AG & Co. KGaA, Dyckerhoff AG, Fresenius Medical Care AG & Co. KGaG, Fresenius SE, Fuchs Petrolub AG, Henkel KGaA, Hugo Boss AG, Jungheinrich AG, Koenig & Bauer AG, MAN AG, Metro AG, ProSiebenSat.1 Media AG, und Q-Cells AG, RWE AG, Sixt AG, Volkswagen AG.

[540] Vgl. Botosan/Plumlee (2002), S. 24; Hail (2002), S. 758; Francis/Nanda/Olsson (2008), S. 70.

[541] Vgl. hinsichtlich des „small-cap-effects" ursprünglich Banz (1981) und die Ausführungen innerhalb des vorangegangenen Kapitels.

wesentlicher gehaltener Kapitalanteile und häufig auch geringerer Informationsasymmetrien eine wirksame Kontrolle auf das Management ausübt sowie aufgrund
ihrer langfristigen Orientierung eine nachhaltigere Ausrichtung des Unternehmens
und damit zweckmäßigere Investitionsentscheidungen ermöglicht.[542] Unternehmen
mit einer Beteiligung des Managements wiederum werden häufig höher bewertet,
da die Beteiligung des Managements eine Verringerung der Agency-Kosten und
eine zielführende Anreizkompatibilität mit sich bringt.[543]

Das Halten von wesentlichen Kapitalanteilen durch Unternehmensgründer bzw.
Familienmitglieder oder Manager ist weitverbreitet und darüber hinaus von
erheblichem Ausmaß.[544] So werden bei 40 % der betrachteten Unternehmen aus
DAX, MDAX, SDAX und TecDAX durch diese Personengruppen berichtspflichtige[545] Anteile gehalten, die sich prozentual bezogen auf die betreffenden Unternehmen auf durchschnittlich 27 % bzw. bezogen auf alle Unternehmen auf
durchschnittlich 10 % der ausgegebenen Aktien belaufen. Außerdem handelt es
sich um eine Größe, die im Unterschied zu dem von institutionellen Investoren
gehaltenen Anteilsbesitz nicht selber durch das Ausmaß der freiwilligen unternehmenseigenen Transparenz beeinflusst wird. Schließlich verfügt ein Unternehmensgründer bzw. seine Familienmitglieder aufgrund der besonderen Nähe zum

---

[542] Vgl. Kwak (2003), S. 12 sowie mit empirischen Nachweisen Anderson/Reeb (2003); Villalonga/Amit
(2006); Fahlenbrach (2007); Adams/Almeida/Ferreira (2009) oder ähnlich auch Anderson/Mansi/Reeb
(2003). Siehe hinsichtlich des Ausübens von Kontrolle durch Minderheitsaktionäre mit wesentlichem
Anteilsbesitz und des diesbezüglichen positiven Einflusses auf die Bewertung des Unternehmens
empirisch McConnell/Servaes (1990) sowie bezüglich einer zugrundeliegenden theoretischen Modellierung Shleifer/Vishny (1986). Zwar ergeben sich für außenstehende Aktionäre aus einem wesentlichen
Familienbesitz durchaus auch Nachteile (vgl. Villalonga/Amit (2006); Anderson/Reeb (2003)), hinsichtlich des festgestellten Einflusses auf die Unternehmensbewertung scheinen die Vorteile damit jedoch zu
überwiegen. Mögliche Differenzierungen ergeben sich aus der Höhe des Anteilsbesitzes, da für einen
besonders großen Anteilsbesitz auch ein negativer Einfluss auf die Bewertung festgestellt werden kann
(vgl. Anderson/Reeb (2003)), und aus der Führung eines solchen Unternehmens durch den Gründer,
durch einen familienunabhängigen Manager oder durch Nachkommen des Unternehmensgründers, da
für letztere ebenfalls ein negativer Einfluss auf die Höhe der Bewertung beobachtet wurde
(vgl. Fahlenbrach (2007); Villalonga/Amit (2006); Smith/Amoako-Adu (1999)).

[543] Vgl. Fahlenbrach/Stulz (2008); Coles/Lemmon/Meschke (2007) oder bereits Morck/Shleifer/Vishny
(1988). Bezüglich der Reduzierung von Agency-Kosten und der Berücksichtigung von Endogenität
siehe auch Himmelberg/Hubbard/Palia (1999) sowie dazu kritisch Zhou (2001). Siehe hinsichtlich des
agencytheoretischen Hintergrunds ursprünglich Jensen/Meckling (1976).

[544] Siehe in dieser Hinsicht auch Anderson/Reeb (2003), S. 1301.

[545] Gemäß § 21 WpHG ist seit dem 20.01.2007 bereits ein Stimmrechtsanteil, welcher im Regelfall mit
dem Kapitalanteil übereinstimmt, von 3 % gegenüber vormals 5 % meldepflichtig; vgl. Bosse (2007),
S. 39 und 41.

Unternehmen über vergleichsweise ausführliche Informationen,[546] während dem Management ohnehin alle intern erhältlichen Informationen zur Verfügung stehen. Eine Erhöhung der freiwilligen unternehmenseigenen Transparenz zieht daher keine höheren Kapitalanteile durch diese Personengruppen nach sich und steht damit nicht in Verbindung mit dem untersuchten Wirkungszusammenhang zwischen der freiwilligen Transparenz und der Bewertung des Unternehmens.[547] Vor diesem Hintergrund erschien es zweckmäßig, diesen Einflussfaktor auf die Höhe der Kapitalmarktbewertung erstmalig gesondert einzubeziehen.

Dabei geht ein Anteilsbesitz durch den Unternehmensgründer bzw. durch Mitglieder der Gründungsfamilie häufig auch einher mit einer Beteiligung durch das Management, nämlich dann, wenn das Unternehmen auch von Familienmitgliedern geführt wird.[548] Vermutlich aus diesem Grund und aufgrund der vergleichbaren Wirkungen eines Anteilsbesitzes durch Familienmitglieder oder durch das Management werden beide Kategorien auch durch das zu Thomson Reuters gehörige Datastream, als die Datenquelle für kapitalmarktbezogene Sekundärdaten, die dieser Untersuchung zugrundeliegt, gemeinsam erfasst. Aus den Gründen wird der Anteilsbesitz dieser Personengruppen auch gemeinsam den vorzunehmenden Betrachtungen zugrundegelegt. Die Operationalisierung erfolgt dabei im Detail in Form des Mittelwerts der durch den Gründer bzw. seine Familienmitglieder oder durch das Management gehaltenen prozentualen Kapitalanteile vom Jahresanfang und Jahresende.

In einigen Studien zur Untersuchung des Einflusses freiwilliger Transparenz auf die Eigenkapitalkosten eines Unternehmens wird das Kurs-Buchwert-Verhältnis als weitere Kontrollvariable hinzugezogen.[549] Dem wird hier jedoch nicht gefolgt, da zwischen dem industrieadjustierten Kurs-Gewinn-Verhältnis und dem Kurs-Buchwert-Verhältnis durch die jeweilige Verwendung des Aktienkurses als Nenner der Kennzahl eine Korrelation beider Variablen selbsterklärend ist.[550] Der freiwilligen Transparenz kommt auch in Bezug

---

[546] Demzufolge besteht für solche Unternehmen ein geringerer Anreiz, freiwillige Informationen an den Kapitalmarkt zu übermitteln; vgl. mit empirischem Nachweis stellvertretend Chen/Chen/Cheng (2008) sowie mit differenzierten Ergebnissen Ali/Chen/Radhakrishnan (2007) und dazu kritisch Hutton (2007).

[547] Vgl. hinsichtlich des modelltheoretischen Wirkungszusammenhangs bezogen auf institutionelle Investoren die Darstellungen im Rahmen von Kapitel 2.1.1.

[548] Vgl. stellvertretend Adams/Almeida/Ferreira (2009).

[549] So etwa bei Francis u.a. (2004), S. 989 oder Francis/Nanda/Olsson (2008), S. 70.

[550] Derselbe Zusammenhang ist im Übrigen aber auch gegenüber den Eigenkapitalkosten zu erwähnen. Er tritt nur bei der hier gewählten Betrachtung der Bewertungskennzahl auch optisch zum Vorschein. Der

auf das Kurs-Buchwert-Verhältnis eine Erklärungskraft zu, wodurch die erklärenden Variablen miteinander korrelieren würden. Dies würde gegen die Prämissen des linearen Regressionsmodells verstoßen und die Ergebnisse der Regression verzerren.[551] Auch bei Regressionen gegenüber den Eigenkapitalkosten kommt diese Variable aber nicht durchgehend zum Ansatz, da einige Autoren die fehlende theoretische Begründung für ihre Verwendung hervorheben.[552]

Neben den unabhängigen Variablen der freiwilligen Transparenz und den hier aufgeführten Kontrollvariablen wird im Übrigen eine Konstante in die Regressionen einbezogen. Dies folgt aus theoretischen Überlegungen. So ist vergleichbar dem risikofreien Zinssatz im Rahmen der Eigenkapitalkosten auch hinsichtlich des Kurs-Gewinn-Verhältnisses von einem unternehmensübergreifenden fixen Bezugspunkt auszugehen.[553]

3.5.   Zeitliche Abfolge der Messung relevanter Variablen

Hinsichtlich der zeitlichen Abfolge war zunächst eine grundsätzliche Entscheidung darüber zu treffen, ob die beabsichtigte Untersuchung in Form einer ein- oder mehrjährigen Betrachtung bzw. in Form einer Querschnitt- oder Längsschnittanalyse vorgenommen werden sollte. Gewählt wurde eine einjährige Betrachtung der vermuteten kapitalmarktorientierten Wirkungszusammenhänge. Dies entspricht dem häufig gewählten Untersuchungsdesign, wenn zunächst die übergeordnete Prüfung der unterstellten Zusammenhänge im Vordergrund steht.[554] Einer zeitlichen Veränderung gegebenenfalls bestehender Zusammenhänge wird demnach regelmäßig erst in anschließenden Beiträgen nachgegangen, welche ihrerseits dann auf grundlegende Erkenntnisse aus vorangegangenen einperiodigen Untersuchungen zurückgreifen können.[555]

---

bei Botosan/Plumlee (2002), S. 38 erwähnte statistische Zusammenhang zwischen beiden Größen kann somit nicht überraschen.

[551] Vgl. Backhaus u.a. (2008), S. 91.

[552] Vgl. Botosan/Plumlee (2002), S. 38. Ebenfalls ohne Verwendung des Kurs-Buchwert-Verhältnisses rechnen Francis u.a. (2005), S. 311; Botosan (1997), S. 343; Espinosa/Trombetta (2007), S. 1384; Hail (2002), S. 762.

[553] Eine Investition in eine risikofreie Anlage führt bei einem beispielhaften risikofreien Zinssatz von 4 % etwa zu einem Kurs-Gewinn-Verhältnis von 25. Ebenfalls eine Konstante verwenden Francis u.a. (2005), S. 311; Cohen (2006), S. 40 f. oder auch Bushee/Miller (2007), S. 49. Hinsichtlich der Begründung zur Verwendung einer Konstante siehe allgemeiner Liu/Nissim/Thomas (2002), S. 144.

[554] Vgl. hinsichtlich des einjährigen Untersuchungsdesigns etwa Francis/Nanda/Olsson (2008), S. 53; Jones (2007), S. 497 oder Vanstraelen/Zarzeski/Robb (2003), S. 259.

[555] Vgl. hinsichtlich mehrperiodiger Fragestellungen Einhorn/Ziv (2008) oder Botosan/Harris (2000).

Im Rahmen dieser Arbeit wird gleich mehreren Fragen nachgegangen, die aufgrund ihrer erstmaligen Betrachtung zunächst eine übergeordnete Prüfung erfordern. Dabei handelt es sich insbesondere um eine gleichzeitige Betrachtung aller hier identifizierten kapitalmarktorientierten Kommunikationsformen. Eine solche umfassende simultane Betrachtung für das Voluntary Disclosure, die Accounting Quality und die Personal Communication wurde bislang noch nicht vorgenommen. Darüber hinaus stellt auch die Untersuchung von besonderen Wirkungsweisen – hinsichtlich der fundamentalen Zielsetzungen der freiwilligen unternehmenseigenen Transparenz – in Abhängigkeit von bestimmten Charakteristika der Geschäftstätigkeit eine wesentliche neuartige Betrachtungsweise dar.[556]

Hinsichtlich der aus Perspektive professioneller Teilnehmer des Kapitalmarktes besonders bedeutsamen Personal Communication wird ebenfalls eine neuartige Vorgehensweise gewählt. Während in bisherigen Studien erst wenige Versuche unternommen wurden, die Intensität der Personal Communication in objektiver Form zu messen, wurden im Rahmen dieser Untersuchung mit Hilfe einer explorativen Befragung zunächst alternative Indikatoren ermittelt und anschließend der Betrachtung kapitalmarktorientierter Wirkungsweisen zugrundegelegt.[557]

Weitere Änderungen bezüglich der empirischen Vorgehensweise wurden gegenüber bestehenden Studien vorgenommen (1) hinsichtlich der Erweiterung des angewandten Ratings anhand der Genauigkeit der Prognosen des Managements um zusätzlich zu berücksichtigende Berichtselemente, (2) hinsichtlich der mit Hilfe einer Befragung erhobenen Gewichte für die Berichtselemente und Genauigkeitsgrade, und (3) hinsichtlich der Verwendung eines industrieadjustierten Gewinnwachstums sowie der Berücksichtigung der Eigentümerstruktur als Kontrollvariablen.[558]

Vor diesem Hintergrund erschien eine grundlegende Untersuchung der erstmalig simultan betrachteten Wirkungszusammenhänge und auch der Auswirkungen der anderen neuartigen Vorgehensweisen im Rahmen einer einperiodigen Betrachtung zweckmäßig und eine mehrperiodige Analyse, welche sich etwa mit Veränderungen der Qualität der freiwilligen Transparenz oder mit Veränderungen der Stärke der Wirkungszusammenhänge im Zeitablauf beschäftigen könnte, demgegenüber verfrüht.

---

[556] Vgl. hierzu die Darstellungen im Rahmen von Kapitel 1.2.
[557] Die alternativen Indikatoren im Rahmen der Operationalisierung der Personal Communication werden beschrieben in Kapitel 3.3.3.2 und Kapitel 3.3.3.4.
[558] Vgl. zu diesen drei Punkten im Detail Kapitel 3.3.1.2.1.1, 3.3.1.4 bzw. 3.4.

Während also mehrperiodigen Fragestellungen an dieser Stelle nicht nachgegangen werden soll, ist jedoch die zeitliche Abfolge innerhalb des gewählten Untersuchungsaufbaus von besonderer Bedeutung. So ist zur Überprüfung der kausalen Zusammenhänge sicherzustellen, dass die Qualität der freiwilligen Transparenz vor der Datenerhebung hinsichtlich der bewertungsbezogenen Zielvariablen bestanden hat, damit sich die unterstellte Wirkung in Reaktion auf die freiwillige Transparenz überhaupt einstellen kann. Demnach ist die Qualität der freiwilligen Transparenz vorgelagert zu messen.[559]

Die Datenerhebung zum Voluntary Disclosure und zur Accounting Quality bereitet hinsichtlich der zeitlichen Einordnung keine Schwierigkeiten. Da sich ihre Qualität nämlich aus den Geschäftsberichten der betrachteten Unternehmen ergibt, kann der Zeitpunkt, zu dem diese Informationen an den Kapitalmarkt gelangen, eindeutig bestimmt werden. Es handelt sich um den Tag der Veröffentlichung des Geschäftsberichts.[560] Da die Qualität aller drei unabhängigen Variablen für das Jahr 2007 gemessen werden sollte, waren hinsichtlich des Voluntary Disclosure und der Accounting Quality die Geschäftsberichte für das Geschäftsjahr 2006 bzw. 2005/2006 zugrundezulegen, welche zu Beginn des Jahres 2007 bzw. kurz vor Beginn des Jahres 2007 veröffentlicht wurden.[561] Dies ergibt sich aus der Verpflichtung für Kapitalgesellschaften laut § 264 Abs. 1 S. 2 HGB, den Jahresabschluss und Lagebericht innerhalb von drei Monaten nach Ablauf des Geschäftsjahres aufzustellen.

Im Unterschied dazu lässt sich die Personal Communication nicht an einem einzelnen Tag festmachen, sie wird vielmehr kontinuierlich vorgenommen. Die entsprechende Datenerhebung kann somit nicht einen bestimmten Zeitpunkt fixieren, sondern muss sich stattdessen an einem Zeitraum orientieren. Erschwerend kommt hinzu, dass die Intensität der kapitalmarktorientierten Kommunikation zeitlichen Schwankungen unterliegt, deren Schwerpunkte etwa in Abhängigkeit von dem Zeitpunkt der Veröffentlichung der Quartalsberichte und der Branchenzugehörigkeit der betrachteten Unternehmen durchaus variieren.[562] Eine zuverlässige Messung der Personal Communication kann daher nur für

---

[559] Vgl. etwa Hail (2002), S. 751; Bowen/Davis/Matsumoto (2002), S. 289 ff.; Barron/Kile/O'Keefe (1999), S. 84.

[560] Vgl. Hail (2002), S. 746.

[561] Für die Unternehmen mit abweichendem Bilanzstichtag zum 30.09.2006 oder 31.10.2006, die in die Untersuchung einbezogen wurden, liegt der Zeitpunkt der Veröffentlichung der Geschäftsberichte kurz vor Beginn des Jahres 2007.

[562] Der Zeitpunkt der Veröffentlichung der Quartalsberichte ist insofern von Bedeutung, als dass eine Bekanntgabe von Quartalszahlen häufig zum Anlass für anschließende Kommunikation mit professionellen Kapitalmarktteilnehmern genommen wird; vgl. Wichels (2002), S. 24 oder Tiemann (1997), S. 40.

ein ganzes Kalenderjahr und nicht für einen unterjährigen Zeitraum erfolgen.[563] Vor diesem Hintergrund wurde die Personal Communication für das vollständige Jahr 2007 erhoben.

Die zeitliche Abfolge der Datenerhebung der drei unabhängigen Variablen und der abhängigen Variablen soll durch die nachfolgende Darstellung verdeutlicht werden (siehe Abbildung 18). Die Messung der Qualität des Voluntary Disclosure und der Accounting Quality, welche an den jeweils veröffentlichten Geschäftsberichten anknüpft,[564] wird ex post für den Zeitpunkt der Veröffentlichung vorgenommen. Die der Untersuchung zugrundegelegten Geschäftsberichte 2006 bzw. 2005/2006 wurden in der Zeit vom 16.11.2006 bis zum 31.03.2007 veröffentlicht.[565] Da die Personal Communication nur über einen einjährigen Zeitraum und nicht etwa für die Zeit vom 01.01.2007 bis zum 31.03.2007 sinnvoll erfasst werden kann, wurde diesbezüglich anders verfahren. Die Intensität der Personal Communication wurde für das ganze Jahr 2007 erhoben, um die für das erste Quartal bzw. einen vergleichbaren vorgelagerten Zeitraum nicht unverzerrt zu ermittelnde Intensität zu repräsentieren.[566]

Die zeitlichen Schwankungen in Abhängigkeit von der Branchenzugehörigkeit ergeben sich aus dem Umstand, dass etwa Unternehmenspräsentationen sowie Einzel- und Gruppengespräche häufig auch im Rahmen von extern organisierten Konferenzen durchgeführt werden und solche Konferenzen für verschiedene Branchen zu unterschiedlichen Zeitpunkten stattfinden; vgl. stellvertretend Drill (1995), S. 134.

[563] Vgl. zu dieser Verfahrensweise Francis/Nanda/Olsson (2008), S. 92.

[564] Da die Accounting Quality für einen mehrjährigen Zeitraum erhoben wird, repräsentiert der hier angesprochene Geschäftsbericht die letzten in die Berechnung der Accounting Quality einbezogenen Rechenwerke; vgl. zu den Vorzügen einer mehrjährigen Operationalisierung der Accounting Quality Kapitel 3.3.2.2.

[565] Am 16.11.2006 hat die Epcos AG als erstes derjenigen Unternehmen mit abweichendem Bilanztag zum 30.09. oder 31.10. ihren Geschäftsbericht veröffentlicht.

[566] Diese Vorgehensweise erscheint deswegen möglich, weil die Intensität der freiwilligen Transparenz kapitalmarktorientierter Unternehmen nur in seltenen Fällen innerhalb eines kurzen Zeitraums wesentlich verändert wird, um negative Reaktionen des Kapitalmarktes zu vermeiden; vgl. etwa Einhorn/Ziv (2008), S. 567; Botosan/Harris (2000), S. 331 und 332 oder auch Lang/Lundholm (1993), S. 267. Eine Datenerhebung der Personal Communication für die Zeit vom 01.07.2006 bis zum 30.06.2007 kam als Alternative nicht in Frage, da die erhobenen Informationen zu der Intensität der persönlichen Kommunikation durch die betrachteten Unternehmen regelmäßig für interne Zwecke in Bezug auf ein jeweiliges Geschäftsjahr erfasst werden.

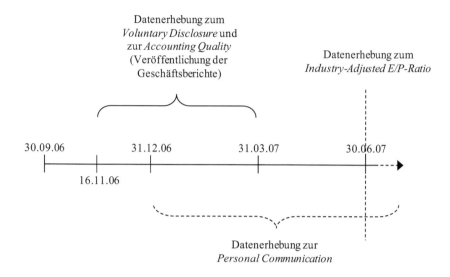

Abbildung 18: Zeitliche Abfolge der Messung relevanter Variablen[567]

Der Stichtag für die Datenerhebung der abhängigen Variablen in Form des industrieadjustierten Gewinn-Kurs-Verhältnisses ist in Relation dazu nachgelagert der 30.06.2007.[568] Auch die kapitalmarktbezogenen Kontrollvariablen werden zu diesem Termin gemessen.[569] Durch diesen zeitlichen Abstand zu der Veröffentlichung der Geschäftsberichte und zu der kontinuierlich durchgeführten persönlichen Kommunikation wird sichergestellt, dass die durch die betrachteten Kommunikationsformen vermittelten Informationen in der Zwischenzeit vollständig vom Kapitalmarkt in den Aktienkursen berücksichtigt werden konnten.[570]

---

[567] Der 16.11.2006 markiert den Beginn des Zeitraums, ab dem die Geschäftsberichte der betrachteten Unternehmen veröffentlicht werden. Von den Unternehmen mit abweichendem Bilanztag zum 30.09. oder 31.10. hat nämlich die Epcos AG an diesem Tag als erstes ihren Geschäftsbericht herausgegeben.

[568] Um eine stichtagsbedingte Verzerrung der Ergebnisse durch ungewöhnliche Kursbewegungen an einem einzigen Tag ausschließen zu können, wurde als primäre Messung ein Durchschnittskurs aus dem jeweiligen Schlusskurs des 30.06. und den zwei vorangegangenen Handelstagen berechnet und den Regressionen zugrundegelegt; für diese und die stichtagsbezogene Vorgehensweise ergaben sich allerdings nur geringfügige Unterschiede. Ebenfalls nicht den Kurs von einem einzigen Tag, sondern einen monatlichen Durchschnitt verwendet Hail (2002), S. 751.

[569] Hinsichtlich der zeitlichen Abfolge verfährt ebenso Hail (2002), S. 751. Siehe ähnlich auch Bowen/ Davis/Matsumoto (2002), S. 289 ff., die zwei Messungen vornehmen. Eine mit einem Abstand von 20 Tagen und eine mit einem Abstand von circa 3 Monaten. Barron/Kile/O'Keefe (1999), S. 84 verwenden einen Abstand von 30 bis 60 Tagen.

[570] Aufgrund der Vielzahl der etwa in den Geschäftsberichten enthaltenen Informationen ist nämlich schwierig zu bestimmen, wie schnell diese Informationen durch den Kapitalmarkt verarbeitet und in

3.6. Grundgesamtheit und Stichprobe der Untersuchung

3.6.1. Festlegung der Grundgesamtheit

Aufgrund der Gegenüberstellung mit kapitalmarktbezogenen Daten kann die Grundgesamtheit in einem ersten Schritt auf börsennotierte Unternehmen beschränkt werden. Denn Marktkapitalisierungen und Analystenprognosen etwa sind nur für solche Unternehmen verfügbar. In einem zweiten Schritt soll sich die vorliegende Untersuchung auf börsennotierte Unternehmen lediglich eines Landes konzentrieren. Dies dient vor allem dem Zweck, vielfältige Einflüsse unterschiedlicher Rechtssysteme und Börsenplätze auszuschließen, die in einigen Studien bereits empirisch nachgewiesen werden konnten.[571] Deutsche Unternehmen schließlich sind als Grundgesamtheit für die vorliegende Untersuchung zunächst aus inhaltlichen Gründen besonders interessant. Zum einen, weil der Deutsches Rechnungslegungs Standards Committee e.V. (DRSC) – als einer der ersten nationalen Standardsetzer weltweit – auf die intensive Diskussion in Wissenschaft und Praxis zeitnah reagiert hat und mit der Verabschiedung von DRS 15 einige Verpflichtungen und zahlreiche Empfehlungen zur Publizität von wertorientierten Berichtselementen in die Vorgaben zur deutschen Lageberichterstattung aufgenommen hat.[572] Zum anderen, weil auch ein viel beachteter Wettbewerb zur Auszeichnung der Berichterstattung deutscher börsennotierter Unternehmen bereits 2005 wertorientierte Berichtselemente in den zu beurteilenden Kriterienkatalog aufgenommen hat.[573] Während die Empfehlungen aus DRS 15 und auch der angesprochene Wettbewerb also bereits mehrere Unternehmen dazu veranlasst haben dürften, verstärkt wertorientierte Informationen in ihre Berichterstattung aufzunehmen, führt der nach wie vor überwiegend freiwillige Charakter der wertorientierten Berichterstattung wohl dazu, dass längst nicht alle Unternehmen sich ausführlich dem Value Reporting widmen. So ist einerseits eine Zunahme der wertorientierten Berichterstattung, aber andererseits auch eine ausreichende Streuung der Qualität der wertorientierten Berichterstattung innerhalb der betrachteten Unternehmen zu erwar-

---

Relation zu der Berichterstattungsqualität anderer Unternehmen gesetzt werden können; siehe ähnlich Lang/Lundholm (1996), S. 476 f.

[571] Vgl. Daske/Hail/Leuz/Verdi (2008); Hail/Leuz (2006); Bushman/Piotroski (2006); Bushman/Piotroski/ Smith (2003); Hope (2003c) oder auch Baginski/Hassel/Kimbrough (2002).

[572] Vgl. Baetge/Solmecke (2006), S. 25 ff. oder Baetge/Heumann (2006a), S. 45 ff.

[573] Es handelt sich dabei um den Wettbewerb „Der Beste Geschäftsbericht"; vgl. stellvertretend Baetge u.a. (2008), S. 4. Siehe hinsichtlich der Erweiterung um wertorientierte Berichtselemente Döhle (2006), S. 120 ff.

172 Dies sollte aufgrund der hier gewählten Fokussierung des Voluntary Disclosure

ten.[574] Dies sollte aufgrund der hier gewählten Fokussierung des Voluntary Disclosure Index auf wertorientierte Berichtselemente der Nachweisbarkeit der vermuteten Wirkungszusammenhänge tendenziell entgegenkommen.

Über diese inhaltlichen Gesichtspunkte für die Betrachtung deutscher Unternehmen hinaus sprach auch eine strategische Überlegung dafür, den deutschen Kapitalmarkt zu fokussieren. So liegen diesbezüglich bislang erst wenige Erkenntnisse zu den hier untersuchten fundamentalen kapitalmarktorientierten Wirkungen vor. Die durchgeführten Arbeiten beschränken sich auf eine Betrachtung der Wirkungen der gesamten Investor Relations.[575] Zu dem Einfluss einzelner Kommunikationsformen hingegen – also des Voluntary Disclosure, der Accounting Quality und der Personal Communication – liegt mit der Studie von Daske (2006) erst eine einzige Arbeit vor, die mit dem Voluntary Disclosure – zumal anhand einer besonderen Fragestellung – eine dieser Kommunikationsformen überhaupt gezielt betrachtet.

3.6.2.   Festlegung der Stichprobe

Innerhalb des deutschen Kapitalmarktes fällt die Wahl auf die Unternehmen, die in den vier großen Auswahlindizes DAX®, MDAX®, SDAX® und TecDAX® der Deutsche Börse AG per 31.12.2006 gelistet waren.[576] Dies entspricht einer Stichprobenziehung auf Basis einer bewussten Auswahl nach dem Konzentrationsprinzip.[577] Es werden also die Elemente der Grundgesamtheit in die Stichprobe einbezogen, die – hier aufgrund der Marktkapitalisierung und des Handelsvolumens –[578] die Grundgesamtheit dominieren.[579] Während sich DAX und TecDAX jeweils aus 30 Unternehmen zusammensetzen, gehören

---

[574] Vgl. hinsichtlich der Prüfung einer ausreichenden Varianz der unabhängigen Variablen des Voluntary Disclosure Index auf Basis der Vorgaben der deutschen Rechnungslegung im Allgemeinen und der Verpflichtungen und Empfehlungen von DRS 15 im Besonderen ausführlich Kapitel 3.3.1.2.1.2.

[575] So etwa die Studien von Allendorf (1996) und Tiemann (1997).

[576] Vgl. Abschnitt 1.1 Leitfaden zu den Aktienindizes der Deutschen Börse (Version 6.2 von März 2007). Während der DAX sowohl Unternehmen aus klassischen Branchen als auch solche aus Technologiebranchen umfasst, wird unterhalb des DAX differenziert. Für die klassischen Branchen werden MDAX und SDAX berechnet, welche entsprechend dem Namens-Zusatz Midcap- bzw. Smallcap-Werte beinhalten. Für Unternehmen aus Technologiebranchen unterhalb des DAX ist der TecDAX vorgesehen.

[577] Vgl. Kromrey (2006), S. 284 f.

[578] Zum 29.12.2006 entsprach die Marktkapitalisierung der Unternehmen aller vier genannten Indizes einem Anteil von 66 % an der Marktkapitalisierung des gesamten deutschen Aktienmarktes.

[579] Bei den hier betrachteten Zusammenhangs-Hypothesen ist eine Zufallsstichprobe nicht erforderlich und eine bewusste Auswahl nach dem Konzentrationsprinzip aufgrund der Dominanz der indexnotierten Unternehmen zweckmäßig; vgl. Kromrey (2006), S. 282.

sowohl zum MDAX als auch zum SDAX jeweils 50 Unternehmen. Die Stichprobe setzt sich damit zunächst aus 160 Unternehmen zusammen. Aufgrund der Untersuchungsbedingungen müssen allerdings einige dieser Unternehmen aus der Betrachtung ausgeschlossen werden. Dies trifft zunächst zu auf 8 Banken, 4 Versicherungen und 21 Finanzdienstleister, da bei der Berichterstattung dieser Unternehmen aufgrund der gegenüber anderen Branchen abweichenden Geschäftstätigkeit und der abweichenden Strukturen von Bilanz sowie Gewinn- und Verlustrechnung andere Berichtselemente als die hier betrachteten im Vordergrund stehen.[580] Weiterhin sind 10 Unternehmen aus der Betrachtung herauszunehmen, die zwar in den Indizes MDAX, SDAX und TecDAX enthalten, aber als ausländische Gesellschaften zu klassifizieren sind.[581] Sie sind in erheblichem Maße vielfältigen Einflüssen anderer Rechtssysteme und Börsenplätze ausgesetzt[582] und werden daher aus der Betrachtung herausgenommen, um die Ergebnisse der Untersuchung nicht zu beeinträchtigen.[583]

Darüber hinaus wurden drei Unternehmen aufgrund abweichender Geschäftsjahre aus der Betrachtung ausgeschlossen, um einen engen Zeitraum für die Messung der Qualität des Voluntary Disclosure zu gewährleisten. Es handelt sich dabei um die Südzucker AG (Geschäftsjahresende 28.02.), die Heidelberger Druckmaschinen AG (Geschäftsjahresende 31.03.) und die KWS SAAT AG (Geschäftsjahresende 30.06.). Unternehmen jedoch mit Geschäftsjahresende zum 30.09. oder vereinzelt 31.10. werden wie die Mehrheit der

---

[580] Zu einem Ausschluss solcher Unternehmen aus branchenübergreifenden empirischen Untersuchungen vgl. stellvertretend Hail (2002), S. 753. Die Branche der Finanzdienstleister umfasst zunächst versicherungsnahe und banknahe Unternehmen, sowie Gesellschaften aus den Bereichen Leasing, Baufinanzierung, Kapitalanlage und Immobilien.

[581] Zwar enthält der Leitfaden zu den Aktienindizes der Deutschen Börse seit dem 01.10.2006 die Vorgabe, dass ein Unternehmen entweder seinen Sitz in Deutschland haben muss oder alternativ den Schwerpunkt seines Handelsumsatzes in Deutschland und dann aber zusätzlich den juristischen Sitz in einem EU oder EFTA Staat haben muss, um in den DAX, MDAX, SDAX oder TecDAX aufgenommen werden zu können; vgl. Abschnitt 2.2.1.1 Leitfaden zu den Aktienindizes der Deutschen Börse in der Version 6.1 von Dezember 2006. Da jedoch ausländische Unternehmen, die bereits vor dem 01.10.2006 in MDAX, SDAX oder TecDAX enthalten waren, bei Nicht-Erfüllung der neuen Kriterien bis Dezember 2008 in den entsprechenden Indizes verbleiben sollten, enthielten alle drei genannten Indizes ausländische Unternehmen.

[582] Vgl. Daske/Hail/Leuz/Verdi (2008); Hail/Leuz (2006); Bushman/Piotroski (2006); Bushman/Piotroski/Smith (2003); Hope (2003c) oder auch Baginski/Hassel/Kimbrough (2002).

[583] Vgl. zu dieser Vorgehensweise auch Kajüter/Esser (2007), S. 382. Es handelt sich dabei im Detail um die folgenden Unternehmen für den MDAX (EADS N.V.), den SDAX (Air Berlin plc, Cat Oil AG, Highlight Communication AG, Thiel AG) und den TecDAX (AT+S AG, BB Biotech AG, Qiagen N.V., Rofin-Sinar Technologies Inc., Tele Atlas N.V.).

Unternehmen mit Geschäftsjahresende zum 31.12. in die Betrachtung einbezogen.[584] So wird sichergestellt, dass das Geschäftsjahresende aller betrachteten Unternehmen und damit der Zeitpunkt der Veröffentlichung der Geschäftsberichte nur um drei Monate variiert. Aufgrund der Vorgabe für Kapitalgesellschaften laut § 264 Abs. 1 S. 2 HGB, den Jahresabschluss und Lagebericht innerhalb von drei Monaten nach Ablauf des Geschäftsjahres aufzustellen, sind alle Geschäftsberichte bis zum 31.03. verfügbar und die darin enthaltenen Informationen bis zum 30.06. vom Kapitalmarkt in den Aktienkursen verarbeitet.[585]

Zwei Unternehmen konnten schließlich aufgrund besonderer unternehmensspezifischer Umstände nicht in die Betrachtung einbezogen werden. Aufgrund der Verschmelzung der freenet.de AG und der mobilcom AG auf die telunico holding AG Anfang 2007 mit anschließender Firmierung als freenet AG[586] und aufgrund der Ende 2006 begonnenen Übernahme der Schwarz Pharma AG durch die UCB SP GmbH[587] waren für die Unternehmen freenet.de AG, mobilcom AG und Schwarz Pharma AG die relevanten kapitalmarktbezogenen Daten nicht vollständig verfügbar bzw. hatten an Aussagekraft verloren. Die freenet AG wurde allerdings stellvertretend für ihre Vorgängerunternehmen in die Untersuchung einbezogen.

Nach Berücksichtigung dieser grundsätzlichen Einschränkungen kamen 112 Unternehmen aus den Indizes DAX, MDAX, SDAX und TecDAX für die konkret zu betrachtende Stichprobe grundsätzlich in Frage. Während für diese Unternehmen nun zunächst die erforderlichen Daten zu generieren waren, ergab sich aus eben diesem Prozess eine weitere Einschränkung der Stichprobe, da zumindest einige relevante Daten für manche Unternehmen nicht verfügbar waren.

---

[584] Vergleichbar verfährt Hail (2002), S. 752. Da mehr Unternehmen ein abweichendes Geschäftsjahr zum 30.09. haben, als ein anderes alternatives Geschäftsjahresende, lässt sich durch diese Verfahrensweise eine größere Stichprobe realisieren.

[585] Vgl. Hail (2002), S. 752. Siehe ähnlich Jones (2007), S. 494. Hintergrund dieser Vorgehensweise sind Erkenntnisse, nach denen Unternehmen ihre Informationspolitik nur selten erheblich ändern; vgl. Einhorn/Ziv (2008), S. 567. Demnach kann bei den Unternehmen mit Geschäftsjahresende zum 30.09. oder 31.10. mit hoher Wahrscheinlichkeit davon ausgegangen werden, dass sie auch drei bzw. zwei Monate später im Vergleich zu den Unternehmen mit Geschäftsjahresende zum 31.12. noch über dieselbe Qualität des Voluntary Disclosure verfügen.

[586] Siehe ausführlich hierzu den Wertpapierprospekt für die Zulassung der Aktien der neuen Gesellschaft zum amtlichen Markt der Frankfurter Wertpapierbörse unter: http://www.freenet.ag/media/ Wertpapierprospekt_Telunico.pdf (hier abgerufen am 01.02.2008).

[587] Vgl. hierzu das Archiv der Ad hoc-Informationen der Schwarz Pharma AG unter: http://www. schwarzpharma.com/sp/n2461/Ad_Hoc_Archiv_deutsch/ (hier abgerufen am 01.02.2008).

Dies ist darauf zurückzuführen, dass für einige Unternehmen aufgrund negativer Periodenerfolge kein Gewinn-Kurs-Verhältnis berechnet werden kann. Für andere wiederum war eine Industrieadjustierung des Gewinn-Kurs-Verhältnisses nicht möglich, da auch unter Hinzuziehung von zusätzlichen Vergleichsunternehmen aus dem Prime All Share-Index und dem CDAX – über die der Untersuchung zugrund liegenden Indizes DAX, MDAX, SDAX und TecDAX hinaus – keine ausreichende Anzahl von Unternehmen der gleichen Branche zur Verfügung stand, um eine zuverlässige Industrieadjustierung vornehmen zu können.[588] Schließlich war für einige Unternehmen die Berechnung des mehrjährigen Accounting Quality Index nicht möglich, sofern diese eine zu kurze Historie vorzuweisen hatten, und für manche Unternehmen konnten trotz der hohen Rücklaufquote hinsichtlich der Befragung zu der Personal Communication keine Antworten bezüglich des hier relevanten Indikators erhalten werden.[589]

Nach Berücksichtigung dieser einzelnen Umstände verbleibt eine Stichprobe von 72 Unternehmen zur Analyse der Wirkungszusammenhänge zwischen den betrachteten Kommunikationsformen der freiwilligen unternehmenseigenen Transparenz und der Höhe der kapitalmarktorientierten Bewertung. Tabelle 7 fasst die vorangegangenen notwendigen Anpassungen der Stichprobe nachfolgend zusammen.

---

[588] Hinsichtlich der Industrieadjustierung des Gewinn-Kurs-Verhältnisses vgl. im Detail bereits die Ausführungen im Rahmen von Kapitel 3.2.2.

[589] Im Detail konnte für 96 Unternehmen ein industrieadjustiertes Gewinn-Kurs-Verhältnis sowie ein industrieadjustiertes Gewinnwachstum berechnet werden, für 92 Unternehmen der Accounting Quality Index und von 101 Unternehmen wurden Antworten hinsichtlich des hier relevanten Indikators für die Personal Communication erhalten.

Prozess der Auswahl der betrachteten kapitalmarktorientierten Unternehmen	Anzahl
Kapitalmarktorientierte Unternehmen aus DAX, MDAX, SDAX und TecDAX	160
davon ausgeschlossen: Banken, Versicherungen und Finanzdienstleister	-33
Kapitalmarktorientierte Unternehmen ohne Banken, Versicherungen und Finanzdienstleister	127
davon ausgeschlossen: ausländische Gesellschaften	-10
Kapitalmarktorientierte Unternehmen ohne ausländische Gesellschaften	117
davon ausgeschlossen: Unternehmen mit grob abweichenden Geschäftsjahren	-3
Kapitalmarktorientierte Unternehmen ohne grob abweichende Geschäftsjahre	114
davon ausgeschlossen: Unternehmen ohne (aussagekräftige) kapitalmarktbezogene Daten	-2
Grundsätzlich relevante kapitalmarktorientierte Unternehmen	112
davon ausgeschlossen: Unternehmen mit fehlender Datenverfügbarkeit	40
Betrachtete kapitalmarktorientierte Unternehmen	72

Tabelle 7: Prozess der Auswahl der betrachteten kapitalmarktorientierten Unternehmen innerhalb der Stichprobe

4. Empirische Ergebnisse

4.1. Deskriptive Analyse

Vor Durchführung der Regressionsanalysen ist es zweckmäßig, vorab die verwendeten Variablen einer deskriptiven Analyse zu unterziehen. Tabelle 8 enthält dazu nachfolgend einige gängige Lage- und Streuungsmaße, um die entsprechenden Verteilungen zu charakterisieren. Dabei beschränkt sich die Darstellung auf die Unternehmen, die letztlich auch im Rahmen der Regressionen Berücksichtigung finden.

Über die bereits vorgestellten Variablen hinaus enthält die Tabelle einige weitergehende Variablen, deren Verteilungen ebenfalls beschrieben werden. So etwa zunächst das einfache Kurs-Gewinn-Verhältnis sowie das einfache Gewinn-Kurs-Verhältnis, die aufgrund ihres Charakters als Vorstufen zu der Berechnung des hier verwendeten industrieadjustierten Gewinn-Kurs-Verhältnisses und aufgrund ihres leichteren Zugangs in die Tabelle aufgenommen wurden.

Zwei der verwendeten Kontrollvariablen sollen über die jeweils zuerst dargestellte Operationalisierung hinaus in einer alternativen Modellierung verwendet werden, um die Betrachtungen in dieser Hinsicht erweitern zu können. So wird das Gewinnwachstum – vergleichbar mit der Industrieadjustierung des Gewinn-Kurs-Verhältnisses – zusätzlich in industrieadjustierter Form und die Marktkapitalisierung in logarithmierter Form betrachtet.[590] Diese alternativen Modellierungen werden im Rahmen der deskriptiven Analyse und der bivariaten Korrelationsanalyse eingeschlossen und sind daher in der nachfolgenden Tabelle enthalten. Ebenfalls aufgeführt sind die Variablen, die in einer erweiterten Betrachtung für eine Gruppierung der Stichprobe anhand relevanter Charakteristika der Geschäftstätigkeit zur Untersuchung der besonderen Wirkungsweisen freiwilliger unternehmenseigener Transparenz herangezogen werden. Es handelt sich dabei um die Aufwendungen für Forschung und Entwicklung sowie die Gesamtkapitalrendite.[591]

---

[590] Vgl. dazu die Darstellungen zu der Operationalisierung der Kontrollvariablen in Kapitel 3.4.
[591] Die angesprochenen Gruppierungen sind Gegenstand von Kapitel 4.3.2.

Variable	N	μ	σ	Minimum	25 %	Median	75 %	Maximum
PE	72	21,01	8,37	10,43	15,98	19,01	22,93	55,77
EP	72	0,0534	0,0166	0,0179	0,0436	0,0526	0,0626	0,0959
ia EP	72	-0,0022	0,0127	-0,0304	-0,0098	0,0000	0,0047	0,0251
VD	72	48,71	12,29	24,44	40,28	48,44	55,39	84,45
AQ	72	0,1070	0,5710	-2,9584	0,0600	0,2643	0,4324	0,6772
PC	72	13,34	8,09	2,01	8,38	11,09	16,41	44,94
Gwa	72	20,18	15,01	-6,33	11,61	17,12	23,32	79,92
ia Gwa	72	-0,30	14,68	-63,69	-6,86	0,00	3,79	71,18
Beta	72	0,85	0,30	0,10	0,65	0,83	1,00	1,75
Versch	72	20,92	13,49	0,00	11,39	19,23	31,31	59,04
Mkap	72	10,73	19,17	0,19	0,63	1,87	8,92	83,24
lnMkap	72	14,84	1,66	12,16	13,35	14,44	16,00	18,24
AntFM	72	10,80	19,09	0,00	0,00	0,00	13,88	72,00
F&E	72	3,91	7,36	0,00	0,32	2,07	4,68	56,26
ROA	72	8,21	9,09	-26,01	3,57	7,04	11,60	43,16

Die in dieser Tabelle verwendeten Abkürzungen sind wie folgt zu verstehen: Kurs-Gewinn-Verhältnis (PE), Gewinn-Kurs-Verhältnis (EP), industrieadjustiertes Gewinn-Kurs-Verhältnis (ia EP), Voluntary Disclosure Index (VD), Accounting Quality Index (AQ), Personal Communication (PC), Gewinnwachstum (Gwa), industrieadjustiertes Gewinnwachstum (ia Gwa), Verschuldungsgrad (Versch), Marktkapitalisierung (Mkap), logarithmierte Marktkapitalisierung (lnMkap), Anteilsbesitz durch Familienmitglieder und Manager (AntFM), Aufwendungen für Forschung und Entwicklung (F&E), Return on Assets (ROA). Dargestellt sind der Mittelwert (μ) und die Standardabweichung (σ), der Minimal- und der Maximalwert sowie die Quartile einschließlich des Medians. Falls erforderlich wurden 4 Hinterkommastellen aufgeführt und anderenfalls die Darstellung zur Übersicht auf 2 Hinterkommastellen beschränkt. Die Marktkapitalisierung wird abgebildet in Mrd. Euro. Die nachfolgenden Variablen werden dargestellt als Prozentzahl in Relation zu der jeweiligen Bezugsgröße: VD, Gwa, ia Gwa, Versch, AntFM, F&E und ROA.

Tabelle 8: Deskriptive Analyse der Verteilungen der relevanten Variablen

Bei Betrachtung der abhängigen Variable, der Kontrollvariablen und der gruppierenden Variablen fällt zunächst auf, dass die betreffenden Unternehmen über eine nennenswerte Streuung der jeweiligen Größen verfügen. Kennzeichnend sind dafür die Ausprägungen hinsichtlich der Quartile sowie der Minimal- und Maximalwerte, die darauf schließen lassen, dass es sich im Ergebnis um eine heterogene Stichprobe handelt. Dies ist vor allem hinsichtlich der nachfolgend vorzunehmenden Gruppierungen von Bedeutung und ergibt sich aus der Berücksichtigung von Unternehmen aus den Indizes DAX, MDAX, SDAX und TecDAX, die durch eine unterschiedliche Größe und eine verschiedene Geschäftstätigkeit der Unternehmen gekennzeichnet sind.[592]

---

[592] Die von Francis/Nanda/Olsson (2008), S. 70 angesprochenen Bedenken, dass sich aufgrund des Erfordernisses einer zehnjährigen kapitalmarktorientierten Historie zur Berechnung des Accounting

Mit Blick auf die unabhängigen Variablen lässt sich erkennen, dass der deutsche Kapital-markt den Erwartungen gemäß ein vielversprechendes Umfeld für eine Untersuchung des Voluntary Disclosure darstellt. Da das Deutsches Rechnungslegungs Standards Committee mit DRS 15 – als einer der ersten nationalen Standardsetzer weltweit – zahlreiche Empfehlungen sowie zumindest zum Teil auch Verpflichtungen zu wertorien-tierter Berichterstattung ausgesprochen hat,[593] finden sich neben Unternehmen mit verhaltener freiwilliger Berichterstattung auch mehrere, die in erheblichem Umfang quantitative zukunftsorientierte Informationen im Rahmen des Voluntary Disclosure zur Verfügung stellen. So werden im Hinblick auf die hier betrachteten Berichtselemente im Durchschnitt fast 50 % der möglichen Punkte erreicht und von einem Unternehmen über 80 % der idealerweise geforderten Angaben getätigt, was insbesondere vor dem Hintergrund der unterschiedlichen Genauigkeitsgrade der vorgenommenen Quantifizie-rungen als ordentlich erscheint. Über das Voluntary Disclosure hinaus verfügt auch die Accounting Quality über eine nennenswerte Streuung ihrer Ausprägungen. Für die Personal Communication als dritte Kommunikationsform der freiwilligen unternehmens-eigenen Transparenz sind zwischen 2 und 44 und im Durchschnitt 13 Einzel- und Gruppengespräche normiert durch die Kapitalmarktrelevanz des Unternehmens zu beobachten.

4.2.   Bivariate Korrelationsanalysen

Die Korrelationsanalyse wird mit Hilfe zweier verschiedener Maßzahlen vorgenommen, denen zwar allgemein dieselbe Funktionsweise zugrundeliegt, die sich aber im Detail unterscheiden.[594] Tabelle 9 gibt dementsprechend über der Diagonalen die Korrelations-koeffizienten nach Bravais-Pearson und unter der Diagonalen die Korrelationskoeffizien-ten nach Spearman wieder.[595]

Quality Index übermäßig viele große und erfolgreiche Unternehmen in der Stichprobe befinden, können vor diesem Hintergrund für die vorliegende Untersuchung relativiert bzw. entkräftet werden.

[593] Vgl. Baetge/Heumann (2006a), S. 45-47 oder Baetge/Solmecke (2006), S. 28 f. Siehe hinsichtlich der hier betrachteten Berichtselemente im Detail Kapitel 3.3.1.2.1.2.

[594] Der Korrelationskoeffizient nach Spearman stimmt grundsätzlich mit dem Korrelationskoeffizienten nach Bravais-Pearson überein. Er wird allerdings nicht auf der Basis von originalen Messwerten, sondern auf Basis der zugehörigen Rangzahlen berechnet. Im Ergebnis wird durch den Korrelations-koeffizienten nach Spearman nicht ein linearer, sondern ein monotoner Zusammenhang zum Ausdruck gebracht; vgl. im Detail Fahrmeir/Künstler/Pigeot/Tutz (2007), S. 135 ff. oder Mosler/Schmid (2006), S. 168 ff.

[595] Eine solche Darstellungsweise wird ebenfalls vorgenommen durch Francis/Nanda/Olsson (2008).

Während sich die Tabelle nun auf die für die Regressionen relevanten Variablen beschränkt, lassen sich auf Basis dieser bivariaten Analyse einige interessante Zusammenhänge erkennen. So wird für große Unternehmen ein ausgeprägtes Voluntary Disclosure sichtbar, was wohl darauf zurückzuführen ist, dass ein Teil des diesbezüglichen Aufwands für solche Unternehmen weniger ins Gewicht fällt.[596] Auch sind größere Unternehmen durch eine hochwertige Accouting Quality gekennzeichnet. Der Grund dafür ist allerdings möglicherweise anderer Natur. So sind größere Unternehmen in der vorliegenden Stichprobe durch ein geringeres absolutes Gewinnwachstum gekennzeichnet, das sich seinerseits negativ auf die Accounting Quality auswirkt. Im Ergebnis könnte dies für große Unternehmen eine hochwertige Accounting Quality begünstigen. Die negative Auswirkung des absoluten Gewinnwachstums auf die Accounting Quality lässt sich wiederum dadurch erklären, dass es insbesondere bei Unternehmen mit erheblichen wachstumsbedingten Veränderungen schwer fällt, die Höhe der Periodenabgrenzungen möglichst verursachungsgerecht in Bezug auf die betreffenden Geschäftsjahre zu ermitteln.

Unternehmen mit relativ hohem Gewinnwachstum im Branchenvergleich scheinen in besonderem Maße dazu bereit, freiwillige Informationen mit Hilfe von Voluntary Disclosure und Personal Communication an den Kapitalmarkt zu übermitteln.

---

[596] Vgl. in dieser Hinsicht Wagenhofer (1990a), S. 229 f.

	ia EP	VD	AQ	PC	Gwa	ia Gwa	Beta	Versch	Mkap	lnMkap	AntFM	F&E	ROA
ia EP		-0,1457	0,0258	-0,2799 **	-0,3489 **	-0,5157 ***	-0,1116	0,1764	0,1719	0,1541	-0,2485 **	-0,0438	-0,0574
VD	-0,0812		0,1091	0,2263 *	0,0450	0,2298 *	-0,0915	0,1561	0,1471	0,2940 **	-0,1686	-0,0226	0,0906
AQ	-0,0517	0,1040		-0,1704	-0,4604 ***	-0,1081	-0,1224	0,1162	0,1485	0,3196 ***	0,1121	-0,3279 ***	0,2922 **
PC	-0,3512 ***	0,1427	0,1207		0,0729	0,0626	-0,0299	-0,0556	0,0986	0,1257	-0,0880	0,3413 ***	-0,0158
Gwa	-0,4781 ***	0,0701	-0,3381 ***	0,1685		0,6474 ***	0,0101	0,0578	-0,2094 *	-0,3004 **	-0,0324	0,1708	-0,3920 ***
ia Gwa	-0,5745 ***	0,2452 **	0,0242	0,2080 *	0,6821 ***		-0,0055	0,1310	-0,2195 *	-0,2063 *	-0,0545	-0,0269	-0,0829
Beta	-0,0921	-0,0452	-0,1489	0,0621	-0,0142	0,0395		-0,2280 *	0,1565	0,2397 **	-0,0066	0,0298	-0,1925
Versch	0,2193 *	0,1580	0,1393	-0,1038	0,0406	0,1192	-0,2011 *		0,1563	0,2010 *	-0,2115 *	-0,3317 ***	-0,1880
Mkap	0,1432	0,3007 **	0,2707 **	0,1668	-0,2964 **	-0,1385	0,2886 **	0,2147 *		0,8202 ***	-0,1373	-0,0118	-0,0573
lnMkap	0,1432	0,3007 **	0,2707 **	0,1668	-0,2964 **	-0,1385	0,2886 **	0,2147 *	1,0000 ***		-0,0842	-0,0953	0,0515
AntFM	-0,2871 **	-0,1362	-0,0552	-0,1700	0,1329	0,0321	-0,0777	-0,1584	-0,1511	-0,1511		-0,0346	0,3661 ***
F&E	-0,0729	-0,0652	-0,1805	0,2813 **	0,0286	-0,0367	0,1094	-0,3597 ***	-0,0465	-0,0465	-0,0526		-0,0253
ROA	0,0620	0,0695	0,1633	-0,1888	-0,2251 *	-0,1922	-0,1617	-0,2127 *	0,0148	0,0148	0,3237 ***	0,0627	

Die in dieser Tabelle verwendeten Abkürzungen sind wie folgt zu verstehen: industrieadjustiertes Gewinn-Kurs-Verhältnis (ia EP), Voluntary Disclosure Index (VD), Accounting Quality Index (AQ), Personal Communication (PC), Gewinnwachstum (Gwa), industrieadjustiertes Gewinnwachstum (ia Gwa), Verschuldungsgrad (Versch), Marktkapitalisierung (Mkap), logarithmierte Marktkapitalisierung (lnMkap), Anteilsbesitz durch Familienmitglieder und Manager (AntFM), Aufwendungen für Forschung und Entwicklung (F&E), Return on Assets (ROA). Aufgeführt sind über der Diagonalen die Korrelationskoeffizienten nach Bravais-Pearson und unter der Diagonalen die Korrelationskoeffizienten nach Spearman. Dabei kennzeichnen ***, ** bzw. * statistisch signifikante Ergebnisse bei einem Signifikanzniveau von 1 %, 5 % bzw. 10 % auf Basis zweiseitiger Tests.

Tabelle 9: Korrelationsanalyse der relevanten Variablen nach Bravais-Pearson und Spearman

Von besonderem Interesse sind schließlich die Korrelationen zwischen den hier betrachteten unabhängigen Variablen. Bisherige analytische Beiträge fokussieren diesbezüglich den Zusammenhang zwischen der Accounting Quality eines Unternehmens und seiner darüber hinausgehenden kapitalmarktorientierten Kommunikationspolitik und liefern in dieser Hinsicht entgegenstehende Hypothesen. Während einige Arbeiten davon ausgehen, dass im Falle von niedriger Accounting Quality und dadurch bedingten Informationsasymmetrien besondere Anreize zu Voluntary Disclosure bzw. Personal Communication bestehen,[597] lautet ein gegenläufiges Argument, dass im Falle einer hohen Accounting Quality das Management eines Unternehmens aufgrund der besseren eigenen Informationslage auch eher dazu bereit ist, dem Kapitalmarkt zusätzliche Informationen zur Verfügung zu stellen.[598] Im Ergebnis führen diese unterschiedlichen Beiträge also abhängig von der Argumentationsrichtung und der jeweiligen Modellierung zu einem substitutiven oder aber komplementären Verhältnis der Accounting Quality zu den darüber hinausgehenden Kommunikationsformen.[599]

Aus bisherigen empirischen Untersuchungen ergeben sich in dieser Hinsicht unterschiedliche Ergebnisse. So erkennen Gietzmann/Ireland (2005) keinen Zusammenhang zwischen Accounting Quality und Voluntary Disclosure, wohingegen Francis/Nanda/Olsson (2008) sowohl in Form der Korrelationsanalyse als auch im Rahmen einer Regressionsbetrachtung einen komplementären Zusammenhang zwischen Accounting Quality und Voluntary Disclosure bestätigen können.[600]

Im Rahmen dieser Untersuchung ergeben sich zwischen der Accounting Quality und dem Voluntary Disclosure sowie zwischen der Accounting Quality und der Personal Communication keine signifikanten Zusammenhänge. Die vorliegenden Ergebnisse können demnach in dieser Hinsicht keinen Erkenntnisgewinn beitragen. Möglicherweise jedoch ist die Frage des substitutiven oder komplementären Zusammenhangs zwischen der Accounting Quality und der übrigen Kapitalmarktkommunikation auch vor diesem Hintergrund für Firmen mit unterschiedlicher Geschäftstätigkeit und abweichenden Rahmenbedingungen unterschiedlich zu beantworten, was die verschiedenen Ergebnisse bisheriger empirischer Betrachtungen erklären würde.[601]

---

[597] Vgl. Grossman/Hart (1980), Milgrom (1981), Verrecchia (1983). Siehe auch Gietzmann/Trombetta (2003).

[598] Vgl. Verrecchia (1990a).

[599] Vgl. Francis/Nanda/Olsson (2008), S. 54.

[600] Vgl. Gietzmann/Ireland (2005), S. 625 bzw. Francis/Nanda/Olsson (2008), S. 74 ff.

[601] Die Ergebnisse der hier vorgenommen Gruppierung anhand der Höhe der Aufwendungen für Forschung und Entwicklung, die für das Voluntary Disclosure und die Personal Communication einerseits und die

Zwischen Voluntary Disclosure und Personal Communication lässt sich allerdings auf Basis des Korrelationskoeffizienten nach Bravais-Pearson ein positiver Zusammenhang erkennen. Unternehmen, die ein hochwertiges (geringwertiges) Voluntary Disclosure betreiben, kommunizieren also häufig auch persönlich intensiv (weniger intensiv) mit den relevanten Zielgruppen des Kapitalmarktes.[602]

4.3.   Multiple Regressionsanalysen

Der Struktur der Gliederung hinsichtlich der Ableitung der Hypothesen entsprechend wird auch nachfolgend bei der Darstellung der Regressionsergebnisse zunächst auf die grundsätzlichen Wirkungsweisen der freiwilligen unternehmenseigenen Transparenz eingegangen, bevor die besonderen Wirkungsweisen aufgrund bestimmter Eigenschaften der Geschäftstätigkeit dargestellt werden.

4.3.1.   Regressionsergebnisse zu den grundsätzlichen Wirkungsweisen freiwilliger unternehmenseigener Transparenz

4.3.1.1.   Regressionsergebnisse zu dem einfachen Einfluss der Kommunikationsformen

Die dargestellten Kontrollvariablen – namentlich also das Gewinnwachstum (Gwa), das Beta, der Verschuldungsgrad (Versch) und die Marktkapitalisierung (Mkap) – werden nun im Rahmen des Basis-Modells in die Regressionen einbezogen, um die fundamentalen Wirkungen der unternehmenseigenen Transparenz zu untersuchen. Dabei steht zunächst die übergeordnete Fragestellung für alle Kommunikationsformen gleichermaßen im Vordergrund: Erweisen sich das Voluntary Disclosure (VD), die Accounting Quality (AQ) und die Personal Communication (PC) als vorteilhaft für ein börsennotiertes Unternehmen in Form einer höheren Bewertung am Kapitalmarkt, welche in Form des industrieadjustierten Gewinn-Kurs-Verhältnisses gemessen wird?

Accounting Quality andererseits den erwarteten unterschiedlichen Wirkungszusammenhang bestätigen, lassen etwa darauf schließen, dass auch der bivariate Zusammenhang zwischen dem Voluntary Disclosure und der Accounting Quality bzw. der Personal Communication und der Accounting Quality für verschiedene Unternehmen unterschiedlich ausgeprägt sein kann; vgl. dazu Kapitel 2.3.2.1 sowie Kapitel 4.3.2.1.

[602] Ebenfalls einen positiven Zusammenhang zwischen Voluntary Disclosure und Personal Communication bestätigen Botosan/Plumlee (2002), S. 33 sowie Lang/Lundholm (1996), S. 480.

Dabei wird das Gewinnwachstum – bisherigen Untersuchungen entsprechend – zunächst unmodifiziert in der Regression berücksichtigt (Gwa),[603] soll aber darüber hinaus erstmalig auch industrieadjustiert einbezogen werden (ia Gwa). Aus dieser Erweiterung der bisherigen Vorgehensweise ergibt sich die Struktur der nachfolgenden Tabellen für die Ergebnisse der Regressionen, bei denen die gerechneten Regressionsmodelle für die Verwendung des Gewinnwachstums und die Verwendung des industrieadjustierten Gewinnwachstums getrennt dargestellt werden.

Auf dieser Grundlage sollen weiterhin neben dem jeweiligen Basis-Modell zwei zusätzliche Regressionsmodelle berücksichtigt werden. In einem ersten wird die Markt-kapitalisierung eines Unternehmens als Proxy für die Unternehmensgröße statt in absoluten Beträgen (Mkap) in logarithmierter Form verwendet (lnMkap).[604] In einem zweiten wird der Anteilsbesitz durch Familienmitglieder und Manager (AntFM) erweiternd berücksichtigt, da sich ein solcher regelmäßig positiv auf die Bewertung eines Unternehmens auswirkt und er weiterhin nicht durch die freiwillige kapitalmarktbezogene Transparenz eines Unternehmens beeinflusst wird.[605]

Über diese sechs verschiedenen Regressionsmodelle hinaus enthalten die nachfolgenden Tabellen eine weitere Spalte zur Darstellung des jeweiligen erwarteten Vorzeichens für die in die Regression einbezogenen Variablen.

Wie aus Tabelle 10 ersichtlich, kann sowohl für das Voluntary Disclosure als auch für die Accounting Quality und die Personal Communication – also für alle drei Kommunikati-onsformen – zunächst über alle Regressionsmodelle hinweg durchgängig das erwartete Vorzeichen für die jeweiligen Regressionskoeffizienten beobachtet werden. Dabei ist zu beachten, dass sich durch die Verwendung des Gewinn-Kurs-Verhältnisses statt der gewöhnlichen Betrachtung seines Kehrwertes – also des Kurs-Gewinn-Verhältnisses – das erwartete Vorzeichen jeweils dreht. Wenn also für das Kurs-Gewinn-Verhältnis ein

---

[603] Vgl. Cohen (2006), S. 35 sowie ähnlich Francis u.a. (2005), S. 311.

[604] Vgl. dazu Botosan/Plumlee (2002), S. 24; Hail (2002), S. 758; Francis/Nanda/Olsson (2008), S. 70.

[605] Siehe hinsichtlich der Auswirkung auf die Höhe der Bewertung Anderson/Reeb (2003); Villalonga/ Amit (2006); Fahlenbrach (2007); Adams/Almeida/Ferreira (2009) sowie Fahlenbrach/Stulz (2008); Coles/Lemmon/Meschke (2007).
Der jeweilige genannte Anteilsbesitz wird wohl nicht durch die freiwillige kapitalmarktbezogene Transparenz eines Unternehmens beeinflusst, da ein Unternehmensgründer bzw. seine Familien-mitglieder aufgrund der besonderen Nähe zum Unternehmen über vergleichsweise ausführliche Informationen verfügen und dem Management ohnehin alle intern erhältlichen Informationen zur Verfügung stehen. Demzufolge besteht für solche Unternehmen ein geringerer Anreiz, freiwillige Informationen an den Kapitalmarkt zu übermitteln; vgl. hinsichtlich des Familienbesitzes mit empirischem Nachweis Chen/Chen/Cheng (2008) sowie mit differenzierten Ergebnissen Ali/Chen/Radhakrishnan (2007) und dazu kritisch Hutton (2007).

positiver Einfluss der Kommunikationsformen der unternehmenseigenen Transparenz erwartet wird, entspricht dies der Erwartung einer negativen Wirkung gegenüber dem Gewinn-Kurs-Verhältnis.[606]

Für die Accounting Quality ergibt sich im Fall der Verwendung des einfachen Gewinnwachstums ein signifikanter Einfluss auf die Höhe der Bewertung der betrachteten Unternehmen. Bei der Personal Communication ist dieser Zusammenhang durchgängig gegeben. Die Hypothesen H1b und H1c können somit bestätigt werden, wohingegen für das Voluntary Disclosure kein signifikanter Einfluss nachgewiesen werden kann und die Hypothese H1a zu verwerfen ist.

Die Vorzeichen und Signifikanzen der Regressionskoeffizienten ergeben sich für das jeweilige Basis-Modell und auch für die zusätzlichen Regressionsmodelle unter Verwendung der logarithmierten Marktkapitalisierung und der Verwendung des Anteilsbesitzes durch Familienmitglieder und Manager. Die Zusammenhänge können daher als robust gegenüber den entsprechenden alternativen Modellierungen bzw. Einbeziehungen von Kontrollvariablen angesehen werden.[607]

---

[606] So führt nämlich ein hohes (niedriges) Kurs-Gewinn-Verhältnis zu einem niedrigen (hohen) Gewinn-Kurs-Verhältnis.

[607] In diesem Zusammenhang sei noch einmal erwähnt, dass auch die Regressionen mit alternativer Verwendung eines fünfjährigen Betas auf der Basis von monatlichen Renditen (vgl. Francis u.a. (2005), S. 311; Francis/Nanda/Olsson (2008), S. 70; Botosan/Plumlee (2002), S. 27) sowie mit alternativer Berechnung des Verschuldungsgrades auf der Basis von Bilanzwerten für das Fremdkapital und Marktwerten für das Eigenkapital (vgl. Gebhardt/Lee/Swaminathan (2001), S. 145 oder Hail (2002), S. 759 und 762) im Wesentlichen zu unveränderten Ergebnissen kamen.

erw. Vz.	Gwa			ia Gwa		
	Basis	lnMkap	AntFM	Basis	lnMkap	AntFM
VD -	-0,0973	-0,1324	-0,1309	-0,0072	-0,0324	-0,0418
	-0,88	-1,17	-1,21	-0,07	-0,30	-0,41
AQ -	-0,2677 **	-0,3070 **	-0,2246 *	-0,1251	-0,1552	-0,0849
	-2,19	-2,46	-1,87	-1,23	-1,45	-0,86
PC -	-0,2831 **	-0,2975 ***	-0,2911 ***	-0,2673 **	-0,2779 ***	-0,2758 ***
	-2,57	-2,69	-2,72	-2,61	-2,70	-2,82
Gwa -	-0,4221 ***	-0,4033 ***	-0,4095 ***			
	-3,49	-3,31	-3,49			
ia Gwa -				-0,5193 ***	-0,5052 ***	-0,5195 ***
				-4,94	-4,76	-5,17
Beta +	-0,1430	-0,1841	-0,1507	-0,1048	-0,1338	-0,1128
	-1,29	-1,58	-1,41	-1,02	-1,23	-1,14
Versch +	0,1737	0,1532	0,1236	0,2076 *	0,1922 *	0,1556
	1,56	1,36	1,12	2,00	1,82	1,54
Mkap -	0,1607		0,1387	0,0878		0,0617
	1,43		1,26	0,82		0,60
lnMkap -		0,2207 *			0,1374	
		1,70			1,11	
AntFM -			-0,2400 **			-0,2580 **
			-2,26			-2,65
R^2	30,8 %	31,7 %	36,0 %	40,4 %	40,9 %	46,4 %
Adj. R^2	23,2 %	24,2 %	27,8 %	33,9 %	34,4 %	39,6 %
F	4,1 ***	4,2 ***	4,4 ***	6,2 ***	6,3 ***	6,8 ***
N	72	72	72	72	72	72

Die in dieser Tabelle verwendeten Abkürzungen sind wie folgt zu verstehen: Voluntary Disclosure Index (VD), Accounting Quality Index (AQ), Personal Communication (PC), Gewinnwachstum (Gwa), industrieadjustiertes Gewinnwachstum (ia Gwa), Verschuldungsgrad (Versch), Marktkapitalisierung (Mkap), logarithmierte Marktkapitalisierung (lnMkap), Anteilsbesitz durch Familienmitglieder und Manager (AntFM).

Aufgeführt sind – mit 4 Hinterkommastellen – die standardisierten Regressionskoeffizienten und darunter – mit 2 Hinterkommastellen – die zugehörigen t-Werte, die sich auf Basis einer gewöhnlichen linearen Regression mit Hilfe der Methode der kleinsten Quadrate (Ordinary Least Squares oder kurz OLS) ergeben. Das industrieadjustierte Gewinn-Kurs-Verhältnis wird dazu den drei unabhängigen Variablen VD, AQ und PC sowie den Kontrollvariablen Gwa, ia Gwa, Beta, Versch, Mkap, lnMkap, AntFM gegenübergestellt. Dabei kennzeichnen ***, ** bzw. * statistisch signifikante Ergebnisse bei einem Signifikanzniveau von 1 %, 5 % bzw. 10 % auf Basis zweiseitiger Tests.

Tabelle 10: Ergebnisse der Regressionen zu dem einfachen Einfluss der Kommunikationsformen

Hinsichtlich der Regressionskoeffizienten der Kontrollvariablen ergibt sich für das Gewinnwachstum, den Verschuldungsgrad und die Eigentümerstruktur zunächst die erwartete Wirkungsrichtung. Signifikant sind die Koeffizienten dabei für den Verschuldungsgrad zum Teil sowie für das Gewinnwachstum und den Anteilsbesitz durch den

Unternehmensgründer bzw. seine Familienmitglieder und Manager durchgängig. Besonders stark ausgeprägt ist der Einfluss dabei für das Gewinnwachstum. Dies kann allerdings hinsichtlich der angestellten theoretischen Überlegungen nicht überraschen. So rechtfertigt die Aussicht auf ein hohes Gewinnwachstum in ganz maßgeblicher Weise eine hohe Bewertung auf Basis aktueller Gewinne. Lassen sich die zugrundeliegenden Gewinnerwartungen nämlich in Zukunft realisieren, relativiert sich dadurch im Zeitablauf die zum jetzigen Zeitpunkt hohe Bewertung.

Für beide im Rahmen dieser Arbeit erstmalig vorgenommenen Erweiterungen der Regressionsmodelle ergeben sich in diesem Zusammenhang wesentliche Erkenntnisse. So ist zum einen zu bemerken, dass die Regressionskoeffizienten für die Betrachtung des industrieadjustierten Gewinnwachstums eine deutlich stärkere Ausprägung annehmen als dies bei einem einfachen Gewinnwachstum der Fall ist. Dies entspricht den Erwartungen, da die Verwendung des industrieadjustierten Gewinnwachstums mit der Betrachtung des industrieadjustierten Gewinn-Kurs-Verhältnisses korrespondiert und bereits aufgrund von theoretischen Überlegungen als sinnvoll erachtet werden musste. Während bisherige Beiträge lediglich eine einfache Form des Gewinnwachstums verwenden, empfiehlt sich demnach für künftige Untersuchungen die Zugrundelegung eines industrieadjustierten Gewinnwachstums.

Eine solche Vorgehensweise kann im Übrigen auch für die anderen Variablen – einschließlich der unabhängigen Variablen – angedacht werden. Für das Gewinnwachstum ist sie allerdings von besonderer Bedeutung hinsichtlich des erheblichen Einflusses, der von dem Gewinnwachstum auf die Bewertung eines Unternehmens ausgeht. Entscheidend ist darüber hinaus, dass die Mediane des Gewinnwachstums für die einzelnen Branchen, die hinsichtlich der korrespondierenden Mediane für die industrieadjustierten Gewinn-Kurs-Verhältnisse von Bedeutung sind, zum Teil erheblich voneinander abweichenden.[608] Wird dann eine industrieadjustierte Bewertungskennzahl mit einem nicht-industrieadjustierten Gewinnwachstum gegenübergestellt, kann dies insbesondere bei einem regressionsbasierten Vergleich zwischen Unternehmen unterschiedlicher Branchen eine Ungenauigkeit in den Ergebnissen hervorrufen.

---

[608] Für den Subsektor Erneuerbare Energien ergibt sich – wie bereits in Kapitel 3.4 angesprochen – der höchste Median der Kurs-Gewinn-Verhältnisse in Höhe von 40,93 bei einem Median für das durchschnittliche Gewinnwachstum für die ersten drei zu schätzenden Geschäftsjahre von 43,62 %, während sich diese Werte für den am niedrigsten bewerteten Subsektor Automobilzulieferer für das Kurs-Gewinn-Verhältnis auf 13,35 und für das durchschnittliche Gewinnwachstum auf 15,22 % belaufen.

Zum anderen erweist sich auch die Erweiterung der Regressionsmodelle um eine Betrachtung der Eigentümerstruktur als zweckmäßig. Die Ergebnisse für den hier erstmalig in diesem Rahmen berücksichtigten Anteilsbesitz durch den Unternehmensgründer bzw. seine Familienmitglieder und durch Manager sind wie erwähnt signifikant in der erwarteten Wirkungsrichtung. Die Erkenntnisse einiger Studien, welche einen positiven Einfluss durch Anteilsbesitz von Familienmitgliedern und Managern auf die Bewertung eines Unternehmens nachweisen können,[609] erweisen sich demzufolge als sinnvoll zur Integration in die hier vorgenommene Betrachtung der freiwilligen unternehmenseigenen Transparenz. Wird die Eigentümerstruktur im Rahmen vergleichbarer Untersuchungen allerdings nicht in die Regressionen einbezogen, handelt es sich dabei um eine relevante nicht-berücksichtigte Variable (omitted variable). Eine solche Nicht-Einbeziehung kann im Ergebnis eine Verzerrung der Untersuchungsergebnisse hervorrufen.[610]

Interessant ist vor diesen Hintergründen auch eine Gegenüberstellung der Erklärungskraft der Regressionsmodelle. Auffällig ist dabei insbesondere die deutliche Verbesserung der Erklärungskraft der Regressionen mit industrieadjustiertem Gewinnwachstum. Führen zwar schon die Regressionen mit einfachem Gewinnwachstum zu einem ordentlichen R^2, was je nach Regressionsmodell zwischen 30,8 % und 36,0 % bzw. 23,2 % und 27,8 % für das adjustierte R^2 liegt, so wird dieses durch die Industrieadjustierung des Gewinnwachstums noch einmal deutlich gesteigert und erreicht dann Werte zwischen 40,4 % und 46,4 % bzw. 33,9 % und 39,6 % für das adjustierte R^2. Eine solche Erklärungskraft der verwendeten Regressionsmodelle liegt damit auch deutlich über der vergleichbarer Untersuchungen.[611]

Bei dem Übergang auf die Verwendung eines industrieadjustierten Gewinnwachstums verlieren die Ergebnisse für die Accounting Quality – wenn auch zum Teil knapp – ihre Signifikanz, und die Regressionskoeffizienten für das Voluntary Disclosure verlieren an

---

[609] Siehe hinsichtlich des Anteilsbesitzes durch die Unternehmensgründer bzw. ihre Familienmitglieder Anderson/Reeb (2003); Villalonga/Amit (2006); Fahlenbrach (2007); Adams/Almeida/Ferreira (2009) sowie bezüglich des Anteilsbesitzes durch das Management Fahlenbrach/Stulz (2008); Coles/Lemmon/Meschke (2007).

[610] Vgl. stellvertretend Backhaus u.a. (2008), S. 83 f.

[611] Vgl. Cohen (2006), S. 40 f. sowie für die Betrachtung der Eigenkapitalkosten etwa Francis/Nanda/Olsson (2008), S. 79 oder Botosan/Plumlee (2002), S. 34. Durch Francis u.a. (2005), S. 309 wird kein R^2 berichtet. Die Ergebnisse von Espinosa/Trombetta (2007), S. 1385 und Gietzmann/Ireland (2005), S. 626 liegen geringer unter der hier erzielten Erklärungskraft der Regressionsmodelle, wobei für letztere hinsichtlich der zahlreichen verwendeten Kontrollvariablen das nicht berichtete adjustierte R^2 wohl deutlicher unter dem hier erzielten liegen dürfte.

Stärke. Möglicherweise werden die zunächst beobachteten Effekte hier durch die Stärke des Einflusses des industrieadjustierten Gewinnwachstums überlagert.

Auffällig ist im Übrigen auch, dass sich durch die ebenfalls erstmalig vorgenommene zusätzliche Berücksichtigung des Anteilsbesitzes durch Familienmitglieder und Manager die Erklärungskraft der Modelle noch einmal zusätzlich steigern lässt. Dies ist sowohl bei einfachem als auch bei industrieadjustiertem Gewinnwachstum der Fall. Die Notwendigkeit der Berücksichtigung der Eigentümerstruktur im Hinblick auf künftige Untersuchungen kann also auch aus dieser Perspektive heraus bestätigt werden.

Für das Beta als Indikator für das systematische unternehmensbezogene Risiko und die Marktkapitalisierung als Proxy für die Unternehmensgröße entsprechen die Vorzeichen der Regressionskoeffizienten nicht den Erwartungen, wobei die Koeffizienten bei der undifferenzierten Betrachtung oder bei den nachfolgenden Gruppierungen zum Teil auch signifikante Werte annehmen. Für die Unternehmensgröße zunächst lässt sich dieser Umstand gegebenenfalls darauf zurückführen, dass für die betrachteten Unternehmen aus den Indizes DAX, MDAX, SDAX und TecDAX eine ansteigende Unternehmensgröße oft mit einer entsprechenden Diversifizierung großer Unternehmen einhergeht. Dies wird aus Sicht des Kapitalmarktes bei entsprechend breiter Aufstellung des Unternehmens mit einem Konglomeratabschlag bewertet, was für den deutschen Kapitalmarkt bereits empirisch bestätigt werden konnte.[612]

Eine ausführlichere Betrachtung erfordert hingegen der kontraintuitive Einfluss des Beta als Indikator für unternehmensspezifische Risiken: Hierbei ist zunächst zu erwähnen, dass vorangegangene Untersuchungen hinsichtlich der Wirkungsrichtung des Beta unterschiedliche Ergebnisse erhalten. So finden etwa Francis u.a. (2005) sowie Cohen (2006) Ergebnisse für das Beta, die entgegen den Erwartungen auf einen steigernden Einfluss des Beta auf die Höhe der Bewertung bzw. einen senkenden Einfluss auf die Höhe der Eigenkapitalkosten eines Unternehmens schließen lassen.[613] Andere Studien etwa durch Hail (2002) oder Botosan (1997) wiederum bestätigen den erwarteten senkenden Einfluss des Beta auf die Höhe der Bewertung bzw. den steigernden Einfluss auf die Höhe der Eigenkapitalkosten.[614]

---

[612] Vgl. Schwetzler/Reimund (2003) und Weiner (2005).
[613] Vgl. Francis u.a. (2005), S. 309 bzw. 312; Cohen (2006), S. 40 f. oder auch die univariaten Betrachtungen von Gebhardt/Lee/Swaminathan (2001), S. 151 und 155.
[614] Vgl. Hail (2002), S. 759 und 762; Botosan (1997), S. 343.

Die unerwartete Wirkungsrichtung der vorgefundenen Ergebnisse führen Francis u.a. (2005) zurück auf die schon durch Fama und French (1992) beobachteten starken Korrelationen zwischen dem Beta sowie der Unternehmensgröße und dem Verschuldungsgrad.[615]

Möglicherweise ist der Grund dafür jedoch auch bei inhaltlichen Hintergründen zu suchen. So wird das Beta berechnet als Maß für die Schwankungsintensität der Renditen eines Wertpapiers relativ zu den Renditen eines Marktportfolios. Ein höheres Beta lässt darauf schließen, dass die Kursbewegungen des Marktportfolios durch das betreffende Wertpapier in stärkerem Maße nachvollzogen werden.[616]

Sind die Schwankungen der Renditen eines Wertpapiers nun zwar grundsätzlich als nachteilig bzw. als Risiko einzustufen, kann sich eine höhere Abhängigkeit von den Kursbewegungen des Marktportfolios aber auch durchaus als Chance erweisen. Dies wäre etwa der Fall, wenn durch den Kapitalmarkt allgemein steigende Kurse erwartet werden. In einer solchen Konstellation wäre es durchaus vorstellbar, dass sich ein hohes Beta zumindest vorübergehend positiv auf die Höhe der Bewertung und damit negativ auf die Höhe der Eigenkapitalkosten auswirkt, da dieser Umstand darauf hoffen lässt, dass das betreffende Wertpapier in einem stärkeren Ausmaß von den erwarteten Kurssteigerungen des Marktportfolios profitiert. Die Wirkungsrichtung des Beta wäre dann abhängig von der jeweiligen Kapitalmarktsituation: in Zeiten mit neutralen bzw. pessimistischen Aussichten würde ein hohes Beta negativ bzw. besonders negativ bewertet, wohingegen bei optimistischen Aussichten ein hohes Beta durchaus positiv bewertet werden könnte.[617]

4.3.1.2. Regressionsergebnisse zu dem unterschiedlichen Einfluss der Kommunikationsformen

Über die Erkenntnisse zu dem einfachen Einfluss der Kommunikationsformen hinaus ist weiterhin von Interesse, ob sich die fundamentale Zielsetzung einer höheren Bewertung am Kapitalmarkt durch die verschiedenen Kommunikationsformen in unterschiedlichem Ausmaß erreichen lässt. Aufgrund der Ausprägung der im vorangegangenen Kapitel

---

[615] Vgl. Francis u.a. (2005), S. 312.
[616] Vgl. Steiner/Bruns (2007), S. 25 und Poddig/Dichtl/Petersmeier (2008), S. 267 und 275 und siehe ursprünglich Sharpe (1964); Lintner (1965) sowie Mossin (1966).
[617] Für den unterschiedlichen Einfluss des Beta sprechen möglicherweise auch die Erkenntnisse von Espinosa/Trombetta (2007), S. 1383, die zwar die erwartete Wirkungsrichtung, aber keine signifikanten Ergebnisse vorfinden. Bei Gebhardt/Lee/Swaminathan (2001), S. 164 f. verschwindet die multivariate Signifikanz, wenn zusätzlich zu dem Beta ein industriespezifischer Risikoindikator in die Regression einbezogen wird. Sie schließen daher auf eine begrenzte Bedeutung des Beta in einem Kontext mit mehreren relevanten Faktoren; vgl. Gebhardt/Lee/Swaminathan (2001), S. 165.

vorgestellten Regressionsergebnisse lässt sich ein solcher unterschiedlicher Einfluss anhand von Tabelle 10 erkennen, wenn die Wirkungszusammenhänge der unterschiedlichen Kommunikationsformen einander gegenübergestellt werden.

So erlangt die Personal Communication durchgängig eine signifikante Wirkung auf die kapitalmarktorientierte Bewertung, wohingegen ein solcher Einfluss bezogen auf keines der gerechneten Modelle für das Voluntary Disclosure bestätigt werden kann. Demnach also besteht für beide Kommunikationsformen ein unterschiedlich starker Wirkungszusammenhang, wobei sich dieser für die Personal Communication entsprechend der Hypothese H2a als stärker erweist.

Uneinheitlich sind diese Zusammenhänge hinsichtlich der Accounting Quality, die sich für ein einfaches Gewinnwachstum als signifikant erwiesen hat, jedoch bei Verwendung eines industrieadjustierten Gewinnwachstums keinen signifikanten Einfluss hat. So ergibt sich demzufolge auch gegenüber der Accounting Quality bei industrieadjustiertem Gewinnwachstum für die Personal Communication ein stärkerer Einfluss, was der Aussage von Hypothese H2b entspricht. Bei einfachem Gewinnwachstum lassen die Ergebnisse hingegen – entsprechend der Hypothese H2c – darauf schließen, dass der Accounting Quality gegenüber dem Voluntary Disclosure ein stärkerer Einfluss zukommt.

Aus den dargestellten Ergebnissen heraus lässt sich zunächst die besondere Bedeutung der Personal Communication bestätigen, welche sich sowohl aus theoretischen Überlegungen als auch aus mehreren Befragungen professioneller Kapitalmarktteilnehmer ableiten bzw. erkennen ließ.[618] Sie lässt sich zurückführen auf den intensiven, unmittelbaren und vertrauensbildenden Charakter dieser Kommunikationsform.[619] Weiterhin wird sie vordergründig vorgenommen gegenüber den für das Erreichen der fundamentalen Zielsetzungen relevanten Zielgruppen.[620] Insbesondere gegenüber dem Voluntary Disclosure aber auch zum Teil gegenüber der Accounting Quality kommt ihr ein signifikant stärkerer Einfluss zu.

Interessant ist darüber hinaus der zumindest teilweise größere Einfluss der Accounting Quality gegenüber dem Voluntary Disclosure. Er lässt sich möglicherweise darauf zurückführen, dass sich die Informationsübermittlung der Accounting Quality im Unterschied

---

[618] Siehe hierzu detailliert Kapitel 2.3.1.2.
[619] Vgl. Täubert (1998), S. 134 oder Drill (1995), S. 128 und 131 ff. Hinsichtlich der Bedeutung einer vertrauensvollen Kommunikation gegenüber dem Kapitalmarkt siehe Hartmann (1968), S. 88 f.; Täubert (1998), S. 33; Hank (1999), S. 32 ff.; Wolters (2005), S. 100 ff.
[620] Vgl. Drill (1995), S. 128.

zum Voluntary Disclosure nur sehr bedingt durch Personal Communication ersetzen lässt.[621] So basiert die Accounting Quality auf vergangenheitsbezogenen finanziellen Informationen der Rechenwerke des Geschäftsberichts, während das Voluntary Disclosure und die Personal Communication erläuternde und ergänzende Informationen insbesondere auch mit zukunftsorientierter und nicht-finanzieller Ausrichtung zur Verfügung stellen.[622]

4.3.1.3. Regressionsergebnisse zu dem Zusammenwirken der Kommunikationsformen

Weiterhin ist von Interesse, ob sich die unterschiedlichen Kommunikationsformen hinsichtlich ihrer kapitalmarktorientierten Wirkung gegenseitig beeinflussen. In dieser Hinsicht soll der Frage nachgegangen werden, ob sich durch eine Kommunikationsform eine stärkere (schwächere) Wirkung erzielen lässt, wenn eine andere Kommunikationsform eher gering (hoch) ausgeprägt ist.

Zu diesem Zweck wird die Stichprobe nachfolgend zunächst auf Basis der Accounting Quality und daran anschließend auf Basis des Voluntary Disclosure sowie auf Basis der Personal Communication gruppiert.

4.3.1.3.1. Regressionsergebnisse zu der Gruppierung auf Basis der Accounting Quality

Bei der zuerst betrachteten Gruppierung auf Basis der Accounting Quality zeigt sich entsprechend den Erwartungen – wie aus den Tabellen 11 und 12 ersichtlich – , dass dem Voluntary Disclosure durchgehend und der Personal Communication überwiegend im Fall einer schwachen Accounting Quality ein signifikanter Einfluss auf die Bewertung der Aktien des berichtenden Unternehmens zukommt. Sowohl Hypothese H3a als auch Hypothese H3b können somit bestätigt werden.

Allerdings fällt auch auf, dass die Personal Communication im Fall einer hohen Accounting Quality häufig fast signifikante Formen und einmal zumindest einen signifikanten Einfluss annimmt. Für das Voluntary Disclosure erhält man bei hoher Accounting Quality einen gegenläufigen Einfluss, der allerdings nicht durch eine signifikante Ausprägung gekennzeichnet ist.

---

[621] Vgl. Kapitel 2.3.1.2.
[622] Vgl. AICPA (1994), S. 25 ff. sowie Noll/Weygandt (1997), S. 59 ff.

Insgesamt führen die vorgefundenen Signifikanzen und die Detailbetrachtungen der Ergebnisse zu der Schlussfolgerung, dass sich Personal Communication bei einer niedrigen Qualität der Rechenwerke eines Unternehmens zwar besonders lohnt, ihr aber auch bei hoher Accounting Quality eine positive Wirkung zukommt. Voluntary Disclosure hingegen scheint in Gegenüberstellung mit der Personal Communication besonders geeignet, die Schwächen einer für externe Bilanzadressaten wenig aufschlussreichen Qualität der Rechenwerke auszugleichen. Für Unternehmen also mit bewusst herbeigeführter, durch Schätzfehler unabsichtlich entstandener oder durch geschäftsbedingte Faktoren hervorgerufener geringer Accounting Quality ist es also in besonderem Maße lohnenswert, über den Lagebericht, den Anhang oder die freien Teile des Geschäftsberichts freiwillige zukunftsorientierte Informationen an den Kapitalmarkt weiterzureichen.[623] Einleuchtend erscheint dies im Übrigen vor dem Hintergrund, dass sowohl die Accounting Quality als auch das Voluntary Disclosure als unpersönliche Kommunikationsformen den Kapitalmarkt mit den notwendigen Basis-Informationen versorgen und dabei die gleichen Adressaten ansprechen. Hierbei handelt es sich neben den Aktienanalysten und institutionellen Investoren als besondere Zielgruppen der Investor Relations auch um gewöhnliche private Anleger.[624]

Eine geringe Ausprägung der Accounting Quality kann daher zumindest zum Teil durch Voluntary Disclosure ausgeglichen werden. Andererseits ist auch in diesem Zusammenhang darauf hinzuweisen, dass sich anhand der dargestellten Ergebnisse wiederum die besondere Bedeutung der Personal Communication erkennen lässt. Sie erscheint nämlich aus dieser Perspektive unter jeden möglichen Umständen – also sowohl bei gering als auch bei hoch ausgeprägter Accounting Quality – als lohnenswert.

---

[623] Vgl. hierzu auch – bei einer allerdings ausschließlichen Betrachtung des Voluntary Disclosure und der Accounting Quality – Gietzmann/Ireland (2005) und Espinosa/Trombetta (2007).
[624] Vgl. Täubert (1998), S. 102 f.; Drill (1995), S. 131 ff.

		geringe AQ					
		Gwa			ia Gwa		
	erw. Vz.	*Basis*	lnMkap	AntFM	*Basis*	lnMkap	AntFM
VD	-	-0,3268 **	-0,4533 ***	-0,3689 ***	-0,2619 *	-0,3366 **	-0,3058 **
		-2,52	-3,17	-2,83	-1,93	-2,28	-2,27
PC	-	-0,2361 *	-0,1971	-0,2986 **	-0,2489 *	-0,2174	-0,3124 **
		-1,75	-1,39	-2,15	-1,90	-1,64	-2,34
Gwa	-	-0,1822	-0,1608	-0,1580			
		-1,33	-1,05	-1,17			
ia Gwa	-				-0,2845 *	-0,3439 **	-0,2762 *
					-1,75	-2,24	-1,75
Beta	+	0,0222	-0,0956	0,0324	0,0197	-0,0701	0,0316
		0,17	-0,64	0,25	0,15	-0,50	0,25
Versch	+	0,0373	0,0449	0,0829	0,0691	0,0799	0,1196
		0,25	0,29	0,56	0,47	0,54	0,82
Mkap	-	0,4676 ***		0,4507 ***	0,3725 **		0,3496 **
		3,33		3,26	2,35		2,26
lnMkap	-		0,4288 **			0,3334 **	
			2,64			2,14	
AntFM	-			-0,2023			-0,2147
				-1,44			-1,59
R^2		56,6 %	51,5 %	59,8 %	58,5 %	57,2 %	62,0 %
Adj R^2		47,4 %	41,1 %	49,3 %	49,6 %	48,1 %	52,2 %
F		6,1 ***	5,0 ***	5,7 ***	6,6 ***	6,2 ***	6,3 ***
N		35	35	35	35	35	35

Die in dieser und der nachfolgenden Tabelle verwendeten Abkürzungen sind wie folgt zu verstehen: Voluntary Disclosure Index (VD), Accounting Quality Index (AQ), Personal Communication (PC), Gewinnwachstum (Gwa), industrieadjustiertes Gewinnwachstum (ia Gwa), Verschuldungsgrad (Versch), Marktkapitalisierung (Mkap), logarithmierte Marktkapitalisierung (lnMkap), Anteilsbesitz durch Familienmitglieder und Manager (AntFM).

Aufgeführt sind – mit 4 Hinterkommastellen – die standardisierten Regressionskoeffizienten und darunter – mit 2 Hinterkommastellen – die zugehörigen t-Werte, die sich auf Basis einer gewöhnlichen linearen Regression mit Hilfe der Methode der kleinsten Quadrate ergeben. Das industrieadjustierte Gewinn-Kurs-Verhältnis wird dazu den unabhängigen Variablen VD und PC sowie den Kontrollvariablen Gwa, ia Gwa, Beta, Versch, Mkap, lnMkap, AntFM gegenübergestellt. Dabei kennzeichnen ***, ** bzw. * statistisch signifikante Ergebnisse bei einem Signifikanzniveau von 1 %, 5 % bzw. 10 % auf Basis zweiseitiger Tests.

Tabelle 11: Ergebnisse der Regressionen auf Basis der Gruppierung anhand der Accounting Quality (Teil 1: geringe Accounting Quality)

	erw. Vz.	hohe AQ					
		Gwa			ia Gwa		
		Basis	lnMkap	AntFM	*Basis*	lnMkap	AntFM
VD	0	0,1857	0,2014	0,1679	0,1736	0,1891	0,1536
		1,20	1,26	1,16	1,15	1,22	1,11
PC	0	-0,2148	-0,2072	-0,1760	-0,2449 *	-0,2391	-0,2016
		-1,43	-1,37	-1,25	-1,71	-1,65	-1,52
Gwa	-	-0,4792 ***	-0,4828 ***	-0,4618 ***			
		-3,20	-3,22	-3,30			
ia Gwa	-				-0,5435 ***	-0,5412 ***	-0,5378 ***
					-3,61	-3,59	-3,89
Beta	+	-0,2359	-0,2145	-0,2305	-0,1909	-0,1683	-0,1863
		-1,54	-1,35	-1,61	-1,29	-1,09	-1,37
Versch	+	0,2141	0,2205	-0,0069	0,3156 *	0,3191 *	0,0853
		1,40	1,43	-0,04	2,03	2,03	0,51
Mkap	-	0,0136		-0,0501	0,0547		-0,0131
		0,09		-0,34	0,36		-0,09
lnMkap	-		-0,0430			-0,0111	
			-0,25			-0,07	
AntFM	-			-0,3884 **			-0,4081 **
				-2,32			-2,56
R^2		38,8 %	38,9 %	48,4 %	42,8 %	42,5 %	53,3 %
Adj R^2		26,6 %	26,7 %	35,9 %	31,3 %	31,0 %	42,1 %
F		3,2 **	3,2 **	3,9 ***	3,7 ***	3,7 ***	4,7 ***
N		37	37	37	37	37	37

Tabelle 12: Ergebnisse der Regressionen auf Basis der Gruppierung anhand der Accounting Quality (Teil 2: hohe Accounting Quality)

Zur Betrachtung dieser Zusammenhänge wurde – über die grundlegenden Regressionen auf Basis der Teilstichproben hinaus – eine gesonderte Analyse vorgenommen. Dazu werden die jeweiligen Regressionskoeffizienten einer unabhängigen Variablen aus beiden Teilstichproben mit Hilfe eines t-Tests gegenübergestellt. Auf diese Weise lässt sich nämlich gezielt untersuchen, ob ein unterschiedlich starker Einfluss einer unabhängigen Variablen zwischen den beiden Teilstichproben, der sich bereits durch einen rein quantitativen Vergleich der Regressionskoeffizienten erkennen lässt, auch durch eine statistisch signifikante Ausprägung gekennzeichnet ist. In Anhang 3 wird die zur Durchführung des t-Tests erforderliche statistische Vorgehensweise für einen Vergleich von Regressionskoeffizienten zwischen Teilstichproben detailliert wiedergegeben.

Die Struktur der nachfolgenden Tabellen, die dieser gesonderten Betrachtung zugrunde-liegt, wurde an die Tabellen zu den Regressionen angelehnt. So wurde die Anordnung der Spalten zwecks Einheitlichkeit übernommen. Allerdings werden lediglich die für die betrachteten Regressionskoeffizienten der unabhängigen Variablen erforderlichen Zeilen aufgeführt. Dargestellt wird die jeweilige Differenz der unstandardisierten Regressions-koeffizienten, die den t-Tests zugrundeliegt,[625] das erwartete Vorzeichen sowie die t-Werte der Vergleiche zwischen den Regressionskoeffizienten.

Die Ergebnisse dieser gesonderten Betrachtung werden in Tabelle 13 wiedergegeben. Sie können die bisher gezogenen Schlussfolgerungen bestätigen. So erweist sich der Wirkungszusammenhang für das Voluntary Disclosure im Fall einer geringen Accounting Quality als signifikant verschieden von dem Einfluss im Fall einer hohen Accounting Quality. Ein hochwertiges Voluntary Disclosure ist also insbesondere für solche Unternehmen zielführend, die bewusst oder unbewusst nur über eine geringe Accounting Quality verfügen. Für die Personal Communication hingegen lassen sich bezogen auf die beiden Teilstichproben keine signifikanten Unterschiede hinsichtlich der Wirkungs-zusammenhänge erkennen.

---

[625] Gegenüber den standardisierten Regressionskoeffizienten im Rahmen der Abbildungen zu den Ergebnissen der Regressionen lassen sich diese unstandardisierten Differenzen zwar in ihrer Höhe aufgrund der nicht vorzunehmenden Standardisierung nicht mit den Differenzen der anderen Variablen vergleichen, sie werden jedoch aufgrund ihrer Verantwortlichkeit für die entsprechenden Vorzeichen dargestellt.

erw. Vz.	Gwa			ia Gwa		
	Basis	lnMkap	AntFM	Basis	lnMkap	AntFM
VD	-	-0,0543 **	-0,0699 ***	-0,0573 ***	-0,0459 **	-0,0557 **	-0,0488 **
		-2,62	-3,16	-2,85	-2,20	-2,51	-2,45
PC	-	-0,0002	-0,0001	-0,0004	-0,0002	-0,0001	-0,0004
		-0,60	-0,38	-1,13	-0,58	-0,40	-1,17

Die in dieser Tabelle verwendeten Abkürzungen sind wie folgt zu verstehen: Voluntary Disclosure Index (VD), Personal Communication (PC), Gewinnwachstum (Gwa), industrieadjustiertes Gewinnwachstum (ia Gwa), logarithmierte Marktkapitalisierung (lnMkap), Anteilsbesitz durch Familienmitglieder und Manager (AntFM).

Aufgeführt sind – mit 4 Hinterkommastellen – die Differenzen der unstandardisierten Regressionskoeffizienten und darunter – mit 2 Hinterkommastellen – die t-Werte des zugehörigen Vergleichs zweier Ausprägungen des Regressionskoeffizienten einer unabhängigen Variablen zwischen den beiden Teilstichproben der Gruppierung. Dabei kennzeichnen ***, ** bzw. * statistisch signifikante Ergebnisse bei einem Signifikanzniveau von 1 %, 5 % bzw. 10 %.

Tabelle 13: Vergleich der Regressionskoeffizienten der unabhängigen Variablen mit Hilfe des t-Tests auf Basis der Gruppierung anhand der Accounting Quality

4.3.1.3.2. Regressionsergebnisse zu der Gruppierung auf Basis des Voluntary Disclosure

Eine zweite Gruppierung wurde dann auf Basis des Voluntary Disclosure durchgeführt (siehe die Tabellen 14 und 15). Auch hier erweisen sich gemäß den Hypothesen H3c und H3d die verbleibenden unabhängigen Variablen – nämlich die Accounting Quality und die Personal Communication – bei einer geringen Ausprägung des Voluntary Disclosure erwartungsgemäß als signifikant hinsichtlich des industrieadjustierten Gewinn-Kurs-Verhältnisses und lassen im Fall einer hohen Qualität des Voluntary Disclosure nur eine schwächere Wirkung erkennen. Wie schon bei der ungruppierten Betrachtung verliert die Accounting Quality allerdings bei Verwendung eines industrieadjustierten Gewinn-wachstums zum Teil knapp ihre Signifikanz.

Dies heißt zunächst, dass sich für ein börsennotiertes Unternehmen sowohl eine hohe Qualität der Rechenwerke als auch eine intensive persönliche Kommunikation mit professionellen Kapitalmarktteilnehmern dann als besonders lohnenswert erweist, wenn das Unternehmen über den Lagebericht, den Anhang und die freien Teile des Geschäfts-berichts vergleichsweise wenige Informationen an den Kapitalmarkt übermittelt.

Interessant ist aber auch die spiegelbildliche Schlussfolgerung, die sich aus dieser Konstellation heraus ergibt: Stellt ein Unternehmen über ein hochwertiges Voluntary Disclosure vergleichsweise viele Informationen zur Verfügung, lassen sich durch eine gute Qualität der Rechenwerke und durch eine ausführliche persönliche Kommunikation nur geringere zusätzliche Effekte hinsichtlich einer relativen Steigerung der Bewertung erzielen. Den einzelnen Kommunikationsformen kommt also demnach nicht ausschließlich eine komplementäre, sondern zumindest zum Teil auch eine substitutive Wirkung zu. Dies lässt sich etwa anhand der Inhalte der Kommunikationsformen verdeutlichen: Während die Accounting Quality und die zugrundeliegenden Rechenwerke des Geschäftsberichts zunächst vergangenheitsbezogene quantitative Informationen zum Gegenstand haben, dienen sie jedoch auch als Basis für die Prognose zukünftiger Positionen der Bilanz und der Gewinn- und Verlustrechnung.[626] Das Voluntary Disclosure und die Personal Communication dienen dazu, vergangenheitsbezogene Informationen der Rechenwerke zu erläutern und sind darüber hinaus darauf ausgerichtet, zukunftsbezogene Erwartungen und Absichten zu vermitteln.[627] Werden nun über eine Kommunikationsform besonders ausführliche Informationen vermittelt, verringert sich dadurch in gewissem Ausmaß automatisch das Potenzial der Informationsübermittlung anderer Kommunikationsformen, da manche Informationen bereits bekannt sind.

Allerdings nehmen die Regressionskoeffizienten im Fall einer hohen Qualität des Voluntary Disclosure nahezu durchgängig ebenfalls das erwartete Vorzeichen an. Auch bei einer solchen Konstellation lassen sich also durch eine hochwertige Accounting Quality oder Personal Communication noch zusätzliche Effekte erzielen im Sinne einer Steigerung der relativen Kapitalmarktbewertung und einer vorgelagerten Verringerung von Informationsasymmetrien.

---

[626] Vgl. Koller/Goedhart/Wessels (2005), S. 159; Ernst/Schneider/Thielen (2008), S. 20 ff. oder auch Heumann (2005), S. 111.
[627] Vgl. etwa AICPA (1994), S. 25 ff. oder Noll/Weygandt (1997), S. 59 ff.

		geringes VD				
		Gwa			ia Gwa	
erw. Vz.	*Basis*	lnMkap	AntFM	*Basis*	lnMkap	AntFM
AQ -	-0,3398 **	-0,3774 ***	-0,2798 **	-0,1823	-0,1517	-0,1359
	-2,69	-2,96	-2,35	-1,45	-1,19	-1,13
PC -	-0,5004 ***	-0,5032 ***	-0,5294 ***	-0,4676 ***	-0,4492 ***	-0,5055 ***
	-4,01	-3,88	-4,58	-3,35	-3,29	-3,83
Gwa -	-0,4245 ***	-0,4832 ***	-0,3927 ***			
	-3,17	-3,59	-3,16			
ia Gwa -				-0,5007 **	-0,5182 ***	-0,4386 **
				-2,50	-3,51	-2,30
Beta +	-0,1889	-0,1875	-0,1301	-0,1153	-0,0570	-0,0641
	-1,54	-1,37	-1,13	-0,89	-0,40	-0,52
Versch +	0,3242 **	0,4102 ***	0,2489 *	0,2998 **	0,3398 **	0,2239
	2,42	2,91	1,95	2,12	2,43	1,62
Mkap -	0,1751		0,2040	-0,0695		-0,0037
	1,31		1,64	-0,34		-0,02
lnMkap -		-0,0036			-0,1601	
		-0,02			-0,97	
AntFM -			-0,2566 **			-0,2516 *
			-2,26			-2,04
R^2	70,5 %	68,3 %	76,1 %	66,7 %	67,8 %	72,0 %
Adj R^2	62,8 %	60,1 %	68,5 %	58,0 %	59,5 %	63,1 %
F	9,2 ***	8,3 ***	10,0 ***	7,7 ***	8,1 ***	8,1 ***
N	30	30	30	30	30	30

Die in dieser und der nachfolgenden Tabelle verwendeten Abkürzungen sind wie folgt zu verstehen: Voluntary Disclosure Index (VD), Accounting Quality Index (AQ), Personal Communication (PC), Gewinnwachstum (Gwa), industrieadjustiertes Gewinnwachstum (ia Gwa), Verschuldungsgrad (Versch), Marktkapitalisierung (Mkap), logarithmierte Marktkapitalisierung (lnMkap), Anteilsbesitz durch Familienmitglieder und Manager (AntFM).

Aufgeführt sind – mit 4 Hinterkommastellen – die standardisierten Regressionskoeffizienten und darunter – mit 2 Hinterkommastellen – die zugehörigen t-Werte, die sich auf Basis einer gewöhnlichen linearen Regression mit Hilfe der Methode der kleinsten Quadrate ergeben. Das industrieadjustierte Gewinn-Kurs-Verhältnis wird dazu den unabhängigen Variablen AQ und PC sowie den Kontrollvariablen Gwa, ia Gwa, Beta, Versch, Mkap, lnMkap, AntFM gegenübergestellt. Dabei kennzeichnen ***, ** bzw. * statistisch signifikante Ergebnisse bei einem Signifikanzniveau von 1 %, 5 % bzw. 10 % auf Basis zweiseitiger Tests.

Tabelle 14: Ergebnisse der Regressionen auf Basis der Gruppierung anhand des Voluntary Disclosure (Teil 1: geringes Voluntary Disclosure)

		hohes VD					
		Gwa			*ia Gwa*		
	erw. Vz.	*Basis*	*lnMkap*	*AntFM*	*Basis*	*lnMkap*	*AntFM*
AQ	0	-0,0998	-0,1848	-0,0135	-0,0407	-0,1447	0,0211
		-0,52	-0,93	-0,07	-0,25	-0,83	0,14
PC	0	-0,0910	-0,1329	-0,0642	-0,1126	-0,1582	-0,0906
		-0,55	-0,81	-0,41	-0,71	-1,01	-0,62
Gwa	-	-0,2824	-0,2438	-0,2247			
		-1,51	-1,31	-1,26			
ia Gwa	-				-0,3937 **	-0,3761 **	-0,3810 **
					-2,43	-2,38	-2,54
Beta	+	-0,2379	-0,2885 *	-0,3427 **	-0,2078	-0,2584	-0,3127 *
		-1,41	-1,71	-2,08	-1,29	-1,61	-2,02
Versch	+	0,0820	0,0657	-0,0063	0,1805	0,1617	0,0897
		0,50	0,41	-0,04	1,09	1,00	0,57
Mkap	-	0,1071		0,0640	0,1140		0,0619
		0,63		0,40	0,71		0,42
lnMkap	-		0,2682			0,2757	
			1,42			1,57	
AntFM	-			-0,3706 **			-0,3863 **
				-2,33			-2,62
R^2		15,8 %	19,5 %	27,4 %	23,3 %	27,3 %	36,1 %
Adj R^2		1,3 %	5,7 %	12,4 %	10,1 %	14,8 %	23,0 %
F		1,1	1,4	1,8	1,8	2,2 *	2,7 **
N		42	42	42	42	42	42

Tabelle 15: Ergebnisse der Regressionen auf Basis der Gruppierung anhand des Voluntary Disclosure (Teil 2: hohes Voluntary Disclosure)

Die gesonderte Analyse zur Gegenüberstellung der Regressionskoeffizienten beider Teilstichproben für die verbleibenden unabhängigen Variablen wurde auch bei der Gruppierung auf Basis des Voluntary Disclosure durchgeführt. Die bereits für die Regressionskoeffizienten einzeln beobachteten signifikanten Zusammenhänge lassen sich auch bei dieser gesonderten Betrachtung – wie aus Tabelle 16 ersichtlich – wiederfinden. So erweist sich der Einfluss der Accounting Quality für die Regressionsmodelle auf Basis eines einfachen Gewinnwachstums im Fall eines gering ausgeprägten Voluntary Disclosure als signifikant verschieden von dem Einfluss, der für Unternehmen mit hochwertigen Voluntary Disclosure festzustellen ist. Bei der Personal Communication ist dieser Zusammenhang durchgängig gegeben.

erw. Vz.	Gwa			ia Gwa		
	Basis	lnMkap	AntFM	Basis	lnMkap	AntFM
AQ -	-0,0106 *	-0,0106 *	-0,0099 *	-0,0059	-0,0031	-0,0053
	-1,80	-1,80	-1,75	-1,09	-0,56	-1,03
PC -	-0,0011 ***	-0,0010 ***	-0,0012 ***	-0,0010 **	-0,0009 **	-0,0011 ***
	-2,82	-2,69	-3,28	-2,47	-2,26	-2,95

Die in dieser Tabelle verwendeten Abkürzungen sind wie folgt zu verstehen: Accounting Quality Index (AQ), Personal Communication (PC), Gewinnwachstum (Gwa), industrieadjustiertes Gewinnwachstum (ia Gwa), logarithmierte Marktkapitalisierung (lnMkap), Anteilsbesitz durch Familienmitglieder und Manager (AntFM).

Aufgeführt sind – mit 4 Hinterkommastellen – die Differenzen der unstandardisierten Regressionskoeffizienten und darunter – mit 2 Hinterkommastellen – die t-Werte des zugehörigen Vergleichs zweier Ausprägungen des Regressionskoeffizienten einer unabhängigen Variablen zwischen den beiden Teilstichproben der Gruppierung. Dabei kennzeichnen ***, ** bzw. * statistisch signifikante Ergebnisse bei einem Signifikanzniveau von 1 %, 5 % bzw. 10 %.

Tabelle 16: Vergleich der Regressionskoeffizienten der unabhängigen Variablen mit Hilfe des t-Tests auf Basis der Gruppierung anhand des Voluntary Disclosure

4.3.1.3.3.   Regressionsergebnisse zu der Gruppierung auf Basis der Personal Communication

Auch für die dritte Kommunikationsform – die Personal Communication – wurde eine Gruppierung durchgeführt (siehe die Tabellen 17 und 18). Im Unterschied zu den beiden vorangegangenen Betrachtungen lassen sich allerdings bei einer geringen Ausprägung der Personal Communication keine besonderen Effekte für die Accounting Quality und das Voluntary Disclosure beobachten. Nur für ein einziges der betrachteten Regressionsmodelle lässt sich eine signifikante Wirkung des Voluntary Disclosure feststellen, während ein solcher Einfluss für die Accounting Quality durchgängig nicht gegeben ist. Die Hypothesen H3e und H3f sind somit mehrheitlich zu verwerfen.

Auf eine besondere Verteilung oder Korrelation der unabhängigen Variablen innerhalb der beiden Teilstichproben lassen sich diese Ergebnisse allerdings nicht zurückführen, da sich in dieser Hinsicht keine Auffälligkeiten ergeben. Es stellt sich damit die Frage, wie diese Ergebnisse möglicherweise inhaltlich zu erklären sind. Zunächst einmal ist festzuhalten, dass also auch im Fall einer schwach ausgeprägten persönlichen Kommunikation durch das Voluntary Disclosure oder die Accounting Quality eine Steigerung der relativen Kapitalmarktbewertung nicht in besonderem Maße erreicht werden kann. Vielmehr ergeben sich etwa für das Voluntary Disclosure sowohl bei geringer als auch bei hoher Personal Communication nur schwache Wirkungszusammenhänge, die sich bei

Verwendung eines industrieadjustierten Gewinnwachstums kaum voneinander unterscheiden. Bei hochwertiger Personal Communication kann dies freilich nicht überraschen, schließlich verbleiben in einem solchen Fall auf dieser Basis vergleichsweise niedrige Informationsasymmetrien, weshalb das Voluntary Disclosure nur eine schwächere Wirkung entfalten kann. Bei gering ausgeprägter Personal Communication sind allerdings entgegen dieser Argumentation trotz der vergleichsweise hohen Informationsasymmetrien keine Wirkungen durch Voluntary Disclosure zu erzielen.

Möglicherweise deutet dies darauf hin, dass es sich bei der Personal Communication um eine conditio sine qua non handelt, also um eine Bedingung für die Ausgestaltung der kapitalmarktorientierten Kommunikation, die zwingend gegeben sein muss und ohne deren Erfüllung auch andere Kommunikationsformen nur eine schwache Wirkung entfalten können. Dies erscheint plausibel, da die persönliche Kommunikation im Rahmen mehrerer Befragungen von professionellen Kapitalmarktteilnehmern als wichtigste Kommunikationsform eingestuft wurde.[628] So werden mit ihrer Hilfe etwa spezifische Rückfragen ermöglicht und individuelle Informationsbedürfnisse verwirklicht.[629] Außerdem wird durch persönliche Kommunikation in besonderem Maße der Aufbau von Vertrauen begünstigt.[630] Dies ist für die Kommunikation gegenüber dem Kapitalmarkt von besonderer Bedeutung, da sich nur bei bestehendem Vertrauen Informationsasymmetrien wirksam verringern und die fundamentalen kapitalmarktorientierten Zielsetzungen nachhaltig verfolgen lassen.[631]

---

[628] Vgl. Pike/Meerjanssen/Chadwick (1993), S. 496; Barker (1998), S. 11 und 13; Epstein/Palepu (1999), S. 49 oder Wichels (2002), S. 159; Ernst/Gassen/Pellens (2005), S. 93 ff. i. V. m. S. 32 sowie Ernst/Gassen/Pellens (2009), S. 48 bzw. deutlicher S. 118 ff.

[629] Vgl. Drill (1995), S. 128 oder Täubert (1998), S. 134.

[630] Vgl. etwa Hartmann (1968), S. 88 f.; Allendorf (1996), S. 45; Tiemann (1997), S. 19 f.; Täubert (1998), S. 33; Hank (1999), S. 32 ff.; Wichels (2002), S. 15; Harzer (2005), S. 27; Pulham (2005), S. 49; Wolters (2005), S. 100 ff.

[631] Vgl. stellvertretend Wichels (2002), S. 8; Allendorf (1996), S. 225. Siehe zu der Bedeutung des Vertrauens im Rahmen agencytheoretischer Überlegungen detailliert Kapitel 2.1.2.

erw. Vz.	geringe PC					
		Gwa			ia Gwa	
	Basis	lnMkap	AntFM	*Basis*	lnMkap	AntFM
VD	-	-0,1837	-0,2234	-0,2806 *	-0,0864	-0,1173	-0,1865
		-1,22	-1,49	-1,85	-0,57	-0,76	-1,24
AQ	-	-0,1735	-0,2482	-0,1764	0,0544	0,0043	0,0301
		-0,87	-1,25	-0,93	0,35	0,03	0,21
Gwa	-	-0,5009 **	-0,4965 **	-0,4607 **			
		-2,62	-2,67	-2,52			
ia Gwa	-				-0,5364 ***	-0,5184 ***	-0,5102 ***
					-3,26	-3,21	-3,28
Beta	+	0,1282	0,0656	0,1505	0,1631	0,1173	0,1837
		0,84	0,41	1,03	1,12	0,76	1,34
Versch	+	0,1597	0,1123	0,1272	0,2334	0,1980	0,1956
		0,97	0,67	0,81	1,48	1,23	1,31
Mkap	-	0,2133		0,1629	0,1190		0,0691
		1,37		1,09	0,77		0,47
lnMkap	-		0,2935 *			0,1918	
			1,75			1,14	
AntFM	-			-0,3000 *			-0,3056 **
				-2,01			-2,18
R^2		40,3 %	42,5 %	47,8 %	45,9 %	47,2 %	53,8 %
Adj R^2		28,0 %	30,6 %	34,8 %	34,8 %	36,3 %	42,3 %
F		3,3 **	3,6 ***	3,7 ***	4,1 ***	4,3 ***	4,7 ***
N		36	36	36	36	36	36

Die in dieser und der nachfolgenden Tabelle verwendeten Abkürzungen sind wie folgt zu verstehen: Voluntary Disclosure Index (VD), Accounting Quality Index (AQ), Personal Communication (PC), Gewinnwachstum (Gwa), industrieadjustiertes Gewinnwachstum (ia Gwa), Verschuldungsgrad (Versch), Marktkapitalisierung (Mkap), logarithmierte Marktkapitalisierung (lnMkap), Anteilsbesitz durch Familienmitglieder und Manager (AntFM).

Aufgeführt sind – mit 4 Hinterkommastellen – die standardisierten Regressionskoeffizienten und darunter – mit 2 Hinterkommastellen – die zugehörigen t-Werte, die sich auf Basis einer gewöhnlichen linearen Regression mit Hilfe der Methode der kleinsten Quadrate ergeben. Das industrieadjustierte Gewinn-Kurs-Verhältnis wird dazu den unabhängigen Variablen VD und AQ sowie den Kontrollvariablen Gwa, ia Gwa, Beta, Versch, Mkap, lnMkap, AntFM gegenübergestellt. Dabei kennzeichnen ***, ** bzw. * statistisch signifikante Ergebnisse bei einem Signifikanzniveau von 1 %, 5 % bzw. 10 % auf Basis zweiseitiger Tests.

Tabelle 17: Ergebnisse der Regressionen auf Basis der Gruppierung anhand der Personal Communication (Teil 1: geringe Personal Communication)

		hohe PC				
		Gwa			ia Gwa	
	erw. Vz.	*Basis*	lnMkap	AntFM	*Basis*	lnMkap	AntFM
---	---	---	---	---	---	---	---
VD	0	-0,0277	-0,0498	-0,0150	-0,0940	-0,1017	-0,0812
		-0,15	-0,25	-0,09	-0,56	-0,56	-0,51
AQ	0	-0,3322	-0,3527	-0,2281	-0,2072	-0,2228	-0,0865
		-1,61	-1,66	-1,14	-1,24	-1,27	-0,52
Gwa	-	-0,3998 *	-0,3905 *	-0,4568 **			
		-2,04	-1,98	-2,46			
ia Gwa	-				-0,5273 ***	-0,5186 ***	-0,5470 ***
					-3,27	-3,18	-3,62
Beta	+	-0,1890	-0,2058	-0,2170	-0,1490	-0,1587	-0,1751
		-1,09	-1,14	-1,32	-0,93	-0,95	-1,17
Versch	+	0,1656	0,1557	0,0002	0,3035	0,2986	0,1521
		0,88	0,81	0,00	1,69	1,62	0,84
Mkap	-	0,0909		0,0618	0,1044		0,0798
		0,49		0,36	0,62		0,50
lnMkap	-		0,1204			0,0976	
			0,54			0,48	
AntFM	-			-0,3888 **			-0,3614 **
				-2,20			-2,26
R^2		19,8 %	20,0 %	31,6 %	33,0 %	32,6 %	43,3 %
Adj R^2		3,2 %	3,4 %	14,5 %	19,1 %	18,7 %	29,2 %
F		1,2	1,2	1,8	2,4 *	2,3 *	3,1 **
N		36	36	36	36	36	36

Tabelle 18: Ergebnisse der Regressionen auf Basis der Gruppierung anhand der Personal Communication (Teil 2: hohe Personal Communication)

Aus der gesonderten Betrachtung zum Vergleich der Regressionskoeffizienten der unabhängigen Variablen mit Hilfe eines t-Tests ergeben sich – wie aus Tabelle 19 ersichtlich – keine besonderen Erkenntnisse. Dies bestätigt noch einmal zusätzlich die auf Basis der Ergebnisse der Regressionen gezogenen Schlussfolgerungen.

erw. Vz.	Gwa			ia Gwa		
	Basis	lnMkap	AntFM	Basis	lnMkap	AntFM
VD	-	-0,0136	-0,0149	-0,0236	0,0019	-0,0001	-0,0084
		-0,60	-0,63	-1,07	0,09	-0,01	-0,40
AQ	-	-0,0005	-0,0026	-0,0022	0,0052	0,0037	0,0024
		-0,06	-0,33	-0,30	0,85	0,58	0,42

Die in dieser Tabelle verwendeten Abkürzungen sind wie folgt zu verstehen: Voluntary Disclosure Index (VD), Accounting Quality Index (AQ), Gewinnwachstum (Gwa), industrieadjustiertes Gewinnwachstum (ia Gwa), logarithmierte Marktkapitalisierung (lnMkap), Anteilsbesitz durch Familienmitglieder und Manager (AntFM).

Aufgeführt sind – mit 4 Hinterkommastellen – die Differenzen der unstandardisierten Regressionskoeffizienten und darunter – mit 2 Hinterkommastellen – die t-Werte des zugehörigen Vergleichs zweier Ausprägungen des Regressionskoeffizienten einer unabhängigen Variablen zwischen den beiden Teilstichproben der Gruppierung. Dabei kennzeichnen ***, ** bzw. * statistisch signifikante Ergebnisse bei einem Signifikanzniveau von 1 %, 5 % bzw. 10 %.

Tabelle 19: Vergleich der Regressionskoeffizienten der unabhängigen Variablen mit Hilfe des t-Tests auf Basis der Gruppierung anhand der Personal Communication

4.3.2. Regressionsergebnisse zu den besonderen Wirkungsweisen freiwilliger unternehmenseigener Transparenz aufgrund von Eigenschaften der Geschäftstätigkeit

In den vorangegangenen Ausführungen wurden zunächst die grundsätzlichen Wirkungsweisen der unterschiedlichen Kommunikationsformen betrachtet. Nachfolgend stehen nun die besonderen Wirkungsweisen freiwilliger unternehmenseigener Transparenz im Vordergrund, die sich auf der Basis von bestimmten Eigenschaften der Geschäftstätigkeit ergeben.

Dazu werden nachfolgend die Regressionsergebnisse zu besonderen Vorteilen und besonderen Nachteilen freiwilliger unternehmenseigener Transparenz besprochen. Die zugrundeliegenden Charakteristika der Geschäftstätigkeit beeinflussen den zwischen den unabhängigen Variablen und der abhängigen Variable bestehenden Zusammenhang und haben daher den Charakter einer Moderatorvariable.[632] Um ihren Einfluss zu untersuchen, wurden die betrachteten Unternehmen in zwei Teilstichproben mit einer hohen und geringen Ausprägung eines jeweiligen Charakteristikums aufgeteilt. Die besonderen Wirkungsweisen freiwilliger unternehmenseigener Transparenz lassen sich daran

---

[632] Vgl. Bortz/Döring (2006), S. 3.

anschließend untersuchen, und zwar anhand eines Vergleichs der Regressionsergebnisse für die beiden Teilstichproben.[633]

4.3.2.1. Regressionsergebnisse zu besonderen Vorteilen freiwilliger unternehmenseigener Transparenz

Den theoretischen Überlegungen entsprechend lassen sich mit Hilfe der Gruppierung auf Basis der Aufwendungen für Forschung und Entwicklung – als Indikator für die durch die Geschäftstätigkeit bedingte Aussagekraft der Rechenwerke – die erwarteten Wirkungen zu den besonderen Vorteilen der freiwilligen unternehmenseigenen Transparenz in den durch die Tabellen 20 und 21 wiedergegebenen Regressionsergebnissen wiederfinden. Dies zeigt sich zunächst für das Voluntary Disclosure an den erwarteten Vorzeichen der Regressionskoeffizienten. So lässt sich für die Gruppe mit hohen Aufwendungen für Forschung und Entwicklung jeweils ein positiver Einfluss des Voluntary Disclosure auf die Bewertung eines Unternehmens erkennen, wohingegen in der Gruppe mit geringen diesbezüglichen Aufwendungen und einem neutralen erwarteten Vorzeichen die Regressionskoeffizienten zum Teil schwach ausgeprägt sind und in unterschiedliche Richtungen zeigen.

Darüber hinaus lassen sich aber auch einige signifikante Ausprägungen beobachten. Für das Modell mit Berücksichtigung der Eigentümerstruktur und industrieadjustierten Gewinnwachstumsraten etwa kann die positive Wirkung des Voluntary Disclosure auf die Bewertung eines Unternehmens in signifikanter Form nachgewiesen werden. Außerdem ergibt sich – wie in Tabelle 22 aufgeführt – aus der direkten Gegenüberstellung der Regressionskoeffizienten des Voluntary Disclosure für beide Teilstichproben der Gruppierung mit Hilfe eines t-Tests,[634] dass sich seine Wirkung bei forschungsintensiven Unternehmen für zwei Modelle signifikant von der Wirkung in der Gruppe mit geringen Aufwendungen für Forschung und Entwicklung unterscheidet. Die Hypothese H4a kann somit angenommen werden.[635] Eine freiwillige Berichterstattung lohnt sich also insbesondere für solche Unternehmen, bei denen den Rechenwerken aufgrund von hohen Aufwendungen für Forschung und Entwicklung eine geringe Aussagekraft zukommt. Dies

---

[633] Eine alternative Verwendung von Interaktionstermen wurde testweise vorgenommen. Sie war aufgrund erheblicher Multikollinearität in dem vorliegenden Kontext nicht verwendbar.

[634] Siehe auch hier wieder die Darstellung der Durchführung des t-Tests zum Vergleich von Regressionskoeffizienten zwischen Teilstichproben in Anhang 3.

[635] Vgl. Gu/Li (2007), S. 804 f., die zeigen können, dass Aktienkäufe durch Vorstands- oder Aufsichtsratsmitglieder die Glaubwürdigkeit von freiwilligen Informationen erhöhen und insbesondere bei forschungsintensiven Unternehmen mit ausgeprägten Informationsasymmetrien gegenüber dem Kapitalmarkt positive Kursreaktionen auslösen.

lässt sich im Übrigen auch durch praktische Überlegungen eingängig begründen: Über den grundsätzlich positiven Einfluss hinaus kommt dem Voluntary Disclosure hier eine Kompensationsfunktion zu. So werden im Rahmen des Lageberichts etwa Informationen über immaterielle Vermögensgegenstände gegeben, die in den Rechenwerken aufgrund der Objektivierungserfordernisse geltender Rechnungslegungsvorgaben nicht ausreichend berücksichtigt werden. Auch erläuternde sowie zukunftsbezogene Angaben sind in besonderem Maße hilfreich, da die Rechenwerke aufgrund ihrer geringeren Aussagekraft der Funktion als Basis für die Prognose künftiger Periodenerfolge weniger nachkommen können und weniger Rückschlüsse über künftige Entwicklungen erlauben. Da also auf Basis der Rechenwerke erhebliche Informationsasymmetrien gegenüber dem Kapitalmarkt bestehen, kann ein hochwertiges Voluntary Disclosure ein höheres Maß an Informationen übermitteln und dadurch auch in größerem Umfang zu einer höheren Bewertung des Unternehmens am Kapitalmarkt beitragen.

erw. Vz.		geringe Aufwendungen für F&E				
		Gwa			ia Gwa		
		Basis	lnMkap	AntFM	*Basis*	lnMkap	AntFM
VD	0	0,0245	-0,0168	-0,0078	0,2103	0,1770	0,1762
		0,13	-0,09	-0,04	1,15	0,97	0,96
AQ	-	-0,3872 *	-0,4617 **	-0,3636	-0,2148	-0,2664	-0,1938
		-1,80	-2,19	-1,68	-1,25	-1,55	-1,14
PC	0	-0,1682	-0,2077	-0,2121	-0,2216	-0,2502	-0,2681
		-0,89	-1,11	-1,09	-1,30	-1,49	-1,56
Gwa	-	-0,4327 *	-0,4396 *	-0,4238 *			
		-1,97	-2,06	-1,93			
ia Gwa	-				-0,5791 ***	-0,5719 ***	-0,5789 ***
					-3,08	-3,17	-3,12
Beta	+	-0,1342	-0,1858	-0,1317	-0,1095	-0,1496	-0,1055
		-0,63	-0,88	-0,62	-0,58	-0,79	-0,56
Versch	+	0,1185	0,1031	0,0663	0,1085	0,0962	0,0546
		0,55	0,49	0,30	0,57	0,52	0,28
Mkap	-	0,3147		0,2534	0,1994		0,1316
		1,71		1,31	1,15		0,73
lnMkap	-		0,3684 *			0,2636	
			1,95			1,50	
AntFM	-			-0,2114			-0,2266
				-1,03			-1,24
R^2		37,5 %	39,8 %	40,8 %	49,4 %	51,5 %	53,2 %
Adj. R^2		15,6 %	18,7 %	15,8 %	31,7 %	34,5 %	33,4 %
F		1,7	1,9	1,6	2,8 **	3,0 **	2,7 **
N		28	28	28	28	28	28

Die in dieser und der nachfolgenden Tabelle verwendeten Abkürzungen sind wie folgt zu verstehen: Voluntary Disclosure Index (VD), Accounting Quality Index (AQ), Personal Communication (PC), Gewinnwachstum (Gwa), industrieadjustiertes Gewinnwachstum (ia Gwa), Verschuldungsgrad (Versch), Marktkapitalisierung (Mkap), logarithmierte Marktkapitalisierung (lnMkap), Anteilsbesitz durch Familienmitglieder und Manager (AntFM).

Aufgeführt sind – mit 4 Hinterkommastellen – die standardisierten Regressionskoeffizienten und darunter – mit 2 Hinterkommastellen – die zugehörigen t-Werte, die sich auf Basis einer gewöhnlichen linearen Regression mit Hilfe der Methode der kleinsten Quadrate ergeben. Das industrieadjustierte Gewinn-Kurs-Verhältnis wird dazu den drei unabhängigen Variablen VD, AQ und PC sowie den Kontrollvariablen Gwa, ia Gwa, Beta, Versch, Mkap, lnMkap, AntFM gegenübergestellt. Dabei kennzeichnen ***, ** bzw. * statistisch signifikante Ergebnisse bei einem Signifikanzniveau von 1 %, 5 % bzw. 10 % auf Basis zweiseitiger Tests.

Tabelle 20: Ergebnisse der Regressionen auf Basis der Gruppierung anhand der Aufwendungen für Forschung und Entwicklung (Teil 1: geringe Aufwendungen für F & E)

| | | hohe Aufwendungen für F&E | | | | | |
| | | Gwa | | | ia Gwa | | |
	erw. Vz.	Basis	lnMkap	AntFM	Basis	lnMkap	AntFM
VD	-	-0,1762	-0,2107	-0,2143	-0,1494	-0,1520	-0,1938 *
		-1,23	-1,40	-1,53	-1,28	-1,22	-1,83
AQ	0	-0,2446	-0,2720	-0,1883	-0,1499	-0,1442	-0,0883
		-1,44	-1,56	-1,12	-1,19	-1,08	-0,77
PC	-	-0,3271 **	-0,3372 **	-0,3068 *	-0,2867 **	-0,2714 **	-0,2611 **
		-2,10	-2,19	-2,02	-2,26	-2,14	-2,28
Gwa	-	-0,4461 ***	-0,4235 **	-0,4376 ***			
		-2,91	-2,72	-2,94			
ia Gwa	-				-0,6267 ***	-0,6199 ***	-0,6520 ***
					-5,60	-5,31	-6,42
Beta	+	-0,1959	-0,2342	-0,2180	-0,1980 *	-0,1924	-0,2291 **
		-1,39	-1,54	-1,58	-1,73	-1,54	-2,20
Versch	+	0,1697	0,1518	0,1242	0,2331 *	0,2485 *	0,1776
		1,15	1,03	0,85	1,93	2,01	1,61
Mkap	-	0,0902		0,0905	0,0946		0,0930
		0,56		0,58	0,73		0,79
lnMkap	-		0,1652			0,0513	
			0,86			0,32	
AntFM	-			-0,2436 *			-0,3111 ***
				-1,79			-3,02
R^2		35,8 %	36,5 %	41,2 %	57,6 %	57,1 %	66,4 %
Adj. R^2		23,3 %	24,2 %	27,7 %	49,4 %	48,8 %	58,7 %
F		2,9 **	3,0 **	3,1 **	7,0 ***	6,9 ***	8,6 ***
N		44	44	44	44	44	44

Tabelle 21: Ergebnisse der Regressionen auf Basis der Gruppierung anhand der Aufwendungen für Forschung und Entwicklung (Teil 2: hohe Aufwendungen für F & E)

erw. Vz.	Gwa			ia Gwa		
	Basis	lnMkap	AntFM	*Basis*	lnMkap	AntFM
VD -	-0,0211	-0,0206	-0,0219	-0,0366 *	-0,0336	-0,0379 *
	-0,87	-0,84	-0,91	-1,71	-1,52	-1,87
AQ +	0,0047	0,0060	0,0053	0,0023	0,0037	0,0031
	0,72	0,92	0,81	0,47	0,73	0,65
PC -	-0,0003	-0,0003	-0,0002	-0,0002	-0,0001	-0,0001
	-0,91	-0,82	-0,66	-0,62	-0,42	-0,30

Die in dieser Tabelle verwendeten Abkürzungen sind wie folgt zu verstehen: Voluntary Disclosure Index (VD), Accounting Quality Index (AQ), Personal Communication (PC), Gewinnwachstum (Gwa), industrie-adjustiertes Gewinnwachstum (ia Gwa), logarithmierte Marktkapitalisierung (lnMkap), Anteilsbesitz durch Familienmitglieder und Manager (AntFM).

Aufgeführt sind – mit 4 Hinterkommastellen – die Differenzen der unstandardisierten Regressionskoeffizienten und darunter – mit 2 Hinterkommastellen – die t-Werte des zugehörigen Vergleichs zweier Ausprägungen des Regressionskoeffizienten einer unabhängigen Variablen zwischen den beiden Teilstichproben der Gruppierung. Dabei kennzeichnen ***, ** bzw. * statistisch signifikante Ergebnisse bei einem Signifikanzniveau von 1 %, 5 % bzw. 10 %.

Tabelle 22: Vergleich der Regressionskoeffizienten der unabhängigen Variablen mit Hilfe des t-Tests auf Basis der Gruppierung anhand der Aufwendungen für Forschung und Entwicklung

Auch für die Personal Communication lässt sich der erwartete positive Einfluss auf die Bewertung eines Unternehmens beobachten. Für die Gruppe forschungsintensiver Unternehmen mit einer geringen Aussagekraft der Rechenwerke kann – gegenüber der Gruppe mit weniger forschungsintensiven Unternehmen – durchgängig ein signifikanter Einfluss der Personal Communication auf die Höhe der Bewertung der Aktien festgestellt werden. Hypothese H4b kann daher ebenfalls angenommen werden. Andererseits ist jedoch ebenso zu bemerken, dass die Regressionskoeffizienten auch in der Gruppe mit geringen Aufwendungen für Forschung und Entwicklung einen positiven Einfluss der Personal Communication erkennen lassen, die möglicherweise nur aufgrund der vergleichsweise geringen Stichprobengrößen keine signifikante Form annehmen. Dies lässt darauf schließen, dass sich Personal Communication sowohl für forschungsintensive als auch für weniger forschungsintensive Unternehmen lohnt, während der Personal Communication jedoch bei forschungsintensiven Unternehmen bedingt durch die geringere Aussagekraft der Rechenwerke solcher Unternehmen und die daher erheblicheren Möglichkeiten zur Verringerung kapitalmarktbezogener Informationsasymmetrien eine stärkere Wirkung zukommt.

Vergleicht man den Einfluss der Personal Communication mit dem Einfluss des Voluntary Disclosure, zeigt sich im Übrigen aufgrund des durchgängig signifikanten Einflusses der Personal Communication erneut die stärkere Wirkung der persönlichen

Kommunikation gegenüber der freiwilligen Berichterstattung – hier insbesondere für forschungsintensive Unternehmen.

Im Unterschied zu dem Voluntary Disclosure und der Personal Communication ergibt sich für den Einfluss der Accounting Quality – wie erwartet – ein anderer Zusammenhang. Für den Fall einer geringen Aussagekraft der Rechenwerke verringern sich nämlich die Möglichkeiten der Accounting Quality, Informationen an den Kapitalmarkt zu übermitteln. Bei der Gruppe der Unternehmen mit hohen Aufwendungen für Forschung und Entwicklung kann die Accounting Quality daher nur eine begrenzte Wirkung entfalten, die bei den weniger forschungsintensiven Unternehmen durchgängig stärker ausgeprägt ist. Übereinstimmend mit Hypothese H4c ergibt sich dann vor allem für zwei Regressionsmodelle ein signifikanter Einfluss der Accounting Quality auf die Höhe der Aktienbewertung.

4.3.2.2. Regressionsergebnisse zu besonderen Nachteilen freiwilliger unternehmenseigener Transparenz

Die aufgestellten Hypothesen zu den besonderen Nachteilen freiwilliger unternehmenseigener Transparenz lassen sich weitgehend in den empirischen Ergebnissen – auf Basis der Gruppierung anhand der Gesamtkapitalrendite als Indikator für die Konkurrenzgefahr eines Unternehmens – wiederfinden. Sie werden im Detail durch die Tabellen 23 und 24 wiedergegeben. So können insbesondere für Unternehmen mit geringerer Konkurrenzgefahr die positiven Wirkungen unternehmenseigener Transparenz bestätigt werden. Dies erstreckt sich insbesondere auf die Personal Communication, die für Unternehmen mit geringerer Konkurrenzgefahr über alle Regressionsmodelle hinweg einen signifikanten Einfluss annimmt. Aber auch für das Voluntary Disclosure und die Accounting Quality lassen die Ergebnisse eine positive Wirkung erkennen. So ergeben die Modelle ohne Industrieadjustierung des Gewinnwachstums einheitlich eine signifikante Wirkung für beide Kommunikationsformen, und die Modelle unter Berücksichtigung industrieadjustierter Gewinnwachstumsraten lassen zumindest einmalig ein signifikantes Ergebnis sowie andernfalls das erwartete Vorzeichen erkennen. Die aufgestellten Hypothesen H5a bis H5c hinsichtlich der Wirkungsweisen der betrachteten Kommunikationsformen unternehmenseigener Transparenz können somit bestätigt werden. Es zeigt sich also, dass insbesondere für Unternehmen mit geringer Konkurrenzgefahr – gemessen durch eine geringe Attraktivität der Geschäftstätigkeit in Form einer geringen Gesamtkapitalrendite – sowohl das Voluntary Disclosure als auch die Accounting Quality und die Personal

Communication einen positiven Einfluss auf die Bewertung eines Unternehmens am Kapitalmarkt entfalten können. Dies lässt sich erklären durch die implizite Bereinigung um gegenläufige Konkurrenzeffekte, die vornehmlich bei Unternehmen mit höherer Konkurrenzgefahr zu konstatieren sind. Im Ergebnis führt dies dazu, dass gegenüber der ungruppierten Betrachtung des Standardfalls der starke Einfluss der Accounting Quality und der Personal Communication bestehen bleibt sowie nunmehr auch für das Voluntary Disclosure ein signifikanter Einfluss bestätigt werden kann.

Für Unternehmen mit höherer Konkurrenzgefahr ergeben sich für keine der betrachteten Kommunikationsformen signifikante Zusammenhänge, und zwar über alle betrachteten Regressionsmodelle hinweg. Vielmehr ergeben sich weit überwiegend nur sehr schwache Regressionskoeffizienten. Dies wiederum bestätigt die zugrundeliegenden theoretischen Überlegungen, wonach sich für Unternehmen mit attraktiver Geschäftstätigkeit zusätzlich zu dem im Rahmen dieser Untersuchung vornehmlich betrachteten Transparenzeffekt freiwilliger unternehmenseigener Information und Kommunikation auch ein gegenläufiger Konkurrenzeffekt ergibt. Dieser Effekt führt zu einer Verringerung der freiwilligen unternehmenseigenen Transparenz bei einer höheren Bewertung des Unternehmens, und zwar in dem Ausmaß, in dem Unternehmen mit attraktiver Geschäftstätigkeit auch am Kapitalmarkt höher bewertet werden. Um ein Ausnutzen der Informationen durch Konkurrenzunternehmen und eine dementsprechende Konkurrenzgefahr zu vermeiden, stellen solche Unternehmen offensichtlich dem Kapitalmarkt weniger freiwillige Informationen zur Verfügung. Die beiden gegenläufigen Effekte führen dann im Ergebnis dazu, dass sich für Unternehmen mit attraktiver Geschäftstätigkeit und höherer Konkurrenzgefahr keine Einflüsse durch freiwillige unternehmenseigene Transparenz über die genannten Kommunikationsformen beobachten lassen.[636]

---

[636] Vgl. im Hinblick auf die diesbezügliche theoretische Herleitung Kapitel 2.3.2.2.

		geringe Gesamtkapitalrendite					
		Gwa			ia Gwa		
erw. Vz.		*Basis*	lnMkap	AntFM	*Basis*	lnMkap	AntFM
VD	-	-0,2909 *	-0,3380 **	-0,3148 **	-0,0937	-0,1629	-0,1216
		-2,03	-2,42	-2,22	-0,59	-1,04	-0,78
AQ	-	-0,3274 **	-0,4089 **	-0,3454 **	-0,1694	-0,2491 *	-0,1892
		-2,09	-2,62	-2,23	-1,26	-1,75	-1,42
PC	-	-0,4341 ***	-0,4387 ***	-0,4859 ***	-0,4006 ***	-0,4056 ***	-0,4496 ***
		-3,05	-3,23	-3,37	-3,03	-3,17	-3,35
Gwa	-	-0,3457 **	-0,3022 *	-0,3391 **			
		-2,18	-1,97	-2,18			
ia Gwa	-				-0,5140 ***	-0,4459 ***	-0,5011 ***
					-3,14	-2,82	-3,11
Beta	+	-0,1625	-0,2481	-0,0690	-0,1045	-0,1791	-0,0187
		-1,06	-1,61	-0,42	-0,74	-1,22	-0,12
Versch	+	0,0311	-0,0280	0,0928	0,0948	0,0350	0,1505
		0,20	-0,18	0,58	0,64	0,24	1,00
Mkap	-	0,1928		0,1629	0,0690		0,0448
		1,31		1,12	0,47		0,31
lnMkap	-		0,3544 **			0,2448	
			2,14			1,48	
AntFM	-			-0,2107			-0,1962
				-1,43			-1,43
R^2		49,4 %	53,7 %	52,8 %	56,0 %	58,8 %	59,0 %
Adj. R^2		37,1 %	42,5 %	39,3 %	45,4 %	48,9 %	47,3 %
F		4,0 ***	4,8 ***	3,9 ***	5,3 ***	5,9 ***	5,0 ***
N		37	37	37	37	37	37

Die in dieser und der nachfolgenden Tabelle verwendeten Abkürzungen sind wie folgt zu verstehen: Voluntary Disclosure Index (VD), Accounting Quality Index (AQ), Personal Communication (PC), Gewinnwachstum (Gwa), industrieadjustiertes Gewinnwachstum (ia Gwa), Verschuldungsgrad (Versch), Marktkapitalisierung (Mkap), logarithmierte Marktkapitalisierung (lnMkap), Anteilsbesitz durch Familienmitglieder und Manager (AntFM). Aufgeführt sind – mit 4 Hinterkommastellen – die standardisierten Regressionskoeffizienten und darunter – mit 2 Hinterkommastellen – die zugehörigen t-Werte, die sich auf Basis einer gewöhnlichen linearen Regression mit Hilfe der Methode der kleinsten Quadrate ergeben. Das industrieadjustierte Gewinn-Kurs-Verhältnis wird dazu den drei unabhängigen Variablen VD, AQ und PC sowie den Kontrollvariablen Gwa, ia Gwa, Beta, Versch, Mkap, lnMkap, AntFM gegenübergestellt. Dabei kennzeichnen ***, ** bzw. * statistisch signifikante Ergebnisse bei einem Signifikanzniveau von 1 %, 5 % bzw. 10 % auf Basis zweiseitiger Tests.

Tabelle 23: Ergebnisse der Regressionen auf Basis der Gruppierung anhand der Gesamtkapitalrendite (Teil 1: geringe Gesamtkapitalrendite)

		hohe Gesamtkapitalrendite					
		Gwa			ia Gwa		
	erw. Vz.	*Basis*	lnMkap	AntFM	*Basis*	lnMkap	AntFM
VD	0	-0,0835	-0,0228	-0,1721	-0,0767	-0,0026	-0,1766
		-0,44	-0,11	-0,95	-0,40	-0,01	-1,01
AQ	0	-0,2108	-0,2850	-0,0177	-0,1636	-0,2261	-0,0331
		-0,92	-1,27	-0,08	-0,75	-1,02	-0,16
PC	0	-0,1676	-0,0458	-0,1515	-0,2202	-0,0880	-0,1593
		-0,83	-0,23	-0,80	-1,12	-0,45	-0,89
Gwa	-	-0,4341 *	-0,5437 **	-0,2846			
		-1,94	-2,40	-1,29			
ia Gwa	-				-0,3769 *	-0,4621 **	-0,3525 *
					-1,88	-2,15	-1,95
Beta	+	-0,0561	0,0046	-0,0797	-0,1583	-0,1124	-0,1630
		-0,30	0,02	-0,46	-0,85	-0,57	-0,97
Versch	+	0,3928 **	0,3830 **	0,2178	0,4072 **	0,3905 **	0,2244
		2,29	2,18	1,21	2,34	2,16	1,32
Mkap	-	0,2311		0,2286	0,2846		0,2258
		1,11		1,17	1,42		1,24
lnMkap	-		-0,0301			-0,0147	
			-0,14			-0,07	
AntFM	-			-0,4062 **			-0,4648 **
				-2,17			-2,71
R^2		30,2 %	27,1 %	40,9 %	29,7 %	24,5 %	45,2 %
Adj. R^2		12,1 %	8,2 %	22,7 %	11,5 %	4,9 %	28,3 %
F		1,7	1,4	2,3 *	1,6	1,3	2,7 **
N		35	35	35	35	35	35

Tabelle 24: Ergebnisse der Regressionen auf Basis der Gruppierung anhand der Gesamtkapitalrendite (Teil 2: hohe Gesamtkapitalrendite)

Aufschlussreich sind über die eigenständige Betrachtung der Regressionen hinaus auch die Vergleiche zweier Ausprägungen eines Regressionskoeffizienten für eine unabhängige Variable zwischen den beiden Teilstichproben der vorgenommenen Gruppierung mit Hilfe eines t-Tests (siehe Tabelle 25). So lässt sich für die Personal Communication fast durchgängig in signifikanter Form zeigen, dass ihr bei einer geringeren Konkurrenzgefahr ein höher Einfluss zukommt, als dies bei einer höheren Konkurrenzgefahr der Fall ist. Auch für das Voluntary Disclosure kann dies zumindest einmalig signifikant bestätigt werden, wohingegen die Ergebnisse zu der Accounting Quality in dieser Hinsicht wenig aussagekräftig sind.

erw. Vz.	Basis	Gwa		Basis	ia Gwa	
	Basis	lnMkap	AntFM	Basis	lnMkap	AntFM
VD –	-0,0373	-0,0487 *	-0,0344	-0,0084	-0,0241	-0,0052
	-1,49	-1,93	-1,41	-0,31	-0,87	-0,20
AQ –	0,0014	0,0026	-0,0061	0,0028	0,0035	-0,0025
	0,15	0,28	-0,62	0,32	0,41	-0,29
PC –	-0,0006 *	-0,0008 **	-0,0008 **	-0,0005	-0,0007 *	-0,0007 **
	-1,72	-2,23	-2,08	-1,45	-1,97	-2,00

Die in dieser Tabelle verwendeten Abkürzungen sind wie folgt zu verstehen: Voluntary Disclosure Index (VD), Accounting Quality Index (AQ), Personal Communication (PC), Gewinnwachstum (Gwa), industrieadjustiertes Gewinnwachstum (ia Gwa), logarithmierte Marktkapitalisierung (lnMkap), Anteilsbesitz durch Familienmitglieder und Manager (AntFM).
Aufgeführt sind – mit 4 Hinterkommastellen – die Differenzen der unstandardisierten Regressionskoeffizienten und darunter – mit 2 Hinterkommastellen – die t-Werte des zugehörigen Vergleichs zweier Ausprägungen des Regressionskoeffizienten einer unabhängigen Variablen zwischen den beiden Teilstichproben der Gruppierung. Dabei kennzeichnen ***, ** bzw. * statistisch signifikante Ergebnisse bei einem Signifikanzniveau von 1 %, 5 % bzw. 10 %.

Tabelle 25: Vergleich der Regressionskoeffizienten der unabhängigen Variablen mit Hilfe des t-Tests auf Basis der Gruppierung anhand der Gesamtkapitalrendite

4.3.2.3. Zwischenfazit zu den besonderen Wirkungsweisen freiwilliger unternehmenseigener Transparenz

Beide hier vorgenommenen Gruppierungen der betrachteten Unternehmen erweisen sich als hilfreich, um die kapitalmarktorientierten Wirkungen freiwilliger unternehmenseigener Transparenz über die undifferenzierte Betrachtungsweise hinaus zu erklären. Sowohl für Unternehmen mit besonderen Vorteilen als auch für Unternehmen ohne besondere Nachteile aus freiwilliger Transparenz lässt sich der vermutete Einfluss auf die Höhe der Kapitalmarktbewertung deutlich erkennen, wohingegen sich der Wirkungszusammenhang für Unternehmen ohne diese – auf die Geschäftstätigkeit zurückzuführenden – Eigenschaften nicht oder nur in schwachem Ausmaß beobachten lässt.

Eine solche Differenzierung der betrachteten Stichprobe erscheint dabei aus grundlegenden Erwägungen heraus sinnvoll, da nicht davon auszugehen ist, dass die positiven Wirkungen freiwilliger unternehmenseigener Transparenz für alle Unternehmen in gleichem Ausmaß gegeben sind. Dementsprechend wird bereits durch Botosan (1997) eine erste Differenzierung vorgenommen. Ihre Ergebnisse lassen darauf schließen, dass freiwillige unternehmenseigene Transparenz nur bei Unternehmen mit einer geringen

Anzahl beobachtender Analysten und einem dementsprechend niedrig ausgeprägten Informationsumfeld eine positive Wirkung auf die Eigenkapitalkosten entfalten kann.[637] Während diese frühe Erkenntnis zunächst plausibel erscheint und erste Einblicke hinsichtlich der Zweckmäßigkeit der Differenzierung der Kapitalmarkteffekte zwischen unterschiedlichen Unternehmen generiert, sind die entsprechenden Rückschlüsse jedoch aus heutiger Sicht begrenzt. Dies ergibt sich aus dem Umstand, dass mehrere Untersuchungen einen positiven Einfluss der freiwilligen unternehmenseigenen Transparenz auf die Anzahl der beobachtenden Analysten bestätigen, da eine Erhöhung der unternehmenseigenen Transparenz etwa eine Verringerung der Informationsbeschaffungskosten der Aktienanalysten begünstigt sowie die Abgabe von Analysen und Prognosen mit zufriedenstellender Genauigkeit zumindest zum Teil erst ermöglicht.[638] Allerdings ist auch denkbar, dass Analysten ihrerseits bereits aus anderen Gründen ein Unternehmen beobachten und demzufolge unternehmensbezogene Informationen aktiv einfordern.[639] Möglicherweise also ergibt sich aus beiden Richtungen ein positiver Zusammenhang zwischen dem Ausmaß der freiwilligen unternehmenseigenen Transparenz und dem Umfang der beobachtenden Aktienanalysten.[640] Die Verknüpfung beider Größen jedenfalls erscheint empirisch als gesichert.[641]

Aus diesem Umstand wird damit deutlich, dass sich die durch diese Differenzierung ergebende Erkenntnis zumindest zu einem wesentlichen Anteil darauf beschränkt, dass der Effekt der freiwilligen Transparenz einem abnehmenden Grenznutzen unterliegt.

---

[637] Zu einer diesbezüglichen Differenzierung mit Bezug auf die Ex-post-Genauigkeit der Analysten-prognosen siehe auch Hope (2003a) sowie Oberdörster (2009), S. 181 ff.

[638] Vgl. mit empirischen Ergebnissen zu dem positiven Einfluss der freiwilligen Transparenz auf die Anzahl der beobachtenden Analysten Lang/Lundholm (1996); Francis/Hanna/Philbrick (1997); Healy/Hutton/Palepu (1999) und Hope (2003b) sowie für den deutschen Kapitalmarkt Pietzsch (2004), 277 ff. Auch lassen die Ergebnisse mehrerer Befragungen von Aktienanalysten und die darin zum Ausdruck kommende Forderung einer ausführlicheren unternehmenseigenen Transparenz auf diesen positiven Einfluss schließen; siehe stellvertretend AICPA (1994). Anerkannt ist außerdem, dass Finanzanalysten für die Coverage eines Unternehmens ein Mindestmaß an erhältlichen Informationen voraussetzen; vgl. Lang/Lundholm (1996), S. 470 mit Verweis auf Nichols (1989).

[639] Vgl. Tasker (1998), S. 145 sowie Lang/Lundholm (1996), S. 471.

[640] Vgl. hinsichtlich des beidseitigen Zusammenhangs auch die Anmerkungen bezogen auf die Verbindung zwischen der freiwilligen unternehmenseigenen Transparenz und dem Engagement institutioneller Investoren durch Ayers/Freeman (2003), S. 64.

[641] Aus theoretischer Perspektive wurden hinsichtlich des Zusammenspiels zwischen dem Ausmaß der freiwilligen Transparenz eines Unternehmens und der Anzahl der beobachtenden Analysten unterschiedliche Wirkungsweisen identifiziert; vgl. Lang/Lundholm (1996), S. 470 f. sowie hinsichtlich der Entwicklung eines ursprünglichen Modells zu den angebots- und nachfragebedingten Zusammenhängen zwischen Unternehmens-Charakteristika und Coverage durch Aktienanalysten Bhushan (1989). Siehe zu diesbezüglichen Schlussfolgerungen auch Hope (2003a), S. 240 f. und Bushman/Smith (2001), S. 307 f.

Damit liegen jedoch keine Einblicke darüber vor, ob Unternehmen bestimmter Branchen in besonderer Weise von freiwilliger unternehmenseigener Transparenz profitieren und andere wiederum in geringerem Maße davon betroffen sind oder ob bestimmte unternehmensbezogene Charakteristika eine solche Wirkung begünstigen oder auch hemmen.[642] Die dargestellte Gruppierung der betrachteten Unternehmen nach besonderen Vorteilen bzw. besonderen Nachteilen aus freiwilliger Transparenz geht daher einen anderen Weg. Ihr liegt eine Aufteilung anhand wesentlicher Charakteristika der Geschäftstätigkeit zugrunde. Konkret wird dazu die Intensität der Aufwendungen für Forschung und Entwicklung bzw. die Gesamtkapitalrendite der kapitalmarktorientierten Unternehmen betrachtet, für welche sich aufgrund der Auswirkungen auf die Aussagekraft der Rechenwerke bzw. aufgrund der Auswirkungen auf die Konkurrenzgefahr besondere Vor- bzw. Nachteile aus freiwilliger unternehmenseigener Transparenz ergeben.

Bisherige Untersuchungen zu Besonderheiten der freiwilligen unternehmenseigenen Transparenz in Abhängigkeit von wesentlichen Charakteristika der Geschäftstätigkeit kapitalmarktorientierter Unternehmen haben die Notwendigkeit der gesonderten Betrachtung solcher Charakteristika erkannt und unterschiedliche Besonderheiten empirisch bestätigt.

So finden einerseits etwa Clarkson/Kao/Richardson (1994), Depoers (2000), Leuz (2004), Prencipe (2004), Botosan/Stanford (2005) und Jones (2007), dass Unternehmen mit höherer Konkurrenzgefahr weniger Informationen freiwillig an den Kapitalmarkt übermitteln. Andererseits wird die Zweckmäßigkeit einer Gruppierung anhand wesentlicher Charakteristika der Geschäftstätigkeit durch die Ergebnisse von Gu/Wang (2005) sowie Barron u.a. (2002) deutlich, die für Unternehmen mit einer hohen Intensität von immateriellen Vermögensgegenständen eine geringere Ex-post-Genauigkeit und eine höhere Streuung der Analystenprognosen nachweisen können.

Diese Arbeiten haben also einerseits die betrachteten Charakteristika der Geschäftstätigkeit bereits erfolgreich als Determinanten für das Ausmaß der freiwilligen unternehmenseigenen Transparenz identifiziert. Andererseits haben sie ihren Einfluss auf instrumentale Zielsetzungen der kapitalmarktorientierten Kommunikation – nämlich auf eine Verbesserung der Ex-post-Genauigkeit und der Streuung der Analystenprognosen – nachgewiesen.

Daher lag es nahe, den Einfluss wesentlicher Charakteristika der Geschäftstätigkeit in

---

[642] Auch ergibt sich durch eine solche Gruppierung aufgrund des Zusammenhangs zwischen dem Ausmaß der freiwilligen Transparenz und dem Umfang der Beobachtung durch Aktienanalysten möglicherweise eine geringere Streuung der unabhängigen Variablen innerhalb der beiden Teilstichproben. Ein Nachweis der vermuteten Wirkungszusammenhänge würde dadurch erschwert.

Bezug auf den Wirkungszusammenhang zwischen der freiwilligen unternehmenseigenen Transparenz und den fundamentalen kapitalmarktorientierten Zielsetzungen – also die Steigerung der Bewertung und die Verringerung der Eigenkapitalkosten eines Unternehmens – auch einmal gesondert zu betrachten.

Eine solche Betrachtung wird damit im Rahmen dieser Arbeit erstmalig vorgenommen. Zwar werden etwa zur Untersuchung der Frage, ob freiwillige unternehmenseigene Transparenz hinsichtlich der instrumentalen und fundamentalen Zielsetzungen der Kapitalmarktkommunikation eine Wirkung entfaltet, durch Jones (2007) und Fischer (2003) bereits gezielt forschungsintensive Unternehmen betrachtet, da diese Untersuchungen allerdings ausschließlich solche Unternehmen berücksichtigen, kann keine Gegenüberstellung zwischen den Wirkungen bei forschungsintensiven und nicht-forschungsintensiven Unternehmen vorgenommen werden.[643] Eine Gegenüberstellung anhand wesentlicher Charakteristika der Geschäftstätigkeit – hierzu zählen im Rahmen dieser Untersuchung die Forschungsintensität und die Gesamtkapitalrentabilität der betrachteten Unternehmen – ist allerdings von besonderer Bedeutung, um branchenübergreifende Rückschlüsse ziehen zu können.

Wird eine übergreifende und ausschließlich undifferenzierte Form der Untersuchung gewählt, kann eine möglicherweise unterschiedliche Wirkung der unternehmenseigenen Transparenz bei Unternehmen mit verschiedenen Charakteristika dazu führen, dass die Ergebnisse der undifferenzierten Untersuchung je nach Zusammensetzung der Stichprobe hinsichtlich der relevanten Charakteristika verzerrt werden.

Die Ergebnisse einer ausschließlich undifferenzierten Untersuchung beinhalten daher eine eingeschränkte Aussagekraft. Dies ist vor allem deswegen zu konstatieren, weil neben dem grundsätzlichen positiven Einfluss freiwilliger unternehmenseigener Transparenz zumindest auch für einige Unternehmen ein gegenläufiger Wirkungszusammenhang aufgrund von Konkurrenzeffekten festgestellt werden muss.[644] Die Ergebnisse bisheriger Studien, welche für eine freiwillige unternehmenseigene Transparenz keinen positiven Einfluss auf die Kapitalmarktbewertung eines Unternehmens oder auf seine impliziten Eigenkapitalkosten beobachten konnten,[645] sind vor diesem Hintergrund neu einzuordnen. Möglicherweise war ein hoher Anteil solcher Unternehmen mit ausgeprägter Konkurrenz-

---

[643] Vgl. Jones (2007), S. 508 sowie Fischer (2003), S. 95 ff. Siehe auch Gu/Li (2007), die positive Kursreaktionen durch freiwillige Transparenz für Hochtechnologie-Unternehmen beobachten.
[644] Vgl. hierzu im Detail Kapitel 2.3.2.2 und Kapitel 4.3.2.2.
[645] Dies ist bei der Untersuchung von Botosan/Plumlee (2002) etwa zum Teil der Fall.

gefahr innerhalb der ausgewerteten Stichprobe für die Ergebnisse verantwortlich, und ein positiver Wirkungszusammenhang hätte sich bei einer anderenfalls differenzierten Betrachtung für einen Teil der Unternehmen ergeben.

Vor diesem Hintergrund sind die Ergebnisse der hier erstmalig vorgenommenen Differenzierung der betrachteten Unternehmen anhand wesentlicher Charakteristika der Geschäftätigkeit von besonderer Bedeutung. Sie führen zu der Erkenntnis, dass der untersuchte positive Einfluss der freiwilligen unternehmenseigenen Transparenz, für manche Unternehmen in besonderem Maße und für andere Unternehmen aufgrund von gegenläufigen Effekten kaum zu beobachten ist. Die im Rahmen modelltheoretischer und agencytheoretischer Erwägungen gewonnenen allgemeinen Erkenntnisse, wonach freiwillige Transparenz eine höhere Bewertung und niedrigere Eigenkapitalkosten begünstigt, gelten somit nicht für alle Unternehmen in gleichem Maße.[646]

So erweist sich freiwillige Transparenz insbesondere für solche Unternehmen als vorteilhaft, die aufgrund von hohen Aufwendungen für Forschung und Entwicklung nur über eine eingeschränkte Aussagekraft ihrer Rechenwerke verfügen. Auch kann der untersuchte Wirkungszusammenhang bei Unternehmen, die durch eine niedrige Konkurrenzgefahr gekennzeichnet sind, voll zur Geltung kommen.

Für Unternehmen allerdings mit besonders attraktiver Geschäftätigkeit und dementsprechend hoher Konkurrenzgefahr ergeben sich aus freiwilliger unternehmenseigener Transparenz erhebliche Nachteile, da die gegenüber dem Kapitalmarkt zur Verfügung gestellten Informationen auch durch Konkurrenzunternehmen – und dann zum Nachteil des berichtenden Unternehmens – ausgenutzt werden können. In dem Maße, in dem solche Unternehmen aufgrund der attraktiven Geschäftätigkeit durch den Kapitalmarkt hoch bewertet werden, ergeben sich dann gegenläufige Effekte zwischen der Bewertung der Unternehmen und dem Ausmaß der zur Verfügung gestellten Informationen. Solche Unternehmen versuchen nämlich, negative Auswirkungen der bestehenden Konkurrenzgefahr durch ein geringes Ausmaß der zur Verfügung gestellten Informationen zu vermeiden.

Für die Unternehmen, die trotz der bestehenden Konkurrenzgefahr ausführlich berichten, ergeben sich dann zwar vermutlich aufgrund der höheren Transparenz ebenfalls kapitalmarktbezogene Vorteile, diese führen aber möglicherweise nicht zu einer höheren

---

[646] Vgl. hinsichtlich der allgemeinen modelltheoretischen und agencytheoretischen Erkenntnisse die Darstellungen im Rahmen von Kapitel 2.1.

Bewertung der Unternehmen, da der Kapitalmarkt aufgrund der gestiegenen Konkurrenzgefahr wiederum einen Bewertungsabschlag vornimmt, der die Tendenz zu einer höheren
Bewertung aufgrund der Transparenz gegenüber den Kapitalmarktteilnehmern ausgleicht.

4.4.   Robustheitstests

Die dargestellten Ergebnisse über den Zusammenhang zwischen der abhängigen und den
unabhängigen Variablen werden nachfolgend überprüft hinsichtlich drei verschiedener
Festlegungen des Untersuchungsdesigns, um die Sensitivität der Ergebnisse in dieser
Hinsicht zu testen. Dies betrifft die Messung der Höhe der Bewertung in Form des
industrieadjustierten Gewinn-Kurs-Verhältnisses sowie die Operationalisierung des
Voluntary Disclosure und der Accounting Quality.

4.4.1.   Robustheit der Regressionsergebnisse hinsichtlich der
Operationalisierung der abhängigen Variablen

Die erste zusätzliche Betrachtung hinsichtlich der Sensitivität bzw. Robustheit der
Ergebnisse widmet sich der Messung der Höhe der Bewertung als Operationalisierung der
abhängigen Variablen, die vordergründig auf Basis des Gewinn-Kurs-Verhältnisses
durchgeführt wird, um Bedenken hinsichtlich niedriger Werte für den Gewinn pro Aktie
im Nenner des Kurs-Gewinn-Verhältnisses aufzugreifen und dadurch bedingte mögliche
Ausreißer hinsichtlich der Höhe des Kurs-Gewinn-Verhältnisses aufzufangen.[647]
Während diese Vorgehensweise derjenigen vergleichbarer Untersuchungen entspricht,[648]
soll im Rahmen dieser Arbeit zum einen zusätzlich das Kurs-Gewinn-Verhältnis
betrachtet werden, da es sich hierbei um die natürliche Relation der Betrachtung der
relativen Bewertung handelt.[649] Zum anderen wurde für das Kurs-Gewinn-Verhältnis eine
Logarithmierung vorgenommen, die wie die Verwendung der Kehrwerte – also der
Gewinn-Kurs-Verhältnisse – eine Stauchung der Punktwolke bewirkt und einen extremen
Einfluss von Ausreißerwerten, welcher sich anderenfalls aufgrund der Methode der
kleinsten Quadrate ergeben würde,[650] dadurch verhindert.

Sowohl das Kurs-Gewinn-Verhältnis als auch das logarithmierte Kurs-Gewinn-Verhältnis
waren dabei wie auch bisher das Gewinn-Kurs-Verhältnis in industrieadjustierter Form

---

[647] Vgl. Francis u.a. (2005), S. 311.
[648] Vgl. sowohl Francis u.a. (2005), S. 311 als auch Cohen (2006), S. 26 f.
[649] Vgl. stellvertretend Koller/Goedhart/Wessels (2005), S. 361 f.
[650] Vgl. etwa Backhaus u.a. (2008), S. 63.

zu verwenden. Da eine Logarithmierung für negative Werte nicht vorgenommen werden kann, wurde nicht die Industrieadjustierung, sondern die Logarithmierung der Kurs-Gewinn-Verhältnisse zuerst durchgeführt.[651] Anschließend wurde von dem jeweiligen logarithmierten Kurs-Gewinn-Verhältnis eines Unternehmens der Median der logarithmierten Kurs-Gewinn-Verhältnisse der Branche zur Vornahme der Industrieadjustierung subtrahiert.

Die Ergebnisse dieser zusätzlichen Betrachtungen gehen – wie aus Tabelle 26 ersichtlich – einheitlich in dieselbe Richtung. Bei Verwendung des industrieadjustierten Kurs-Gewinn-Verhältnisses und des industrieadjustierten logarithmierten Kurs-Gewinn-Verhältnisses ergeben sich keine nennenswerten Veränderungen gegenüber der in der bisherigen Literatur üblichen Verwendung des industrieadjustierten Gewinn-Kurs-Verhältnisses. Die Regressionskoeffizienten des Voluntary Disclosure, der Accounting Quality und der Personal Communication erweisen sich somit hinsichtlich der Vorzeichen sowie der festgestellten Signifikanzen als robust gegenüber den angesprochenen alternativen Modellierungen.

Dabei ist zu beachten, dass die Koeffizienten der unabhängigen Variablen bei Zugrundelegung des industrieadjustierten Kurs-Gewinn-Verhältnisses bzw. des industrie-adjustierten logarithmierten Kurs-Gewinn-Verhältnisses ein anderes Vorzeichen annehmen. Dies ergibt sich aus der Betrachtung des Kehrwertes bzw. seines Ausgangswertes. So führt ein hohes (niedriges) Kurs-Gewinn-Verhältnis zu einem niedrigen (hohen) Gewinn-Kurs-Verhältnis.[652]

---

[651] Die Industrieadjustierung, welche durch Subtraktion des Medians der Bewertungskennzahl einer Branche von der Bewertungskennzahl eines jeweiligen Unternehmens erfolgt, führt zwangsweise zu teilweise negativen Werten.
[652] Siehe dazu bereits Kapitel 4.3.1.1.

		Gwa			ia Gwa		
	erw. Vz.	ia EP	ia PE	ia lnPE	ia EP	ia PE	ia lnPE
VD	- / + / +	-0,0973	0,1148	0,1043	-0,0072	0,0169	0,0031
		-0,88	1,07	0,97	-0,07	0,17	0,03
AQ	- / + / +	-0,2677 **	0,2506 **	0,2752 **	-0,1251	0,1165	0,1344
		-2,19	2,11	2,31	-1,23	1,22	1,41
PC	- / + / +	-0,2831 **	0,2662 **	0,2902 ***	-0,2673 **	0,2497 **	0,2730 ***
		-2,57	2,49	2,70	-2,61	2,60	2,85
Gwa	- / + / +	-0,4221 ***	0,4087 ***	0,4275 ***			
		-3,49	3,49	3,63			
ia Gwa	- / + / +				-0,5193 ***	0,5441 ***	0,5647 ***
					-4,94	5,52	5,74
Beta	+ / - / -	-0,1430	0,2480 **	0,1869 *	-0,1048	0,2073 **	0,1447
		-1,29	2,31	1,74	-1,02	2,14	1,50
Versch	+ / - / -	0,1737	-0,1812 *	-0,1803	0,2076 *	-0,2211 **	-0,2212 **
		1,56	-1,68	-1,66	2,00	-2,27	-2,27
Mkap	- / + / +	0,1607	-0,2049 *	-0,1951 *	0,0878	-0,1225	-0,1101
		1,43	-1,88	-1,78	0,82	-1,22	-1,10
R^2		30,8 %	34,9 %	34,4 %	40,4 %	47,5 %	47,8 %
Adj. R^2		23,2 %	27,8 %	27,2 %	33,9 %	41,8 %	42,1 %
F		4,1 ***	4,9 ***	4,8 ***	6,2 ***	8,3 ***	8,4 ***
N		72	72	72	72	72	72

Die in dieser Tabelle verwendeten Abkürzungen sind wie folgt zu verstehen: Voluntary Disclosure Index (VD), Accounting Quality Index (AQ), Personal Communication (PC), Gewinnwachstum (Gwa), industrieadjustiertes Gewinnwachstum (ia Gwa), Verschuldungsgrad (Versch), Marktkapitalisierung (Mkap), industrieadjustiertes Gewinn-Kurs-Verhältnis (ia EP), industrieadjustiertes Kurs-Gewinn-Verhältnis (ia PE), industrieadjustiertes logarithmiertes Kurs-Gewinn-Verhältnis (ia lnPE).

Aufgeführt sind – mit 4 Hinterkommastellen – die standardisierten Regressionskoeffizienten und darunter – mit 2 Hinterkommastellen – die zugehörigen t-Werte, die sich auf Basis einer gewöhnlichen linearen Regression mit Hilfe der Methode der kleinsten Quadrate ergeben. Die industrieadjustierten Kennzahlen für die relative Höhe der Bewertung (ia EP, ia PE, ia lnPE) werden dazu den drei unabhängigen Variablen VD, AQ und PC sowie den Kontrollvariablen Gwa, ia Gwa, Beta, Versch, Mkap gegenübergestellt. Dabei kennzeichnen ***, ** bzw. * statistisch signifikante Ergebnisse bei einem Signifikanzniveau von 1 %, 5 % bzw. 10 % auf Basis zweiseitiger Tests.

Tabelle 26: Ergebnisse der Regressionen zur Betrachtung der Robustheit der Regressionsergebnisse hinsichtlich der Berechnung der Bewertungskennzahlen

4.4.2.   Robustheit der Regressionsergebnisse hinsichtlich der Operationalisierung des Voluntary Disclosure

Die im Rahmen dieser Arbeit vorgenommene Operationalisierung des Voluntary Disclosure erfolgt auf Basis eines Ratings anhand der Genauigkeit der Prognosen des Managements[653], wozu einige zentrale Berichtselemente mit zukunftsorientiertem Bezug mit Hilfe der Free-Cashflow-Methode – als dem gebräuchlichsten Discounted-Cashflow-Verfahren – abgeleitet und dem Rating zugrundegelegt wurden.[654] Die für die Aggregation der Bewertungen einzelner Berichtselemente erforderlichen Gewichtungen und die Gewichtungen der Genauigkeitsgrade wurden mit Hilfe einer gesonderten Befragung erhoben, wobei insbesondere hinsichtlich der Gewichtung der Genauigkeitsgrade interessante Ergebnisse vorgefunden wurden.[655]

Während zwar die bereits von Heumann (2005) nachgewiesene Präferenz der Intervall-Schätzung gegenüber der Punkt-Schätzung[656] durch die Ergebnisse der Befragung eindeutig bestätigt werden konnte, ergaben sich hinsichtlich der konkreten Gewichtungen für die Punkt-Schätzung deutliche und für die qualitative und die komparative Aussage nennenswerte Abweichungen, die vermutlich vordergründig auf die Verwendung unterschiedlicher Skalentypen im Rahmen der Befragung zurückzuführen sind.[657] Aufgrund der zentralen Bedeutung dieser Gewichtungen für die jeweilige Ausprägung des Voluntary Disclosure Index soll dieser Umstand zum Anlass für eine diesbezügliche Prüfung der Robustheit der Regressionsergebnisse genommen werden.

Die Operationalisierung des Voluntary Disclosure, welche vordergründig auf Basis der hier erhobenen Gewichtungen für die unterschiedlichen Genauigkeitsgrade erfolgt, wurde dazu auch einmal alternativ für die von Heumann (2005) erhobenen Gewichtungen durchgeführt. Die jeweiligen Gewichtungen der Genauigkeitsgrade lauten dabei im Detail wie folgt:

---

[653] Siehe hinsichtlich der Hintergründe die Gegenüberstellung unterschiedlicher Formen der Operationalisierung des Voluntary Disclosure in Kapitel 3.3.1.1.
[654] Vgl. dazu Kapitel 3.3.1.2.1.1.
[655] Vgl. hierzu im Detail die Darstellungen in Kapitel 3.3.1.4.
[656] Vgl. Heumann (2005), S. 214.
[657] Siehe hinsichtlich der Eigenschaften der Likert-Skala und der Konstant-Summen-Skala die Darstellungen in Kapitel 3.3.1.4.3.

	Qualitative Aussage	Trend- Aussage	Intervall- Schätzung	Punkt- Schätzung
Hier erhobene Gewichtungen der Genauigkeitsgrade	25,22	49,80	100,00	49,52
Gewichtungen der Genauigkeits- grade durch Heumann (2005)	36,83	57,78	100,00	91,92

Tabelle 27: Gewichtungen hinsichtlich der unterschiedlichen Genauigkeitsgrade zukunftsorientierter Berichterstattung eines Unternehmens in Prozent auf Basis der hier durchgeführten Befragung bzw. auf Basis der Befragung von Heumann (2005)[658]

Die Ergebnisse dieser zusätzlich durchgeführten Modellierung bzw. der darauf aufbauen-den Regressionen werden durch Tabelle 28 wiedergegeben. Hinsichtlich der Robustheit der Regressionsergebnisse lässt sich zunächst festhalten, dass sowohl die Vorzeichen der unabhängigen Variablen als auch die festgestellten Signifikanzen bei der alternativen Modellierung des Voluntary Disclosure unverändert sind. Eine diesbezügliche Sensitivität der Ergebnisse lässt sich demnach nicht feststellen.

Andererseits lässt sich aber ein Vorteil der Verwendung der hier erhobenen Gewichtungen gegenüber den Gewichtungen von Heumann (2005) nicht erkennen. Sowohl bei Verwendung von nicht-industrieadjustiertem Gewinnwachstum als auch bei Zugrunde-legung von industrieadjustiertem Gewinnwachstum weichen die standardisierten Koeffizienten und die zugehörigen t-Werte kaum voneinander ab. Dies lässt sich jedoch auf die vergleichsweise geringe Stichprobe dieser Untersuchung zurückführen, vor deren Hintergrund eine fehlende Differenzierbarkeit der Ergebnisse dieser beiden alternativen Modellierungen wohl nicht überrascht. Schließlich beinhalten sie hinsichtlich der qualitativen und komparativen Aussage bzw. der Intervall-Schätzung ähnliche bzw. identische Gewichtungen und unterscheiden sich lediglich hinsichtlich der Gewichtung der Punkt-Schätzung spürbar.

---

[658] Die Bewertungen der Genauigkeitsgrade von Heumann (2005), S. 214 ergeben sich durch Normierung der dort angegebenen Werte auf 100 %.

Aufbauend auf der hier durchgeführten Befragung professioneller Kapitalmarktteilnehmer lässt sich mit Hilfe eines paarweisen Vergleichs der Mittelwerte mit Hilfe eines t-Tests einerseits nachweisen, dass die Bedeutung einer Intervallschätzung signifikant von der einer Punkt-Schätzung abweicht und sich damit aus Sicht des Kapitalmarktes deutlich von dieser unterscheidet. Andererseits zeigen die Ergebnisse der t-Tests, dass die Bedeutung der Punkt-Schätzung und diejenige der Trend-Angabe nicht wesentlich voneinander abweichen.[659] Um diese Präferenzen jedoch im Rahmen einer regressionsbasierten Untersuchung unter simultaner Berücksichtigung der Accounting Quality und der Personal Communication nachweisen zu können, ist vermutlich eine größere Stichprobe erforderlich.[660]

---

[659] Vgl. dazu Watrin/Lammert (2009), S. 16 f.

[660] Anders verhält sich dies jedoch möglicherweise bei Gewichtungen, die aufgrund von pauschalen Annahmen vorgenommen werden, und daher stärker von den hier erhobenen Präferenzen professioneller Kapitalmarktteilnehmer abweichen; vgl. in dieser Hinsicht Francis/Nanda/Olsson (2008), S. 92; Jones (2007), S. 496; Hail (2002), S. 751 und Botosan (1997), S. 333. Solche pauschalen Annahmen können hinsichtlich der Regressionsergebnisse nicht zu vernachlässigende Ungenauigkeiten hervorrufen, die sich vermutlich auch leichter nachweisen lassen; vgl. Watrin/Lammert (2009), S. 22.

	erw. Vz.	Gwa		ia Gwa	
		VD	VD (Gew)	VD	VD (Gew)
VD	-	-0,0973		-0,0072	
		-0,88		-0,07	
VD (Gew)	-		-0,1036		-0,0208
			-0,93		-0,20
AQ	-	-0,2677 **	-0,2619 **	-0,1251	-0,1221
		-2,19	-2,12	-1,23	-1,19
PC	-	-0,2831 **	-0,2826 **	-0,2673 **	-0,2644 **
		-2,57	-2,57	-2,61	-2,59
Gwa	-	-0,4221 ***	-0,4241 ***		
		-3,49	-3,52		
ia Gwa	-			-0,5193 ***	-0,5165 ***
				-4,94	-4,96
Beta	+	-0,1430	-0,1474	-0,1048	-0,1066
		-1,29	-1,33	-1,02	-1,03
Versch	+	0,1737	0,1739	0,2076 *	0,2087 **
		1,56	1,56	2,00	2,01
Mkap	-	0,1607	0,1595	0,0878	0,0895
		1,43	1,42	0,82	0,84
R^2		30,8 %	30,9 %	40,4 %	40,4 %
Adj. R^2		23,2 %	23,3 %	33,9 %	33,9 %
F		4,1 ***	4,1 ***	6,2 ***	6,2 ***
N		72	72	72	72

Die in dieser Tabelle verwendeten Abkürzungen sind wie folgt zu verstehen: Voluntary Disclosure Index (VD), Voluntary Disclosure Index auf Basis der alternativen Gewichtungen der Genauigkeitsgrade (VD (Gew)), Accounting Quality Index (AQ), Personal Communication (PC), Gewinnwachstum (Gwa), industrieadjustiertes Gewinnwachstum (ia Gwa), Verschuldungsgrad (Versch), Marktkapitalisierung (Mkap).

Aufgeführt sind – mit 4 Hinterkommastellen – die standardisierten Regressionskoeffizienten und darunter – mit 2 Hinterkommastellen – die zugehörigen t-Werte, die sich auf Basis einer gewöhnlichen linearen Regression mit Hilfe der Methode der kleinsten Quadrate ergeben. Das industrieadjustierte Gewinn-Kurs-Verhältnis wird dazu den drei unabhängigen Variablen VD bzw. VD (Gew), AQ und PC sowie den Kontrollvariablen Gwa, ia Gwa, Beta, Versch, Mkap gegenübergestellt. Dabei kennzeichnen ***, ** bzw. * statistisch signifikante Ergebnisse bei einem Signifikanzniveau von 1 %, 5 % bzw. 10 % auf Basis zweiseitiger Tests.

Tabelle 28: Ergebnisse der Regressionen zur Betrachtung der Robustheit der Regressionsergebnisse hinsichtlich der Operationalisierung des Voluntary Disclosure (Teil 1)

Neben der Robustheit hinsichtlich der verwendeten Gewichtungen für die Genauigkeit der abgegebenen Prognosen sollten die Ergebnisse auch im Hinblick auf den Zeithorizont für die Betrachtung der Prognosen einer Prüfung unterzogen werden.

Der hier verwendete Voluntary Disclosure Index beschreibt die Qualität der gegebenen Informationen innerhalb des Geschäftsberichts zunächst für einen Prognosehorizont von einem Jahr, da die Quantifizierung, die Segmentierung und auch die Erläuterung jeweils für die Prognosen des laufenden Geschäftsjahres bewertet werden. Aus der kommentierenden Literatur zu § 289 und § 315 HGB ergibt sich jedoch nach herrschender Meinung die Verpflichtung, für das laufende und das nachfolgende Geschäftsjahr die voraussichtliche Entwicklung der Kapitalgesellschaft zu beschreiben, und auch DRS 15 bestätigt explizit einen Prognosehorizont von zwei Jahren.[661] Während bisherige empirische Untersuchungen überwiegend die Prognosen für ein Geschäftsjahr betrachten,[662] sollen aus diesem Grund einmal zusätzlich zu den Informationen für das erste künftige Geschäftsjahr für jedes Unternehmen die getätigten Angaben für das zweite künftige Geschäftsjahr in die Berechnung eines zweijährigen Voluntary Disclosure Index einbezogen werden. Dazu werden für die prospektiven Berichtselemente die Kriterien Quantifizierung, Segmentierung und Erläuterung jeweils für die Prognose des laufenden Geschäftsjahres und für die Prognose des nachfolgenden Geschäftsjahres getrennt bewertet und beide Bewertungen anschließend in die Berechnung des zweijährigen Voluntary Disclosure Index einbezogen.

Die Berechnung eines zweiten Index mit erweitertem Prognosehorizont ist aus mehreren Gründen interessant. Zum einen handelt es sich dabei um eine Variable mit möglicherweise größerer Erklärungskraft, da zusätzlich zu den Bewertungen der Prognosen für das laufende Geschäftsjahr noch Bewertungen der Prognosen für das nachfolgende Geschäftsjahr in die Index-Berechnung einbezogen werden. Zum anderen wäre alternativ auch denkbar, dass ein einjähriger Index eine größere Erklärungskraft besitzt, wenn für den Kapitalmarkt die Prognosen für das nachfolgende Geschäftsjahr aufgrund der größeren Prognose-Unsicherheit nicht so sehr ins Gewicht fallen.

Die vorgefundenen Ergebnisse, welche in Tabelle 29 dargestellt werden, zeigen zunächst, dass die Signifikanzen der anderen Kommunikationsformen von dieser alternativen Modellierung des Voluntary Disclosure unberührt bleiben und sich somit in dieser Hinsicht als robust erweisen. Darüber hinaus lassen die Ergebnisse Anhaltspunkte dafür erkennen, dass ein einjähriger Voluntary Disclosure Index eine höhere Erklärungskraft besitzt. So verliert der Einfluss des Voluntary Disclosure im Fall einer zweijährigen

---

[661] Vgl. hierzu im Detail Kapitel 3.3.1.2.1.2.
[662] Vgl. Clarkson/Kao/Richardson (1994), S. 424; Coller/Yohn (1997), S. 183 sowie Francis/Nanda/Olsson (2008), S. 92.

Betrachtung auf Basis eines einfachen Gewinnwachstums an Stärke, und auf Basis eines industrieadjustierten Gewinnwachstums nimmt das Vorzeichen eine gegenteilige Form an. Dies liegt an den hier nicht gesondert abgebildeten gegenläufigen Effekten für eine separate Betrachtung der Informationen ausschließlich bezüglich des zweiten künftigen Geschäftsjahres.

	erw. Vz.	Gwa		ia Gwa	
		VD	VD (2J)	VD	VD (2J)
VD	-	-0,0973		-0,0072	
		-0,88		-0,07	
VD (2J)	-		-0,0243		0,0122
			-0,22		0,12
AQ	-	-0,2677 **	-0,2778 **	-0,1251	-0,1288
		-2,19	-2,22	-1,23	-1,24
PC	-	-0,2831 **	-0,2996 ***	-0,2673 **	-0,2722 **
		-2,57	-2,67	-2,61	-2,62
Gwa	-	-0,4221 ***	-0,4314 ***		
		-3,49	-3,55		
ia Gwa	-			-0,5193 ***	-0,5229 ***
				-4,94	-5,09
Beta	+	-0,1430	-0,1374	-0,1048	-0,1042
		-1,29	-1,24	-1,02	-1,01
Versch	+	0,1737	0,1660	0,2076 *	0,2057 *
		1,56	1,48	2,00	1,97
Mkap	-	0,1607	0,1490	0,0878	0,0866
		1,43	1,32	0,82	0,82
R^2		30,8 %	30,0 %	40,4 %	40,4 %
Adj. R^2		23,2 %	22,4 %	33,9 %	33,9 %
F		4,1 ***	3,9 ***	6,2 ***	6,2 ***
N		72	72	72	72

Die in dieser Tabelle verwendeten Abkürzungen sind wie folgt zu verstehen: Voluntary Disclosure Index (VD), Voluntary Disclosure Index auf Basis einer zweijährigen Berechnungsweise (VD (2J)), Accounting Quality Index (AQ), Personal Communication (PC), Gewinnwachstum (Gwa), industrieadjustiertes Gewinnwachstum (ia Gwa), Verschuldungsgrad (Versch), Marktkapitalisierung (Mkap).
Aufgeführt sind – mit 4 Hinterkommastellen – die standardisierten Regressionskoeffizienten und darunter – mit 2 Hinterkommastellen – die zugehörigen t-Werte, die sich auf Basis einer gewöhnlichen linearen Regression mit Hilfe der Methode der kleinsten Quadrate ergeben. Das industrieadjustierte Gewinn-Kurs-Verhältnis wird dazu den drei unabhängigen Variablen VD bzw. VD (2J), AQ und PC sowie den Kontrollvariablen Gwa, ia Gwa, Beta, Versch, Mkap gegenübergestellt. Dabei kennzeichnen ***, ** bzw. * statistisch signifikante Ergebnisse bei einem Signifikanzniveau von 1 %, 5 % bzw. 10 % auf Basis zweiseitiger Tests.

Tabelle 29: Ergebnisse der Regressionen zur Betrachtung der Robustheit der Regressionsergebnisse hinsichtlich der Operationalisierung des Voluntary Disclosure (Teil 2)

Durch nachfolgende Gruppierungen, die hier ebenfalls nicht gesondert dargestellt werden, lässt sich dieser Eindruck allerdings nicht bestätigen. So ist der bei solchen Betrachtungen nachgewiesen signifikante Einfluss des Voluntary Disclosure auch auf Basis eines zweijährigen Voluntary Disclosure Index zu erkennen.

Während sich also einerseits Anzeichen dafür erkennen lassen, dass einer einjährigen Auswertung des Voluntary Disclosure eine größere Aussagekraft zukommt, erweisen sich die Regressionsergebnisse andererseits auf Basis der nachfolgenden Gruppierungen als robust gegenüber einer zweijährigen Betrachtungsweise. Im Ergebnis lässt sich demzufolge also keine klare Präferenz einer einjährigen oder zweijährigen Messung des Voluntary Disclosure erkennen. Dies bedeutet allerdings auch, dass einem zweijährigen Voluntary Disclosure Index keine größere Erklärungskraft zukommt, obwohl dieser zusätzlich zu den Bewertungen der Prognosen für das laufende Geschäftsjahr noch Bewertungen der Prognosen für das nachfolgende Geschäftsjahr beinhaltet. Möglicherweise lässt dies – wie erwähnt – darauf schließen, dass der Kapitalmarkt den Prognosen für das nachfolgende Geschäftsjahr aufgrund der größeren Prognose-Unsicherheit eine geringere Bedeutung beimisst und dass der zweijährige Voluntary Disclosure Index durch die Einbeziehung dieser zusätzlichen Prognosen daher nicht an Aussagekraft gewinnt. Vielleicht lässt sich dieser Umstand allerdings auch darauf zurückführen, dass bestimmte Unternehmen sich aufgrund ihrer Rahmenbedingungen und Abhängigkeiten von externen Faktoren weniger als andere Unternehmen dazu in der Lage sehen, mehrjährige Ausblicke hinsichtlich der voraussichtlichen Entwicklung wesentlicher Geschäftszahlen geben zu können.[663] Sofern dies für andere Unternehmen einer Branche in gleichem Maße der Fall ist oder den relevanten Kapitalmarktteilnehmern die Umstände bekannt sind, muss sich dies jedoch nicht negativ auf die Einschätzung der Transparenz durch den Kapitalmarkt auswirken. Wird die Berichterstattung bezüglich des zweiten künftigen Geschäftsjahres in die Berechnung des Voluntary Disclosure Index einbezogen, ergeben sich für die ermittelten Qualitätswerte dementsprechende Ungenauigkeiten. Solche Umstände lassen sich durch die Berechnung eines einjährigen Index – wie in der Literatur bislang vorherrschend und auch hier fokussiert – vermeiden.

---

[663] Diesbezügliche deskriptive Ergebnisse lassen zumindest darauf schließen. So nehmen bereits 15 der betrachteten 112 Unternehmen für das zweite künftige Geschäftsjahr keine einzige der geforderten Angaben vor und weitere 15 Unternehmen erreichen weniger als 10 % der möglichen Punkte. Auch der Mittelwert erreicht gerade einmal 20 % der möglichen Punkte und beläuft sich damit auf weniger als die Hälfte desjenigen für die Berichterstattung für das erste künftige Geschäftsjahr.

4.4.3.   Robustheit der Regressionsergebnisse hinsichtlich der
**   Operationalisierung der Accounting Quality**

Da die Messungen der Accounting Quality eine schiefe Verteilung ergeben haben,[664] stand hinsichtlich der Robustheit der Regressionsergebnisse zunächst ein Trimmen der Ausreißerwerte im Vordergrund, um zu überprüfen, ob die dargestellten Ergebnisse nur durch die Ausreißerwerte zustande gekommen sind bzw. deutlichere Ergebnisse durch diese Werte verhindert wurden. Zu diesem Zweck wurden die Ausprägungen des Accounting Quality Index, die aufgrund der Standardisierung im Rahmen der Index-bildung sowohl positive als auch negative Werte annehmen, im mindest-erforderlichen Umfang einer Niveauverschiebung unterzogen, um anschließend eine Logarithmierung der Werte durchführen zu können. Existierende Ausreißerwerte werden dadurch neutralisiert.[665]

Darüber hinaus wurde einer relevanten Frage hinsichtlich der Operationalisierung der Accounting Quality nachgegangen: Wie vorangegangen angesprochen werden im Rahmen der vorliegenden Untersuchung für die Beschreibung der Accounting Quality mehrjährige Modelle verwendet, da die Qualität der Rechenwerke nicht nur des letzten Geschäfts-jahres, sondern mehrerer Perioden für den Kapitalmarkt relevant sind[666] und die Betrachtung mehrerer Geschäftsjahre eine treffendere Einordnung der Accounting Quality eines Unternehmens ermöglichen.[667] Innerhalb dieser Modelle erhalten die Perioden-abgrenzungen jeder einzelnen Periode ein gleiches Gewicht. Möglicherweise jedoch kommt der Qualität der Periodenabgrenzungen des letzten Geschäftsjahres gegenüber weiter zurückliegenden Jahren eine höhere Bedeutung zu. Dieser Umstand sollte ebenfalls berücksichtigt werden. In die Berechnung des Index für die Accounting Quality wurde daher neben der mehrjährigen Messung durch das modifizierte Modell von Jones (1991) und durch das modifizierte Modell von Dechow/Dichev (2002) testweise auch einmal eine kurzfristige Messung einbezogen. Dies erfolgt durch ein Hinzufügen der Messung für die

---

[664] Vgl. hinsichtlich der deskriptiven Statistik zu den einbezogenen Variablen Kapitel 4.1.
[665] Da nur für positive Werte eine Logarithmierung durchgeführt werden kann, ist die angesprochene Niveauverschiebung erforderlich.
Während eine Niveauverschiebung alleine auf die Koeffizienten der unabhängigen Variablen und der Kontrollvariablen keinen Einfluss nimmt, ist dieser jedoch aufgrund des Zusammenspiels mit der anschließenden Logarithmierung gegeben. Um eine diesbezügliche Beliebigkeit auszuschließen, wurde die Niveauverschiebung im mindest-erforderlichen Umfang durchgeführt.
[666] Vgl. Francis u.a. (2004), Francis u.a. (2005) und Francis/Nanda/Olsson (2008).
[667] Siehe hierzu bereits die Argumentation in Kapitel 3.3.2.2.

absoluten abnormalen Periodenabgrenzungen des Geschäftsjahres 2006 bzw. 2005/2006 auf Basis des modifizierten Modells von Jones (1991).[668]

Die Ergebnisse hinsichtlich dieser zweifachen Überprüfung der Robustheit der Regressionsergebnisse waren einheitlich (siehe Tabelle 30). Sowohl für die logarithmierten Werte als auch für die um eine zusätzliche Gewichtung des vorangegangenen Geschäftsjahres erweiterten Werte des Accounting Quality Index bleiben die Regressionsergebnisse der unabhängigen Variablen gegenüber dem industrieadjustierten Gewinn-Kurs-Verhältnis weitgehend unverändert. Die Koeffizienten des Voluntary Disclosure, der Accounting Quality und der Personal Communication sind hinsichtlich ihrer Vorzeichen sowie der dargestellten Signifikanzen robust gegenüber einer Logarithmierung oder alternativen Operationalisierung der Accounting Quality.

---

[668] Diese Form des Hinzufügens einer kurzfristigen Messung wurde gewählt, da durch das modifizierte Modell von Jones (1991) im Unterschied zu dem modifizierten Modell von Dechow/Dichev (2002) die Accruals Quality für ein einzelnes Geschäftsjahr berechnet werden kann. Die absoluten abnormalen Periodenabgrenzungen wurden auf dieser Basis berechnet, da sie ebenfalls in die mehrjährige Berechnung des modifizierten Modells von Jones (1991) eingehen und die Einheitlich der Berechnung auf diese Weise sichergestellt wird.
Über das einfache Hinzufügen einer kurzfristigen Messung hinaus wurde auch ein zweifaches Hinzufügen durchgeführt. Die zugehörigen Ergebnisse weichen nur marginal von den hier für das einfache Hinzufügen einer kurzfristigen Messung dargestellten Ergebnissen ab. Sie wurden daher nicht gesondert aufgeführt.

erw. Vz.	Gwa			ia Gwa		
	AQ	lnAQ	AQ (kurzfr.)	AQ	lnAQ	AQ (kurzfr.)
VD -	-0,0973	-0,0937	-0,1069	-0,0072	-0,0053	-0,0135
	-0,88	-0,86	-0,97	-0,07	-0,05	-0,13
AQ -	-0,2677 **			-0,1251		
	-2,19			-1,23		
lnAQ -		-0,3140 **			-0,1501	
		-2,61			-1,50	
AQ (kurzfr.) -			-0,2617 **			-0,1177
			-2,19			-1,16
PC -	-0,2831 **	-0,2592 **	-0,2800 **	-0,2673 **	-0,2577 **	-0,2646 **
	-2,57	-2,42	-2,55	-2,61	-2,57	-2,59
Gwa -	-0,4221 ***	-0,4508 ***	-0,4065 ***			
	-3,49	-3,74	-3,45			
ia Gwa -				-0,5193 ***	-0,5215 ***	-0,5118 ***
				-4,94	-4,99	-4,89
Beta +	-0,1430	-0,1513	-0,1563	-0,1048	-0,1101	-0,1103
	-1,29	-1,39	-1,40	-1,02	-1,07	-1,06
Versch +	0,1737	0,1802	0,1615	0,2076 *	0,2096 **	0,2016 *
	1,56	1,64	1,45	2,00	2,03	1,94
Mkap -	0,1607	0,1546	0,1693	0,0878	0,0883	0,0914
	1,43	1,39	1,50	0,82	0,83	0,85
R^2	30,8 %	32,8 %	30,8 %	40,4 %	41,1 %	40,2 %
Adj. R^2	23,2 %	25,4 %	23,2 %	33,9 %	34,6 %	33,7 %
F	4,1 ***	4,5 ***	4,1 ***	6,2 ***	6,4 ***	6,2 ***
N	72	72	72	72	72	72

Die in dieser Tabelle verwendeten Abkürzungen sind wie folgt zu verstehen: Voluntary Disclosure Index (VD), Accounting Quality Index (AQ), Accounting Quality Index logarithmiert (lnAQ), Accounting Quality Index unter Hinzufügen einer kurzfristigen Messung (AQ (kurzfr.)), Personal Communication (PC), Gewinnwachstum (Gwa), industrieadjustiertes Gewinnwachstum (ia Gwa), Verschuldungsgrad (Versch), Marktkapitalisierung (Mkap).

Aufgeführt sind – mit 4 Hinterkommastellen – die standardisierten Regressionskoeffizienten und darunter – mit 2 Hinterkommastellen – die zugehörigen t-Werte, die sich auf Basis einer gewöhnlichen linearen Regression mit Hilfe der Methode der kleinsten Quadrate ergeben. Das industrieadjustierte Gewinn-Kurs-Verhältnis wird dazu den drei unabhängigen Variablen VD, AQ bzw. lnAQ oder AQ (kurzfr.) und PC sowie den Kontrollvariablen Gwa, ia Gwa, Beta, Versch, Mkap gegenübergestellt. Dabei kennzeichnen ***, ** bzw. * statistisch signifikante Ergebnisse bei einem Signifikanzniveau von 1 %, 5 % bzw. 10 % auf Basis zweiseitiger Tests.

Tabelle 30: Ergebnisse der Regressionen zur Betrachtung der Robustheit der Regressionsergebnisse hinsichtlich der Operationalisierung der Accounting Quality (Teil 1)

Neben diesen Tests zu der Robustheit der Regressionsergebnisse wurden weiterhin die grundlegenden Bestandteile des Accounting Quality Index – also das mehrjährige modifizierte Modell von Jones (1991) und das mehrjährige modifizierte Modell von Dechow/Dichev (2002) – einer separaten Betrachtung unterzogen und jeweils getrennt voneinander den Regressionen zugrundegelegt. Wie aus der nachfolgenden Tabelle 31 ersichtlich, weisen die auf diese Weise generierten Koeffizienten für die Accounting Quality nach wie vor in die erwartete Richtung. Allerdings nimmt der beobachtbare Einfluss auf die Höhe der Bewertung ab und verliert im Falle der Betrachtung eines nicht-industrieadjustierten Gewinnwachstums die Signifikanz.

Dies kann jedoch aufgrund der angestellten theoretischen Erwägungen nicht überraschen. So beinhalten selbst die hier verwendeten komplexen Modelle, welche mehrere Bezugsgrößen der Jahresabschlüsse zur Abschätzung der normalen Periodenabgrenzungen berücksichtigen, – wie bereits angesprochen – notwendigerweise eine Vereinfachung der Realität. Verbleibende Ungenauigkeiten der Schätzung der normalen sowie der abnormalen Periodenabgrenzungen sind demnach nicht zu vermeiden.[669] Die Ergebnisse der zusätzlich vorgenommenen separaten Betrachtung des mehrjährigen modifizierten Modells von Jones (1991) und des mehrjährigen modifizierten Modells von Dechow/ Dichev (2002) lassen vor diesem Hintergrund die Sinnhaftigkeit einer aggregierten Vorgehensweise erkennen. Durch die Konstruktion eines Accounting Quality Index nach dem Vorbild von Francis/Nanda/Olsson (2008) werden die verbleibenden Ungenauigkeiten einzelner Modelle eingeschränkt und eine genauere Messung der Accounting Quality dadurch ermöglicht.[670] Während sich dann nämlich – im Fall der hier beobachteten Ergebnisse – für einzelne Modelle der erwartete Zusammenhang bereits abzeichnet, wird er im Falle einer aggregierten Betrachtung deutlicher sichtbar und erreicht bei Berücksichtigung eines nicht-industrieadjustierten Gewinnwachstums eine statistische Signifikanz.[671]

---

[669] Vgl. Young (1999), S. 834 und McNichols (2000), S. 319 f.
[670] Vgl. Ittner/Larcker (2001), S. 396 f. oder auch Core (2001), S. 451.
[671] Auch für die Betrachtung der einzelnen mehrjährigen Modelle wurde der Einfluss von Ausreißerwerten überprüft, indem die eigentlichen Werte im mindest-erforderlichen Umfang einer Niveauverschiebung unterzogen wurden, um anschließend eine Logarithmierung der Werte durchführen zu können. Die sich daran anschließenden Regressionsergebnisse führten zu denselben Zusammenhängen. Der Einfluss der Accounting Quality blieb nicht signifikant, wurde aber gegenüber der Betrachtung der unlogarithmierten Werte deutlicher erkennbar.

	erw. Vz.	Gwa			ia Gwa		
		AQ	AQ (J)	AQ (D/D)	AQ	AQ (J)	AQ (D/D)
VD	-	-0,0973	-0,0911	-0,1138	-0,0072	0,0135	-0,0205
		-0,88	-0,82	-1,01	-0,07	0,13	-0,19
AQ	-	-0,2677 **			-0,1251		
		-2,19			-1,23		
AQ (J)	-		-0,1012			-0,0743	
			-0,90			-0,76	
AQ (D/D)	-			-0,1603			-0,0356
				-1,32			-0,35
PC	-	-0,2831 **	-0,2709 **	-0,2373 **	-0,2673 **	-0,2679 ***	-0,2423 **
		-2,57	-2,46	-2,14	-2,61	-2,70	-2,39
Gwa	-	-0,4221 ***	-0,3416 ***	-0,3694 ***			
		-3,49	-3,02	-3,05			
ia Gwa	-				-0,5193 ***	-0,5268 ***	-0,5086 ***
					-4,94	-5,15	-4,81
Beta	+	-0,1430	-0,1030	-0,1300	-0,1048	-0,0781	-0,0930
		-1,29	-0,93	-1,15	-1,02	-0,79	-0,89
Versch	+	0,1737	0,1897 *	0,1716	0,2076 *	0,2307 **	0,2049 *
		1,56	1,69	1,50	2,00	2,27	1,95
Mkap	-	0,1607	0,1452	0,1544	0,0878	0,0698	0,0755
		1,43	1,28	1,34	0,82	0,67	0,70
R^2		30,8 %	28,0 %	27,6 %	40,4 %	41,5 %	39,1 %
Adj. R^2		23,2 %	20,4 %	19,7 %	33,9 %	35,3 %	32,4 %
F		4,1 ***	3,7 ***	3,5 ***	6,2 ***	6,7 ***	5,9 ***
N		72	72	72	72	72	72

Die in dieser Tabelle verwendeten Abkürzungen sind wie folgt zu verstehen: Voluntary Disclosure Index (VD), Accounting Quality Index (AQ), Accounting Quality nach dem modifizierten Modell von Jones (1991) (AQ (J)), Accounting Quality nach dem modifizierten Modell von Dechow/Dichev (2002) (AQ (D/D)), Personal Communication (PC), Gewinnwachstum (Gwa), industrieadjustiertes Gewinnwachstum (ia Gwa), Verschuldungsgrad (Versch), Marktkapitalisierung (Mkap).
Aufgeführt sind – mit 4 Hinterkommastellen – die standardisierten Regressionskoeffizienten und darunter – mit 2 Hinterkommastellen – die zugehörigen t-Werte, die sich auf Basis einer gewöhnlichen linearen Regression mit Hilfe der Methode der kleinsten Quadrate ergeben. Das industrieadjustierte Gewinn-Kurs-Verhältnis wird dazu den drei unabhängigen Variablen VD, AQ bzw. AQ (J) oder AQ (D/D) und PC sowie den Kontrollvariablen Gwa, ia Gwa, Beta, Versch, Mkap gegenübergestellt. Dabei kennzeichnen ***, ** bzw. * statistisch signifikante Ergebnisse bei einem Signifikanzniveau von 1 %, 5 % bzw. 10 % auf Basis zweiseitiger Tests.

Tabelle 31: Ergebnisse der Regressionen zur Betrachtung der Robustheit der Regressionsergebnisse hinsichtlich der Operationalisierung der Accounting Quality (Teil 2)

Für die übrigen unabhängigen Variablen bleiben die Regressionsergebnisse gegenüber dem industrieadjustierten Gewinn-Kurs-Verhältnis weitgehend unverändert. Die Koeffizienten des Voluntary Disclosure und der Personal Communication erweisen sich damit hinsichtlich ihrer Vorzeichen sowie der angesprochenen Signifikanzen als robust gegenüber dieser zusätzlichen Modellierung.

4.5.   Zusatzbetrachtungen

Nachfolgend werden nun zum Abschluss der empirischen Analysen zwei zusätzliche Betrachtungen vorgenommen, die gewissermaßen über den Umfang der eigentlichen Untersuchung hinausgehen. In einer ersten wird untersucht, ob Endogenität im Rahmen der vorliegenden Arbeit eine Verzerrung der Ergebnisse verursacht haben könnte. Im Rahmen der zweiten wird überprüft, ob sich die Notwendigkeit einer simultanen Betrachtung der unterschiedlichen Kommunikationsformen anhand der Regressionsergebnisse für die gegebene Stichprobe empirisch nachweisen lässt.

4.5.1.   Prüfung der Beeinflussung der Regressionsergebnisse durch Endogenität der unabhängigen Variablen

Im Rahmen der Vorstellung des hier verwendeten Regressionsmodells wurde bereits die Einhaltung erforderlicher Prämissen besprochen.[672] Über die dort angesprochenen Punkte hinaus ist ein Umstand von vergleichbarer Bedeutung zu nennen, der eine Korrelation zwischen den unabhängigen Variablen und dem Störterm hervorrufen kann: eine Endogenität der unabhängigen Variablen.[673] Da ihr in der jüngeren empirischen Literatur eine besondere Rolle eingeräumt wird, widmet sich dieses Kapitel der Prüfung einer Beeinflussung der Regressionsergebnisse durch Endogenität.

Merkmal einer solchen unerwünschten Konstellation ist eine fehlende Berücksichtigung relevanter Einflussfaktoren, die sich nicht nur auf die abhängige Variable, sondern ebenso auf eine eigentlich unabhängige Variable auswirken, was dazu führt, dass die unabhängige Variable nicht als exogen vorausgesetzt werden kann, sondern vielmehr einen endogenen Charakter hat.[674] Während eine solche Konstellation durch unterschiedliche Umstände verursacht werden kann,[675] wird in dem vorliegenden Kontext – der Untersuchung des Einflusses freiwilliger unternehmenseigener Transparenz auf die kapitalmarktorientierte

---

[672] Vgl. Kapitel 3.1.

[673] Vgl. Proppe (2007), S. 231; Chenhall/Moers (2007b), S. 174. Siehe hinsichtlich der Relevanz der Nicht-Korrelation zwischen unabhängigen Variablen und dem Störterm stellvertretend Backhaus u.a. (2008), S. 80.

[674] Vgl. Chenhall/Moers (2007b), S. 177.

[675] Vgl. Proppe (2007), S. 232 ff. oder Nikolaev/van Lent (2005), S. 681 ff.

Bewertung oder die Eigenkapitalkosten eines Unternehmens – die Problematik einer möglichen Self-Selection durch mehrere Studien thematisiert.[676]

Dies liegt darin begründet, dass es sich bei den Kommunikationsformen der freiwilligen unternehmenseigenen Transparenz um solche Variablen handelt, die durch das Unternehmen nach freiem Ermessen selber festgelegt werden können (choice variable).[677] So ist insbesondere vorstellbar, dass kapitalmarktorientierte Unternehmen hinsichtlich einer Ausweitung der freiwilligen unternehmenseigenen Transparenz die diesbezüglich erwarteten Vorteile und Nachteile in ihre Überlegungen mit einbeziehen.[678] Wenn sich nun jedoch nur solche Unternehmen zu einer freiwilligen unternehmenseigenen Transparenz entschließen, die besondere Vorteile daraus ziehen, und andere Unternehmen, die nur in geringem Ausmaß davon profitieren würden bzw. gar besondere Nachteile in Kauf nehmen müssten, sich gegen eine transparente Kapitalmarktkommunikation entscheiden, führt dies dazu, dass die kapitalmarktbezogenen Wirkungen der freiwilligen Transparenz letztlich überschätzt werden können, sofern diese Erwartungen der Unternehmen dann auch tatsächlich eintreten.[679]

Sowohl zur Aufdeckung von Endogenität als auch zu ihrer Umgehung wird mehrfach die Verwendung von Instrumentvariablen vorgeschlagen, welche über eine hohe Korrelation mit der relevanten unabhängigen Variable verfügen sollen und im Unterschied zu der zu ersetzenden unabhängigen Variable nicht mit der Störgröße korreliert sind.[680] Dies betrifft sowohl den auf Hausmann (1978) zurückgehenden Test als auch den sogenannten Residuentest sowie die Schätzung mit Instrumentvariablen. Dabei werden die abgeleiteten Instrumentvariablen üblicherweise nicht direkt in die ursprüngliche Regressionsgleichung eingesetzt, sondern über ein zweistufiges Schätzverfahren (2 Stage Least Squares: 2SLS) in die Berechnungen einbezogen.[681]

Dieser Verfahrensweise wird allerdings entgegengehalten, dass die Ableitung von Instrumentvariablen und die daran anschließenden Berechnungen ihrerseits mit wesent-

---

[676] Vgl. etwa Welker (1995), S. 809; Leuz/Verrecchia (2000), S. 101; Healy/Palepu (2001), S. 430 f.; Nikolaev/van Lent (2005), S. 683.

[677] Vgl. Chenhall/Moers (2007b), S. 184 f.

[678] Vgl. Leuz/Verrecchia (2000), S. 101; Hail (2002), S. 746 f.

[679] Siehe Nikolaev/van Lent (2005), S. 683 sowie Leuz/Verrecchia (2000), S. 101.

[680] Vgl. stellvertretend Chenhall/Moers (2007b), S.187.

[681] Die Vorgehensweise wird detailliert dargestellt durch Proppe (2007), S. 238 ff. sowie Larcker/Rusticus (2008) oder Wooldridge (2009), S. 506 ff. Eine weitere – in dem vorliegenden Kontext jedoch weniger relevante – Möglichkeit zur Verminderung der Einschränkungen durch Endogenität besteht in der Berücksichtigung von Paneldaten; vgl. Proppe (2007), S. 241 f.; Nikolaev/van Lent (2005), S. 684.

licher Unsicherheit verbunden sind.[682] Bezüglich der Aufdeckung von Endogenität hat dies zur Folge, dass etwa eine Zurückweisung der Endogenitätsvermutung nicht eindeutig darauf zurückgeführt werden kann, dass die fragliche unabhängige Variable tatsächlich von vorwiegend exogener Beschaffenheit ist, da ein solches Ergebnis ebenfalls durch eine nicht adäquate Spezifizierung der Instrumentvariablen hervorgerufen werden kann.[683] Ebenso erheblich sind die Konsequenzen hinsichtlich einer versuchten Umgehung der Endogenität. So ist es möglich, dass die Verzerrung auf Basis eines zweistufigen Schätzverfahrens mit Hilfe von Instrumentvariablen von größerem Ausmaß ist, als eine Verzerrung auf Basis einer einfachen linearen Regression, welche eigentlich vermieden werden soll.[684] Demzufolge bestehen Unsicherheiten hinsichtlich der Interpretation eines zusätzlich durchgeführten zweistufigen Schätzverfahrens in Bezug auf die regelmäßig zunächst durchgeführte einfache lineare Regression und zwar unabhängig davon, ob das zweistufige Schätzverfahren zu bestätigenden oder abweichenden Ergebnissen kommt.[685] Denkbarerweise sind diese Umstände auch dafür verantwortlich, dass bisherige Studien zu den Eigenkapitalkosten eines Unternehmens, die eine mögliche Beeinflussung der Ergebnisse durch Endogenität mit Hilfe einer zusätzlichen Betrachtung von Instrument-variablen auszuschließen versuchen, zu unterschiedlichen Erkenntnissen kommen. So kann Hail (2002) auf Basis eines zweistufigen Schätzverfahrens die Ergebnisse der einfachen linearen Regression überwiegend bestätigen, wohingegen bei der Untersuchung von Cohen (2006) die vorher deutlich sichtbaren Effekte auf Basis des zweistufigen Schätzverfahrens nicht mehr zu erkennen sind.[686]

Über diese grundsätzlichen Bedenken gegenüber der Verwendung eines zweistufigen Schätzverfahrens hinaus spricht ein spezifisches Argument dagegen, diese Verfahrens-

---

[682] Siehe kritisch van Lent (2007), S. 198 und 202 f. Die Verzerrung eines zweistufigen Schätzverfahrens ist größer für eine – am R^2 gemessene – geringe Aussagekraft der Regressionsgleichung der Instrumentvariablen; vgl. Chenhall/Moers (2007b), S. 188.

[683] Vgl. Proppe (2007), S. 235 sowie Ebbes (2004), S. 24. Siehe auch Larcker/Rusticus (2008), S. 39.

[684] Vgl. Larcker/Rusticus (2008), S. 45 f.; Chenhall/Moers (2007b), S. 189; Proppe (2007), S. 239 f.; Nikolaev/van Lent (2005), S. 684. Siehe hinsichtlich der Diskussion von Endogenität, ihren Folgen sowie Idenfikations- und Umgehungsmöglichkeiten auch van Lent (2007); Larcker/Rusticus (2007) und Chenhall/Moers (2007a).

[685] Vgl. Larcker/Rusticus (2008), S. 45 f.; Chenhall/Moers (2007b), S. 189; Proppe (2007), S. 239 f.; Nikolaev/van Lent (2005), S. 684. Siehe hinsichtlich der Diskussion von Endogenität, ihren Folgen sowie Idenfikations- und Umgehungsmöglichkeiten auch van Lent (2007); Larcker/Rusticus (2007) und Chenhall/Moers (2007a).

[686] Vgl. Cohen (2006), S. 40 ff. und Hail (2002), S. 762. Siehe im Hinblick auf eine Berücksichtigung der Endogenität im Rahmen einer Untersuchung der Ex-post-Genauigkeit und der Streuung der Analysten-prognosen als instrumentale Zielsetzungen der freiwilligen unternehmenseigenen Transparenz stellvertretend Baetge/Glaum/Grothe/Oberdörster (2008).

weise in dem gegebenen Kontext anzuwenden. So ist es hinsichtlich der simultanen Betrachtung des Voluntary Disclosure, der Accounting Quality und der Personal Communication nicht sinnvoll möglich, für die unterschiedlichen Kommunikationsformen und die ihnen gegebenen partiellen Gemeinsamkeiten und Verschiedenheiten jeweilige Instrumentvariablen zu finden, die zu den Kommunikationsformen hohe Korrelationen aufweisen sowie sich von den Instrumentvariablen anderer Kommunikationsformen in erforderlichem Umfang unterscheiden, um die Differenzierung zwischen den unabhängigen Variablen gewährleisten zu können.[687]

Wohl auch aus diesem Grund wurden zweistufige Schätzverfahren durch andere Studien, welche zumindest zwei verschiedene Kommunikationsformen gemeinsam betrachten, ebenfalls nicht durchgeführt. Dies betrifft mit Botosan/Plumlee (2002), Gietzmann/Ireland (2005), Espinosa/Trombetta (2007) und Francis/Nanda/Olsson (2008) alle in diesem Zusammenhang relevanten Untersuchungen.[688]

Um jedoch trotz dieser Umstände eine Prüfung der Endogenität in dem vorliegenden Kontext vornehmen zu können, wurde vor diesem Hintergrund ein alternativer Weg beschritten.[689] Da insbesondere Self-Selection als Ursache für Endogenität in dem betrachteten Zusammenhang von Relevanz ist,[690] wurde der Frage nachgegangen, welchen Unternehmen aus einer freiwilligen unternehmenseigenen Transparenz heraus besondere Vorteile erwachsen. Im Sinne der Self-Selection wäre nämlich eine ausführliche Kapitalmarktkommunikation aufgrund des erwarteten stärkeren Wirkungszusammenhangs für solche Unternehmen wahrscheinlich.[691]

Dieser Überlegung entsprechend konnte bei forschungsintensiven Unternehmen der untersuchte Einfluss für das Voluntary Disclosure und die Personal Communication in besonderem Maße beobachtet werden, da aufgrund der geringen Aussagekraft der Rechenwerke solcher Unternehmen in größerem Ausmaß bestehende Informations-

---

[687] Ebenfalls in diesem Kontext zu nennen ist der Umstand, dass bislang erst wenige Erkenntnisse über die simultane Verwendung unterschiedlicher Kommunikationsformen bestehen. Eine Modellierung von Instrumentvariablen könnte demzufolge – über die Schwierigkeiten der mehrfachen Modellierung von Instrumentvariablen hinaus – nur auf wenige Erfahrungen zurückgreifen und wäre dementsprechend unzuverlässig.

[688] Vgl. Botosan/Plumlee (2002), S. 34; Gietzmann/Ireland (2005), S. 626; Espinosa/Trombetta (2007), S. 1385; Francis/Nanda/Olsson (2008), S. 79.

[689] Die durch Chenhall/Moers (2007b), S. 189 und van Lent (2007), S. 198 vorgenommene kritische Bezeichnung des zweistufigen Schätzverfahrens als Lehrbuch-Lösung kennzeichnet indirekt, dass auch alternative Vorgehensweisen zulässig erscheinen.

[690] Vgl. Leuz/Verrecchia (2000), S. 101; Healy/Palepu (2001), S. 430 f.

[691] Vgl. Hail (2002), S. 746 f.; Leuz/Verrecchia (2000), S. 101.

asymmetrien durch diese Kommunikationsformen verringert werden können.[692] Im Unterschied dazu kann die Accounting Quality bei nicht-forschungsintensiven Unternehmen aufgrund der dort gegebenen stärkeren Aussagekraft der Rechenwerke – als zwingende Voraussetzung für eine diesbezügliche Informationsübermittlung – eine positive Wirkung entfalten.[693]

Auf diesen Beobachtungen basierend lässt sich allerdings nicht erkennen, dass die Unternehmen auf diesen Umstand in besonderem Maße reagieren. Wie aus den in Tabelle 32 dargestellten Mittelwerten für die betrachteten Kommunikationsformen in Bezug auf die Gruppe mit geringen bzw. hohen Aufwendungen für Forschung und Entwicklung ersichtlich, wird durch forschungsintensive Unternehmen nur in mäßigem Umfang eine größere Anzahl persönlicher Gespräche geführt, das Voluntary Disclosure unterscheidet sich für die beiden Gruppen kaum voneinander und für die Accounting Quality lassen sich nur in verhaltenem Ausmaß höhere Qualitätswerte bei nicht-forschungsintensiven Unternehmen feststellen.

Darauf aufbauende t-Tests zum Vergleich der Mittelwerte lassen darüber hinaus keine signifikanten Unterschiede erkennen. Dies kann als Indiz dafür dienen, dass einer möglichen Self-Selection im Rahmen der vorliegenden Untersuchung kein erheblicher Einfluss zukommt und die Untersuchungsergebnisse dadurch falls überhaupt nur unwesentlich beeinflusst werden.

---

[692] Vgl. hinsichtlich einer diesbezüglichen Betrachtung der Eigenschaften der Analystenprognosen Gu/Wang (2005), S. 1698 f.; Amir/Lev/Sougiannis (2003), S. 657 sowie Barron u.a. (2002), S. 310 f.
[693] Vgl. zu den Ergebnissen im Detail Kapitel 4.3.2.1.

	VD	AQ	PC
geringe Aufwendungen für F & E	49,16	0,1797	12,761
hohe Aufwendungen für F & E	48,43	0,0608	13,708
Differenz	-0,73	0,1190	0,95
	-0,25	*0,91*	*0,46*

Die in dieser Tabelle verwendeten Abkürzungen sind wie folgt zu verstehen: Voluntary Disclosure Index (VD), Accounting Quality Index (AQ), Personal Communication (PC).

Aufgeführt sind die Mittelwerte der beiden Teilstichproben und ihre Differenz, entsprechend der im Rahmen der deskriptiven Analyse gewählten Darstellungsweise, sowie in kursiver Schrift die t-Werte des zugehörigen Vergleichs zweier Mittelwerte einer unabhängigen Variablen zwischen den beiden Teilstichproben der Gruppierung. Dabei kennzeichnen ***, ** bzw. * statistisch signifikante Ergebnisse bei einem Signifikanzniveau von 1 %, 5 % bzw. 10 %.

Tabelle 32: Vergleich der Mittelwerte der unabhängigen Variablen mit Hilfe des t-Tests auf Basis der Gruppierung anhand der Aufwendungen für Forschung und Entwicklung

Die Regressionsergebnisse der vorliegenden Untersuchung lassen sich auf Basis dieser zusätzlichen Analyse besser einordnen, wenn sich auch nicht ein bereinigter Einfluss exakt quantifizieren lässt. Dafür jedoch sind die gewonnenen Erkenntnisse verlässlicher, als es die Regressionsergebnisse eines zweistufigen Schätzverfahrens aufgrund der genannten Unsicherheiten hinsichtlich der Bestimmung geeigneter Instrumentvariablen sein könnten. Dies war hinsichtlich der hier vorgenommenen simultanen Betrachtung des Voluntary Disclosure, der Accounting Quality und der Personal Communication und der dadurch bedingten besonderen Schwierigkeiten zur Bestimmung jeweils geeigneter Instrumentvariablen von entscheidender Bedeutung.[694]

Zum Abschluss dieser Zusatzbetrachtung zur Prüfung einer Beeinflussung der Regressionsergebnisse durch Endogenität soll nach der Darstellung der grundsätzlichen Problematik, der Diskussion der üblicherweise verwendeten Lösungsmechanismen, der Erläuterung gewichtiger Bedenken hinsichtlich ihrer Anwendbarkeit in dem vorliegenden Kontext sowie nach der Beschreibung einer ersatzweise vorgenommen Betrachtung auf einen zusätzlichen Gedanken hingewiesen werden.

Danach werden der Umfang der potenziellen Ursachen für eine Self-Selection und das Ausmaß einer dadurch bedingten Beeinflussung der Untersuchungsergebnisse durch

---

[694] Darüber hinaus bestehen gegenüber der Verwendung von Instrumentvariablen und der entsprechenden Regression mit einem zweistufigen Schätzverfahren insbesondere bei einer kleineren Stichprobengröße Bedenken hinsichtlich möglicher Verzerrungen; vgl. Chenhall/Moers (2007b), S. 188 ff.

Endogenität im Rahmen der vorliegenden Betrachtung kapitalmarktorientierter Wirkungen freiwilliger unternehmenseigener Transparenz – trotz der grundsätzlich berechtigten Bedenken – entsprechend der hier vertretenen Ansicht überschätzt. So wird etwa genannt, dass Unternehmen sich dann für eine hochwertige unternehmenseigene Transparenz entscheiden, wenn sie sich etwa aufgrund einer positiven Gewinnentwicklung oder günstiger Zukunftsperspektiven zu einem bestimmten Zeitpunkt besonders positive kapitalmarktorientierte Wirkungen davon versprechen.[695] Eine solche Einschätzung vernachlässigt allerdings den Umstand, dass sich kapitalmarktorientierte Unternehmen mit einer Ausweitung der unternehmenseigenen Transparenz auch langfristig verpflichten, da eine nachfolgende Verringerung der transparenten Kommunikation durch den Kapitalmarkt negativ aufgenommen werden würde.[696] Als Einflussfaktoren im Hinblick auf eine mögliche Self-Selection kommen daher keine kurzfristigen, sondern vielmehr lediglich langfristige strategische unternehmerische Erwägungen in Frage.

4.5.2.   Prüfung der Notwendigkeit der simultanen Betrachtung der unterschiedlichen Kommunikationsformen

Da einem Unternehmen zur Verringerung von Informationsasymmetrien mehrere Kommunikationsformen zur Verfügung stehen, ist die Betrachtung lediglich eines Instruments – wie vorangegangen angesprochen – mit einer beschränkten Aussagekraft verbunden.[697] Aufgrund der Nichtberücksichtigung von möglicherweise korrelierten Variablen kann sie zu systematischen Fehlern und darauf aufbauend zu fehlerhaften Schlussfolgerungen führen.[698]

Aus diesen inhaltlichen und methodischen Zusammenhängen heraus kommt neben einer aggregierten Betrachtung der Qualität der gesamten Investor Relations, die allerdings keine differenzierten Rückschlüsse ermöglicht,[699] nur eine simultane Untersuchung aller maßgeblichen Kommunikationsformen in Frage, da nur sie die Generierung von aussagekräftigen Erkenntnissen gewährleistet.

---

[695] Vgl. Healy/Palepu (2001), S. 430 f.
[696] Dementsprechend bestätigen Einhorn/Ziv (2008), S. 567; Botosan/Harris (2000), S. 331 und 332 oder auch Lang/Lundholm (1993), S. 267, dass kapitalmarktorientierte Unternehmen die Intensität ihrer freiwilligen Transparenz nur selten innerhalb eines kurzen Zeitraums wesentlich ändern.
[697] Vgl. etwa Tasker (1998), S. 142 f.; Espinosa/Trombetta (2007), S. 1389 sowie implizit auch Lang/Lundholm (1996), S. 474.
[698] Vgl. Botosan/Plumlee (2002), S. 21; Gietzmann/Trombetta (2003), S. 200; Espinosa/Trombetta (2007), S. 1389 und implizit auch Francis/Nanda/Olsson (2008), S. 96. Siehe dazu detailliert die differenzierten Darstellungen im Rahmen von Kapitel 2.2.3.1.
[699] Vgl. Botosan/Plumlee (2002), S. 39 sowie Bushman/Smith (2001), S. 312 f.

Während eine solche Form der Untersuchung im Rahmen dieser Arbeit erstmalig für alle wesentlichen Kommunikationsformen vorgenommen wird, soll diese Gelegenheit dazu genutzt werden, um zu überprüfen, ob sich die Notwendigkeit der simultanen Betrachtung anhand der beobachteten Unternehmen auch empirisch zeigen lässt. Dies wäre dann der Fall, wenn sich die Ergebnisse einer ausschließlichen Betrachtung des Voluntary Disclosure – wie sie durch bisherige Studien häufig durchgeführt wird – wesentlich von den Ergebnissen einer simultanen Untersuchung unterscheiden.

Eben dies lässt sich – wie in den Tabellen 33 und 34 aufgeführt – anhand der durch-geführten Regressionen zeigen. So gewinnt der Einfluss des Voluntary Disclosure bei einer ausschließlichen Betrachtung dieser Kommunikationsform gegenüber dem Einfluss im Rahmen einer simultanen Betrachtung deutlich an Stärke. Für die Berücksichtigung eines industrieadjustierten Gewinnwachstums lässt sich dies an den Regressions-koeffizienten für das Voluntary Disclosure erkennen. Bei Berücksichtigung eines einfachen Gewinnwachstums führt dieser Umstand allerdings sogar zu signifikanten Ergebnissen für das Voluntary Disclosure, die bei einer simultanen Betrachtung nicht gegeben sind.

erw. Vz.	Basis VD,AQ,PC	Basis VD	Gwa lnMkap VD,AQ,PC	Gwa lnMkap VD	Gwa AntFM VD,AQ,PC	Gwa AntFM VD
VD	-	-0,0973	-0,1864	-0,1324	-0,2019 *	-0,1309	-0,2194 *
		-0,88	-1,65	-1,17	-1,70	-1,21	-1,99
AQ	-	-0,2677 **		-0,3070 **		-0,2246 *	
		-2,19		-2,46		-1,87	
PC	-	-0,2831 **		-0,2975 ***		-0,2911 ***	
		-2,57		-2,69		-2,72	
Gwa	-	-0,4221 ***	-0,3251 ***	-0,4033 ***	-0,3161 ***	-0,4095 ***	-0,3338 ***
		-3,49	-2,87	-3,31	-2,66	-3,49	-3,04
Beta	+	-0,1430	-0,1024	-0,1841	-0,1124	-0,1507	-0,1142
		-1,29	-0,88	-1,58	-0,93	-1,41	-1,02
Versch	+	0,1737	0,1824	0,1532	0,1786	0,1236	0,1349
		1,56	1,57	1,36	1,50	1,12	1,18
Mkap	-	0,1607	0,1187			0,1387	0,0960
		1,43	1,01			1,26	0,84
lnMkap	-			0,2207 *	0,1095		
				1,70	0,82		
AntFM	-					-0,2400 **	-0,2553 **
						-2,26	-2,31
R^2		30,8 %	20,5 %	31,7 %	20,1 %	36,0 %	26,5 %
Adj. R^2		23,2 %	14,4 %	24,2 %	14,0 %	27,8 %	19,7 %
F		4,1 ***	3,4 ***	4,2 ***	3,3 ***	4,4 ***	3,9 ***
N		72	72	72	72	72	72

Die in dieser und der nachfolgenden Tabelle verwendeten Abkürzungen sind wie folgt zu verstehen: Voluntary Disclosure Index (VD), Accounting Quality Index (AQ), Personal Communication (PC), Gewinnwachstum (Gwa), industrieadjustiertes Gewinnwachstum (ia Gwa), Verschuldungsgrad (Versch), Marktkapitalisierung (Mkap), logarithmierte Marktkapitalisierung (lnMkap), Anteilsbesitz durch Familienmitglieder und Manager (AntFM), industrieadjustiertes Gewinn-Kurs-Verhältnis (ia EP), industrieadjustiertes Kurs-Gewinn-Verhältnis (ia PE). Aufgeführt sind – mit 4 Hinterkommastellen – die standardisierten Regressionskoeffizienten und darunter – mit 2 Hinterkommastellen – die zugehörigen t-Werte, die sich auf Basis einer gewöhnlichen linearen Regression mit Hilfe der Methode der kleinsten Quadrate ergeben. Die industrieadjustierten Kennzahlen für die relative Höhe der Bewertung (ia EP, ia PE) werden dazu den drei unabhängigen Variablen VD, AQ und PC sowie den Kontrollvariablen Gwa, ia Gwa, Beta, Versch, Mkap, lnMkap, AntFM gegenübergestellt. Dabei kennzeichnen ***, ** bzw. * statistisch signifikante Ergebnisse bei einem Signifikanzniveau von 1 %, 5 % bzw. 10 % auf Basis zweiseitiger Tests.

Tabelle 33: Ergebnisse der Regressionen zur Betrachtung der Notwendigkeit der simultanen Berücksichtigung von VD, AQ und PC (Teil 1: Gewinnwachstum)

| | | ia Gwa | | | | | |
| | | Basis | | lnMkap | | AntFM | |
erw. Vz.		VD,AQ,PC	VD	VD,AQ,PC	VD	VD,AQ,PC	VD
VD	-	-0,007	-0,076	-0,0324	-0,083	-0,0418	-0,1082
		-0,07	-0,72	-0,30	-0,74	-0,41	-1,05
AQ	-	-0,125		-0,1552		-0,0849	
		-1,23		-1,45		-0,86	
PC	-	-0,267 **		-0,2779 ***		-0,2758 ***	
		-2,61		-2,70		-2,82	
ia Gwa	-	-0,519 ***	-0,519 ***	-0,5052 ***	-0,518 ***	-0,5195 ***	-0,5244 ***
		-4,94	-4,79	-4,76	-4,68	-5,17	-5,03
Beta	+	-0,105	-0,075	-0,1338	-0,080	-0,1128	-0,0874
		-1,02	-0,71	-1,23	-0,73	-1,14	-0,86
Versch	+	0,208 *	0,232 **	0,1922 *	0,230 **	0,1556	0,1849 *
		2,00	2,17	1,82	2,10	1,54	1,77
Mkap	-	0,088	0,045			0,0617	0,0226
		0,82	0,41			0,60	0,21
lnMkap	-			0,1374	0,045		
				1,11	0,37		
AntFM	-					-0,2580 **	-0,2537 **
						-2,65	-2,53
R^2		40,4 %	33,6 %	40,9 %	33,6 %	46,4 %	39,6 %
Adj. R^2		33,9 %	28,6 %	34,4 %	28,5 %	39,6 %	34,0 %
F		6,2 ***	6,7 ***	6,3 ***	6,7 ***	6,8 ***	7,1 ***
N		72	72	72	72	72	72

Tabelle 34: Ergebnisse der Regressionen zur Betrachtung der Notwendigkeit der simultanen Berücksichtigung von VD, AQ und PC (Teil 2: industrieadjustiertes Gewinnwachstum)

Die inhaltlichen und methodischen Überlegungen erweisen sich also anhand dieser Berechnungen als berechtigt. Werden die Accounting Quality und die Personal Communication im Rahmen einer Untersuchung der Kapitalmarkteffekte freiwilliger unternehmenseigener Transparenz nicht berücksichtigt, kann dies hinsichtlich des betrachteten Einflusses des Voluntary Disclosure zu systematischen Fehlern und darauf aufbauend zu fehlerhaften Schlussfolgerungen führen.[700] In der hier betrachteten Konstellation wird der Einfluss des Voluntary Disclosure als signifikant eingeschätzt, obwohl dies tatsächlich nicht der Fall ist.[701]

---

[700] Vgl. etwa Botosan/Plumlee (2002), S. 21 oder Gietzmann/Trombetta (2003), S. 200.

[701] Dieser Zusammenhang wird anhand einer allerdings ausschließlichen Betrachtung des Voluntary Disclosure und der Accounting Quality auch beobachtet durch Francis/Nanda/Olsson (2008).

Der vorgefundene Einfluss ergibt sich lediglich aus Korrelationen des Voluntary Disclosure mit relevanten nicht-berücksichtigten Variablen (correlated omitted variables). So sind für die hier betrachteten Unternehmen das Voluntary Disclosure und die Personal Communication – wie bereits aus Tabelle 9 im Rahmen der bivariaten Korrelationsanalyse ersichtlich – signifikant positiv miteinander korreliert, und auch zwischen dem Voluntary Disclosure und der Accounting Quality besteht ein positiver Zusammenhang. Die einzelnen Kommunikationsformen stehen damit bei der hier gewählten Stichprobe in einer zumindest teilweisen komplementären Beziehung zueinander.[702] Dadurch wird im Ergebnis der Einfluss des Voluntary Disclosure bei einer ausschließlichen Betrachtung dieser Kommunikationsform überschätzt.[703]

Während im Rahmen dieser Arbeit erstmalig eine simultane Betrachtung aller drei wesentlichen relevanten Kommunikationsformen vorgenommen wurde, zeigen die hier vorgestellten Ergebnisse, dass nur eine solche Untersuchung auch verlässliche Erkenntnisse ermöglicht. Die hier gewählte Vorgehensweise wird daher auch für künftige Untersuchungen empfohlen.

---

[702] Eine komplementäre Verbindung für das Voluntary Disclosure und die Accounting Quality bestätigen Francis/Nanda/Olsson (2008), 74 ff. sowie für das Voluntary Disclosure und die Personal Communication Botosan/Plumlee (2002), S. 33 und Lang/Lundholm (1996), S. 480.

[703] Vgl. Hail (2002), S. 746 und Hail (2003), S. 278.

5. Zusammenfassung, Fazit und Ausblick

Im Rahmen dieses letzten Kapitels gilt es zunächst die gewonnenen Erkenntnisse zusammenzufassen. Der Struktur dieser Arbeit entsprechend, werden die diesbezüglichen Ausführungen in einzelne Abschnitte unterteilt. Einige abschließende Bemerkungen schließen sich in Form eines Fazits und eines Ausblicks daran an.

5.1. Zusammenfassung der wesentlichen Erkenntnisse

5.1.1. Erkenntnisse aus den vorangehenden theoretischen und empirischen Betrachtungen

1. Durch die empirische Literatur wurden drei verschiedene Kommunikationsformen kapitalmarktorientierter Unternehmen zur Herstellung freiwilliger unternehmenseigener Transparenz betrachtet. Trotz der im Detail unterschiedlichen Charakteristika dienen das Voluntary Disclosure, die Accounting Quality und die Personal Communication gleichermaßen einer Verringerung von Informationsasymmetrien gegenüber dem Kapitalmarkt, und ihrer Ausgestaltung kann in unterschiedlicher Qualität nachgekommen werden. Aufgrund der einheitlichen Ausrichtung auf die gemeinsame Zielgruppe der gegenwärtigen und potenziellen Investoren können alle drei Kommunikationsformen unter dem Begriff der Investor Relations zusammengefasst werden.

2. Das Voluntary Disclosure bezieht sich vordergründig auf den Geschäftsbericht und beinhaltet freiwillige oder freiwillig-hochwertige Angaben, denen innerhalb des Lageberichts und des freien Teils des Geschäftsberichts, aber zum Teil auch im Rahmen des Anhangs, gegenüber den Rechenwerken eine erläuternde oder ergänzende Funktion zukommt.

Die Accounting Quality hingegen wird als Maßstab für die Aussagekraft der Rechenwerke des Geschäftsberichts verwendet. Sie wird als hoch eingestuft, wenn die durch Cashflows hervorgerufenen Aufwendungen und Erträge möglichst verursachungsgerecht den entsprechenden Berichtsperioden zugeordnet werden bzw. der wirtschaftliche Erfolg eines Unternehmens, welcher sich in der Kursentwicklung der zugehörigen Aktien widerspiegelt, durch die berichteten Periodenerfolge zuverlässig wiedergegeben wird.

Im Unterschied zu diesen beiden unpersönlichen Kommunikationsformen dient die Personal Communication einer Informationsübermittlung im Rahmen von Analystenkonferenzen, Conference Calls, Gruppen- und Einzelgesprächen oder anderen persönlichen Kommunikationsinstrumenten.

3. Wird zur Untersuchung kapitalmarktorientierter Effekte freiwilliger unternehmenseigener Transparenz ausschließlich eine Kommunikationsform separat betrachtet, führt
dies zu einer Fehlspezifikation des Regressionsmodells und relevanten nicht-berücksichtigten Variablen (omitted variables). Dies kann bei bestehenden Korrelationen zwischen den Kommunikationsformen zu systematischen Fehlern und darauf aufbauend zu
fehlerhaften Schlussfolgerungen führen.

4. Im Rahmen dieser Arbeit werden sowohl das Voluntary Disclosure als auch die
Accounting Quality und die Personal Communication in die Betrachtung der kapitalmarktorientierten Wirkungen freiwilliger unternehmenseigener Transparenz einbezogen
und dadurch erstmalig in simultaner Form der Einfluss aller relevanten Kommunikationsformen innerhalb eines Regressionsmodells untersucht.

5. Freiwillige unternehmenseigene Transparenz kann sich für ein kapitalmarktorientiertes
Unternehmen als sinnvoll erweisen. Dies geht zunächst hervor aus drei unterschiedlichen
modelltheoretischen Ansätzen, denen jeweils eine andere Modellierung der Informationsasymmetrien zugrundeliegt. Es handelt sich um den liquiditätsorientierten, den schätzungs-
srisikenorientierten und das hier als verbreitungsorientierten Ansatz bezeichnete Modell
von Merton (1987). Während das Capital Asset Pricing Modell als zentrales Konzept
innerhalb der Neoklassik keine Informationsasymmetrien kennt und daher deren Wirkungen nicht betrachten kann, ergeben sich aus diesen institutionenökonomisch geprägten
modelltheoretischen Ansätzen Anreize für eine transparente Berichterstattung kapitalmarktorientierter Unternehmen in Form einer Steigerung der kapitalmarktorien-tierten
Bewertung bzw. einer Verringerung der Eigenkapitalkosten.

6. Der positive Einfluss einer transparenten Berichterstattung lässt sich aber auch ohne
gesonderte Modellierung aus den grundlegenden Erkenntnissen der Neuen Institutionenökonomik ableiten. So ist freiwillige unternehmenseigene Transparenz in einem agencytheoretischen Kontext dazu imstande, glaubwürdig Informationen zu übermitteln sowie
Reputation und Vertrauen aufzubauen. Auf diese Weise lassen sich vorvertragliche und
nachvertragliche Informationsasymmetrien sowie Unsicherheiten über das Handeln des
Managements verringern, aus denen sich anderenfalls für einen Eigenkapitalgeber zusätzliche Risiken ergeben. Da die Kapitalmarktteilnehmer nur dann Wertpapiere eines
Unternehmens erwerben, wenn diesen zusätzlichen Risiken auch eine höhere Rendite
gegenübersteht und eine höhere Rendite der Investoren aus der Perspektive eines kapital-

marktorientierten Unternehmens höheren Eigenkapitalkosten entspricht, ergibt sich für das Management eines Unternehmens ein Anreiz, vorvertragliche und nachvertragliche Informationsasymmetrien zu verringern sowie Reputation und Vertrauen aufzubauen.

7. Während eine Verringerung von Informationsasymmetrien als zentrales Element innerhalb der modelltheoretischen Ansätze fungiert, ist der Aufbau von Reputation und Vertrauen bisher nicht gesondert modelliert worden. Aufgrund der allgemeinen agency-theoretischen Betrachtungen ergeben sich an dieser Stelle zusätzliche Erkenntnisse. Eine künftige Modellierung des Aufbaus und der Wirkungen von Reputation und Vertrauen erscheint vor diesem Hintergrund vielversprechend.

8. Da der überwiegende Teil der bisherigen empirischen Untersuchungen eine der drei hier berücksichtigten Kommunikationsformen separat betrachtet, werden zunächst die Ergebnisse dieser Arbeiten – getrennt für das Voluntary Disclosure, die Accounting Quality und die Personal Communication – wiedergegeben. Andere Studien wiederum untersuchen die Wirkungen freiwilliger unternehmenseigener Transparenz nicht für einzelne Kommunikationsformen getrennt, sondern fokussieren stattdessen den Einfluss der gesamten Investor Relations. Diese Beiträge werden ebenfalls gesondert vorgestellt wie auch einige bisherige Arbeiten mit Bezugnahme zum deutschen Kapitalmarkt.

9. Zwar lässt sich auf Basis der separaten Betrachtungen für das Voluntary Disclosure und für die Accounting Quality insgesamt ein Einfluss auf die fundamentalen kapitalmarkt-orientierten Zielsetzungen erkennen, die Ergebnisse der vorliegenden Untersuchungen sind jedoch ebenfalls in wesentlichem Umfang durch eine Uneinheitlichkeit gekennzeich-net, da einige Arbeiten auch keine oder sogar gegenläufige Wirkungen nachweisen oder nur mit Einschränkungen bzw. unter bestimmten Voraussetzungen den vermuteten Einfluss beobachten können.
Zu den Wirkungen der Personal Communication liegen trotz ihrer besonderen Bedeutung im Rahmen der freiwilligen unternehmenseigenen Transparenz erst wenige und dazu nicht vielsagende Ergebnisse vor.

10. Zwar beziehen erste Studien durch Gietzmann/Ireland (2005), Espinosa/Trombetta (2007) und Francis/Nanda/Olsson (2008) in ihre Untersuchungen der Wirkungen des Voluntary Disclosure den Einfluss der Accounting Quality mit ein, und Botosan/Plumlee (2002) betrachten das Voluntary Disclosure gemeinsam mit der Personal Communication,

eine simultane Untersuchung aller drei Kommunikationsformen wurde bislang aber nicht vorgenommen.

11. Aus den modelltheoretischen Ansätzen und dem agencytheoretischen Ansatz ergeben sich zunächst die elementaren Hypothesen über den einfachen Einfluss der unterschiedlichen Kommunikationsformen in Form einer Steigerung der kapitalmarktorientierten Bewertung und einer Senkung der Eigenkapitalkosten. Darüber hinaus stellten sich allerdings weitere Fragen zu den grundsätzlichen Wirkungsweisen freiwilliger unternehmenseigener Transparenz. So etwa, ob sich die kapitalmarktorientierten Wirkungen durch die verschiedenen Kommunikationsformen in unterschiedlichem Ausmaß erreichen lassen.

12. Von besonderem Interesse ist in dieser Hinsicht der Wirkungszusammenhang für die Personal Communication. Während das Voluntary Disclosure und die Accounting Quality als unpersönliche Kommunikationsformen den Kapitalmarkt mit den unternehmensrelevanten Basis-Informationen versorgen, erlaubt die Personal Communication durch die Investor Relations und das Management eines kapitalmarktorientierten Unternehmens die Möglichkeit des Eingehens auf spezifische Rückfragen und individuelle Informationsbedürfnisse und ermöglicht aufgrund des unmittelbaren und intensiven persönlichen Kontaktes zu den Gesprächspartnern weiterhin in besonderem Maße den Aufbau von Vertrauen. Es handelt sich damit um die Kommunikationsform, die konsequent auf die Bedürfnisse der Finanzanalysten bzw. der institutionellen Investoren ausgerichtet ist, der Kapitalmarktteilnehmer also, die aufgrund der multiplikativen Kommunikationseffekte bzw. aufgrund der erheblichen Anlagevolumina zu den besonderen Zielgruppen der kapitalmarktorientierten Kommunikation eines Unternehmens gerechnet werden.

13. Die zwei im Rahmen dieser Arbeit angesprochenen Formen der unpersönlichen Kommunikation sind vor diesem Hintergrund jedoch hinsichtlich ihres Bezugs zur Personal Communication zu differenzieren. So sind die Informationen der Rechenwerke eines Geschäftsberichts – als Gegenstand der Accounting Quality – aufgrund der detaillierten quantitativen Angaben nur in schriftlicher Form sinnvoll zu kommunizieren. Sie erfüllen gegenüber dem Kapitalmarkt zwei wesentliche Funktionen. Sie dienen der Rechenschaftslegung über vergangene Perioden und fungieren als Basis für die Prognose künftiger Periodenerfolge. Den Informationen der Rechenwerke sowie der zuzuordnenden Accounting Quality kommt damit eine Aufgabe zu, die sich nicht bzw. nur bedingt durch persönliche Kommunikation ersetzen lässt.

Das Voluntary Disclosure und die Personal Communication, welche erläuternde und ergänzende sowie insbesondere auch zukunftsorientierte Informationen beinhalten, dienen hingegen grundsätzlich der Übermittlung der gleichen Inhalte, weshalb die besondere Bedeutung der Personal Communication wohl insbesondere gegenüber dem Voluntary Disclosure zu verstehen ist.

Vor diesem Hintergrund war davon auszugehen, dass sich durch Personal Communication in stärkerem Maße als mit Hilfe des Voluntary Disclosure die kapitalmarktorientierten Wirkungen einer freiwilligen unternehmenseigenen Transparenz erreichen lassen. Die übrigen möglichen Vergleiche hinsichtlich der Stärke der kapitalmarktorientierten Wirkungen der Kommunikationsformen sollten jedoch darüber hinaus ebenfalls betrachtet werden.

14. Auch das Zusammenwirken der Kommunikationsformen sollte untersucht werden. So war hinsichtlich der betrachteten fundamentalen kapitalmarktorientierten Wirkungen insbesondere zu prüfen, ob sich durch eine Kommunikationsform eine stärkere (schwächere) Wirkung erzielen lässt, wenn eine andere Kommunikationsform eher gering (hoch) ausgeprägt ist. Dies schien zu erwarten, da etwa auf Basis einer gering ausgeprägten Kommunikationsform gegenüber dem Kapitalmarkt noch vergleichsweise hohe Informationsasymmetrien bestehen.

15. Während diese Erwartungen zu den grundsätzlichen Wirkungsweisen freiwilliger unternehmenseigener Transparenz sich auf Basis allgemeingültiger theoretischer Erwägungen für alle Unternehmen ergeben, schien es vorstellbar, dass darüber hinaus spezifische Wirkungszusammenhänge bestehen, die dazu führen, dass sich die zu untersuchenden Effekte für einige Unternehmen aufgrund bestimmter Charakteristika besonders beobachten lassen, wohingegen dies für andere Unternehmen weniger der Fall ist. Solche unternehmensspezifischen Effekte wurden hinsichtlich der fundamentalen kapitalmarktorientierten Wirkungen bislang nicht betrachtet. Sie sollten durch die vorliegende Arbeit damit erstmalig untersucht werden. In Abgrenzung zu den grundsätzlichen Wirkungsweisen freiwilliger unternehmenseigener Transparenz werden sie als besondere Wirkungsweisen bezeichnet.

16. Vor diesem Hintergrund sollte zunächst geprüft werden, ob sich für manche Unternehmen im Hinblick auf die fundamentalen kapitalmarktorientierten Wirkungen freiwilliger unternehmenseigener Transparenz besondere Vorteile ergeben. Aufgrund

angrenzender empirischer Untersuchungsgegenstände konnte davon ausgegangen werden, dass dies für solche Unternehmen der Fall ist, deren Rechenwerke eine vergleichsweise geringe Aussagekraft beinhalten und für die auf dieser Basis relativ hohe Informations-asymmetrien gegenüber dem Kapitalmarkt bestehen. Dies kann insbesondere dann konstatiert werden, wenn hohe Aufwendungen für Forschung und Entwicklung und damit hohe Investitionen in immaterielle Vermögensgegenstände bestehen, die sich in wesentlichem Umfang aufgrund von Objektivierungserfordernissen geltender Rechnungs-legungsvorgaben nicht bilanzieren lassen und daher direkt als Aufwand verbucht werden. Eine eingeschränkte Information durch die Bilanz und eine inadäquate Zuordnung der Aufwendungen zu den Erträgen sind zwangsweise die Folge.

Die Rechenwerke solcher Unternehmen also, die in besonderem Ausmaß in Forschung und Entwicklung investieren, verfügen über eine geringere Aussagekraft und erlauben nur eingeschränkte Rückschlüsse über die künftige Entwicklung des Unternehmens. Daraus ergibt sich für solche Unternehmen potenziell ein starker Einfluss freiwilliger unterneh-menseigener Transparenz. Schließlich können durch Voluntary Disclosure und Personal Communication etwa in besonderem Maße Informationen übermittelt und Informations-asymmetrien beseitigt werden.

17. Die spezifische Wirkung der Accounting Quality erfordert in diesem Kontext eine gesonderte Betrachtung. Im Unterschied zu den anderen beiden Kommunikationsformen verringern sich nämlich für die Accounting Quality die Möglichkeiten zu einer Übermittlung von Informationen, wenn die Aussagekraft der Rechenwerke aufgrund von hohen Aufwendungen für Forschung und Entwicklung schwach ausgeprägt ist. Dementsprechend schien es wahrscheinlich, dass eine hochwertige Accounting Quality entgegen den erwarteten Wirkungszusammenhängen für das Voluntary Disclosure und die Personal Communication eine besondere Wirkung entfaltet, wenn die Rechenwerke der betrachteten Unternehmen aufgrund von geringen Aufwendungen für Forschung und Entwicklung über eine hohe Aussagekraft verfügen.

18. Weiterhin sollte untersucht werden, ob sich für manche Unternehmen hinsichtlich der fundamentalen kapitalmarktorientierten Wirkungen freiwilliger unternehmenseigener Transparenz auch besondere Nachteile ergeben können. So haben Arbeiten zu den Determinanten freiwillig transparenten Verhaltens kapitalmarktorientierter Unternehmen nachgewiesen, dass Unternehmen mit hoher Konkurrenzgefahr in geringerem Umfang freiwillige Informationen an den Kapitalmarkt übermitteln, um eine Ausnutzung der

Informationen durch Wettbewerber zum Nachteil des berichtenden Unternehmens zu vermeiden. Eine höhere Konkurrenzgefahr wiederum kann konstatiert werden, wenn ein Unternehmen über eine attraktive Geschäftstätigkeit und dementsprechend über eine hohe Gesamtkapitalrendite verfügt. Dies lässt eine Ausnutzung von freiwilligen Informationen wahrscheinlicher werden.

Hinsichtlich der betrachteten Wirkungszusammenhänge für die freiwillige unternehmenseigene Transparenz würde sich dann nicht nur das Ausmaß der freiwilligen Transparenz auf die Höhe der Bewertung auswirken (Transparenzeffekt), sondern wäre auch ein gegenläufiger Effekt zu bemerken, wonach nämlich eine hohe Bewertung – hervorgerufen durch eine attraktive Geschäftstätigkeit – eine geringere Bereitschaft zu freiwilliger Transparenz mit sich bringt (Konkurrenzeffekt). Für Unternehmen mit weniger attraktiver Geschäftstätigkeit wäre also eine Wirkung von freiwilliger Transparenz auf die Höhe der Bewertung besonders zu vermuten, wohingegen für Unternehmen mit attraktiver Geschäftstätigkeit dieser Zusammenhang wohl von dem Konkurrenzeffekt freiwilliger Transparenz überlagert wird und daher nicht bzw. weniger stark zu beobachten ist oder sogar ins Gegenteil verkehrt.

5.1.2.   Erkenntnisse aus den Betrachtungen zum Untersuchungsdesign und aus der Durchführung der Datenerhebung

1. Bisherige empirische Untersuchungen zur Betrachtung der fundamentalen Wirkungen freiwilliger unternehmenseigener Transparenz modellieren als abhängige Variable vordergründig die impliziten Eigenkapitalkosten eines kapitalmarktorientierten Unternehmens. Da sich die Höhe der kapitalmarktorientierten Bewertung und die impliziten Eigenkapitalkosten jedoch gegenseitig bedingen, ist die Betrachtung einer einfachen Kurs-Gewinn-Relation als Kennzahl für die relative Höhe der Bewertung – wie sie durch erste Autoren bereits vorgenommen wird – ebenso zulässig.

2. Gegen eine Verwendung der impliziten Eigenkapitalkosten sprach eine eingeschränkte Qualität und Verfügbarkeit der zu ihrer Berechnung erforderlichen Daten für den deutschen Kapitalmarkt sowie die Vielzahl möglicher Berechnungsmethoden, welche im Ergebnis eine Ungenauigkeit und Beliebigkeit der Approximation der impliziten Eigenkapitalkosten zur Folge haben kann. Im Unterschied dazu lässt sich eine Kurs-Gewinn-Relation unmittelbar aus allgemein verfügbaren Daten ersehen und hinsichtlich ihrer Berechnung bestehen keine Wahlmöglichkeiten.

3. Für die Betrachtung einer einfachen Kurs-Gewinn-Relation sprach der Umstand, dass die gegenüber einer kennzahlengestützten Unternehmensbewertung zu Recht angeführten Kritikpunkte im Rahmen einer regressionsbasierten empirischen Betrachtung nicht ins Gewicht fallen, da unterschiedliche Ausprägungen der betrachteten Unternehmen hinsichtlich relevanter Parameter, welche in der einfachen Kennzahl selber keine Berücksichtigung finden, durch entsprechende Kontrollvariablen in die Regressionen einbezogen werden.

4. Durch die Verwendung einer Kurs-Gewinn-Relation als Indikator für die Höhe der Bewertung bzw. als inverser Indikator für die Höhe der Eigenkapitalkosten und die Berücksichtigung relevanter Parameter in Form von Kontrollvariablen wird eine konsequente empirische Ausrichtung gegenüber einer für den deutschen Kapitalmarkt lediglich möglichen Scheingenauigkeit vorgezogen, die sich anderenfalls für die impliziten Eigenkapitalkosten als theoretisch zutreffendem Konzept ergeben würde.

5. Hinsichtlich der konkreten Operationalisierung der abhängigen Variablen kommt – bisherigen empirischen Beiträgen entsprechend – ein industrieadjustiertes Gewinn-Kurs-Verhältnis zur Anwendung. Die Industrieadjustierung entspricht dabei der vergleichenden Verwendung von Bewertungskennzahlen durch die Praxis. Über die Industrie-zugehörigkeit lässt sich so bereits ein wesentlicher Teil der Chancen und Risiken eines Unternehmens kontrollieren.

6. Hinsichtlich der Operationalisierung des Voluntary Disclosure bestehen in der bisherigen empirischen Literatur unterschiedliche Vorgehensweisen. Daher galt es zunächst die möglichen Alternativen gegeneinander abzuwägen. Hinsichtlich der hier vorzunehmenden Untersuchung erwies sich eine Betrachtung der Genauigkeit der Prognosen des Managements, welche auch als Management Guidance bezeichnet werden und für die Erwartungsbildung des Kapitalmarktes eine entscheidende Rolle spielen, sowohl gegenüber einem Rating durch Befragung von Rechnungslegungsadressaten als auch gegenüber einem Rating anhand eines eigens konstruierten Katalogs von Berichts-elementen als vorteilhaft. Entscheidend war dafür, dass sich das Ausmaß der freiwilligen Berichterstattung anhand der Genauigkeit der Prognosen objektiv beurteilen lässt und nachteilige Verzerrungen denkbarer Sekundärdaten oder Ungenauigkeiten bei der Datenerhebung vermieden werden. Auch lässt sich die Qualität des Voluntary Disclosure

auf diese Weise branchenübergreifend miteinander vergleichen, was im Hinblick auf die branchenübergreifende Grundgesamtheit von Bedeutung war.

7. Um die Aussagekraft des verwendeten Indikators zu steigern, wird der Katalog der betrachteten Prognosen des Managements erweitert um wertorientierte Berichtselemente, die in den vergangenen Jahren vermehrt gefordert wurden, um Externen eine zukunftsorientierte Bewertung des Unternehmens zu ermöglichen. Entgegen den sonst häufig pauschalen Vorgehensweisen wurden die Bewertungen der einzelnen Berichtselemente aggregiert auf Basis eines gewichteten additiven Index. Damit die zugrundeliegenden Gewichtungen der Berichtselemente und die Gewichtungen der Genauigkeitsgrade den Präferenzen professioneller Kapitalmarktteilnehmer entsprechen, wurden sie ermittelt mit Hilfe einer eigens zu diesem Zweck durchgeführten Befragung. Auf diese Weise spiegelt die jeweilige Bewertung des Voluntary Disclosure eines Unternehmens möglichst wahrheitsgemäß die Sicht des Kapitalmarktes wieder.

8. Empirische Studien, welche die Qualität des Voluntary Disclosure kapitalmarktorientierter Unternehmen untersuchen, beschränken sich hinsichtlich der betrachteten Kommunikationsinstrumente regelmäßig auf den Geschäftsbericht, da dieser aufgrund seiner formalisierten Struktur, aufgrund des erheblichen Umfangs an verpflichtenden und freiwilligen Informationen und aufgrund seiner Ausrichtung auf alle relevanten Zielgruppen als das zentrale Medium der unpersönlichen Informationsvermittlung und Rechenschaftslegung angesehen wird. Im Rahmen der vorliegenden Untersuchung werden aus diesen Gründen ebenfalls die Geschäftsberichte betrachtet. Sie werden durch zwei Kodierer unabhängig voneinander ausgewertet, um dadurch ein Höchstmaß an Objektivität für die Bewertungen des Voluntary Disclosure sicherzustellen.

9. Zur Operationalisierung der Accounting Quality wird der empirisch wohl am häufigsten zu diesem Zweck verwendete Maßstab zugrundegelegt: die Beschaffenheit der Periodenabgrenzungen, welche dann als hochwertig angesehen wird, wenn die mit Cashflows verbundenen Aufwendungen und Erträge über den Prozess der periodengerechten Erfolgsermittlung möglichst verursachungsgerecht den betreffenden Geschäftsjahren zugewiesen werden. Auf dieser Basis ergibt sich somit eine hochwertige Accounting Quality, wenn die Rechenwerke eines Unternehmens durch ein geringes Maß an Bilanzpolitik oder unbeabsichtigten Schätzfehlern gekennzeichnet sind und ihnen demzufolge eine hohe Aussagekraft zukommt.

10. Da die Beschaffenheit der Periodenabgrenzungen modellbasiert ermittelt wird und alle vorgeschlagenen Modelle zwangsweise eine Vereinfachung der Realität beinhalten, wurden zunächst mit dem durch Dechow/Sloan/Sweeney (1995) modifizierten Modell von Jones (1991) und dem durch McNichols (2002) modifizierten Modell von Dechow/ Dichev (2002) zwei etablierte Modelle der Berechnung zugrundegelegt, die über eine vergleichsweise ausführliche Modellierung und relative Genauigkeit verfügen. Da jedoch auch auf Basis dieser beiden Modelle verbleibende Ungenauigkeiten der Schätzungen nicht zu vermeiden sind, werden sie – dem Vorbild von Francis/Nanda/Olsson (2008) folgend – zu einem gemeinsamen Index verdichtet. Gegenüber den einzelnen Modellen hat diese Vorgehensweise eine aussagekräftigere Schätzung der Beschaffenheit der Periodenabgrenzungen zur Folge, da sich mögliche Ungenauigkeiten einzelner Modelle innerhalb des aggregierten Indikators gegenseitig ausgleichen können.

11. Dabei werden die genannten Modelle im Übrigen in mehrjähriger Form verwendet. Empirische Ergebnisse lassen nämlich darauf schließen, dass nicht nur die Periodenabgrenzungen des letzten Geschäftsjahres, sondern die Accounting Quality mehrerer Jahre für den Kapitalmarkt relevant sind. Dies liegt auch aus theoretischen Erwägungen nahe, da nicht nur die Geschäftszahlen eines Jahres, sondern die mehrerer Perioden sowie die sich aus ihnen ergebenden Entwicklungen – als Basis für die Prognosen künftiger Periodenerfolge – in die Berechnungen der Finanzanalysten einbezogen werden. Weiterhin wird die Aussagekraft der Accounting Quality durch eine Betrachtung mehrerer Geschäftsjahre zusätzlich gesteigert.

12. Vergleichbar mit dem Voluntary Disclosure bestehen auch hinsichtlich der Operationalisierung der Personal Communication in der bisherigen empirischen Literatur unterschiedliche Vorgehensweisen. Während hier ebenfalls ein Rating durch Befragung von Adressaten der persönlichen Kommunikation grundsätzlich in Frage kam, sprachen mehrere Gründe für eine quantitative Erfassung der persönlichen Kommunikation: so auch hier die Vermeidung von nachteiligen Verzerrungen denkbarer Sekundärdaten sowie die Objektivität der quantitativen Daten. Sofern solche persönlichen Kommunikationsinstrumente betrachtet werden, denen branchenübergreifend ein gleich hoher Stellenwert zukommt, lässt sich die Qualität der Personal Communication auf diese Weise weiterhin branchenübergreifend miteinander vergleichen, was im Hinblick auf die vorliegende Untersuchung ebenfalls von Bedeutung war.

13. Bislang wurden erst wenige Versuche unternommen, das quantitative Ausmaß der persönlichen Kapitalmarktkommunikation als Indikator für weiterführende Regressionen zu erfassen. Lediglich die Häufigkeit abgehaltener Conference Calls wurde wiederholt als Indikator verwendet. Dieser Umstand wurde im Rahmen der vorliegenden Untersuchung zum Anlass genommen, neue Vorschläge für eine zuverlässige quantitative Messung der Personal Communication zu erarbeiten. Zur Generierung diesbezüglicher Ideen wurden mehrere explorative Interviews mit Investor-Relations-Mitarbeitern in leitender Funktion durchgeführt.

14. Während aufgrund des explorativen Charakters der Betrachtung zunächst mehrere Indikatoren grundsätzlich in Betracht gezogen wurden, erwies sich die Anzahl der Mitarbeiter der Investor Relations als zu grober Indikator, der zudem wesentliche Bereinigungen erfordern würde, um zuverlässig angewendet werden zu können. Da inzwischen nahezu jedes Unternehmen zu jedem Quartalsbericht einen Conference Call durchführt, ergab sich für eine Betrachtung regelmäßiger Telefonkonferenzen keine ausreichende Differenzierung. Eine Betrachtung von Telefonkonferenzen zu unregelmäßigen Anlässen wiederum erscheint nicht sinnvoll, da in einem solchen Fall weniger das Ausmaß der persönlichen Kommunikation als vielmehr die Häufigkeit der unregelmäßigen Anlässe zur Durchführung eines Conference Call gemessen wird.

15. Die Verwendung der Anzahl persönlich geführter Gespräche mit institutionellen Investoren hingegen ermöglicht – normiert durch die Kapitalmarktrelevanz des kommunizierenden Unternehmens – als neuartiger Indikator eine hinreichend genaue objektive Erfassung der Intensität der Personal Communication. Entscheidend ist dabei, dass es sich bei den persönlich geführten Gesprächen um das Kommunikationsinstrument handelt, das – mit den institutionellen Investoren – gegenüber der Zielgruppe verwendet wird, die aufgrund der erheblichen verwalteten Anlagevolumina maßgeblich für die hier betrachtete Höhe der kapitalmarktorientierten Bewertung mit verantwortlich ist.

16. In die Regression gegenüber der kapitalmarktorientierten Bewertung eines Unternehmens sind neben dem Voluntary Disclosure, der Accounting Quality und der Personal Communication weitere Variablen als Kontrollvariablen einzubeziehen, deren Einfluss schon in anderen empirischen Untersuchungen nachgewiesen werden konnte. Im Ergebnis entspricht das hier verwendete Basis-Regressionsmodell hinsichtlich der Berücksichtigung des Gewinnwachstums, der unternehmensbezogenen Risiken in Form

des Beta und des Verschuldungsgrades sowie der Unternehmensgröße exakt demjenigen von Francis u.a. (2005) sowie Cohen (2006). Das Basis-Regressionsmodell wurde anschließend in zwei wesentlichen Schritten erweitert.

17. Eine erste Erweiterung des Basis-Regressionsmodells dient dazu, statt eines einfachen Gewinnwachstums ein industrieadjustiertes Gewinnwachstum zu verwenden. Da auch das Gewinn-Kurs-Verhältnis als abhängige Variable in industrieadjustierter Form den Berechnungen zugrundegelegt wird, schien diese Erweiterung konsequent, weil es sich bei dem Gewinnwachstum aufgrund seines direkten Bezugs und des erheblichen Einflusses um die wohl wichtigste Kontrollvariable handelt.

Als Konsequenz ermöglicht ein industrieadjustiertes Gewinnwachstum genauere Ergebnisse, da sich ein solcher Indikator bei Betrachtung eines industrieadjustierten Gewinn-Kurs-Verhältnisses branchenübergreifend treffender miteinander vergleichen lässt.

18. Eine zweite Erweiterung des Basis-Regressionsmodells dient dazu, die Eigentümer-struktur eines Unternehmens in Form des Anteilsbesitzes durch Unternehmensgründer bzw. ihre Familienmitglieder oder durch leitende Manager als zusätzliche Kontroll-variable zu berücksichtigen. Dies erscheint bereits aus agencytheoretischer Perspektive sinnvoll. Außerdem konnte für das Ausmaß eines solchen Anteilsbesitzes auch im Rahmen empirischer Untersuchungen eine Relevanz hinsichtlich der kapitalmarkt-orientierten Bewertung nachgewiesen werden.

Das Halten von wesentlichen Kapitalanteilen durch Unternehmensgründer bzw. ihre Familienmitglieder oder durch Manager ist unter den betrachteten deutschen Unternehmen weitverbreitet und darüber hinaus von erheblichem Ausmaß. Außerdem handelt es sich um eine Größe, die im Unterschied zu dem von institutionellen Investoren gehaltenen Anteilsbesitz nicht selber durch das Ausmaß der freiwilligen unternehmens-eigenen Transparenz beeinflusst wird, da diese Personengruppen ohnehin über vergleichs-weise ausführliche oder vollständige Informationen verfügen.

19. Um vielfältige Einflüsse unterschiedlicher Rechtssysteme und Börsenplätze auszuschließen, sollte sich die vorliegende Untersuchung auf Unternehmen eines Landes beschränken. Deutsche Unternehmen waren als Grundgesamtheit für die vorliegende Untersuchung aus zwei Gründen besonders interessant: zum einen, weil der DRSC als einer der ersten nationalen Standardsetzer weltweit mit der Verabschiedung von DRS 15

einige Verpflichtungen und zahlreiche Empfehlungen zur Publizität von wertorientierten Berichtselementen erlassen hat, und zum anderen, weil auch ein viel beachteter Wettbewerb zur Auszeichnung der Geschäftsberichte deutscher kapitalmarktorientierter Unternehmen wertorientierte Berichtselemente in den zu beurteilenden Kriterienkatalog aufgenommen hat. Vor diesem Hintergrund war für die Verteilung des Voluntary Disclosure, welches hier durch die Genauigkeit wertorientierter Berichtselemente gemessen wird, eine ausreichende Varianz zu erwarten.

Eine zusätzliche Motivation zur Betrachtung deutscher Unternehmen ergab sich aus dem Umstand, dass bezüglich des deutschen Kapitalmarktes bislang nur aggregierte Wirkungen der gesamten Investor Relations betrachtet wurden. Der Einfluss einzelner Kommunikationsformen hingegen – also des Voluntary Disclosure, der Accounting Quality und der Personal Communication – wurde für die fundamentalen kapitalmarktorientierten Wirkungen freiwilliger unternehmenseigener Transparenz bis zum jetzigen Zeitpunkt nicht untersucht.

20. Innerhalb des deutschen Kapitalmarktes sollten – einer bewussten Auswahl nach dem Konzentrationsprinzip folgend – die Unternehmen der vier großen Auswahlindizes DAX, MDAX, SDAX und TecDAX berücksichtigt werden. Während sich diese Stichprobe zunächst aus 160 Unternehmen zusammensetzt, sollten Banken, Versicherungen und Finanzdienstleister sowie ausländische Gesellschaften von der Betrachtung ausgeschlossen werden. Von den verbleibenden 117 Unternehmen konnten schließlich aufgrund fehlender Datenverfügbarkeit und grob abweichender Geschäftsjahre 72 Unternehmen in die Regressionen einbezogen werden.

5.1.3. Erkenntnisse aus der Untersuchung der grundsätzlichen Wirkungsweisen freiwilliger unternehmenseigener Transparenz

1. Hinsichtlich der Betrachtung der gesamten Stichprobe lässt sich insbesondere für die Personal Communication, aber auch für die Accounting Quality, der erwartete Wirkungszusammenhang bestätigen. Beide Kommunikationsformen haben somit einen positiven Einfluss auf die Höhe der kapitalmarktorientierten Bewertung. Für das Voluntary Disclosure lässt sich allerdings in Bezug auf die gesamte Stichprobe kein Einfluss nachweisen.

2. Die fundamentale Zielsetzung einer höheren Bewertung am Kapitalmarkt sowie die entsprechende Senkung der Eigenkapitalkosten lässt sich damit durch die verschiedenen

Kommunikationsformen in unterschiedlichem Ausmaß erreichen. Dies lässt sich erkennen, wenn die Wirkungszusammenhänge der unterschiedlichen Kommunikationsformen einander gegenübergestellt werden. Der Personal Communication kommt dabei durchgängig ein stärkerer Einfluss als dem Voluntary Disclosure zu. Dies entspricht den Erwartungen und bestätigt die besondere Bedeutung der Personal Communication.

3. Auch gegenüber der Accounting Quality lässt sich ein stärkerer Einfluss der Personal Communication erkennen. Die Accounting Quality hat aber ihrerseits eine stärkere Wirkung als das Voluntary Disclosure, was sich darauf zurückführen lässt, dass sich die Informationen der Accounting Quality im Unterschied zu denen des Voluntary Disclosure nur sehr bedingt durch Personal Communication ersetzen lassen.

4. Für beide im Rahmen dieser Arbeit erstmalig vorgenommenen Erweiterungen der Regressionsmodelle ergeben sich in diesem Zusammenhang wesentliche Erkenntnisse. So ist zum einen zu bemerken, dass sowohl die Regressionskoeffizienten als auch die Erklärungskraft der Regressionsmodelle für die Betrachtung des industrieadjustierten Gewinnwachstums eine deutlich stärkere Ausprägung annehmen als dies bei einem einfachen Gewinnwachstum der Fall ist. Die auf diese Weise erzielte Erklärungskraft der Regressionsmodelle liegt damit im Übrigen deutlich über der vergleichbarer Untersuchungen.

Während bisherige Beiträge lediglich eine einfache Form des Gewinnwachstums verwenden, empfiehlt sich demnach für künftige Untersuchungen die Zugrundelegung eines industrieadjustierten Gewinnwachstums, um die Erklärungskraft der Ergebnisse zu steigern und denkbare Verzerrungen zu vermeiden.

5. Zum anderen erweist sich auch die Erweiterung der Regressionsmodelle um eine Berücksichtigung der Eigentümerstruktur als sinnvoll. Für den in diesem Rahmen erstmalig einbezogenen Anteilsbesitz durch den Unternehmensgründer bzw. seine Familienmitglieder und durch Manager ergibt sich der erwartete positive Einfluss sowie eine nochmalige Steigerung der Erklärungskraft der Regressionsmodelle.

Die Erkenntnisse einiger Studien, welche die Eigentümerstruktur als unabhängige Variable betrachten, erweisen sich demzufolge als sinnvoll zur Integration in die hier vorgenommene Betrachtung der freiwilligen unternehmenseigenen Transparenz. Wird die Eigentümerstruktur in dem hier gegebenen Kontext allerdings nicht in die Regressionen einbezogen, handelt es sich dabei um eine relevante nicht-berücksichtigte Variable (omitted variable). Diese kann im Ergebnis eine Verzerrung der Untersuchungsergebnisse hervorrufen.

6. Um das Zusammenwirken der unterschiedlichen Kommunikationsformen untersuchen zu können, wurde die gesamte Stichprobe auf Basis einer jeweiligen Kommunikations-form in zwei Teilstichproben mit einer hohen und einer geringen Ausprägung der betreffenden Kommunikationsform gruppiert.

7. Auf Basis der Accounting Quality zeigt sich entsprechend den Erwartungen, dass dem Voluntary Disclosure und der Personal Communication im Fall einer geringen Accounting Quality ein stärkerer Einfluss auf die Höhe der kapitalmarktorientierten Bewertung des betreffenden Unternehmens zukommt.

Insgesamt lassen die Ergebnisse darauf schließen, dass sich Personal Communication bei einer geringen Accounting Quality eines Unternehmens zwar besonders lohnt, ihr aber auch bei hoher Accounting Quality eine positive Wirkung zukommt. Voluntary Disclosure hingegen scheint in Gegenüberstellung mit der Personal Communication besonders geeignet, die Schwächen einer für externe Bilanzadressaten wenig aufschluss-reichen Qualität der Rechenwerke auszugleichen.

8. Auch auf Basis des Voluntary Disclosure lässt sich erwartungsgemäß ein stärkerer Einfluss der Accounting Quality und der Personal Communication erkennen, sofern das Voluntary Disclosure nur gering ausgeprägt ist.

Dies heißt zunächst, dass sich für ein kapitalmarktorientiertes Unternehmen sowohl eine hohe Qualität der Rechenwerke als auch eine intensive persönliche Kommunikation mit professionellen Kapitalmarktteilnehmern dann als besonders lohnenswert erweist, wenn das Unternehmen über das Voluntary Disclosure vergleichsweise wenige Informationen an den Kapitalmarkt übermittelt. Interessant ist aber auch die spiegelbildliche Schluss-folgerung: Stellt ein Unternehmen über ein hochwertiges Voluntary Disclosure vergleichsweise viele Informationen zur Verfügung, lassen sich durch eine hochwertige Accounting Quality und intensive Personal Communication nur geringere zusätzliche Effekte hinsichtlich einer Steigerung der Bewertung erzielen. Den einzelnen Kommuni-kationsformen kommt also demnach nicht ausschließlich eine komplementäre, sondern zumindest zum Teil auch eine substitutive Wirkung zu.

9. Im Unterschied zu den beiden vorangegangenen Betrachtungen lassen sich bei einer geringen Ausprägung der Personal Communication keine besonderen Effekte für die Accounting Quality und das Voluntary Disclosure beobachten. Vielmehr ergeben sich sowohl bei geringer als auch bei hoher Personal Communication nur schwache Wirkungszusammenhänge. Während sich dies nicht auf eine besondere Verteilung oder Korrelation der unabhängigen Variablen innerhalb der beiden Teilstichproben zurückführen lässt, deuten die Ergebnisse möglicherweise darauf hin, dass es sich bei der Personal Communication um eine unverzichtbare Bedingung für die Ausgestaltung der kapitalmarktorientierten Kommunikation handelt, ohne deren Erfüllung auch andere Kommunikationsformen nur eine geringe Wirkung entfalten können. Dies erscheint plausibel, da die persönliche Kommunikation im Rahmen mehrerer Befragungen von professionellen Kapitalmarktteilnehmern als wichtigste Kommunikationsform eingestuft wurde.

5.1.4. Erkenntnisse aus der Untersuchung der besonderen Wirkungsweisen freiwilliger unternehmenseigener Transparenz aufgrund von Eigenschaften der Geschäftstätigkeit

1. Zusätzlich zu der Betrachtung der grundsätzlichen Wirkungsweisen freiwilliger unternehmenseigener Transparenz sollten besondere Wirkungsweisen auf der Basis von bestimmten Eigenschaften der Geschäftstätigkeit untersucht werden. Dazu wurde der Frage nachgegangen, ob sich für manche Unternehmen hinsichtlich des untersuchten Einflusses auf die Höhe der kapitalmarktorientierten Bewertung besondere Vorteile oder Nachteile ergeben.

2. Die Analyse der besonderen Vorteile ergab erwartungsgemäß, dass der positive Einfluss des Voluntary Disclosure und der Personal Communication bei forschungsintensiven Unternehmen stärker zu beobachten ist. Freiwillige unternehmenseigene Transparenz lohnt sich also insbesondere für solche Unternehmen, bei denen den Rechenwerken aufgrund von hohen Aufwendungen für Forschung und Entwicklung eine vergleichsweise geringe Aussagekraft zukommt.

3. Dem Voluntary Disclosure kommt hier eine Kompensationsfunktion zu. So werden im Rahmen des Lageberichts etwa Informationen über immaterielle Vermögensgegenstände gegeben, die in den Rechenwerken aufgrund von Objektivierungserfordernissen geltender Rechnungslegungsvorgaben nicht ausreichend berücksichtigt werden. Auch erläuternde

sowie zukunftsbezogene Angaben sind in besonderem Maße hilfreich, da die Rechenwerke aufgrund ihrer geringeren Aussagekraft der Funktion als Basis für die Prognose
künftiger Periodenerfolge weniger nachkommen können und weniger Rückschlüsse über
künftige Entwicklungen erlauben.

4. Für die Personal Communication finden sich Anzeichen dafür, dass sich diese sowohl
für forschungsintensive als auch für weniger forschungsintensive Unternehmen lohnt,
während ihr jedoch bei forschungsintensiven Unternehmen bedingt durch die geringere
Aussagekraft der Rechenwerke und die daher erheblicheren Möglichkeiten zur
Verringerung kapitalmarktbezogener Informationsasymmetrien eine stärkere Wirkung
zukommt.

5. Für die Accounting Quality ergibt sich wie erwartet ein anderer Zusammenhang. Da
sich bei einer geringeren Aussagekraft der Rechenwerke forschungsintensiver Unternehmen die Möglichkeiten zur Informationsübermittlung durch Accounting Quality
vermindern, kann diese bei weniger forschungsintensiven Unternehmen eine stärkere
Wirkung entfalten.

6. Auch die aufgestellten Hypothesen zu den besonderen Nachteilen freiwilliger
unternehmenseigener Transparenz lassen sich in den empirischen Ergebnissen wiederfinden. So können insbesondere für Unternehmen mit geringerer Gesamtkapitalrendite
und geringerer Konkurrenzgefahr, denen also weniger Nachteile aus freiwilliger
Transparenz entstehen, die positiven Wirkungen freiwilliger Transparenz bestätigt
werden. Dies erstreckt sich insbesondere auf die Personal Communication, aber auch auf
das Voluntary Disclosure und die Accounting Quality.

7. Für Unternehmen mit höherer Konkurrenzgefahr lassen sich nur schwache Zusammenhänge erkennen. Dies bestätigen die angestellten theoretischen Überlegungen, wonach
sich für Unternehmen mit attraktiver Geschäftstätigkeit zusätzlich zu dem im
Rahmen dieser Untersuchung vornehmlich betrachteten Transparenzeffekt freiwilliger
unternehmenseigener Information und Kommunikation auch ein gegenläufiger
Konkurrenzeffekt ergibt. Dieser Effekt führt zu einer Verringerung der freiwilligen
unternehmenseigenen Transparenz bei einer höheren Bewertung des Unternehmens, und
zwar in dem Ausmaß, in dem Unternehmen mit attraktiver Geschäftstätigkeit auch am

Kapitalmarkt höher bewertet werden. Er ist die Konsequenz des Bemühens, ein Ausnutzen von Informationen durch Konkurrenzunternehmen zu vermeiden.

8. Beide Betrachtungen der besonderen Wirkungsweisen erweisen sich als hilfreich, um die kapitalmarktorientierten Wirkungen freiwilliger unternehmenseigener Transparenz über die grundsätzlichen Wirkungsweisen hinaus zu erklären. Eine solche Differenzierung erscheint dabei auch aus grundlegenden Erwägungen heraus sinnvoll, da nicht davon auszugehen war, dass die positiven Wirkungen freiwilliger unternehmenseigener Transparenz für alle Unternehmen in gleichem Ausmaß gegeben sind.

9. Vor diesem Hintergrund sind die Ergebnisse der hier erstmalig vorgenommenen Differenzierung der betrachteten Unternehmen anhand bestimmter Charakteristika der Geschäftstätigkeit von besonderer Bedeutung. Sie führen zu der Erkenntnis, dass die im Rahmen modelltheoretischer und agencytheoretischer Erwägungen gewonnenen allgemeinen Erkenntnisse, wonach freiwillige Transparenz eine höhere Bewertung und niedrigere Eigenkapitalkosten begünstigt, nicht für alle Unternehmen in gleichem Maße gelten, sondern besondere positive und negative Einflüsse darüber hinaus zu berücksichtigen sind.

5.1.5. Erkenntnisse aus den Untersuchungen zu der Robustheit der Regressionsergebnisse und aus den zusätzlich vorgenommenen Betrachtungen

1. Die dargestellten Ergebnisse für den untersuchten Wirkungszusammenhang zwischen der freiwilligen unternehmenseigenen Transparenz und der Höhe der kapitalmarktorientierten Bewertung sollten hinsichtlich ihrer Robustheit überprüft werden zu drei verschiedenen Festlegungen des Untersuchungsdesigns: der Operationalisierung der abhängigen Variablen sowie der Operationalisierung der unabhängigen Variablen in Form des Voluntary Disclosure und der Accounting Quality.

2. Zur Prüfung der Robustheit hinsichtlich der Operationalisierung der abhängigen Variablen wurden als alternative Indikatoren für die Höhe der kapitalmarktorientierten Bewertung neben dem in bisherigen Untersuchungen verwendeten industrieadjustierten Gewinn-Kurs-Verhältnis auch das industrieadjustierte Kurs-Gewinn-Verhältnis sowie ein industrieadjustiertes logarithmiertes Kurs-Gewinn-Verhältnis verwendet.

Die Ergebnisse dieser zusätzlichen Betrachtungen gehen einheitlich in dieselbe Richtung. Bei beiden alternativen Operationalisierungen ergeben sich keine nennenswerten Veränderungen auf Basis der durchgeführten Regressionen. Die dargestellten Ergebnisse erweisen sich somit als robust hinsichtlich alternativer industrieadjustierter Bewertungskennzahlen.

3. Auch hinsichtlich der Operationalisierung des Voluntary Disclosure wurde die Robustheit der Regressionsergebnisse anhand zweier alternativer Modellierungen überprüft. Während die Aggregation der Bewertungen einzelner Berichtselemente auf den mit Hilfe einer eigenen Befragung auf Basis der Konstant-Summen-Skala erhobenen Gewichtungen beruht, wurden die aggregierten Werte zum einen testweise auf Basis alternativer Gewichtungen berechnet, die auf Basis einer Likert-Skala vormals erhoben worden waren. Zum anderen wurden in die Berechnung des Voluntary Disclosure entgegen der sonst üblichen Betrachtung der Prognosen des ersten nachfolgenden Geschäftsjahres auch die Prognosen des zweiten nachfolgenden Geschäftsjahres versuchsweise zusätzlich einbezogen.

Für beide alternativen Operationalisierungen des Voluntary Disclosure ergaben sich keine wesentlichen Veränderungen hinsichtlich der maßgeblichen Regressionsergebnisse. Auch in dieser Hinsicht konnte also die Robustheit der Ergebnisse bestätigt werden.

4. Allerdings ließ sich auf Basis der Regressionsergebnisse keine Vorteilhaftigkeit der mit Hilfe der Konstant-Summen-Skala ermittelten Gewichtungen erkennen, was jedoch vor dem Hintergrund der simultanen Berücksichtigung des Voluntary Disclosure, der Accounting Quality und der Personal Communication sowie der vergleichsweise kleinen Stichprobe wohl nicht verwundert.

Obwohl ein zweijähriger Voluntary Disclosure Index zusätzlich zu den Bewertungen der Prognosen für das laufende Geschäftsjahr noch Bewertungen der Prognosen für das nachfolgende Geschäftsjahr beinhaltet, kommt ihm auf Basis der vorgefundenen Regressionsergebnisse keine größere Erklärungskraft zu. Dies lässt möglicherweise darauf schließen, dass der Kapitalmarkt den Prognosen für das nachfolgende Geschäftsjahr aufgrund der größeren Prognose-Unsicherheit eine geringere Bedeutung beimisst, oder, dass bestimmte Unternehmen – unabhängig von dem Ausmaß ihrer sonstigen freiwilligen unternehmenseigenen Transparenz – sich aufgrund ihrer Rahmenbedingungen und Abhängigkeiten von externen Faktoren weniger als andere Unternehmen dazu in der Lage sehen, eine mehrjährige Management Guidance abzugeben und der Kapitalmarkt diese Hintergründe anerkennt.

5. Für die Accounting Quality wurden ebenfalls mehrere Robustheitstests vorgenommen. Zum einen sollte eine Logarithmierung der berechneten Accounting Quality existierende Ausreißerwerte neutralisieren sowie die Einbeziehung einer einperiodigen Schätzung der Beschaffenheit der Periodenabgrenzungen eine Höher-Gewichtung des letzten Geschäftsjahres mit sich bringen. Hinsichtlich dieser beiden ersten alternativen Operationalisierungen erwiesen sich die Regressionsergebnisse als robust.

6. Darüber hinaus wurden die grundlegenden Bestandteile des Accounting Quality Index – also das mehrjährige durch Dechow/Sloan/Sweeney (1995) modifizierte Modell von Jones (1991) und das mehrjährige durch McNichols (2002) modifizierte Modell von Dechow/ Dichev (2002) – einer separaten Betrachtung unterzogen und jeweils getrennt voneinander den Regressionen zugrundegelegt. Zwar sind die Ergebnisse der übrigen unabhängigen Variablen auf Basis dieser alternativen Operationalisierung im Wesentlichen unverändert, die Regressionsergebnisse für die Accounting Quality erweisen sich allerdings in dieser Hinsicht als sensitiv, da signifikante Ausprägungen bei jedoch unveränderter Wirkungsrichtung verloren gehen.

7. Aufgrund der angestellten theoretischen Erwägungen kann dies allerdings nicht überraschen. So beinhalten selbst vergleichsweise komplexe Modelle zur Schätzung der Beschaffenheit der Periodenabgrenzungen notwendigerweise eine Vereinfachung der Realität. Durch die Konstruktion eines Accounting Quality Index nach dem Vorbild von Francis/Nanda/Olsson (2008) werden die verbleibenden Ungenauigkeiten einzelner Modelle eingeschränkt und eine genauere Messung der Accounting Quality dadurch ermöglicht.

Die Ergebnisse der zusätzlich vorgenommenen separaten Betrachtung der beiden in den Index einbezogenen Modelle können vor diesem Hintergrund die Sinnhaftigkeit einer aggregierten Vorgehensweise bestätigen.

8. Eine erste zusätzliche Betrachtung der vorliegenden Arbeit widmete sich der Prüfung einer möglichen Beeinflussung der Ergebnisse durch eine Endogenität der unabhängigen Variablen. In dem vorliegenden Kontext der Untersuchung des Einflusses freiwilliger unternehmenseigener Transparenz wird diese durch andere Untersuchungen vorrangig in

einer möglichen Self-Selection gesehen, da es sich bei den betrachteten Kommunikationsformen um solche Variablen handelt, die durch das Unternehmen nach freiem Ermessen
selber festgelegt werden können (choice variable). Eine solche Beeinflussung der
Ergebnisse erscheint grundsätzlich möglich, da eine Vornahme freiwilliger unternehmenseigener Transparenz vordergründig durch Unternehmen mit diesbezüglich positiven
Erwartungen zu einer Überschätzung des untersuchten Wirkungszusammenhangs führen
kann, sofern die erwarteten positiven Wirkungen anschließend auch eintreten. Sie war
dementsprechend zu kontrollieren.

9. Gegen die Verwendung von Instrumentvariablen in Kombination mit einem zweistufigen Schätzverfahren als häufig verwendete Vorgehensweise zum Ausschluss von
Endogenität spricht in dem vorliegenden Kontext, dass es hinsichtlich der simultanen
Betrachtung dreier unterschiedlicher Kommunikationsformen und der ihnen gegebenen
partiellen Gemeinsamkeiten und Verschiedenheiten nicht sinnvoll möglich ist, jeweilige
Instrumentvariablen zu verwenden, die zu den Kommunikationsformen hohe Korrelationen aufweisen sowie sich von den Instrumentvariablen anderer Kommunikationsformen
in erforderlichem Umfang unterscheiden. Dies wäre jedoch erforderlich, um die
Differenzierung zwischen den unabhängigen Variablen gewährleisten zu können.

10. Um jedoch trotz dieser Umstände eine Prüfung der Endogenität in dem gegebenen
Kontext vornehmen zu können, wurde im Rahmen der vorliegenden Untersuchung ein
alternativer Weg beschritten. Da eine Self-Selection insbesondere für solche Unternehmen
wahrscheinlich ist, denen aus freiwilliger unternehmenseigener Transparenz besondere
Vorteile erwachsen, wurden die Mittelwerte der Ausprägungen der unterschiedlichen
Kommunikationsformen für die forschungsintensiven und nicht-forschungsintensiven
Unternehmen einander gegenübergestellt und mit Hilfe eines t-Tests darauf aufbauend
verglichen. Während sich das Voluntary Disclosure und die Personal Communication für
forschungsintensive Unternehmen und die Accounting Quality für nicht-forschungs-
intensive Unternehmen als besonders vorteilhaft erwiesen haben, lassen die Ausprägungen
der Kommunikationsformen auf dieser Basis keine wesentlichen Unterschiede erkennen.
Dies kann als Indiz dafür dienen, dass einer möglichen Self-Selection im Rahmen der
vorliegenden Untersuchung kein erheblicher Einfluss zukommt und die Untersuchungsergebnisse dadurch falls überhaupt nur unwesentlich beeinträchtigt werden.

11. Mit Hilfe einer zweiten zusätzlichen Betrachtung der vorliegenden Arbeit sollte überprüft werden, ob sich die Notwendigkeit der simultanen Betrachtung der unterschiedlichen Kommunikationsformen anhand der gegebenen Stichprobe nachweisen lässt. Da einem Unternehmen zur Verringerung von Informationsasymmetrien mehrere Kommunikationsformen zur Verfügung stehen, ist die Betrachtung lediglich eines Instruments nämlich zunächst aus theoretischen Erwägungen heraus mit einer beschränkten Aussagekraft verbunden. Aufgrund der Nichtberücksichtigung von möglicherweise korrelierten Variablen kann sie zu systematischen Fehlern und darauf aufbauend zu fehlerhaften Schlussfolgerungen führen.

12. Die empirischen Ergebnisse dieser zusätzlichen Betrachtung können die theoretischen Erwartungen bestätigen. So führt eine ausschließliche Betrachtung des Voluntary Disclosure für die gegebene Stichprobe zu einer fehlerhaften Schlussfolgerung, da der Einfluss dieser Kommunikationsform als signifikant eingeschätzt wird, obwohl dies tatsächlich nicht der Fall ist.

Der vorgefundene Einfluss ergibt sich lediglich aus Korrelationen des Voluntary Disclosure mit relevanten nicht-berücksichtigten Variablen (omitted variables). So sind für die hier betrachteten Unternehmen das Voluntary Disclosure und die Personal Communication signifikant positiv miteinander korreliert, und auch zwischen dem Voluntary Disclosure und der Accounting Quality besteht ein positiver Zusammenhang.

13. Während im Rahmen dieser Arbeit erstmalig eine simultane Betrachtung aller drei wesentlichen relevanten Kommunikationsformen vorgenommen wurde, zeigen die hier vorgestellten Ergebnisse, dass nur eine solche Untersuchung auch verlässliche Erkenntnisse ermöglicht. Die hier gewählte Vorgehensweise wird daher auch für künftige Untersuchungen empfohlen.

5.2.   Fazit und Ausblick

Zu Beginn dieser Arbeit wurde bemerkt, dass bisherige Studien zu den fundamentalen kapitalmarktorientierten Wirkungsweisen der freiwilligen unternehmenseigenen Transparenz uneinheitliche Ergebnisse vorzuweisen haben und diesbezügliche Erkenntnisse demzufolge mit Einschränkungen behaftet sind. Drei verschiedene Umstände konnten identifiziert werden, die als Ursachen dafür in Frage kommen: (1) die separate Betrachtung einzelner relevanter Kommunikationsformen, (2) die unterschiedliche Zusammensetzung verwendeter Grundgesamtheiten in Verbindung mit fehlenden Kenntnissen über spezifische Wirkungszusammenhänge sowie (3) die differierende und bisweilen ungenaue Operationalisierung der abhängigen Variablen und der unabhängigen Variablen.[704] Diese möglichen Ursachen für uneinheitliche Ergebnisse bisheriger Untersuchungen wurden jeweils ausführlich im Rahmen dieser Arbeit behandelt.

So wurden zunächst zahlreiche Maßnahmen ergriffen, um die Messung der fundamentalen kapitalmarktorientierten Wirkung sowie die Erfassung des Voluntary Disclosure, der Accounting Quality und der Personal Communication zu verbessern. Dabei wurden in einem ersten Schritt jeweils in Frage kommende alternative Operationalisierungen vorgestellt und hinsichtlich ihrer Vorteile und Nachteile miteinander verglichen. Auf dieser Basis wurden jeweils besonders aussagekräftige und zuverlässige Indikatoren ausgewählt und zum Teil auch bestehende Vorschläge erweitert bzw. neue Vorschläge entwickelt.

Während künftige Untersuchungen möglicherweise auf die in diesem Rahmen gewonnenen Erkenntnisse zurückgreifen können, wurde deutlich, dass insbesondere hinsichtlich der Operationalisierung der Personal Communication erst wenige Kenntnisse bestehen. So erwies sich im Hinblick auf eine diesbezügliche Quantifizierung die einzige bislang wiederholt vorgenommene Betrachtung der Conference Calls aus mehreren empirischen und theoretischen Gesichtspunkten heraus als nicht sinnvoll. Auch wurden zur Quantifizierung der persönlichen Kommunikation bis zu diesem Zeitpunkt erst wenige Bemühungen unternommen.

Verantwortlich für die erst wenigen Kenntnisse und zugrundeliegenden Versuche zur Operationalisierung der Personal Communication ist dabei im Übrigen vermutlich der Umstand, dass die Personal Communication bislang häufig nicht als eigenständige Kommunikationsform identifiziert wurde, sondern vielmehr als ein möglicher Indikator für das Voluntary Disclosure gesehen wird.[705]

Maßgeblich für künftige Versuche, das Ausmaß der Personal Communication zu quantifizieren, sollte nach der hier gewonnenen Einsicht die Erkenntnis sein, dass eine solche Quantifizierung der mit ihrer Hilfe untersuchten kapitalmarktorientierten Wirkungsweise entsprechen sollte. Da nämlich für unterschiedliche kapitalmarktbezogene Wirkungen zum Teil auch unterschiedliche Personengruppen primär verantwortlich sind, ermöglicht nur eine solche Vorgehensweise konsistente Ergebnisse. So wurde für die hier relevante

---

[704] Vgl. Kapitel 1.2.
[705] Vgl. Tasker (1998), S. 137; Botosan/Plumlee (2002), S. 29 f.; Francis/Nanda/Olsson (2008), S. 91 ff.

kapitalmarktorientierte Bewertung eines Unternehmens explizit die Kommunikation mit institutionellen Investoren betrachtet, da diesen aufgrund der durch sie letztlich vorgenommenen Kauf- und Verkaufentscheidungen hinsichtlich erheblicher verwalteter Anlagevolumina ein hoher Einfluss auf die Bewertung der Aktien zukommt.[706] Gilt es jedoch anderenfalls den Einfluss der Personal Communication auf die häufig betrachteten Eigenschaften von Analystenprognosen zu untersuchen,[707] müsste entsprechend die Kommunikation gegenüber Aktienanalysten gemessen werden.

Da darüber hinaus als bedeutende Ursache für uneinheitliche Ergebnisse bisheriger Untersuchungen die separate Betrachtung einzelner relevanter Kommunikationsformen identifiziert wurde, galt es im Rahmen dieser Arbeit, erstmalig alle drei durch die empirische Literatur betrachteten Kommunikationsformen einer simultanen Untersuchung zu unterziehen. Sollen im Unterschied zu einer Analyse der gesamten Investor Relations einzelne Kommunikationsformen betrachtet werden, ermöglicht nur eine solche simultane Vorgehensweise – aufgrund anderweitiger nicht-berücksichtigter relevanter Variablen (omitted variables) – aussagekräftige Ergebnisse.[708]

Die Notwendigkeit zu einer solchen differenzierten Untersuchung einzelner Kommunikationsformen wurde erst kürzlich durch namhafte Autoren zum Ausdruck gebracht. So fordern Francis/Nanda/Olsson (2008): „We therefore believe the sensitivity of results to differences in the proxy for voluntary disclosure indicates that more work is needed to understand the nature, sources, and implications of differences among forms of voluntary disclosure."[709] Während sie allerdings in diesem Kontext unterschiedliche Kommunikationsformen freiwilliger unternehmenseigener Transparenz noch nicht als solche auch begreifen, sondern lediglich als unterschiedliche Indikatoren des Voluntary Disclosure ansehen,[710] wird die zugrundeliegende Problematik bereits deutlich zum Ausdruck

---

[706] Vgl. etwa Wichels (2002), S. 17 und Günther/Otterbein (1996), S. 401. Empirische Nachweise dafür, dass sich das Ausmaß der von institutionellen Investoren gehaltenen Kapitalanteile positiv auf die Bewertung eines Unternehmens auswirkt, erbringen Sias/Starks/Titman (2006); Gibson/Safieddine (2003); Gompers/Metrick (2001); Wermers (1999); Nofsinger/Sias (1999).

[707] Vgl. hinsichtlich der Betrachtung von Eigenschaften der Analystenprognosen etwa Hassell/Jennings/Lasser (1988); Lang/Lundholm (1996); Francis/Hanna/Philbrick (1997); Barron/Kile/O'Keefe (1999); Bowen/Davis/Matsumoto (2002); Hope (2003a); Vanstraelen/Zarzeski/Robb (2003); Hutton (2005); Jones (2007) sowie für den deutschen Kapitalmarkt Baetge/Glaum/Grothe/Oberdörster (2008) und Oberdörster (2009).

[708] Vgl. Botosan/Plumlee (2002), S. 21; Gietzmann/Trombetta (2003), S. 200; Espinosa/Trombetta (2007), S. 1389.

[709] Francis/Nanda/Olsson (2008), S. 94.

[710] Vgl. dazu die vollständigen Darstellungen von Francis/Nanda/Olsson (2008), S. 94-95.

gebracht. Sie fragen weiter: „Does the medium of communication (written in a 10-K[711] versus spoken in a conference call) matter? Are different forms of voluntary disclosure designed to achieve different goals?"[712]

Diesen und ähnlichen Fragestellungen wurde im Rahmen der vorliegenden Arbeit nachgegangen. So wurden das Voluntary Disclosure, die Accounting Quality und die Personal Communication zunächst als eigenständige Kommunikationsformen innerhalb der Investor Relations identifiziert. Im Rahmen einer erstmaligen simultanen Betrachtung ihrer fundamentalen kapitalmarktorientierten Wirkungen wurde dann der einfache Einfluss, der unterschiedliche Einfluss sowie das Zusammenwirken der Kommunikationsformen betrachtet. Auf diese Weise wurden also nicht nur erstmalig zuverlässige Ergebnisse hinsichtlich der Wirkungsweisen einzelner Kommunikationsformen generiert, sondern darüber hinaus interessante Erkenntnisse zu bestehenden Unterschieden in der Stärke der Wirkungszusammenhänge sowie aufschlussreiche Einblicke bezüglich des Zusammenwirkens einzelner Kommunikationsformen erzielt.

Dabei stellte sich heraus, dass die Personal Communication hinsichtlich der fundamentalen kapitalmarktorientierten Zielsetzungen freiwilliger unternehmenseigener Transparenz als die bedeutendste Kommunikationsform anzusehen ist und darüber hinaus auch der Accounting Quality eine gewisse Bedeutung zukommt. Für das Voluntary Disclosure kann hingegen eine Kompensationsfunktion bestätigt werden, die besonders bei geringer Accounting Quality und – durch hohe Aufwendungen für Forschung und Entwicklung bedingter – geringer Aussagekraft der Rechenwerke von Bedeutung ist.

Damit konnte auch im Übrigen der positive Einfluss der Personal Communication auf die fundamentalen kapitalmarktorientierten Wirkungen erstmalig nachgewiesen werden. Dies ist vor allem deshalb bemerkenswert, weil es sich bei der Personal Communication aufgrund theoretischer und empirischer Erkenntnisse um eine Kommunikationsform von besonderer Bedeutung handelt.

Warum jedoch konnten trotz dieses Umstands die fundamentalen kapitalmarktorientierten Wirkungen für die persönliche Kommunikation bislang nicht nachgewiesen werden? Die Gründe dafür sind zunächst in der bisherigen relativen Vernachlässigung dieser Kommunikationsform zu sehen und ergeben sich zudem aus den bisherigen Operatio-

---

[711] Dieses gegenüber der amerikanischen Börsenaufsicht einzureichende und zu veröffentlichende Dokument enthält zahlreiche Informationen, die deutsche Unternehmen im Rahmen des Geschäftsberichts an den Kapitalmarkt übermitteln.

[712] Francis/Nanda/Olsson (2008), S. 95.

nalisierungen der Personal Communication. Während nämlich die Verwendung der Anzahl abgehaltener Conference Calls aus mehreren Gründen als Indikator ungeeignet ist, ergeben sich für die Verwendung eines Ratings durch Befragung der Adressaten der Kapitalmarktkommunikation ebenfalls mehrere Kritikpunkte, die im Ergebnis eine Ungenauigkeit der Messung der Personal Communication mit sich bringen können.[713]

Neuartige Einblicke ergeben sich weiterhin im Hinblick auf den hier zugrundegelegten deutschen Kapitalmarkt, für den hinsichtlich der einzelnen Kommunikationsformen freiwilliger unternehmenseigener Transparenz das Voluntary Disclosure – zumal anhand einer besonderen Fragestellung – bislang erst einmalig und die Accounting Quality sowie die Personal Communication bisher noch nicht untersucht wurden.

Eine weitere bedeutende Ursache für uneinheitliche Ergebnisse bisheriger Untersuchungen wurde darin gesehen, dass besondere Wirkungsweisen aufgrund bestimmter Charakteristika kapitalmarktorientierter Unternehmen bestehen, vor deren Hintergrund die Ergebnisse einzelner Untersuchungen im Hinblick auf die diesbezügliche Zusammensetzung einer zugrundeliegenden Grundgesamtheit zweckmäßigerweise eingeordnet werden müssten. Aus dieser Fragestellung ergab sich ein weiterer Schwerpunkt für die vorliegende Arbeit, der darin bestand, ebenfalls erstmalig besondere Wirkungsweisen der betrachteten freiwilligen unternehmenseigenen Transparenz zu untersuchen.
Die vorgefundenen Ergebnisse können vor diesem Hintergrund bestätigen, dass über die bislang ausschließlich betrachteten allgemeinen Wirkungsweisen hinaus auch besondere Wirkungsweisen in Form von besonderen Vorteilen und besonderen Nachteilen hinsichtlich der fundamentalen kapitalmarktorientierten Wirkungen freiwilliger unternehmenseigener Transparenz bestehen. Während diese Erkenntnis zunächst neuartige interessante Einblicke zur Folge hat, sind die Ergebnisse bisheriger undifferenzierter Untersuchungen vor diesem Hintergrund neu zu werten. Möglicherweise war ein hoher Anteil solcher Unternehmen mit intensiver Forschungstätigkeit oder ausgeprägter Konkurrenzgefahr – als relevante Charakteristika der Geschäftstätigkeit – innerhalb der zugrundegelegten Grundgesamtheit für einen besonderen Ausfall der Ergebnisse verantwortlich.

---

[713] Siehe hinsichtlich dieser beiden Operationalisierungen und des mit ihrer Hilfe nicht gelungenen Nachweises der Wirkungen der Personal Communication Francis/Nanda/Olsson (2008), S. 93 f. sowie Botosan/Plumlee (2002), S. 34 und 36.

Sowohl die simultane Betrachtung einzelner Kommunikationsformen als auch die Analyse besonderer Wirkungsweisen eröffnet damit neue Dimensionen hinsichtlich der Erkenntnisse zu den fundamentalen kapitalmarktorientierten Wirkung freiwilliger unternehmenseigener Transparenz.

Dies wurde im Übrigen begünstigt durch die hier gewählte Verwendung des industrieadjustierten Gewinn-Kurs-Verhältnisses gegenüber den in bisherigen Untersuchungen mehrheitlich favorisierten impliziten Eigenkapitalkosten. Während solche Untersuchungen nämlich erhebliche Ressourcen auf denkbare Alternativen der Berechnung der impliziten Eigenkapitalkosten verwenden, begünstigt die technisch einfachere, aber im gegebenen Regressionskontext nicht weniger genaue, Berücksichtigung des industrieadjustierten Gewinn-Kurs-Verhältnisses eine weitergehende Betrachtung unterschiedlicher Kommunikationsformen sowie besonderer Wirkungsweisen.

Während vor diesen Hintergründen zahlreiche interessante Einblicke gewonnen wurden, ist es allerdings üblich, auch auf mögliche Beschränkungen der Untersuchungsergebnisse hinzuweisen. So wurden die Erkenntnisse der hier vorliegenden Arbeit gewonnen auf Basis einer vergleichsweise kleinen Stichprobe,[714] bei ausschließlicher Betrachtung des deutschen Kapitalmarktes sowie unter Einbeziehung eines einzelnen Kalenderjahres. Die auf diese Weise gewonnenen Erkenntnisse sind also nicht uneingeschränkt auf andere Kapitalmärkte und Zeiträume zu übertragen.[715]

In dem Zusammenhang könnte es für künftige Forschungsarbeiten von Interesse sein, eine simultane Betrachtung unterschiedlicher Kommunikationsformen auch für andere Kapitalmärkte durchzuführen. So ließe sich untersuchen, ob den betrachteten Kommunikationsformen auf unterschiedlichen Kapitalmärkten eine vergleichbare oder aber differierende Wirkung zukommt. Zwar geben die internationalen Verflechtungen der Kapitalmärkte und vergleichbare Gepflogenheiten hinsichtlich der Kapitalmarktkommunikation börsennotierter Unternehmen Anlass zu der Vermutung, dass die dargestellten Effekte auch in anderen Ländern ähnlich zu beobachten sind, allerdings erscheint es ebenso

---

[714] Aus der Betrachtung des deutschen Kapitalmarktes ergibt sich zwangsweise eine solche Stichprobengröße. Soll eine größere Stichprobe unter Ausschluss von Einflüssen durch unterschiedliche Rechtssysteme oder Börsenplätze erreicht werden, ist die Betrachtung anderer nationaler Kapitalmärkte erforderlich.

[715] Vgl. in dieser Hinsicht etwa Hail (2002), S. 766.

vorstellbar, dass bestehende Einflüsse unterschiedlicher Rechtssysteme oder Börsenplätze sich auch auf die untersuchten Wirkungszusammenhänge auswirken.[716] Über die Betrachtung verschiedener Kapitalmärkte hinaus könnte möglicherweise auch eine Untersuchung unterschiedlicher Zeiträume interessante Erkenntnisse ermöglichen. So erscheint es denkbar, dass der Kapitalmarkt das Ausmaß einer freiwilligen unternehmenseigenen Transparenz zu verschiedenen Zeitpunkten unterschiedlich honoriert, wenn etwa die Rahmenbedingungen durch ein positives oder negatives Kapitalmarktumfeld geprägt sind.

Da die vorliegende Arbeit bezüglich der simultanen Betrachtung unterschiedlicher Kommunikationsformen freiwilliger unternehmenseigener Transparenz und hinsichtlich der Betrachtung besonderer Wirkungsweisen aufgrund bestimmter Charakteristika der Geschäftstätigkeit zugrundeliegender Unternehmen neue Arbeitsfelder angestoßen hat, ergeben sich auch aus diesem Umstand heraus mögliche Betätigungen für künftige Forschungsarbeiten.

So ließen sich im Hinblick auf die relative Bedeutung der betrachteten Kommunikationsformen zueinander und bezüglich ihres Zusammenwirkens mögliche Unterschiede in Abhängigkeit von unternehmensspezifischen Rahmenbedingungen untersuchen. Weiterhin erscheint es vorstellbar, dass über die hier identifizierten relevanten Charakteristika der Geschäftstätigkeit hinaus weitere Konstellationen bestehen, die auf die betrachteten fundamentalen kapitalmarktorientierten Wirkungen freiwilliger unternehmenseigener Transparenz zusätzlich Einfluss nehmen.

Interessante Einblicke in die Wirkungsweisen der Information und Kommunikation eines börsennotierten Unternehmens gegenüber dem Kapitalmarkt könnte in Zukunft aber auch ein möglicher neuartiger Bereich kapitalmarktbezogener Forschung hervorbringen. Neben der Verminderung von Informationsasymmetrien ist nämlich aus agencytheoretischer Perspektive auch der Aufbau und Erhalt von Reputation und Vertrauen für die Steigerung der kapitalmarktorientierten Bewertung sowie die Verringerung der Eigenkapitalkosten von wesentlicher Bedeutung.[717] Eine mögliche Erweiterung modelltheoretischer Betrachtungen über die bisherige Fokussierung bestehender Informationsasymmetrien hinaus hinsichtlich einer Modellie-

---

[716] Vgl. hinsichtlich empirischer Erkenntnisse zu den Einflüssen unterschiedlicher Rechtssysteme oder Börsenplätze Daske/Hail/Leuz/Verdi (2008); Hail/Leuz (2006); Bushman/Piotroski (2006); Bushman/ Piotroski/Smith (2003); Hope (2003c) oder Baginski/Hassel/Kimbrough (2002).
[717] Vgl. Siersleben (1999), S. 37 f., 70 ff. und 125 ff.

rung von Reputation und Vertrauen wurde in diesem Zusammenhang bereits erwähnt. Auch aus empirischer Sicht erscheint es weiterhin vielversprechend, den Einfluss von Reputation und Vertrauen auf die Höhe der kapitalmarktorientierten Bewertung und auf das Niveau der Eigenkapitalkosten zu untersuchen und entsprechende Auswirkungen eines Reputations- oder Vertrauensverlustes dem gegenüberzustellen.[718] Reputation und Vertrauen werden ihrerseits durch freiwillige unternehmenseigene Transparenz begünstigt.[719] Empirisch interessante Fragestellungen ergeben sich schließlich auch aus diesem Zusammenhang, so etwa die Betrachtung unterschiedlicher Eigenschaften der freiwilligen unternehmenseigenen Transparenz eines kapitalmarktorientierten Unternehmens im Hinblick auf ihre Bedeutung für den Aufbau und Erhalt von Reputation und Vertrauen.[720]

Insgesamt lässt sich vor diesen unterschiedlichen Hintergründen konstatieren, dass hinsichtlich der fundamentalen kapitalmarktorientierten Wirkungen freiwilliger unternehmenseigener Transparenz bis zu diesem Zeitpunkt zwar bereits mehrere interessante Einblicke gewonnen wurden, dass aber andererseits künftige Arbeiten in vergleichbar großem oder noch erheblicherem Umfang zu einem umfassenden und abgesicherten Verständnis der zugrundeliegenden Wirkungsweisen verhelfen können.

Die vorliegende simultane empirische Untersuchung von fundamentalen Kapitalmarkteffekten durch unterschiedliche Kommunikationsformen zur Herstellung freiwilliger unternehmenseigener Transparenz wurde darauf ausgerichtet, dazu einen Beitrag zu erbringen.

---

[718] Empirische Untersuchungen zu dem Einfluss von Reputation und Vertrauen auf fundamentale kapitalmarktorientierte Zielsetzungen wurden bislang nicht vorgenommen. Allerdings gehen einige Beiträge in diese Richtung. So betrachten etwa Venkataraman (2008), Hirst/Jackson/Koonce (2003), Tan/Libby/Hunton (2002) sowie Williams (1996) wie sich die Ex-Post-Genauigkeit von früheren Prognosen des Managements auf Reputation und Vertrauen auswirken. Darüber hinaus können Ng/Tuna/Verdi (2006) zeigen, dass Aktienkurse solcher Unternehmen sensibler auf unternehmenseigene Prognosen reagieren, deren Prognosen in der Vergangenheit eine höhere Ex-Post-Genauigkeit vorzuweisen hatten.

[719] Vgl. Pulham (2005), S. 69; Drill (1995), S. 57.

[720] Grundsätzliche Auswirkungen von freiwilliger unternehmenseigener Transparenz auf die Reputation eines Unternehmens werden erstmalig analysiert durch Espinosa/Trombetta (2004).

Anhang

Anhang 1:   Online-Fragebogen zur Ermittlung der Gewichtungen innerhalb des Voluntary Disclosure Index

Westfälische
Wilhelms-Universität
Münster

Institut für
Unternehmensrechnung
und -besteuerung

Vielen Dank für Ihre Bereitschaft zur Teilnahme an dieser Befragung!

Die Ergebnisse dieser Befragung sind ganz entscheidend für eine empirische Untersuchung der Transparenzeffekte kapitalmarktorientierter Unternehmen infolge freiwilliger wertorientierter Berichterstattung (Value Reporting).

Die nachfolgenden Fragen konzentrieren sich dazu auf einzelne Elemente einer freiwilligen wertorientierten Berichterstattung und auf die Bedeutung dieser Angaben für Finanzanalysten, Asset Manager und andere Kapitalmarktexperten.

Betrachtet werden Angaben kapitalmarktorientierter Unternehmen, die zukünftige Free Cashflows und die durchschnittlichen gewichteten Kapitalkosten eines Unternehmens (WACC) betreffen und damit eine externe Unternehmensbewertung auf Basis der Free Cashflow-Methode ermöglichen.

Sind Sie an den Ergebnissen dieser Befragung interessiert, lassen Sie uns dies am Ende des Fragebogens bitte wissen.

**Westfälische
Wilhelms-Universität
Münster**

Institut für
Unternehmensrechnung
und -besteuerung

Berichterstattung eines Unternehmens hinsichtlich zukünftiger Free Cashflows

Frage 1:

Wie wichtig sind Ihnen Angaben des Managements eines Unternehmens zu der voraussichtlichen Entwicklung von **Umsatz** und **Ergebnis** sowie zu dem geplanten **Investitionsvolumen** im Verhältnis zueinander?

*Bitte drücken Sie die Bedeutung der Angaben für Ihre Analysen in Prozent aus, so dass sich die einzelnen Angaben insgesamt zu **100 %** aufaddieren:*

Angaben zu der voraussichtlichen Entwicklung des **Umsatzes** ⌐ %

Angaben zu der voraussichtlichen Entwicklung des **Ergebnisses** ⌐ %

Angaben zum geplanten **Investitionsvolumen** ⌐ %

Westfälische
Wilhelms-Universität
Münster

Institut für
Unternehmensrechnung
und -besteuerung

Berichterstattung eines Unternehmens hinsichtlich der durchschnittlichen gewichteten Kapitalkosten (WACC)

Frage 2:

Wie wichtig sind Ihnen Angaben des Managements eines Unternehmens zu der voraussichtlichen Entwicklung der **Kapitalstruktur**, zu den **Eigenkapitalkosten** und den **Fremdkapitalkosten** im Verhältnis zueinander?

Bitte drücken Sie die Bedeutung der Angaben für Ihre Analysen in Prozent aus, so dass sich die Unterpunkte insgesamt zu 100 % aufaddieren:

Angaben zu der voraussichtlichen Entwicklung der
Kapitalstruktur   %

Angaben zu den **Eigenkapitalkosten**   %

Angaben zu den **Fremdkapitalkosten**   %

**Westfälische
Wilhelms-Universität
Münster**

Institut für
Unternehmensrechnung
und -besteuerung

Vorbemerkung zu Frage 3:

Darüber hinaus sind Angaben des Managements eines Unternehmens zu der voraussichtlichen Entwicklung der **Steuerquote** zu betrachten.

Da solche Angaben sowohl den Free Cashflow als auch den WACC betreffen, erfolgt die Einschätzung der Bedeutung dieser Angaben durch eine Gegenüberstellung mit den gesamten Angaben zum **Free Cashflow** (voraussichtliche Entwicklung von Umsatz und Ergebnis sowie geplantes Investitionsvolumen) und den gesamten Angaben zum **WACC** (voraussichtliche Entwicklung der Kapitalstruktur sowie Angaben zu den Eigenkapitalkosten und zu den Fremdkapitalkosten).

**Westfälische
Wilhelms-Universität
Münster**

Institut für
Unternehmensrechnung
und -besteuerung

Frage 3:

Wie wichtig sind Ihnen die gesamten Angaben zum **Free Cashflow**, die gesamten
Angaben zum **WACC** und die Angaben zu der voraussichtlichen Entwicklung der
Steuerquote im Verhältnis zueinander?

Berücksichtigen Sie bitte, dass Sie mit den gesamten Angaben zum **Free Cashflow** und
den gesamten Angaben zum **WACC** ein Paket von jeweils drei unterschiedlichen
Angaben einer einzigen Angabe gegenüberstellen.

*Bitte drücken Sie die Bedeutung der Angaben für Ihre Analysen wieder in Prozent aus, so
dass sich die Unterpunkte insgesamt zu **100 %** aufaddieren:*

Gesamte Angaben zum **Free Cashflow** (voraussichtliche Entwicklung von
Umsatz und Ergebnis sowie geplantes Investitionsvolumen) | %

Gesamte Angaben zum **WACC** (voraussichtliche Entwicklung der
Kapitalstruktur sowie Angaben zu den Eigenkapitalkosten und zu den
Fremdkapitalkosten) | %

Angaben zu der voraussichtlichen Entwicklung der **Steuerquote** | %

**Westfälische
Wilhelms-Universität
Münster**

Institut für
Unternehmensrechnung
und -besteuerung

Vorbemerkung zu Frage 4:

Nachfolgend gilt es zwischen unterschiedlichen Genauigkeitsgraden der genannten Angaben zu unterscheiden. So sind die Angaben denkbar in Form einer qualitativen Aussage, einer Trend-Aussage, einer Intervall-Schätzung oder einer Punkt-Schätzung.

Beispiele:

Qualitative Aussage: Das Management erwartet im laufenden Geschäftsjahr eine zufrieden stellende Umsatzentwicklung.

Trend-Aussage: Das Management erwartet im laufenden Geschäftsjahr eine Steigerung des Umsatzes im Vergleich zum abgelaufenen Geschäftsjahr.

Intervall-Schätzung: Das Management erwartet im laufenden Geschäftsjahr einen Umsatz zwischen EUR 550 Mio. und 600 Mio.

Punkt-Schätzung: Das Management erwartet im laufenden Geschäftsjahr einen Umsatz von EUR 575 Mio.

Westfälische
Wilhelms-Universität
Münster

Institut für
Unternehmensrechnung
und -besteuerung

Frage 4:

Wie wichtig sind Ihnen die unterschiedlichen **Genauigkeitsgrade** der genannten Angaben des Managements?

Die nachfolgende Anordnung der Genauigkeitsgrade muss dabei **nicht** Ihre Einschätzung der Bedeutung widerspiegeln!

Bitte drücken Sie die Bedeutung der Genauigkeitsgrade für Ihre Analysen in Prozent aus,
*so dass sich die Unterpunkte insgesamt zu **100 %** aufaddieren:*

Angaben in Form einer **qualitativen Aussage** | %

Angaben in Form einer **Trend-Aussage** | %

Angaben in Form einer **Intervall-Schätzung** | %

Angaben in Form einer **Punkt-Schätzung** | %

**Westfälische
Wilhelms-Universität
Münster**

Institut für
Unternehmensrechnung
und -besteuerung

Vorbemerkung zu Frage 5:

Über eine solche Quantifizierung der genannten Angaben hinaus ist möglicherweise eine ergänzende Erläuterung durch das Management eines Unternehmens – hinsichtlich wesentlicher Annahmen und Bedingungen für die Quantifizierung – im Rahmen Ihrer Analysen relevant.

Auch eine Segmentierung der genannten Angaben durch das Management ist über die Quantifizierung und Erläuterung hinaus möglicherweise für Ihre Analysen relevant.

Beispiele:

Ergänzende Erläuterung: Die Erwartung des Managements zu der Umsatzentwicklung des laufenden Geschäftsjahres basiert auf der für den September geplanten Marktreife der neuen Produktserie.

Segmentierung: Der durch das Management erwartete Umsatz für das laufende Geschäftsjahr verteilt sich auf die Segmente A (50%), B (30%) und C (20%).

**Westfälische
Wilhelms-Universität
Münster**

Institut für
Unternehmensrechnung
und -besteuerung

Frage 5:

Wie wichtig ist Ihnen hinsichtlich der genannten Angaben eine **Quantifizierung** (qualitative Aussage, Trend-Aussage, Intervall-Schätzung und Punkt-Schätzung) im Verhältnis zu einer **ergänzenden Erläuterung** und einer **Segmentierung** dieser Angaben?

*Bitte drücken Sie die Bedeutung der Quantifizierung, der ergänzenden Erläuterungen sowie der Segmentierung für Ihre Analysen in Prozent aus, so dass sich die Unterpunkte insgesamt zu **100 %** aufaddieren:*

Angaben hinsichtlich der **Quantifizierung** (qualitative Aussage, Trend-Aussage, Intervall-Schätzung und Punkt-Schätzung) ⌐ %

Angaben hinsichtlich **ergänzender Erläuterungen** ⌐ %

Angaben hinsichtlich der **Segmentierung** ⌐ %

**Westfälische
Wilhelms-Universität
Münster**

Institut für
Unternehmensrechnung
und -besteuerung

Abschließend möchten wir Sie gerne nach einigen tätigkeitsbezogenen Kriterien fragen. Wenn Sie diese Fragen nicht beantworten möchten, lassen Sie die Felder bitte frei.

Arbeiten Sie auf der Sell-Side, der Buy-Side oder im Asset Management?

☐ Sell-Side ☐ Buy-Side ☐ Asset Management ☐ Andere Tätigkeit

Über wie viele Jahre diesbezüglicher Berufserfahrung verfügen Sie?

☐ Jahr(e)

**Westfälische
Wilhelms-Universität
Münster**

Institut für
Unternehmensrechnung
und -besteuerung

Welche Branchen gehören zu Ihrer Coverage?

☐	Automobile	☐	Insurance
☐	Banks	☐	Media
☐	Basic Resources	☐	Pharma & Healthcare
☐	Chemicals	☐	Retail
☐	Construction	☐	Software
☐	Consumer	☐	Technology
☐	Financial Services	☐	Telecommunication
☐	Food & Beverages	☐	Transportation & Logistics
☐	Industrial	☐	Utilities
☐	Branchenübergreifende Coverage		

Wie viele Unternehmen haben Sie insgesamt in Ihrer Coverage?

☐   Unternehmen

**Westfälische
Wilhelms-Universität
Münster**

Institut für
Unternehmensrechnung
und -besteuerung

**Vielen herzlichen Dank für Ihre Teilnahme an der Befragung!
Gerne senden wir Ihnen nach erfolgter Auswertung die Ergebnisse.**

Sind Sie daran interessiert?

☐ Ja   ☐   Nein

Falls ja, nennen Sie uns bitte nachfolgend Ihren Namen und Ihre Email-Adresse.

Alternativ können Sie die Untersuchungsergebnisse zur Wahrung der Anonymität auch gerne anhand der auf der nachfolgenden Seite aufgeführten Kontaktdaten getrennt anfordern.

Name ☐

Vorname ☐

Email-
Adresse ☐

**Westfälische
Wilhelms-Universität
Münster**

Institut für
Unternehmensrechnung
und -besteuerung

**Zur Versendung des Fragebogens sowie bei Rückfragen Ihrerseits an Herrn
Joachim Lammert nutzen Sie bitte gerne die folgenden Kontaktmöglichkeiten:**

Westfälische Wilhelms-Universität Münster

Institut für Unternehmensrechnung und -besteuerung

Universitätsstr. 14-16

48143 Münster

Tel.: 0251-83-21915

Fax: 0251-83-21824

E-Mail: Joachim.Lammert@wiwi.uni-muenster.de

Anhang 2:   Email-Fragebogen zur Quantifizierung der Personal Communication

Sehr geehrter Herr Mustermann,

die Universität Münster führt ein **Forschungsprojekt zu den Transparenzeffekten der Kapitalmarktkommunikation** deutscher Unternehmen durch.

Wir möchten Sie als **Investor-Relations-Verantwortlichen** eines etablierten deutschen Unternehmens darum bitten, uns bis zum 05.11.2008 **drei Fragen** zu beantworten, um dieses Forschungsprojekt ganz wesentlich zu unterstützen.

Die Fragen beziehen sich ausschließlich auf die **Kommunikation hinsichtlich des Eigenkapitals** bzw. der Aktien Ihres Unternehmens. Die Kommunikation hinsichtlich Ihres Fremdkapitals soll <u>nicht</u> einbezogen werden.

Für die Qualität der Ergebnisse unserer Studie ist es wichtig, möglichst genaue Angaben von Ihnen zu erhalten. Sie sollten die Fragen daher idealerweise auf Basis Ihrer Aufzeichnungen (z.B. Protokolle oder Terminkalender) beantworten.

(1) Wie viele Mitarbeiter der Investor Relations Ihres Unternehmens standen durchschnittlich vom 01.01.2007 bis zum 31.12.2007 in persönlichem Kontakt gegen-über Analysten und anderen professionellen Kapitalmarktteilnehmern?

(Mitarbeiter Ihrer Abteilung, die unterstützend tätig sind, aber nicht in persönlichem Kontakt stehen, sollen nicht in diese Angabe einbezogen werden. Hat sich die Anzahl Ihrer verantwortlichen Mitarbeiter im genannten Zeitraum geändert, können Sie auch ungerade Angaben machen: z.B. 2,5 Mitarbeiter.)

(2) Wie viele Telefon- und Präsenz-Konferenzen (Conference Calls und Analysten-konferenzen) haben Sie durch die Investor Relations Ihres Unternehmens mit Analysten und anderen professionellen Kapitalmarktteilnehmern vom 01.01.2007 bis zum 31.12.2007 durchgeführt?

(a) Wie viele davon waren es anlässlich regulärer Ergebnis-Veröffentlichungen?

(b) Wie viele davon waren es anlässlich außerordentlicher Umstände, wie z. B. getätigte M & A-Transaktionen?

(3) Wie viele persönliche Gespräche (One-on-Ones oder Roundtables; <u>keine</u> Telefonate) haben Sie durch die Investor Relations Ihres Unternehmens mit Analysten und anderen professionellen Kapitalmarktteilnehmern vom 01.01.2007 bis zum 31.12.2007 an Ihrem Firmensitz oder im Rahmen von Road Shows durchgeführt?

Gerne können Sie uns **per Email** antworten – für Rückfragen stehen wir Ihnen natürlich zur Verfügung. Anderenfalls würden wir versuchen, Sie ab dem 05.11.2008 **telefonisch** zu erreichen.

Ihre Angaben behandeln wir in jedem Fall **anonym**.

Zum Dank für Ihre Mühe lassen wir Ihnen gerne anschließend die **Ergebnisse der Untersuchung** zukommen. Wenn Sie daran interessiert sind, lassen Sie uns dies bitte wissen.

Für Ihre Mithilfe möchten wir uns schon jetzt **herzlich bedanken!**

Mit freundlichen Grüßen

Joachim Lammert

Dipl.-Kfm. Joachim Lammert
Westfälische Wilhelms-Universität Münster
Institut für Unternehmensrechnung und –besteuerung
Universitätsstr. 14 – 16
48143 Münster
Germany

Tel. +49 251 83 21915
Mobil. +49 163 5293000

Fax. +49 251 83 21824

Email: joachim.lammert@wiwi.uni-muenster.de

www: http://www.wiwi.uni-muenster.de/iub/

Anhang 3:   t-Test zum Vergleich von Regressionskoeffizienten zwischen Teilstichproben

Um zu untersuchen, ob für Unternehmen mit einer hohen oder niedrigen Ausprägung einer unabhängigen Variablen bzw. mit einer hohen oder niedrigen Ausprägung eines wesentlichen Charakteristikums der Geschäftstätigkeit die untersuchten Kapitalmarkteffekte in unterschiedlicher Form gegeben sind, wurde die Stichprobe in zwei Gruppen aufgeteilt. Dabei stand die Frage im Fokus, ob sich der Effekt einer unabhängigen Variablen auf das betrachtete industrieadjustierte Gewinn-Kurs-Verhältnis zwischen zwei Teilstichproben wesentlich voneinander unterscheidet. Um diesbezügliche Hypothesen (H_0: $\beta_1 = \beta_2$) zu untersuchen, wird zweckmäßigerweise auf die nachfolgende Gleichung zur Bestimmung von z-Werten zurückgegriffen, die im Unterschied zu anderen Vorgehensweisen unverzerrte Ergebnisse berechnet:[721]

$$z = \frac{\beta_1 - \beta_2}{\sqrt{SE^2(\beta_1) + SE^2(\beta_2)}}$$

wobei:

β_1 bzw. $\beta_2 =$ Regressionskoeffizienten der unabhängigen Variablen in Teilstichprobe 1 bzw. 2

$SE^2(\beta_1)$ bzw. $SE^2(\beta_2) =$ Quadrierte Standardfehler (standard error) bzw. Varianzen der Regressionskoeffizienten der unabhängigen Variablen in Teilstichprobe 1 bzw. 2

Die durchgeführten Gruppierungen zum Erhalt von relevanten Teilstichproben führen hier allerdings zu vergleichsweise kleinen Stichprobengrößen. Unter solchen Umständen wird eine gesonderte Vorgehensweise empfohlen, die der Stichprobengröße gerecht wird.[722] Mit Hilfe der folgenden Formeln werden dementsprechende t-Werte bei $N_1 + N_2 - 4$ Freiheitsgraden berechnet:[723]

---

[721] Vgl. Kleinbaum/Kupper (1978), S. 101 und Paternoster u.a. (1998), S. 862 mit Verweis auf Brame u.a. (1998) und Clogg/Petkova/Haritou (1995).
[722] Vgl. Cohen (1983), S. 80 f. und Paternoster u.a. (1998), S. 862 f.
[723] Vgl. Cohen (1983), S. 78 ff. Siehe für eine alternative Vorgehensweise Kleinbaum/Kupper (1978), S. 100 f.

$$t = \frac{\beta_1 - \beta_2}{\sigma \sqrt{\dfrac{SE^2(\beta_1)}{\sigma_1^2} + \dfrac{SE^2(\beta_2)}{\sigma_2^2}}} \qquad \text{mit} \qquad \sigma = \sqrt{\frac{(N_1 - 2)\sigma_1^2 + (N_2 - 2)\sigma_2^2}{N_1 + N_2 - 4}}$$

wobei zusätzlich:

σ_1^2 bzw. $\sigma_2^2 = $ Quadrierte Standardfehler (standard error) bzw. Varianzen der Störterme der Regressionen von Teilstichprobe 1 bzw. 2

N_1 bzw. $N_2 = $ Stichprobengrößen von Teilstichprobe 1 bzw. 2

Literaturverzeichnis

A

Aboody, David/Hughes, John/Liu, Jing (2005): Earnings Quality, Insider Trading, and Cost of Capital, in: Journal of Accounting Research 2005, Vol. 43, No. 5, S. 651-673.

Aboody, David/Lev, Baruch (1998): The Value Relevance of Intangibles: The Case of Software Capitalization, in: Journal of Accounting Research 1998, Vol. 36, Supplement, S. 161-191.

Aboody, David/Lev, Baruch (2000): Information Asymmetry, R & D, and Insider Gains, in: Journal of Finance 2000, Vol. 55, No. 6, S. 2747-2766.

Achleitner, Ann-Kristin/Bassen, Alexander/Pietzsch, Luisa (2001a): Kapitalmarktkommunikation von Wachstumsunternehmen – Kriterien zur effizienten Ansprache von Finanzanalysten, Stuttgart 2001.

Achleitner, Ann-Kristin/Bassen, Alexander/Pietzsch, Luisa (2001b): Empirische Studien zu Investor Relations in Deutschland – Eine kritische Analyse und Auswertung des Forschungsstandes, in: Achleitner, Ann-Kristin/Bassen, Alexander (Hrsg.): Investor Relations am Neuen Markt – Zielgruppen, Instrumente, rechtliche Rahmenbedingungen und Kommunikationsinhalte, Stuttgart 2001, S. 23-59.

Achleitner, Ann-Kristin/Bassen, Alexander/Pietzsch, Luisa/Wichels, Daniel (2002): Effiziente Kapitalmarktkommunikation mit Finanzanalysten – Gestaltungsempfehlungen für Wachstumsunternehmen, in: Finanz Betrieb 2002, S. 29-44.

Adams, Mike/Hossain, Mahmud (1998): Managerial Discretion and Voluntary Disclosure: Empirical Evidence from the New Zealand Life Insurance Industry, in: Journal of Accounting and Public Policy 1998, Vol. 17, No. 3, S. 245-281.

Adams, Renée/Almeida, Heitor/Ferreira, Daniel (2009): Understanding the Relationship between Founder-CEOs and Firm Performance, in: Journal of Empirical Finance 2009, Vol. 16, No. 1, S. 136-150.

AICPA (American Institute of Certified Public Accountants) (1994): Improving Business Reporting – a Customer Focus: a Comprehensive Report of the Special Committee on Financial Reporting, New York 1994.

Ajinkya, Bipin B./Atiase, Rowland K./Gift, Michael J. (1991): Volume of Trading and the Dispersion in Financial Analysts' Earnings Forecasts, in: Accounting Review 1991, Vol. 66, No. 2, S. 389-401.

Ajinkya, Bipin B./Bhojraj, Sanjeev/Sengupta, Partha (2005): The Association between Outside Directors, Institutional Investors and the Properties of Management Earnings Forecasts, in: Journal of Accounting Research 2005, Vol. 43, No. 3, S. 343-376.

Ajinkya, Bipin B./Gift, Michael J. (1984): Corporate Managers' Earnings Forecasts and Symmetrical Adjustments of Market Expectations, in: Journal of Accounting Research 1984, Vol. 22, No. 2, S. 425-444.

Albrecht, Thomas (2003): Die Anforderungen von Buyside-Analysten, in: Ebel, Bernhard/ Hofer, Markus B. (Hrsg.): Investor Marketing – Aktionäre erfolgreich gewinnen, Investoren langfristig binden, Börsenkurse nachhaltig steigern, Wiesbaden 2003, S. 95-113.

Alford, Andrew W. (1992): The Effect of the Set of Comparable Firms on the Accuracy of the Earnings Valuation Method, in: Journal of Accounting Research 1992, Vol. 30, No. 1, S. 94-108.

Ali, Ashiq/Chen, Tai-Yuan/Radhakrishnan, Suresh (2007): Corporate Disclosures by Family Firms, in: Journal of Accounting and Economics 2007, Vol. 44, No. 1/2, S. 238-286.

Allendorf, Georg Josef (1996): Investor Relations deutscher Publikumsgesellschaften – Eine theoretische und empirische Wirkungsanalyse, zugl. Diss. Oestrich-Winkel, Oestrich-Winkel 1996.

Amihud, Yakov/Mendelson, Haim (1986): Asset Pricing and the Bis-Ask Spread, in: Journal of Financial Economics 1986, Vol. 17, No. 2, S. 223-249.

Amihud, Yakov/Mendelson, Haim (1989): The Effects of Beta, Bid-Ask-Spread, Residual Risk, and Size on Stock Returns, in: Journal of Finance 1989, Vol. 44, No. 2, S. 479-486.

Amir, Eli/Lev, Baruch/Sougiannis, Theodore (2003): Do Financial Analysts Get Intangibles?, in: European Accounting Review 2003, Vol. 12, No. 4, S. 635-659.

Anderson, Ronald C./Mansi, Sattar A./Reeb, David M. (2003): Founding-Family Ownership and the Agency Cost of Debt, in: Journal of Financial Economics 2003, Vol. 68, No. 2, S. 263–285.

Anderson, Ronald C./Reeb, David M. (2003): Founding-Family Ownership and Firm Performance: Evidence from the S & P 500, in: Journal of Finance 2003, Vol. 58, No. 3, S. 1301-1328.

Anilowski, Carol/Feng, Mei/Skinner, Douglas J. (2007): Does Earnings Guidance Affect Market Returns? – The Nature and Information Content of Aggregate Earnings Guidance, in: Journal of Accounting and Economics 2007, Vol. 44, No. 1/2, S. 36-63.

Armeloh, Karl-Heinz (1998): Die Berichterstattung im Anhang – Eine theoretische und empirische Untersuchung der Qualität der Berichterstattung im Anhang börsennotierter Kapitalgesellschaften, zugl. Diss. Münster, Düsseldorf 1998.

Arnold, John/Moizer, Peter (1984): A Survey of the Methods Used by UK Investment Analysts to Appraise Investments in Ordinary Shares, in: Accounting and Business Research 1984, Vol. 14, No. 55, S. 195-207.

Arnold, John/Moizer, Peter/Noreen, Eric (1984): Investment Appraisal Methods of Financial Analysts: A Comparative Study of U.S. and U.K. Practices, in: International Journal of Accounting 1984, Vol. 19, No. 2, S. 1-18.

Arrow, Kenneth J. (1985): The Economics of Agency, in: Pratt, John W./Zeckhauser, Richard J. (Hrsg.): Principals and Agents – The Structure of Business, Boston 1985, S. 37-51.

Arya, Anil/Mittendorf, Brian (2007): The Interaction among Disclosure, Competition between Firms, and Analyst Following, in: Journal of Accounting and Econo-mics 2007, Vol. 43, No. 2/3, S. 321-339.

Axelrod, Joel N. (1968): Attitude Measures that Predict Purchase, in: Journal of Advertising Research 1968, Vol. 8, No. 1, S. 3-17.

Ayers, Benjamin C./Freeman, Robert N. (2003): Evidence that Analyst Following and Institutional Ownership Accelerate the Pricing of Future Earnings, in: Review of Accounting Studies 2003, Vol. 8, No. 1, S. 47-67.

B

Backhaus, Klaus/Erichson, Bernd/Plinke, Wulff/Weiber, Rolf (2008): Multivariate Analysemethoden – Eine anwendungsorientierte Einführung, 12. Aufl., Berlin, Heidelberg 2008.

Baetge, Jörg/Glaum, Martin/Grothe, Alexander/Oberdörster, Tatjana (2008): Does High-Quality Disclosure Pay? – The Quality of German Companies' Financial Reporting and Analysts' Earnings Forecasts, Working Paper 2008, S. 1-58.

Baetge, Jörg/Heumann, Rainer (2006a): Value Reporting in Konzernlageberichten, in: Zeitschrift für Internationale Rechnungslegung 2006, S. 39-47.

Baetge, Jörg/Heumann, Rainer (2006b): Wertorientierte Berichterstattung – Anforderungen des Kapitalmarkts und Umsetzung in der Konzernlageberichterstattung, in: Der Betrieb 2006, S. 345-350.

Baetge, Jörg/Kirsch, Hans-Jürgen/Thiele, Stefan (2004): Konzernbilanzen, 7. Aufl., Düsseldorf 2004.

Baetge, Jörg/Niemeyer, Kai/Kümmel, Jens/Schulz, Roland (2009): Darstellung der Discounted-Cashflow-Verfahren (DCF-Verfahren) mit Beispiel, in: Peemöller, Volker H. (Hrsg.): Praxishandbuch der Unternehmensbewertung, 4. Aufl., Herne/Berlin 2009, S. 339-477.

Baetge, Jörg/Prigge, Cord (2006): Anforderungen an verpflichtende, empfohlene und freiwillige Angaben des Konzernlageberichts, in: Der Betrieb 2006, S. 401-407.

Baetge, Jörg/Solmecke, Henrik (2006): Grundsätze und Konzeption des Value Reporting, in: Zeitschrift für Controlling & Management 2006, Sonderheft 3, S. 16-30.

Baetge, Jörg/Solmecke, Henrik (2009): Konzernlageberichterstattung nach DRS 15 – ein Schritt zur Integration des Value Reporting in die Geschäftsberichterstattung?, in: Altenburger, Otto (Hrsg.): Steuern – Steuern, Steuerung, Regulierung und Prüfung, Wien 2009, S. 47-64.

Baginski, Stephen P./Hassell, John M./Kimbrough, Michael D. (2002): The Effect of Legal Environment on Voluntary Disclosure: Evidence from Management Earnings Forecasts Issued in U.S. and Canadian Markets, in: Accounting Review 2002, Vol. 77, No. 1, S. 25-50.

Baiman, Stanley/Verrecchia, Robert E. (1996): The Relation among Capital Markets, Financial Disclosure, Production Efficiency, and Insider Trading, in: Journal of Accounting Research 1996, Vol. 34, No. 1, S. 1-22.

Ballwieser, Wolfgang (1998): Unternehmensbewertung mit Discounted Cash Flow-Verfahren, in: Die Wirtschaftsprüfung 1998, S. 81-92.

Ballwieser, Wolfgang (2005): Die Ermittlung impliziter Eigenkapitalkosten aus Gewinn-
schätzungen und Aktienkursen: Ansatz und Probleme, in: Schneider, Dieter/
Rückle, Dieter/Küpper, Hans-Ulrich/Wagner, Franz W. (Hrsg.): Kritisches zu
Rechnungslegung und Unternehmensbesteuerung: Festschrift zur Vollendung des
65. Lebensjahres von Theodor Siegel, Berlin 2005, S. 321-337.

Ballwieser, Wolfgang (2007): Unternehmensbewertung – Prozeß, Methoden und
Probleme, 2. Aufl., Stuttgart 2007.

Banz, Rolf W. (1981): The Relationship between Return and Market Value of Common
Stocks, in: Journal of Financial Economics 1981, Vol. 9, No. 1, S. 3-18.

Banzhaf, Jürgen (2006): Wertorientierte Berichterstattung (Value Reporting) – Analyse
der Relevanz wertorientierter Informationen für Stakeholder unter besonderer
Berücksichtigung von Mitarbeitern, Kunden und Lieferanten, zugl. Diss.
Hohenheim, Frankfurt am Main u.a. 2006.

Barker, Richard G. (1998): The Market for Information – Evidence from Finance
Directors, Analysts and Fund Managers, in: Accounting and Business Research
1998, Vol. 29, No. 1, S. 3-20.

Barron, Orie E./Byard, Donal/Kile, Charles/Riedl, Edward J. (2002): High-Technology
Intangibles and Analysts' Forecasts, in: Journal of Accounting Research 2002,
Vol. 40, No. 2, S. 289-312.

Barron, Orie E./Kile, Charles O./O´Keefe, Terrence B. (1999): MD&A Quality as
Measured by the SEC and Analysts´ Earnings Forecasts, in: Contemporary
Accounting Research 1999, Vol. 16, No. 1, S. 75-109.

Barry, Christopher B./Brown, Stephen J. (1985): Differential Information and Security
Market Equilibrium, in: Journal of Financial and Quantitative Analysis 1985,
Vol. 20, No. 4, S. 407-422.

Barth, Mary E./Kasznik, Ron/McNichols, Maureen F. (2001): Analyst Coverage and Intangible Assets, in: Journal of Accounting Research 2001, Vol. 39, No. 1, S. 1-34.

Barth, Mary E./Landsman, Wayne R./Lang, Mark H. (2008): International Accounting Standards and Accounting Quality, in: Journal of Accounting Research 2008, Vol. 46, No. 3, S. 467-498.

Basu, Sanjoy (1977): Investment Performance of Common Stocks in Relation to Their Price-Earnings Ratios: A Test of the Efficient Market Hypothesis, in: Journal of Finance 1977, Vol. 32, No. 3, S. 663-682.

Beaver, William H./Morse, Dale (1978): What Determines Price-Earnings Ratios?, in: Financial Analyst Journal 1978, Vol. 34, No. 4, S. 65-76.

Berger, Philip G./Hann, Rebecca N. (2007): Segment Profitability and the Proprietary and Agency Costs of Disclosure, Working Paper 2007, S. 1-62.

Bhushan, Ravi (1989): Firm Characteristics and Analyst Following, in: Journal of Accounting and Economics 1989, Vol. 11, No. 2-3, S. 255-274.

Biddle, Gary C./Seow, Gim S./Siegel, Andrew F. (1995): Relative versus Incremental Information Content, in: Contemporary Accounting Research 1995, Vol. 12, No. 1, S. 1-23.

Bloomfield, Robert J./Wilks, T. Jeffrey (2000): Disclosure Effects in the Laboratory: Liquidity, Depth, and the Cost of Capital, in: Accounting Review 2000, Vol. 75, No. 1, S. 13-41.

Böcking, Hans-Joachim (1998): Zum Verhältnis von Rechnungslegung und Kapitalmarkt: Vom „Financial Accounting" zum "Business Reporting", in: Ballwieser, Wolfgang/Schildbach, Thomas (Hrsg.): Rechnungslegung und Steuern international, in: Zeitschrift für betriebswirtschaftliche Forschung 1998, Sonderheft 40, S. 17-53.

Böcking, Hans-Joachim/Dutzi, Andreas (2003): Corporate Governance und Value Reporting – Verbesserung der Corporate Governance durch wertorientierte Unternehmensberichterstattung, in: Seicht, Gerhard (Hrsg.): Jahrbuch für Controlling und Rechnungswesen, Wien 2003, S. 213-239.

Bonse, Andreas (2004): Informationsgehalt von Konzernabschlüssen nach HGB, IAS und US-GAAP – Eine empirische Analyse aus Sicht der Eigenkapitalgeber, zugl. Diss. Bochum, Frankfurt am Main 2004.

Bortz, Jürgen/Döring, Nicola (2006): Forschungsmethoden und Evaluation für Human- und Sozialwissenschaftler, 4. Aufl. , Berlin u.a. 2006.

Bosse, Christian (2007): Wesentliche Neuregelungen ab 2007 aufgrund des Transparenz- richtlinie-Umsetzungsgesetzes für börsennotierte Unternehmen – Änderung der Veröffentlichungs-, Melde- und Rechnungslegungspflichten, in: Der Betrieb 2007, S. 39-46.

Botosan, Christine A. (1997): Disclosure Level and the Cost of Equity Capital, in: Accounting Review 1997, Vol. 72, No. 3, S. 323-349.

Botosan, Christine A. (2000): Evidence that Greater Disclosure Lowers the Cost of Equity Capital, in: Journal of Applied Corporate Finance 2000, Vol. 12, No. 4, S. 60-69.

Botosan, Christine A./Harris, Mary S. (2000): Motivations for Changes in Disclosure Frequency and Its Consequences: An Examination of Voluntary Quarterly Segment Disclosures, in: Journal of Accounting Research 2000, Vol. 38, No. 2, S. 329-353.

Botosan, Christine A./Plumlee, Marlene A. (2002): A Re-examination of Disclosure Level and the Expected Cost of Equity Capital, in: Journal of Accounting Research 2002, Vol. 40, No. 1, S. 21-40.

Botosan, Christine A./Plumlee, Marlene A. (2005): Assessing Alternative Proxies for the Expected Risk Premium, in: Accounting Review 2005, Vol. 80, No. 1, S. 21-53.

Botosan, Christine A./Stanford, Mary (2005): Managers' Motives to Withhold Segment Disclosures and the Effect of SFAS No. 131 on Analysts' Information Environment, in: Accounting Review 2005, Vol. 80, No. 3, S. 751-771.

Bowen, Robert M./Davis, Angela K./Matsumoto, Dawn A. (2002): Do Conference Calls Affect Analysts' Forecasts?, in: Accounting Review 2002, Vol. 77, No. 2, S. 285-316.

Brame, Robert/Paternoster, Raymond/Mazerolle, Paul/Piquero, Alex (1998): Testing for the Equality of Maximum Likelihood Regression Coefficients between two Independent Equations, in: Journal of Quantitative Criminology 1998, Vol. 14, No. 3, S. 245-261.

Brav, Alon/Lehavy, Reuven/Michaely, Roni (2005): Using Expectations to Test Asset Pricing Models, in: Financial Management 2005, Vol. 34, No. 3, S. 31-64.

Brealey, Richard A./Myers, Stewart C./Allen, Franklin (2008): Principles of Corporate Finance, 9. Aufl., New York 2008.

Brown, Lawrence D. (1993): Earnings Forecasting Research: Its Implications for Capital Market Research, in: International Journal of Forecasting 1993, Vol. 9, No. 3, S. 295-320.

Buchheim, Regine/Knorr, Liesel (2006): Der Lagebericht nach DRS 15 und internationale Entwicklungen, in: Die Wirtschaftsprüfung 2006, S. 413-425.

Burgstahler, David C./Hail, Luzi/Leuz, Christian (2006): The Importance of Reporting Incentives: Earnings Management in European Private and Public Firms, in: Accounting Review 2006, Vol. 81, No. 5, S. 983-1016.

Bushee, Brian J./Leuz, Christian (2005): Economic Consequences of SEC Disclosure Regulation: Evidence from the OTC Bulletin Board, in: Journal of Accounting and Economics 2005, Vol. 39, No. 2, S. 233-264.

Bushee, Brian J./Miller, Gregory S. (2007): Investor Relations, Firm Visibility, and Investor Following, Working Paper 2007, S. 1-52.

Bushee, Brian J./Noe, Christopher F. (2000): Corporate Disclosure Practices, Institutional Investors, and Stock Return Volatility, in: Journal of Accounting Research 2000, Vol. 38, Supplement, S. 171-202.

Bushman, Robert M./Piotroski, Joseph D. (2006): Financial Reporting Incentives for Conservative Accounting: The Influence of Legal and Political Institutions, in: Journal of Accounting and Economics 2006, Vol. 42, No. 1-2, S. 107-148.

Bushman, Robert M./Piotroski, Joseph D./Smith, Abbie (2003): What Determines Corporate Transparency?, Working Paper 2003, S. 1-53.

Bushman, Robert M./Smith, Abbie J. (2001): Financial Accounting Information and Corporate Governance, in: Journal of Accounting and Economics 2001, Vol. 32, No. 1-3, S. 237-333.

Buzby, Stephen L. (1974): Selected Items of Information and Their Disclosure in Annual Reports, in: Accounting Review 1974, Vol. 49, No. 3, S. 423-435.

C

Callahan, Carolyn M./Lee, Charles M./Yohn, Teri Lombardi (1997): Accounting Information and Bid-Ask Spreads, in: Accounting Horizons 1997, Vol. 11, No. 4, S. 50-60.

Cerf, Alan Robert (1961): Corporate Reporting and Investment Decisions, Berkeley, California 1961.

Chenhall Robert H./Moers Frank (2007a): Endogeneity: A Reply to Two Different Perspectives, in: European Accounting Review 2007, Vol. 16, No. 1, S. 217-221.

Chenhall Robert H./Moers Frank (2007b): The Issue of Endogeneity within Theory-Based Quantitative Management Accounting Research, in: European Accounting Review 2007, Vol. 16, No. 1, S. 173-195.

Cho, Jang Youn (1994): Determinants of Earnings-Price Ratios: A Reexamination, in: Review of Financial Economics 1994, Vol. 3, No. 2, S. 105-121.

Chow, Chee W./Wong-Boren, Adrian (1987): Voluntary Financial Disclosure by Mexican Corporations, in: Accounting Review 1987, Vol. 62, No. 3, S. 533-541.

Clarkson, Peter M./Guedes, Jose/Thompson, Rex (1996): On the Diversification, Observability and Measurement of Estimation Risk, in: Journal of Financial and Quantitative Analysis 1996, Vol. 31, No. 1, S. 69-84.

Clarkson, Peter M./Kao, Jennifer L./Richardson, Gordon (1994): The Voluntary Inclusion of Forecasts in the MD&A Section of Annual Reports, in: Contemporary Accounting Research 1994, Vol. 11, No. 1-2, S. 423-450.

Claus, James/Thomas, Jacob (2001): Equity Premia as Low as Three Percent? – Evidence from Analysts' Earnings Forecasts for Domestic and International Stock Markets, in: Journal of Finance 2001, Vol. 56, No. 5, S. 1629-1666.

Clogg, Clifford C./Petkova, Eva/Haritou, Adamantios (1995): Statistical Methods for Comparing Regression Coefficients between Models, in: American Journal of Sociology 1995, Vol. 100, No. 5, S. 1261-1293.

Cohen, Ayala (1983): Comparing Regression Coefficients Across Subsamples: A Study of the Statistical Test, in: Sociological Methods and Research 1983, Vol. 12, No. 1, S. 77-94.

Cohen, Daniel A. (2006): Does Information Risk Really Matter? – An Analysis of the Determinants and Economic Consequences of Financial Reporting Quality, Working Paper 2006, S. 1-57.

Coles, Jeffrey L./Lemmon, Michael L./Meschke, Felix (2007): Structural Models and Endogeneity in Corporate Finance: The Link between Managerial Ownership and Corporate Performance, Working Paper 2006, S. 1-58.

Coles, Jeffrey L./Loewenstein, Uri (1988): Equilibrium Pricing and Portfolio Composition in the Presence of Uncertain Parameters, in: Journal of Financial Economics 1988, Vol. 22, No. 2, S. 279-303.

Coles, Jeffrey L./Loewenstein, Uri/Suay, Jose (1995): On Equilibrium Pricing under Parameter Uncertainty, in: Journal of Financial and Quantitative Analysis 1995, Vol. 30, No. 3, 347-364.

Coller, Maribeth/Yohn, Teri Lombardi (1997): Management Forecasts and Information Asymmetry: An Examination of Bid-Ask Spreads Journal of Accounting Research 1997, Vol. 35, No. 2, S. 181-191.

Coller, Maribeth/Yohn, Teri Lombardi (1998): Management Forecasts: What Do We Know?, in: Financial Analysts Journal 1998, Vol. 54, No. 1, S. 58-62.

Cooke, Terry E. (1989): Voluntary Corporate disclosure by Swedish Companies, in: Journal of International Financial Management and Accounting 1989, Vol. 1, No. 2, S. 171-195.

Copeland, Thomas E./Galai, Dan (1983): Information Effects on the Bid-Ask-Spread, in: Journal of Finance 1983, Vol. 38, No. 5, S. 1457-1469.

Core, John E. (2001): A Review of the Empirical Disclosure Literature: Discussion, in: Journal of Accounting and Economics 2001, Vol. 31, No. 1-3, S. 441-456.

Core, John E./Guay, Wayne R./Verdi, Rodrigo (2008): Is Accruals Quality a Priced Risk Factor?, in: Journal of Accounting and Economics 2008, Vol. 46, No. 1, S. 2-22.

Courteau, Lucie/Kao, Jennifer L./Richardson, Gordon D. (2001): Equity Valuation Employing the Ideal versus Ad Hoc Terminal Value Expressions, in: Contemporary Accounting Research 2001, Vol. 18, No. 4, S. 625-661.

D

Darrough, Masako N. (1993): Disclosure Policy and Competition: Cournot vs. Bertrand, in: Accounting Review 1993, Vol. 68, No. 3, S. 534-562.

Darrough, Masako N./Stoughton, Neal M. (1990): Financial Disclosure Policy in an Entry Game, in: Journal of Accounting and Economics 1990, Vol. 12, No. 1-3, S. 219-243.

Daske, Holger (2005): Internationale Rechnungslegung und Kapitalkosten: Zum Stand der empirischen Rechnungswesenforschung, in: Betriebswirtschaftliche Forschung und Praxis 2005, S. 455-473.

Daske, Holger (2006): Economic Benefits of Adopting IFRS or US-GAAP – Have the Expected Cost of Equity Capital Really Decreased?, in: Journal of Business, Finance and Accounting 2006, Vol. 33, No. 3/4, S. 329-373.

Daske, Holger/Gebhardt, Günther (2006): Zukunftsorientierte Bestimmung von Risikoprämien und Eigenkapitalkosten für die Unternehmensbewertung, in: Zeitschrift für betriebswirtschaftliche Forschung 2006, S. 530-551.

Daske, Holger/Gebhardt, Günther/Klein, Stefan (2006): Estimating the Expected Cost of Equity Capital Using Analysts' Consensus Forecasts, in: Schmalenbach Business Review 2006, Vol. 58, No. 1, S. 2-36.

Daske, Holger/Hail, Luzi/Leuz, Christian/Verdi, Rodrigo (2008): Mandatory IFRS Reporting Around the World: Early Evidence on the Economic Consequences, in: Journal of Accounting Research 2008, Vol. 46, No. 5, S. 1085-1142.

Daske, Holger/Wiesenbach, Kai (2005): Praktische Probleme der zukunftsorientierten Schätzung von Eigenkapitalkosten am deutschen Kapitalmarkt, in: Finanz Betrieb 2005, S. 407-419.

Day, Judith F. S. (1986): The Use of Annual Reports by UK Investment Analysts, in: Accounting and Business Research 1986, Vol. 16, No. 64, S. 295-307.

DeAngelo, Linda Elizabeth (1986): Accounting Numbers as Market Valuation Substitutes: A Study of Management Buyouts of Public Stockholders, in: Accounting Review 1986, Vol. 61, No. 3, S. 400-420.

Debreceny, Roger/Gray, Glen L./Rahman, Asheq (2002): The Determinants of Internet Financial Reporting, in: Journal of Accounting and Public Policy 2002, Vol. 21, No. 4/5, S. 371-394.

Dechow, Patricia M. (1994): Accounting Earnings and Cash Flows as Measures of Firm Performance – The Role of Accounting Accruals, in: Journal of Accounting and Economics 1994, Vol. 18, No. 1, S. 3-42.

Dechow, Patricia M./Dichev, Ilia D. (2002): The Quality of Accruals and Earnings: The Role of Accrual Estimation Errors, in: Accounting Review 2002, Vol. 77, Supplement, S. 35-59.

Dechow, Patricia M./Skinner, Douglas J. (2000): Earnings Management: Reconciling the Views of Accounting Academics, Practitioners, and Regulators, in: Accounting Horizons 2000, Vol. 14, No. 2, S. 235-250.

Dechow, Patricia/Sloan, Richard G./Sweeney, Amy P. (1995): Detecting Earnings Management, in: Accounting Review 1995, Vol. 70, No. 2, S. 193-225.

Demsetz, Harold (1968): The Cost of Transacting, in: Quarterly Journal of Economics 1968, Vol. 82, No. 1, S. 33-53.

Depoers, Florence (2000): A Cost-Benefit Study of Voluntary Disclosure: Some Empirical Evidence from French Listed Companies, in: European Accounting Review 2000, Vol. 9, No. 2, S. 245-263.

Deutsche Börse (2006): Leitfaden zu den Aktienindizes der Deutschen Börse, Version 6.1, Frankfurt/Main 2006.

Diamond, Douglas W./Verrecchia, Robert E. (1991): Disclosure, Liquidity, and the Cost of Capital, in: Journal of Finance 1991, Vol. 46, No. 4, S. 1325-1359.

Diekmann, Andreas (2008): Empirische Sozialforschung – Grundlagen, Methoden, Anwendungen, 19. Aufl., Reinbek bei Hamburg 2008.

Döhle, Patricia (2006): Auf zu neuen Ufern – Die besten Geschäftsberichte – Manager Magazin prämiert die Jahresreports der größten deutschen und europäischen Börsenfirmen – Neue Berichtspflichten machen den Wettbewerb härter und Aktionäre klüger, in: Manager Magazin 2006, Nr. 10, S. 119-130.

Drill, Michael (1995): Investor Relations – Funktion, Instrumentarium und Management der Beziehungspflege zwischen schweizerischen Publikums-Aktiengesellschaften und ihren Investoren, zugl. Diss. Freiburg i. Ue., Bern u.a. 1995.

Drukarczyk, Jochen/Schüler, Andreas (2007): Unternehmensbewertung, 5. Aufl., München 2007.

Dye, Ronald A. (1986): Proprietary and Nonproprietary Disclosures, in: Journal of Business 1986, Vol. 59, No. 2, Part 1 of 2, S. 331-366.

Dye, Ronald A. (2001): An Evaluation of "Essays on Disclosure" and the Disclosure Literature in Accounting, in: Journal of Accounting and Economics 2001, Vol. 32, No. 1-3, S. 181-235.

Dye, Ronald A./Sridhar, Sri S. (2004): Reliability-Relevance Trade-Offs and the Efficiency of Aggregation, in: Journal of Accounting Research 2004, Vol. 42, No. 1, S. 51-88.

E

Easley, David/O'Hara, Maureen (1987): Price, Trade Size, and Information in Securities Markets, in: Journal of Financial Economics 1987, Vol. 19, No. 1, S. 69-90.

Easley, David/O'Hara, Maureen (2004): Information and the Cost of Capital, in: Journal of Finance 2004, Vol. 59, No. 4, S. 1553-1583.

Easton, Peter D. (2004): PE Ratios, PEG Ratios, and Estimating the Implied Expected Rate of Return on Equity Capital, in: Accounting Review 2004, Vol. 79, No. 1, S. 73-95.

Easton, Peter D./Monahan, Steven J. (2005): An Evaluation of Accounting-Based Measures of Expected Returns, in: Accounting Review 2005, Vol. 80, No. 2, S. 501-538.

Easton, Peter/Taylor, Gary/Shroff, Pervin/Sougiannis, Theodore (2002): Using Forecasts of Earnings to Simultaneously Estimate Growth and the Rate of Return on Equity Investment, in: Journal of Accounting Research 2002, Vol. 40, No. 3, S. 657-676.

Ebbes, Peter (2004): Latent Instrumental Variable: A New Approach to Solve for Endogeneity, Ridderkerk 2004.

Eccles, Robert G./Herz, Robert H./Keegan, E. Mary/Phillips, David M. H. (2001): The ValueReporting[TM] Revolution – Moving Beyond the Earnings Game, New York u. a. 2001.

Ecker, Frank/Francis, Jennifer/Kim, Irene/Olsson, Per M./Schipper, Katherine (2006): A Returns-Based Representation of Earnings Quality, in: Accounting Review 2006, Vol. 81, No. 4, S. 749-780.

Einhorn, Eti/Ziv, Amir (2008): Intertemporal Dynamics of Corporate Voluntary Disclosure, in: Journal of Accounting Research 2008, Vol. 46, No. 3, S. 567-589.

Elliott, Robert K./Jacobson, Peter D. (1994): Costs and Benefits of Business Information Disclosure, in: Accounting Horizons 1994, Vol. 8, No. 4, S. 80-96.

Ellis, Charles (1985): How to Manage Investor Relations, in: Financial Analysts Journal 1985, Vol. 41, No. 2, S. 34-41.

Ellrott, Helmut (2006a): Kommentierung des § 289 HGB, in: Ellrott, Helmut/Förschle, Gerhart/Hoyos, Martin/Winkeljohann, Norbert (Hrsg.): Beck'scher Bilanz-Kommentar – Handelsbilanz, Steuerbilanz, 6. Aufl., München 2006, S. 1314-1340.

Ellrott, Helmut (2006b): Kommentierung des § 315 HGB, in: Ellrott, Helmut/Förschle, Gerhart/Hoyos, Martin/Winkeljohann, Norbert (Hrsg.): Beck'scher Bilanz-Kommentar – Handelsbilanz, Steuerbilanz, 6. Aufl., München 2006, S. 1807-1815.

Epstein, Marc J./Palepu, Krishna G. (1999): What Financial Analysts Want, in: Strategic Finance 1999, Vol. 80, No. 10, S. 48-52.

Erlei, Mathias/Leschke, Martin/Sauerland, Dirk (2007): Neue Institutionenökonomik, 2. Aufl., Stuttgart 2007.

Ernst, Dietmar/Schneider, Sonja/Thielen, Bjoern (2008): Unternehmensbewertungen erstellen und verstehen – Ein Praxisleitfaden, 3. Aufl., München 2008.

Ernst, Edgar/Gassen, Joachim/Pellens, Bernhard (2005): Verhalten und Präferenzen deutscher Aktionäre – Eine Befragung privater und institutioneller Anlegern zu Informationsverhalten, Dividendenpräferenz und Wahrnehmung von Stimmrechten, in: Rosen, Rüdiger (Hrsg.), Studien des Deutschen Aktieninstituts, Heft 29, Frankfurt am Main 2005.

Ernst, Edgar/Gassen, Joachim/Pellens, Bernhard (2009): Verhalten und Präferenzen deutscher Aktionäre – Eine Befragung von privaten und institutionellen Anlegern zum Informationsverhalten, zur Dividendenpräferenz und zur Wahrnehmung von Stimmrechten, in: Rosen, Rüdiger (Hrsg.), Studien des Deutschen Aktieninstituts, Heft 42, Frankfurt am Main 2009.

Espinosa, Monica/Trombetta, Marco (2004): The Reputational Consequences of Disclosures, Working Paper 2004, S. 1-26.

Espinosa, Monica/Trombetta, Marco (2007): Disclosure Interactions and the Cost of Equity Capital: Evidence From the Spanish Continuous Market, in: Journal of Business Finance & Accounting 2007, Vol. 34, No. 9/10, S. 1371-1392.

Ettredge, Michael/Kwon, Soo Young/Smith, David (2002): Competitive Harm and Companies' Positions on SFAS No. 131, in: Journal of Accounting, Auditing & Finance 2002, Vol. 17, No. 2, S. 93-109.

Ewert, Ralf (1999): Rechnungslegung, Globalisierung und Kapitalkosten, in: Männel, Wolfgang/Küpper, Hans-Ulrich (Hrsg.): Integration der Unternehmensrechnung: Harmonisierung – Internationale Rechnungslegung – Shareholder Value – Investitionsrechnung, Kostenrechnungspraxis Sonderheft 9, Wiesbaden 1999, S. 39-46.

Ewert, Ralf/Wagenhofer, Alfred (1992): Unternehmenspublizität und Konkurrenzwirkungen, in: Zeitschrift für Betriebswirtschaft 1992, S. 297-324.

F

Fahlenbrach, Rüdiger (2007): Founder-CEOs, Investment Decisions, and Stock Market Performance, Working Paper 2007, S. 1-48.

Fahlenbrach, Rüdiger/Stulz, René M. (2008): Managerial Ownership Dynamics and Firm Value, Working Paper 2008, S. 1-48.

Fahrmeir, Ludwig/Künstler, Rita/Pigeot, Iris/Tutz, Gerhard (2007): Statistik – Der Weg zur Datenanalyse, 6. Aufl., Berlin u.a. 2007.

Fama, Eugene F./French, Kenneth R. (1992): The Cross-Section of Expected Stock Returns, in: Journal of Finance 1992, Vol. 47, No. 2, S. 427-465.

Fields, Thomas D./Lys, Thomas Z./Vincent, Linda (2001): Empirical Research on Accounting Choice, in: Journal of Accounting and Economics 2001, Vol. 31, No. 1-3, S. 255-307.

Financial Accounting Standards Board (FASB) (2001): Improving Business Reporting: Insights into Enhancing Voluntary Disclosures, New York 2001.

Fink, Christian/Keck, Barbara (2005): Lageberichterstattung nach BilReG und DRS 15: Eine kritische Würdigung, in: KoR – Zeitschrift für internationale und kapitalmarktorientierte Rechnungslegung 2005, S. 137-146.

Fischer, Alexander (2003): Shareholder Value Reporting mittels jahresabschlussergänzender Angaben – Untersuchung ökonomischer Wirkungsweisen der Investor Relations im Rahmen einer wertorientierten Unternehmensführung, zugl. Diss. St. Gallen, Bern u. a. 2003.

Forster, Karl-Heinz/Goerdeler, Reinhard/Lanfermann, Josef/Müller, Hans-Peter/Siepe, Günter/Stolberg, Klaus (1995): Kommentar zu § 289 HGB, in: Adler, Hans/Düring, Walther/Schmaltz, Kurt (Hrsg.): Rechnungslegung und Prüfung der Unternehmen – Kommentar zum HGB, AktG, GmbHG, PublG, 6. Aufl. Stuttgart 1995, S. 181-229.

Francis, Jennifer/Hanna, J. Douglas/Philbrick, Donna R. (1997): Management Communications with Securities Analysts, in: Journal of Accounting and Economics 1997, Vol. 24, No. 3, S. 363-394.

Francis, Jennifer/LaFond, Ryan/Olsson, Per M./Schipper, Katherine (2004): Costs of Equity and Earnings Attributes, in: Accounting Review 2004, Vol. 79, No. 4, S. 967-1010.

Francis, Jennifer/LaFond, Ryan/Olsson, Per M./Schipper, Katherine (2005): The Market Pricing of Accruals Quality, in: Journal of Accounting and Economics 2005, Vol. 39, No. 2, S. 295-327.

Francis, Jennifer/Nanda, Dhananjay/Olsson, Per (2008): Voluntary Disclosure, Earnings Quality, and Cost of Capital, in: Journal of Accounting Research 2008, Vol. 46, No. 1, S. 53-99.

Francis, Jennifer/Olsson, Per/Oswald, Dennis R. (2000): Comparing the Accuracy and Explainability of Dividend, Free Cash Flow, and Abnormal Earnings Equity Value Estimates, in: Journal of Accounting Research 2000, Vol. 38, No. 1, S. 45-70.

Francis, Jennifer/Philbrick, Donna/Schipper, Katherine (1994): Shareholder Litigation and Corporate Disclosures, in: Journal of Accounting Research 1994, Vol. 32, No. 2, S. 137-165.

Francis, Jennifer/Schipper, Katherine/Vincent, Linda (2003): The Relative and Incremental Explanatory Power of Earnings and Alternative (to Earnings) Performance Measures for Returns, in: Contemporary Accounting Research 2003, Vol. 20, No. 1, S. 121-164.

Frankel, Richard/Johnson, Marilyn/Skinner, Douglas J. (1999): An Empirical Examination of Conference Calls as a Voluntary Disclosure Medium, in: Journal of Accounting Research 1999, Vol. 37, No. 1, S. 133-150.

Freidank, Carl-Christian/Steinmeyer, Volker (2005): Fortentwicklung der Lageberichterstattung nach dem BilReG aus betriebswirtschaftlicher Sicht, in: Betriebs-Berater 2005, S. 2512-2517.

Friedrich, Nico (2007): Die Rolle von Analysten bei der Bewertung von Unternehmen am Kapitalmarkt – Das Beispiel Telekommunikationsindustrie, zugl. Diss. Gießen, Lohmar/Köln 2007.

Früh, Werner (2007): Inhaltsanalyse – Theorie und Praxis, 6. Aufl., Konstanz 2007.

G

Gebhardt, William R./Lee, Charles M. C./Swaminathan, Bhaskaran (2001): Toward an Implied Cost of Capital, in: Journal of Accounting Research 2001, Vol. 39, No. 1, S. 135-176.

Gibson, Scott/Safieddine, Assem (2003): Does Smart Money Move Markets? – Institutional Investors Play a Price-Setting Role, in: Journal of Portfolio Management 2003, Vol. 29, No. 3, S. 66-77.

Gietzmann, Miles B./Ireland, Jen (2005): Cost of Capital, Strategic Disclosures and Accounting Choice, in: Journal of Business Finance and Accounting 2005, Vol. 32, No. 3/4, S. 599-634.

Gietzmann, Miles B./Trombetta, Marco (2003): Disclosure Interactions: Accounting Policy Choice and Voluntary Disclosure Effects on the Cost of Rising Outside Capital, in: Accounting and Business Research 2003, Vol. 33, No. 3, S. 187-205.

Giner, Begona (1997): The Influence of Company Characteristics and Accounting Regulation on Information Disclosed by Spanish Firms, in: European Accounting Review 1997, Vol. 6, No. 1, S. 45-68.

Glosten, Lawrence R./Harris, Lawrence E. (1988): Estimating the Components of the Bid/Ask Spread, in: Journal of Financial Economics 1988, Vol. 21, No. 1, S. 123-142.

Glosten, Lawrence R./Milgrom, Paul R. (1985): Bid, Ask and Transaction Prices in a Specialist Market with Heterogeneously Informed Traders, in: Journal of Financial Economics 1985, Vol. 14, No. 1, S. 71-100.

Göbel, Elisabeth (2002): Neue Institutionenökonomik – Konzeption und betriebswirtschaftliche Anwendungen, Stuttgart 2002.

Gode, Dan/Mohanram, Partha (2003): Inferring the Cost of Capital Using the Ohlson-Juettner Model, in: Review of Accounting Studies 2003, Vol. 8, No. 4, S. 399-431.

Gompers, Paul A./Metrick, Andrew (2001): Institutional Investors and Equity Prices, in: Quarterly Journal of Economics 2001, Vol. 116, No. 1, S. 229-259.

Gordon, Joseph R./Gordon, Myron J. (1997): The Finite Horizon Expected Return Model, in: Financial Analysts Journal 1997, Vol. 53, No. 3, S. 52-61.

Götze, Uwe (2008): Investitionsrechnung – Modelle und Analysen zur Beurteilung von Investitionsvorhaben, 6. Aufl., Berlin u.a. 2008.

Graham, John R./Harvey, Campbell R./Rajgopal, Shiva (2005): The Economic Implications of Corporate Financial Reporting, in: Journal of Accounting and Economics 2005, Vol. 40, No. 1-3, S. 3-73.

Gray, Sidney/Meek, Gary K./Roberts, Clare (1995): International Capital Market Pressures and Voluntary Annual Report Disclosures by U.S. and U.K. Multinationals, in: Journal of International Financial Management and Accounting, 1995, Vol. 6, No. 1, S. 43-68.

Grossman, Sanford J./Hart, Oliver D. (1980): Disclosure Laws and Takeover Bids, in: Journal of Finance 1980, Vol. 35, No. 2, S. 323-334.

Gu, Feng/Li, John Q. (2007): The Credibility of Voluntary Disclosure and Insider Stock Transactions, in: Journal of Accounting Research 2007, Vol. 45, No. 4, S. 771-810.

Gu, Feng/Wang, Weimin (2005): Intangible Assets – Information Complexity, and Analysts' Earnings Forecasts, in: Journal of Business, Finance and Accounting 2005, Vol. 32, No. 9/10, S. 1673-1702.

Guay, Wayne R./Kothari, S. P./Shu, Susan (2005): Properties of Implied Cost of Capital Using Analysts' Forecasts, Working Paper 2005, S. 1-43.

Guay, Wayne R./Kothari, S. P./Watts Ross L. (1996): A Market-Based Evaluation of Discretionary Accrual Models, in: Journal of Accounting Research 1996, Vol. 34, Supplement, S. 83-105.

Günther, Thomas/Otterbein, Simone (1996): Die Gestaltung der Investor Relations am Beispiel führender deutscher Aktiengesellschaften, in: Zeitschrift für Betriebswirtschaft 1996, S. 389-417.

H

Hail, Luzi (2002): The Impact of Voluntary Corporate Disclosures on the Ex ante Cost of Capital for Swiss firms, in: European Accounting Review 2002, Vol. 11, No. 4, S. 741-773.

Hail, Luzi (2003): The Relationship between Voluntary Annual Report Disclosures and Firm Characteristics in Switzerland, in: Die Unternehmung 2003, S. 273-290.

Hail, Luzi/Leuz, Christian (2006): International Differences in the Cost of Equity Capital: Do Legal Institutions and Securities Regulation Matter?, in: Journal of Accounting Research 2006, Vol. 44, No. 3, S. 485-531.

Haley, Russel I./Case, Peter B. (1979): Testing Thirteen Attitude Scales for Agreement and Brand Discrimination, in: Journal of Marketing 1979, Vol. 43, No. 4, S. 20-32.

Han, Jun/Tan, Hun-Tong (2007): Investors' Reactions to Management Guidance Forms: The Influence of Multiple Benchmarks, in: Accounting Review 2007, Vol. 82, No. 2, S. 521-543.

Handa, Puneet/Linn, Scott C. (1993): Arbitrage Pricing with Estimation Risk, in: Journal of Financial and Quantitative Analysis 1993, Vol. 28, No. 1, S. 81-100.

Hank, Benno (1999): Informationsbedürfnisse von Kleinaktionären – zur Gestaltung von Investor Relations, zugl. Diss. München, Frankfurt am Main 1999.

Hartmann, Hanno Kurd (1968): Die große Publikumsgesellschaft und ihre Investor Relations, zugl. Diss. München, Berlin 1968.

Hartmann-Wendels, Thomas (1986): Dividendenpolitik bei asymmetrischer Informationsverteilung, zugl. Diss. Köln, Wiesbaden 1986.

Hartmann-Wendels, Thomas (1991): Rechnungslegung der Unternehmen und Kapitalmarkt aus informationsökonomischer Sicht, zugl. Habil. Köln, Heidelberg 1991.

Hartung, Joachim/Elpelt, Bärbel/Klösener, Karl-Heinz (2009): Statistik – Lehr- und Handbuch der angewandten Statistik, 15. Aufl., München 2009.

Harzer, Tobias (2005): Investor Relations für Privatanleger – Eine theoretische und empirische Wirkungsanalyse, zugl. Diss. Frankfurt/Oder, Wiesbaden 2005.

Hassell, John M./Jennings, Robert H./Lasser, Dennis J. (1988): Management Earnings Forecasts: Their Usefulness as a Source of Firm-Specific Information to Security Analysts, in: Journal of Financial Research 1988, Vol. 11, No. 4, S. 303-319.

Hauser, John R./Shugan, Steven M. (1980): Intensity Measures of Consumer Preference, in: Operations Research 1980, Vol. 28, No. 2, S. 278-320.

Hausmann, Jerry A. (1978): Specification Tests in Econometrics, in: Econometrica 1978, Vol. 46, No. 6, S. 1251-1271.

Hax, Georg (1998): Informationsintermediation durch Finanzanalysten – Eine ökonomische Analyse, zugl. Diss. Frankfurt am Main, Frankfurt am Main u.a. 1998.

Hax, Herbert (1988): Rechnungslegungsvorschriften – Notwendige Rahmenbedingungen für den Kapitalmarkt?, in: Domsch, Michel/Eisenführ, Franz/Ordelheide, Dieter/ Perlitz, Manfred (Hrsg.): Unternehmenserfolg – Planung – Ermittlung – Kontrolle, Wiesbaden 1988, S. 187-201.

Hayes, Rachel M./Lundholm, Russel J. (1996): Segment Reporting to the Capital Market in the Presence of a Competitor, in: Journal of Accounting Research 1996, Vol. 34, No. 2, S. 261-279.

Hayn, Sven/Matena, Sonja (2004): Prüfung des Value Reporting durch den Abschlussprüfer, in: Freidank, Carl-Christian (Hrsg.): Reform der Rechnungslegung und Corporate Governance in Europa, Wiesbaden 2004, S. 319-344.

Healy, Paul M. (1985): The Effect of Bonus Schemes on Accounting Decisions, in: Journal of Accounting and Economics 1985, Vol. 7, No. 1-3, S. 85-107.

Healy, Paul M./Hutton, Amy P./Palepu, Krishna G. (1999): Stock Performance and Intermediation Changes Surrounding Sustained Increases in Disclosure, in: Contemporary Accounting Research 1999, Vol. 16, No. 3, S. 485-520.

Healy, Paul M./Palepu, Krishna G. (2001): Information Asymmetry, Corporate Disclosure, and the Capital Markets: A Review of the Empirical Disclosure Literature, in: Journal of Accounting and Economics 2001, Vol. 31, No. 1-3, S. 405-440.

Healy, Paul M./Wahlen, James M. (1999): A Review of the Earnings Management Literature and its Implications for Standard Setting, in: Accounting Horizons 1999, Vol. 13, No. 4, S. 365-383.

Hempelmann, Bernd (2002): Freiwillige Unternehmenspublizität bei heterogenen Adressaten, in: Betriebswirtschaftliche Forschung und Praxis 2002, S. 186-197.

Herrmann, Volker (2002): Marktpreisschätzung mit kontrollierten Multiplikatoren, zugl. Diss. Witten/Herdecke, Lohmar und Köln 2002.

Heumann, Rainer (2005): Value Reporting in IFRS-Abschlüssen und Lageberichten, zugl. Diss. Münster, Düsseldorf 2005.

Heumann, Rainer (2006): Möglichkeiten zur praktischen Umsetzung eines Value Reporting in Geschäftsberichten, in: KoR – Zeitschrift für internationale und kapitalmarktorientierte Rechnungslegung 2006, S. 259-266.

Himmelberg, Charles P./Hubbard, R. Glenn/Palia, Darius (1999): Understanding the Determinants of Managerial Ownership and the Link between Ownership and Performance, in: Journal of Financial Economics 1999, Vol. 53, No. 3, S. 353-384.

Hirst, D. Eric/Jackson, Kevin E./Koonce, Lisa (2003): Improving Financial Reports by Revealing the Accuracy of Prior Estimates, in: Contemporary Accounting Research, Vol. 20, No. 1, S. 169-193.

Hoffmann, Wolf-Dieter (2008a): Rückstellungen, Verbindlichkeiten, in: Lüdenbach, Norbert/Hoffmann, Wolf-Dieter (Hrsg.): Haufe IFRS-Kommentar, 6. Aufl., Freiburg i.Br. 2008, S. 945-1048.

Hoffmann, Wolf-Dieter (2008b): Immaterielle Vermögenswerte des Anlagevermögens, in: Lüdenbach, Norbert/Hoffmann, Wolf-Dieter (Hrsg.): Haufe IFRS-Kommentar, 6. Aufl., Freiburg i.Br. 2008, S. 555-617.

Hoffmann, Wolf-Dieter (2008c): Planmässige Abschreibungen, in: Lüdenbach, Norbert/Hoffmann, Wolf-Dieter (Hrsg.): Haufe IFRS-Kommentar, 6. Aufl., Freiburg i.Br. 2008, S. 421-445.

Hoffmeister, Wolfgang (2000): Investitionsrechnung und Nutzwertanalyse – Eine entscheidungsorientierte Darstellung mit vielen Beispielen und Übungen, Stuttgart 2000.

Hofmann, Christian (2006): Unternehmenspublizität und Eigenkapitalkosten, in: Zeitschrift für betriebswirtschaftliche Forschung, Sonderheft 55, 2006, S. 109-146.

Hope, Ole-Kristian (2003a): Disclosure Practices, Enforcement of Accounting Standards, and Analysts' Forecast Accuracy: An International Study, in: Journal of Accounting Research 2003, Vol. 41, No. 2, S. 235-272.

Hope, Ole-Kristian (2003b): Analyst Following and the Influence of Disclosure Components, IPOs and Ownership Concentration, Working Paper 2003, S. 1-34.

Hope, Ole-Kristian (2003c): Firm-level Disclosure and the Relative Roles of Culture and Legal Origin, in: Journal of International Financial Management and Accounting 2003, Vol. 14, No. 3, S. 218-248.

Hossain, Mahmud/Ahmed, Kamran/Godfrey, Jayne M. (2005): Investment Opportunity Set and Voluntary Disclosure of Prospective Information: A Simultaneous Equations Approach, in: Journal of Business Finance & Accounting 2005, Vol. 32, No. 5/6, S. 871-907.

Huddart, Steven J./Ke, Bin (2007): Information Asymmetry and Cross-sectional Variation in Insider Trading, in: Contemporary Accounting Research 2007, Vol. 24, No. 1, S. 195-232.

Hütten, Christoph (2000): Der Geschäftsbericht als Informationsinstrument – Rechtsgrundlagen – Funktionen – Optimierungsmöglichkeiten, zugl. Diss. Saarbrücken, Düsseldorf 2000.

Hütten, Christoph (2007): Segmentberichterstattung (Segment Reporting), in: Lüdenbach, Norbert/Hoffmann, Wolf-Dieter (Hrsg.): Haufe IFRS-Kommentar, 5. Aufl., Freiburg i.Br. 2007, S. 1925-1977.

Hütten, Christoph/Fink, Christian (2008): Segmentberichterstattung (Operating Segments), in: Lüdenbach, Norbert/Hoffmann, Wolf-Dieter (Hrsg.): Haufe IFRS-Kommentar, 6. Aufl., Freiburg i.Br. 2008, S. 2141-2176.

Hughes, John S./Liu, Jing/Liu, Jun (2007): Information Asymmetry, Diversification, and Cost of Capital, in: Accounting Review 2007, Vol. 82, No. 3, S. 705-729.

Hughes, Patricia J./Sankar, Mandira Roy (2006): The Quality of Discretionary Disclosure under Litigation Risk, in: Journal of Accounting, Auditing & Finance 2006, Vol. 21, No. 1, S. 55-81.

Hutton, Amy P. (2005): Determinants of Managerial Earnings Guidance Prior to Regulation Fair Disclosure and Bias in Analysts' Earnings Forecasts, in: Contemporary Accounting Research 2005, Vol. 22, No. 4, S. 867-914.

Hutton, Amy P. (2007): A Discussion of "Corporate Disclosure by Family Firms", in: Journal of Accounting and Economics 2007, Vol. 44, No. 1/2, S. 287-297.

I

Indjejikian, Raffi J. (2007): Discussion of Accounting Information, Disclosure, and the Cost of Capital, in: Journal of Accounting Research 2007, Vol. 45, No. 2, S. 421-426.

Ittner, Christopher D./Larcker, David F. (2001): Assessing Empirical Research in Managerial Accounting: A Value-Based Management Approach, in: Journal of Accounting and Economics 2001, Vol. 32, No. 1-3, S. 349-410.

J

Janßen, Michael (2001): Bedeutung von persönlichen Kontakten zu Investoren und Analysten bei der Ausgestaltung einer erfolgreichen Investor-Relations-Arbeit, in: Achleitner, Ann-Kristin/Bassen, Alexander (Hrsg.): Investor Relations am Neuen Markt – Zielgruppen, Instrumente, rechtliche Rahmenbedingungen und Kommunikationsinhalte, Stuttgart 2001, S. 565-575.

Jensen, Michael C./Meckling, William H. (1976): Theory of the Firm: Managerial Behavior, Agency Costs and Ownership Structure, in: Journal of Financial Economics 1976, Vol. 3, No. 4, S. 305-360.

Jones, Denise A. (2007): Voluntary Disclosure in R & D-Intensive Industries, in: Contemporary Accounting Research 2007, Vol. 24, No. 2, S. 489-522.

Jones, Jennifer J. (1991): Earnings Management During Import Relief Investigations, in: Journal of Accounting Research 1991, Vol. 29, No. 2, S. 193-228.

K

Kajüter, Peter (2004): Der Lagebericht als Instrument einer kapitalmarktorientierten Rechnungslegung – Umfassende Reformen nach dem Entwurf zum BilReG und E-DRS 20, in: Der Betrieb 2004, S. 197-203.

Kajüter, Peter/Esser, Simon (2007): Risiko- und Chancenberichterstattung im Lagebericht – Eine empirische Analyse der HDAX-Unternehmen, in: Zeitschrift für Internationale Rechnungslegung 2007, S. 381-390.

Kerlinger, Fred N./Lee, Howard B. (2000): Foundations of Behaviorial Research, 4. Aufl., Singapur u.a. 2000.

Kim, Moonchul/Ritter, Jay R. (1999): Valuing IPOs, in: Journal of Financial Economics 1999, Vol. 53, No. 3, S. 409-437.

Kim, Oliver/Verrecchia, Robert E. (1994): Market Liquidity and Volume around Earnings Announcements, in: Journal of Accounting and Economics 1994, Vol. 17, No. 1/2, S. 41-67.

Kirsch, Hans-Jürgen/Köhrmann, Hannes (2007): Inhalt des Lageberichts, in: Castan, Edgar/Böcking, Hans-Joachim/Heymann, Gerd/Pfitzer, Norbert/Scheffler, Eberhard (Hrsg.): Beck'sches Handbuch der Rechnungslegung – HGB und IFRS, München 2007, Band II, B510, S. 1-51

Kirsch, Hans-Jürgen/Scheele, Alexander (2003): E-DRS 20: Ausweitung der Lageberichterstattung zum Value Reporting?, in: Betriebs-Berater 2003, S. 2733-2739.

Klein, Roger/Bawa, Vijay (1976): The Effect of Estimation Risk on Optimal Portfolio Choice, in: Journal of Financial Economics 1976, Vol. 3, No. 3, S. 215-231.

Kleinbaum, David G./Kupper, Lawrence L. (1978): Applied Regression Analysis and Other Multivariable Methods, Belmont, California 1978.

Knutson, Peter H./AIMR (Association for Investment Management and Research) (1993): Financial Reporting in the 1990s and beyond, New York 1993.

Koller, Tim/Goedhart, Marc/Wessels, David (2005): Valuation – Measuring and Managing the Value of Companies, 4. Aufl., Hoboken, New Jersey 2005.

Kothari, S. P. (2001): Capital Markets Research in Accounting, in: Journal of Accounting and Economics 2001, Vol. 31, No. 1-3, S. 105-231.

Kötzle, Alfred/Niggemann, Markus (2001): Value Reporting, in: Achleitner, Ann-Kristin/Bassen, Alexander (Hrsg.): Investor Relations am Neuen Markt – Zielgruppen, Instrumente, rechtliche Rahmenbedingungen und Kommunikationsinhalte, Stuttgart 2001, S. 633-651.

Krawitz, Norbert (2007): Kommentierung des § 289 HGB, in: Hofbauer, Max A./Kupsch, Peter/Scherrer, Gerhard/Grewe, Wolfgang (Hrsg.): Bonner Handbuch Rechnungslegung – Aufstellung, Prüfung und Offenlegung des Jahresabschlusses, Bonn und Berlin 2007, Band 2, S. 1-80.

Kromrey, Helmut (2006): Empirische Sozialforschung – Modelle und Methoden der standardisierten Datenerhebung und Datenauswertung, 11. Aufl., Opladen 2006.

Krosnick, Jon A./Alwin, Duane F. (1988): A Test of the Form-Resistant Correlation Hypothesis, in: Public Opinion Quarterly 1988, Vol. 52, No. 4, S. 526-538.

Krumbholz, Marcus (1994): Die Qualität publizierter Lageberichte. Ein empirischer Befund zur Unternehmenspublizität, zugl. Diss. Münster, Düsseldorf 1994.

Krystek, Ulrich/Müller, Michael (1993): Investor Relations: eine neue Disziplin nicht nur für das Finanzmanagement, in: Der Betrieb 1993, S. 1785-1789.

Kuhner, Christoph (1998): Verfügungsrechte an Unternehmensinformationen: die Verrechtlichung des Informationsflusses zwischen Unternehmen und Kapitalmarkt im Blickfeld ökonomischer Analysen, zugl. Habil. München, München 1998.

Kuhner, Christoph/Maltry, Helmut (2006): Unternehmensbewertung, Berlin 2006.

Kwak, Mary (2003): The Advantages of Family Ownership, in: MIT Sloan Management Review 2003, Vol. 44, No. 2, S. 12.

L

Labhart, Peter A. (1999): Value Reporting – Informationsbedürfnisse des Kapitalmarktes und Wertsteigerung durch Reporting, zugl. Diss. Zürich, Zürich 1999.

Lambert, Richard/Leuz, Christian/Verrecchia, Robert E. (2007): Accounting Information, Disclosure, and the Cost of Capital, in: Journal of Accounting Research 2007, Vol. 45, No. 2, S. 385-420.

Lang, Mark H./Lundholm, Russel J. (1993): Cross-Sectional Determinants of Analyst Ratings of Corporate Disclosures, in: Journal of Accounting Research 1993, Vol. 31, No. 2, S. 246-271.

Lang, Mark H./Lundholm, Russel J. (1996): Corporate Disclosure Policy and Analyst Behavior, in: Accounting Review 1996, Vol. 71, No. 4, S. 467-492.

Larcker, David F./Rusticus, Tjomme O. (2007): Endogeneity and Empirical Accounting Research, in: European Accounting Review 2007, Vol. 16, No. 1, S. 207-215.

Larcker, David F./Rusticus, Tjomme O. (2008): On the Use of Instrumental Variables in Accounting Research, Working Paper 2008, S. 1-62.

Leuz, Christian (2004): Proprietary versus Non-Proprietary Disclosures: Evidence from Germany, in: Leuz, Christian/Pfaff, Dieter/Hopwood, Anthony (Hrsg.): The Economics and Politics of Accounting: International Perspectives on Research Trends, Policy and Practice, Oxford 2004, S. 164-197.

Leuz, Christian/Verrecchia, Robert E. (2000): The Economic Consequences of Increased Disclosure, in: Journal of Accounting Research 2000, Vol. 38, Supplement, S. 91-124.

Lev, Baruch (2001): Intangibles: Management, Measurement and Reporting, Washington 2001.

Lev, Baruch/Zarowin, Paul (1999): The Boundaries of Financial Reporting and How to Extend Them, in: Journal of Accounting Research 1999, Vol. 37, No. 2, S. 353-385.

Libby, Robert (1981): Accounting and Human Information Processing: Theory and Applications, Englewood Cliffs, New Jersey 1981.

Liberty, Susan E./Zimmerman, Jerold L. (1986): Labor Union Contract Negotiations and Accounting Choice, in: Accounting Review 1986, Vol. 61, No. 4, S. 692-712.

Lim, Stephen/Matolcsy, Zoltan/Chow, Don (2007): The Association between Board Composition and Different Types of Voluntary Disclosure, in: European Accounting Review 2007, Vol. 16, No. 3, S. 555-583.

Lin, Hsiou-wei/McNichols, Maureen F. (1998): Underwriting Relationships, Analysts' Earnings Forecasts and Investment Recommendations, in: Journal of Accounting and Economics 1998, Vol. 25, No. 1, S. 101-127.

Lintner, John (1965): The Valuation of Risk Assets and the Selection of Risky Investments in Stock Portfolios and Capital Budgets, in: Review of Economics and Statistics 1965, Vol. 47, No. 1, S. 13-37.

Liu, Jing/Nissim, Doron/Thomas, Jacob (2002): Equity Valuation Using Multiples, in: Journal of Accounting Research 2002, Vol. 40, No. 1, S. 135-172.

Lück, Wolfgang (1998): Kommentar zu § 315 HGB, in: Küting, Karlheinz/Weber, Claus-Peter (Hrsg.): Handbuch der Konzernrechnungslegung – Kommentar zur Bilanzierung und Prüfung, 2. Aufl. Stuttgart 1998, S. 1955-1980.

Lück, Wolfgang (2003): Kommentar zu § 289 HGB, in: Küting, Karlheinz/Weber, Claus-Peter (Hrsg.): Handbuch der Rechnungslegung – Einzelabschluss – Kommentar zur Bilanzierung und Prüfung, 5. Aufl., 3. Lieferung Stuttgart 2003, S. 1-44.

Luft, Joan L./Shields, Michael D. (2001): Why Does Fixation Persist? Experimental Evidence on the Judgment Performance Effects of Expensing Intangibles, in: Accounting Review 2001, Vol. 76, No. 4, S. 561-587.

M

Makhija, Anil K./Patton, James M. (2004): The Impact of Firm Ownership Structure on Voluntary Disclosure: Empirical Evidence from Czech Annual Reports, in: Journal of Business 2004, Vol. 77, No. 3, S. 457-491.

Mandl, Gerwald/Rabel, Klaus (1997): Unternehmensbewertung – Eine praxisorientierte Einführung, Wien, Frankfurt 1997.

Mandl, Gerwald/Rabel, Klaus (2009): Methoden der Unternehmensbewertung (Überblick), in: Peemöller, Volker H. (Hrsg.): Praxishandbuch der Unternehmensbewertung, 4. Aufl. Herne/Berlin 2009, S. 49-90.

Marston, Claire/Straker, Michelle (2001): Investor Relations: a European Survey, in: Corporate Communications: An International Journal 2001, Vol. 6, No. 2, S. 82-93.

Marten, Kai-Uwe/Quick, Reiner/Ruhnke, Klaus (2007): Wirtschaftsprüfung – Grundlagen des betriebswirtschaftlichen Prüfungswesens nach nationalen und internationalen Normen, 3. Aufl., Stuttgart 2007.

Matsumoto, Dawn (2002): Management's Incentives to Avoid Negative Earnings Surprises, in: Accounting Review 2002, Vol. 77, No. 3, S. 483-514.

Mayring, Phillip (2008): Qualitative Inhaltsanalyse – Grundlagen und Techniken, 10. Aufl., Weinheim und Basel 2008.

Mazumdar, Sumon C./Sengupta, Partha (2005): Disclosure and the Loan Spread on Private Debt, in: Financial Analysts Journal 2005, Vol. 61, No. 3, S. 83-95.

McConnell, John J./Servaes, Henri (1990): Additional Evidence on Equity Ownership and Corporate Value, in: Journal of Financial Economics 1990, Vol. 27, No. 2, S. 595-612.

McNichols, Maureen F. (2000): Research Design Issues in Earnings Management Studies, in: Journal of Accounting and Public Policy 2000, Vol. 19, No. 4/5, S. 313-345.

McNichols, Maureen F. (2002): Discussion of: The Quality of Accruals and Earnings: The Role of Accrual Estimation Errors, in: Accounting Review 2002, Vol. 77, Supplement, S. 61-69.

Meek, Gary K./Roberts, Clare B./Gray, Sidney J. (1995): Factors Influencing Voluntary Annual Report Disclosures by U.S., U.K. and Continental European Multinational Corporations, in: Journal of International Business Studies 1995, Vol. 26, No. 3, S. 555-572.

Merton, Robert C. (1987): A Simple Model of Capital Market Equilibrium with Incomplete Information, in: Journal of Finance 1987, Vol. 42, No. 3, S. 483-510.

Milgrom, Paul R. (1981): Good News and Bad News: Representation Theorems and Applications, in: Bell Journal of Economics 1981, Vol. 12, No. 2, S. 380-391.

Miller, Merton H./Rock, Kevin (1985): Dividend Policy under Asymmetric Information, in: Journal of Finance 1985, Vol. 40, No. 4, S. 1031-1051.

Modigliani, Franco/Miller, Merton H. (1958): The Cost of Capital, Corporation Finance and the Theory of Investment, in: American Economic Review 1958, Vol. 48, No. 3, S. 261-297.

Modigliani, Franco/Miller, Merton H. (1963): Corporate Income Taxes and the Cost of Capital: A Correction, in: American Economic Review 1963, Vol. 53, No. 3, S. 433-443.

Möller, Hans Peter/Hüfner, Bernd (2002): Zur Bedeutung der Rechnungslegung für den deutschen Aktienmarkt – Begründung, Messprobleme und Erkenntnisse empirischer Forschung, in: Seicht, Gerhard (Hrsg.): Jahrbuch für Controlling und Rechnungswesen, Wien 2002, S. 405-463.

Morck, Randall/Shleifer, Andrei/Vishny, Robert W. (1988): Management Ownership and Market Valuation: An Empirical Analysis, in: Journal of Financial Economics 1988, Vol. 20, No. 1, S. 293-315.

Morich, Sven (2007): Steuerung der Effektivität kapitalmarktorientierter Unternehmenspublizität – Eine kennzahlengestützte Konzeption am Beispiel des Geschäftsberichts, zugl. Diss. Braunschweig, Wiesbaden 2007.

Mosler, Karl/Schmid, Friedrich (2006): Beschreibende Statistik und Wirtschaftsstatistik, Berlin u.a. 2006.

Mossin, Jan (1966): Equilibrium in a Capital Asset Market, in: Econometrica 1966, Vol. 34, No. 4, S. 768-783.

Moxter, Adolf (2000): Rechnungslegungsmythen, in: Betriebs-Berater 2000, S. 2143-2149.

Moxter, Adolf (2001): Die Zukunft der Rechnungslegung?, in: Der Betrieb 2001, S. 605-607.

Mueller, Gerhard G. (1998): The Evolving (New) Model of Business Reporting, in: Börsig, Clemens/Coenenberg, Adolf G. (Hrsg.): Controlling und Rechnungswesen im internationalen Wettbewerb – Kongress-Dokumentation 51. Deutscher Betriebswirtschafter-Tag 1997, Stuttgart 1998, S. 71-86.

Müller, Michael (1998): Shareholder Value Reporting – ein Konzept wertorientierter Kapitalmarktinformation, in: Müller, Michael/Leven, Franz-Josef (Hrsg.): Shareholder Value Reporting: Veränderte Anforderungen an die Berichterstattung börsennotierter Unternehmen, Wien 1998, S. 123-144.

N

Ng, Jeffrey/Tuna, Irem/Verdi, Rodrigo (2006): Management Forecasts, Disclosure Quality, and Market Efficiency, Working Paper 2006, S. 1-54.

Nichols, Donald R. (1989): The Handbook of Investor Relations, Homewood, Illinois 1989.

Nikbakht, Ehsan/Polat, Celaleddin (1998): A Global Perpective of P/E Ratio Determinants: The Case of ADRs, in: Global Finance Journal 1998, Vol. 9, No. 2, S. 253-267.

Nikolaev, Valeri/van Lent, Laurence (2005): The Endogeneity Bias in the Relation Between Cost-of-Debt Capital and Corporate Disclosure Policy, in: European Accounting Review 2005, Vol. 14, No. 4, S. 677-724.

Nofsinger, John R./Sias, Richard W. (1999): Herding and Feedback Trading by Institutional and Individual Investors, in: Journal of Finance 1999, Vol. 54, No. 6, S. 2263-2295.

Noll, Daniel J./Weygandt, Jerry J. (1997): Business Reporting: What Comes Next? – It's Time to Enhance the Current Financial Reporting Modell, in: Journal of Accountancy 1997, Vol. 112, No. 2, S. 59-62.

O

Oberdörster, Tatjana (2009): Finanzberichterstattung und Prognosefehler von Finanzanalysten, zugl. Diss. Münster, Wiesbaden 2009.

P

Palepu, Krishna G./Healy, Paul M./Bernard, Victor L./Peek, Erik (2007): Business Analysis and Valuation – IFRS Edition, London 2007.

Patelli, Lorenzo/Prencipe, Annalisa (2007): The Relationship between Voluntary Disclosure and Independent Directors in the Presence of a Dominant Shareholder, in: European Accounting Review 2007, Vol. 16, No. 1, S. 5-33.

Paternoster, Raymond/Brame, Robert/Mazerolle, Paul/Piquero, Alex (1998): Using the Correct Statistical Test for the Equality or Regression Coefficients, in: Criminology 1998, Vol. 36, No. 4, S. 859-866.

Pellens, Bernhard/Fülbier, Rolf Uwe/Gassen, Joachim (1998): Unternehmenspublizität unter veränderten Marktbedingungen, in: Börsig, Clemens/Coenenberg, Adolf G. (Hrsg.): Controlling und Rechnungswesen im internationalen Wettbewerb – Kongress-Dokumentation 51. Deutscher Betriebswirtschafter-Tag 1997, Stuttgart 1998, S. 55-69.

Pellens, Bernhard/Füllbier, Rolf Uwe/Gassen, Joachim/Sellhorn, Thorsten (2008): Internationale Rechnungslegung, 7. Aufl., Stuttgart 2008.

Pellens, Bernhard/Tomaszewski, Claude (1999):Kapitalmarktreaktionen auf den Rechnungslegungswechsel zu IAS bzw. US-GAAP, in: Gebhardt, Günther/Pellens, Bernhard (Hrsg.): Rechnungswesen und Kapitalmarkt – Beiträge anläßlich eines Symposiums zum 70. Geburtstag von Prof. Dr. Dr. h.c. mult. Walther Busse von Colbe, Zeitschrift für betriebswirtschaftliche Forschung, Sonderheft 1999, S. 199-228.

Penman, Stephen H. (1980): An Empirical Investigation of the Voluntary Disclosure of Corporate Earnings Forecasts, in: Journal of Accounting Research 1980, Vol. 18, No. 1, S. 132-160.

Penman, Stephen H. (2004): Financial Statement Analysis and Security Valuation, 2. Aufl., Boston u. a. 2004.

Penman, Stephen H./Sougiannis, Theodore (1998): A Comparison of Dividend, Cash Flow, and Earnings Approaches to Equity Valuation, in: Contemporary Accounting Research 1998, Vol. 15, No. 3, S. 343-383.

Perridon, Louis/Steiner, Manfred (2007): Finanzwirtschaft der Unternehmung, 14. Aufl., München 2007.

Perry, Susan E./Williams, Thomas H. (1994): Earnings Management Preceding Management Buyout Offers, in: Journal of Accounting and Economics 1994, Vol. 18, No. 2, S. 157-179.

Picot, Arnold/Dietl, Helmut/Franck, Egon (2008): Organisation – Eine ökonomische Perspektive, 5. Aufl., Stuttgart 2008.

Pietzsch, Luisa (2004): Bestimmungsfaktoren der Analysten-Coverage – Eine empirische Analyse für den deutschen Kapitalmarkt, zugl. Diss. München, Bad Soden/Ts. 2004.

Pike, Richard/Meerjanssen, Johannes/Chadwick, Leslie (1993): The Appraisal of Ordinary Shares by Investment Analysts in the UK and Germany, in: Accounting and Business Research 1993, Vol. 23, No. 92, S. 489-499.

Pindyck, Robert S./Rubinfeld, Daniel L. (1998): Econometric Models and Economic Forecasts, 4. Aufl., Boston u. a. 1998.

Plumlee, Marlene A. (2003): The Effect of Information Complexity on Analysts' Use of that Information, in: Accounting Review 2003, Vol. 78, No. 1, S. 275-296.

Poddig, Thorsten/Dichtl, Hubert/Petersmeier, Kerstin (2008): Statistik, Ökonometrie, Optimierung – Methoden und ihre praktischen Anwendungen in Finanzanalyse und Portfoliomanagement, 4. Aufl., Bad Soden/Ts. 2008.

Prencipe, Annalisa (2004): Proprietary Costs and Determinants of Voluntary Segment Disclosure: Evidence from Italian Listed Companies, in: European Accounting Review 2004, Vol. 13, No. 2, S. 319-340.

Proppe, Dennis (2007): Endogenität und Instrumentenschätzer, in: Albers, Sönke/Klapper, Daniel/Konradt, Udo/Walter, Achim/Wolf, Joachim (Hrsg.): Methodik der empirischen Forschung, Wiesbaden 2007, S. 231-244.

Pulham, Susan Alexandra (2005): Investor Relations für Privatanleger – Eine theoretische und empirische Analyse der Ambiguitätswahrnehmung privater Investoren auf Basis institutionsökonomischer und verhaltenswissenschaftlicher Erkenntnisse, zugl. Diss. Aachen, Lohmar und Köln 2005.

R

Raffournier, Bernard (1995): The Determinants of Voluntary Financial Disclosure by Swiss Listed Companies, in: European Accounting Review 1995, Vol. 4, No. 2, S. 261-280.

Rappaport, Alfred (1986): Creating Shareholder Value – The New Standard for Business Performance, New York und London 1986.

Reese, Raimo (2007): Schätzung von Eigenkapitalkosten für die Unternehmensbewertung, zugl. Diss. München, Frankfurt am Main 2007.

Reibstein, David J. (1978): The Prediction of Individual Probabilities of Brand Choice, in: Journal of Consumer Research 1978, Vol. 5, No. 3, S. 163-168.

Richter, Rudolf/Furubotn, Eirik G. (2003): Neue Institutionenökonomik, 3. Aufl., Tübingen 2003.

Ridder, Christopher (2006): Investor Relations-Qualität – Determinanten und Wirkungen – Theoretische Konzeption mit empirischer Überprüfung für den deutschen Kapitalmarkt, zugl. Diss. Vallendar, Wolfratshausen 2006.

Ripperger, Tanja (1998): Ökonomik des Vertrauens – Analyse eines Organisationsprinzips, zugl. Diss. München, Tübingen 1998.

Rolvering, Andrea (2002): Zwischenberichterstattung börsennotierter Kapitalgesellschaften. Eine empirische Untersuchung zur Qualität der Unternehmenspublizität, zugl. Diss. Münster, Herne/Berlin 2002.

Ross, Stephen (1976): The Arbitrage Theory of Capital Asset Pricing, in: Journal of Economic Theory 1976, Vol. 13, No. 3, S. 341-360.

Ruhwedel, Franca/Schultze, Wolfgang (2002): Value Reporting: Theoretische Konzeption und Umsetzung bei den DAX 100-Unternehmen, in: Zeitschrift für betriebswirtschaftliche Forschung 2002, S. 602-632.

Ruhwedel, Franca/Schultze, Wolfgang (2004): Konzeption des Value Reporting und Beitrag zur Konvergenz im Rechnungswesen, in: Controlling 2004, Heft 8/9, S. 489-495.

Russell, Philip A./Gray, Colin D. (1994): Ranking or Rating? – Some Data and their Implications for the Measurement of Evaluative Response, in: British Journal of Psychology 1994, Vol. 85, No. 1, S. 79-92.

S

Schipper, Katherine (1991): Commentary on Analysts' Forecasts, in: Accounting Horizons 1991, Vol. 5, No. 4, S. 105-121.

Schmidt, André/Wulbrand, Hanno (2007): Umsetzung der Anforderungen an die Lageberichterstattung nach dem BilReG und DRS 15 – Eine empirische Untersuchung der DAX-Unternehmen, in: KoR – Zeitschrift für internationale und kapitalmarktorientierte Rechnungslegung 2007, S. 417-426.

Schmidt, Reinhard H. (1981): Ein neo-institutionalistischer Ansatz der Finanzierungstheorie, in: Rühli, Edwin/Thommen, Jean-Paul (Hrsg.): Unternehmensführung aus finanz- und bankwirtschaftlicher Sicht – Bericht von der wissenschaftlichen Tagung des Verbandes der Hochschullehrer für Betriebswirtschaft e.V. – Bericht über die Tagung in Zürich, Mai 1980, Stuttgart 1981, S. 135-154.

Schmidt, Reinhard H. (1988): Neuere Property Rights-Analysen in der Finanzierungstheorie, in: Budäus, Dietrich/Gerum, Elmar/Zimmermann, Gebhard (Hrsg.): Betriebswirtschaftslehre und Theorie der Verfügungsrechte, Wiesbaden 1988, S. 239-267.

Schnell, Rainer/Hill, Paul B./Esser, Elke (2008): Methoden der empirischen Sozialforschung, 8. Aufl., Müchen, Wien 2008.

Schröder, David (2007): The Implied Equity Risk Premium – An Evaluation of Empirical Methods, in: Kredit und Kapital 2007, Vol. 40, No. 4, S. 583-613.

Schultze, Wolfgang/Fink, Christian/Straub, Barbara (2007): Value Reporting: Informationsbedürfnisse der Investoren und Anforderungen an die Gestaltung des Lageberichts, in: Die Wirtschaftsprüfung 2007, S. 563-571.

Schwetzler, Bernhard/ Reimund, Carsten (2003): Conglomerate Discount and Cash Distortion: New Evidence from Germany, Working Paper 2003, S. 1-31.

Securities and Exchange Commission (SEC) (2000): SEC Concept Release: International Accounting Standards, 18.02.2000, Release Nos. 33-7801, 34-42430; International Series Release No. 1215; File No. S7-04-00.

Sengupta, Partha (1998): Corporate Disclosure Quality and the Cost of Debt, in: Accounting Review 1998, Vol. 73, No. 4, S. 459-474.

Serfling, Klaus/Großkopf, Anne/Röder, Marko (1998): Investor Relations in der Unternehmenspraxis, in: Die Aktiengesellschaft 1998, Heft 6, S. 272-280.

Sharpe, William F. (1964): Capital Asset Prices: A Theory of Market Equilibrium under Conditions of Risk, in: Journal of Finance 1964, Vol. 19, No. 3, S. 425-442.

Shleifer, Andrei/Vishny, Robert W. (1986): Large Shareholders and Corporate Control, in: Journal of Political Economy 1986, Vol. 94, No. 3, S. 461-488.

Sias, Richard W./Starks, Laura T./Titman, Sheridan (2006): Changes in Institutional Ownership and Stock Returns: Assessment and Methodology, in: Journal of Business 2006, Vol. 79, No. 6, S. 2869-2910.

Siersleben, Kirstin (1999): Investor-Relations-Management: unter besonderer Berücksichtigung deutscher Großbanken, zugl. Diss. Köln, Frankfurt am Main u.a. 1999.

Skinner, Douglas J. (1994): Why Firms Voluntarily Disclose Bad News, in: Journal of Accounting Research 1994, Vol. 32, No. 1, S. 38-60.

Smith, Brian F./Amoako-Adu, Ben (1999): Management Succession and Financial Performance of Family Controlled Firms, in: Journal of Corporate Finance 1999, Vol. 5, No. 4, S. 341-368.

Solfrian, Gregor (2005): Änderungen in der Lageberichterstattung durch das Bilanzrechtsreformgesetz sowie den DRS 15, in: Steuern und Bilanzen 2005, S. 911-918.

Spence, Andrew Michael (1973): Market Signalling – Information Transfer in Hiring and Related Processes, Cambridge/Massachusetts 1973.

Spremann, Klaus (1988): Reputation, Garantie, Information, in: Zeitschrift für Betriebswirtschaft 1988, S. 613-629.

Spremann, Klaus (1996): Wirtschaft, Investition und Finanzierung, 5. Aufl., München und Wien 1996.

Stanford-Harris, Mary (1998): The Association between Competition and Managers' Business Segment Reporting Decisions, in: Journal of Accounting Research 1998, Vol. 36, No. 1, S. 111-128.

Stauber, Jürgen (2004): Voluntary Value Reporting auf Basis der IFRS/IAS, zugl. Diss. Bern, Frankfurt am Main u. a. 2004.

Steiner, Manfred/Bruns, Christoph (2007): Wertpapiermanagement – Professionelle Wertpapieranalyse und Portfoliostrukturierung, 9. Aufl., Stuttgart 2007.

Steiner, Manfred/Hesselmann, Christoph (2001): Messung des Erfolgs von Investor Relations, in: Achleitner Ann-Kristin; Bassen, Alexander (Hrsg.): Investor Relations am Neuen Markt, Stuttgart 2001, S. 97-118.

Stoll, Hans R. (1989): Inferring the Components of the Bid-Ask Spread: Theory and Empirical Tests, in: Journal of Finance 1989, Vol. 44, No. 1, S. 115-134.

Streuer, Olaf (2004): Aufgaben der Investor Relations, in: DIRK e.V. (Deutscher Investor Relations Kreis) (Hrsg.): Handbuch Investor Relations, Wiesbaden 2004, S. 39-64.

Studenmund, A. H. (2006): Using Econometrics – A Practical Guide, 5. Aufl., Boston u.a. 2006.

T

Tan, Hun-Tong/Libby, Robert/Hunton, James E. (2002): Analysts' Reactions to Earnings Preannouncement Strategies, in: Journal of Accounting Research, Vol. 40, No. 1, S. 223-246.

Tasker, Sarah C. (1998): Bridging the Information Gap: Quarterly Conference Calls as a Medium for Voluntary Disclosure, in: Review of Accounting Studies 1998, Vol. 3, No. 1-2, S. 137-167.

Täubert, Anne (1998): Unternehmenspublizität und Investor Relations – Analyse von Auswirkungen der Medienberichterstattung auf Aktienkurse, zugl. Diss. Münster, Münster 1998.

Thomas, Jacob/Zhang, Xiao-jun (2000): Identifying Unexpected Accruals: A Comparison of Current Approaches, in: Journal of Accounting and Public Policy 2000, Vol. 19, No. 4/5, S. 347-376.

Thomson Financial (2007): I/B/E/S on Datastream, Version 4.2, New York 2007.

Tiemann, Karsten (1997): Investor Relations – Bedeutung für neu am Kapitalmarkt eingeführte Publikumsgesellschaften, zugl. Diss. Kassel, Wiesbaden 1997.

Trueman, Brett (1996): The Impact of Analyst Following on Stock Prices and the Implications for Firms' Disclosure Policies, in: Journal of Accounting, Auditing & Finance 1996, Vol. 11, No. 3, S. 333-353.

V

van Lent, Laurence (2007): Endogeneity in Management Accounting Research: A Comment, in: European Accounting Review 2007, Vol. 16, No. 1, S. 197-205.

Vanstraelen, Ann/Zarzeski, Marilyn T./Robb, Sean W. G. (2003): Corporate Nonfinancial Disclosure Practices and Financial Analyst Forecast Ability Across Three European Countries, in: Journal of International Financial Management and Accounting 2003, Vol. 14, No. 3, S. 249-278.

Venkataraman, Shankar (2008): The Joint Impact of Commitment to Disclosure and Prior Forecast Accuracy on Managers' Forecasting Credibility, Working Paper 2008, S. 1-59.

Verrecchia, Robert E. (1983): Discretionary Disclosure , in: Journal of Accounting and Economics 1983, Vol. 5, No. 1, S. 179-194.

Verrecchia, Robert E. (1990a): Information Quality and Discretionary Disclosure, in: Journal of Accounting and Economics 1990, Vol. 12, No. 4, S. 365-380.

Verrecchia, Robert E. (1990b): Endogenous Proprietary Costs Through Firm Interdependence, in: Journal of Accounting and Economics 1990, Vol. 12, No. 1-3, S. 245-251.

Verrecchia, Robert E. (1999): Disclosure and the Cost of Capital: A Discussion, in: Journal of Accounting and Economics 1999, Vol. 26, No. 1-3, S. 271-283.

Verrecchia, Robert E. (2001): Essays on disclosure, in: Journal of Accounting and Economics 2001, Vol. 32, No. 1, S. 97-180.

Villalonga, Belen/Amit, Raphael (2006): How Do Family Ownership, Control, and Management Affect Firm Value?, in: Journal of Financial Economics 2006, Vol. 80, No. 2, S. 385-417.

von Auer, Ludwig (2007): Ökonometrie – Eine Einführung, Berlin u.a. 2007.

von Keitz, Isabel (2003): Praxis der IASB-Rechnungslegung, Stuttgart 2003.

von Keitz, Isabel (2005): Praxis der IASB-Rechnungslegung – Best Practice von 100 IFRS-Anwendern, 2. Aufl., Stuttgart 2005.

W

Wagenhofer, Alfred (1990a): Informationspolitik im Jahresabschluß – freiwillige Informationen und strategische Bilanzanalyse, zugl. Habil. Wien, Heidelberg 1990.

Wagenhofer, Alfred (1990b): Voluntary Disclosure with a Strategic Opponent, in: Journal of Accounting and Economics 1990, Vol. 12, No. 4, S. 341-363.

Wagenhofer, Alfred/Ewert, Ralf (2007): Externe Unternehmensrechnung, 2. Aufl., Stuttgart 2007.

Wagner, Thomas (2005): Konzeption der Multiplikatorverfahren, in: Krolle, Sigrid/Schmitt, Günter/Schwetzler, Bernhard (Hrsg.): Multiplikatorverfahren in der Unternehmensbewertung, Stuttgart 2005, S. 5-19.

Watrin, Christoph (2001): Internationale Rechnungslegung und Regulierungstheorie, zugl. Habil. Köln, Wiesbaden 2001.

Watrin, Christoph/Lammert, Joachim (2009): Genauigkeit der Management Guidance aus Sicht professioneller Kapitalmarktteilnehmer, Working Paper 2009, S. 1-28.

Watts, Ross L./Zimmerman, Jerold L. (1978): Towards a Positive Theory of the Determination of Accounting Standards, in: Accounting Review 1978, Vol. 53, No. 1, S. 112-134.

Watts, Ross L./Zimmerman, Jerold L. (1979): The Demand for and Supply of Accounting Theories: The Market for Excuses, in: Accounting Review 1979, Vol. 54, No. 2, S. 273-305.

Watts, Ross L./Zimmerman, Jerold L. (1986): Positive Accounting Theory, Englewood Cliffs, New Jersey u. a. 1986.

Waymire, Gregory (1984): Additional Evidence on the Information Content of Management Earnings Forecasts, in: Journal of Accounting Research 1984, Vol. 22, No. 2, S. 704-718.

Weiner, Christian (2005): The Conglomerate Discount in Germany and the Relationship to Corporate Governance, Working Paper 2005, S. 1-39.

Welker, Michael (1995): Disclosure Policy, Information Asymmetry, and Liquidity in Equity Markets, in: Contemporary Accounting Research 1995, Vol. 11, No. 2, S. 801-827.

Wenzel, Julia (2005): Wertorientierte Berichterstattung (Value Reporting) aus theoretischer und empirischer Perspektive, zugl. Diss. Leipzig, Frankfurt am Main 2005.

Wermers, Russ (1999): Mutual Fund Herding and the Impact on Stock Prices, in: Journal of Finance 1999, Vol. 54, No. 2, S. 581-622.

Wichels, Daniel (2002): Gestaltung der Kapitalmarktkommunikation mit Finanzanalysten – Eine empirische Untersuchung zum Informationsbedarf von Finanzanalysten in der Automobilindustrie, zugl. Diss. Oestrich-Winkel, Wiesbaden 2002.

Williams, Patricia A. (1996): The Relation between a Prior Earnings Forecast by Management and Analyst Response to a Current Management Forecast, in: Accounting Review 1996, Vol. 71, No. 1, S. 103-115.

Winker, Peter (2007): Empirische Wirtschaftsforschung und Ökonometrie, 2. Aufl., Berlin u.a. 2007.

Wohlschieß, Volker (1996): Unternehmensfinanzierung bei asymmetrischer Informationsverteilung, zugl. Diss. Karlsruhe, Wiesbaden 1996.

Wolters, Anna-Lisa (2005): Investor Relations im Internet – Möglichkeiten der Vertrauensbildung bei Privatanlegern, zugl. Diss. St. Gallen, Bamberg 2005.

Wooldridge, Jeffrey M. (2009): Introductory Econometrics, 4. Aufl., Florence, Kentucky 2009.

Y

Yohn, Teri Lombardi (1998): Information Asymmetry around Earnings Announcements, in: Review of Quantitative Finance and Accounting 1998, Vol. 11, No. 2, S. 165-182.

Young, Steven (1999): Systematic Measurement Error in the Estimation of Discretionary Accruals: An Evaluation of Alternative Modelling Procedures, in: Journal of Business Finance and Accounting 1999, Vol. 26, No. 7/8, S. 833-862.

Z

Zarowin, Paul (1990): What Determines Earnings-Price Ratios: Revisited, in: Journal of Accounting, Auditing & Finance 1990, Vol. 5, No. 3, S. 439-457.

Zhang, Guochang (2001): Private Information Production, Public Disclosure, and the Cost of Capital: Theory and Implications, in: Contemporary Accounting Research 2001, Vol. 18, No. 2, S. 363-384.

Zhou, Xianming (2001): Understanding the Determinants of Managerial Ownership and the Link between Ownership and Performance, in: Journal of Financial Economics 2001, Vol. 62, No. 3, S. 559-571.

GABLER RESEARCH

„Forschungsreihe Rechnungslegung und Steuern"
Herausgeber: Prof. Dr. Norbert Herzig, Prof. Dr. Christoph Watrin
zuletzt erschienen:

Hanno Benhof
Ökonomische Wirkungen einer Veräußerungsgewinnbesteuerung
Eine empirische Untersuchung
2010. XVIII, 283 S., 23 Abb., 30 Tab., Br. € 49,95
ISBN 978-3-8349-2039-3

Alexander Bohn
**Zinsschranke und Alternativmodelle zur Beschränkung
des steuerlichen Zinsabzugs**
2009. XXXV, 480 S., 15 Abb., 28 Tab., Br. € 69,90
ISBN 978-3-8349-1882-6

José A. Campos Nave
**Die ertragsteuerneutrale und identitätswahrende Sitzverlegung
der GmbH in Mitgliedstaaten der Europäischen Union**
2009. XXVII, 245 S., 8 Tab., Br. € 49,90
ISBN 978-3-8349-1557-3

Joachim Lammert
**Kommunikationsformen freiwilliger unternehmenseigener Transparenz
und fundamentale Kapitalmarkteffekte**
Voluntary Disclosure, Accounting Quality und Personal Communication
2010. XXXIII, 344 S., 18 Abb., 34 Tab., Br. € 59,95
ISBN 978-3-8349-2166-6

Änderungen vorbehalten. Stand: März 2010.
Erhältlich im Buchhandel oder beim Verlag.
Gabler Verlag . Abraham-Lincoln-Str. 46 . 65189 Wiesbaden . www.gabler.de **GABLER**